外国文学学术史研究

主编

陈众议

康拉德学术史研究

A Study of the History of Joseph Conrad Studies

宁一中 著

译林出版社

图书在版编目(CIP)数据

康拉德学术史研究／宁一中著．—南京：译林出版社，2014.9
（外国文学学术史研究／陈众议主编）
ISBN 978-7-5447-4929-9

Ⅰ．①康…　Ⅱ．①宁…　Ⅲ．①康拉德，J．(1857～1924)—人物研究 ②康拉德，J．(1857～1924)—文学研究
Ⅳ．①K835.615 ②I561.065

中国版本图书馆CIP数据核字（2014）第186226号

书　　名　康拉德学术史研究
作　　者　宁一中
责任编辑　王玉强
出版发行　凤凰出版传媒股份有限公司
　　　　　译林出版社
出版社地址　南京市湖南路1号A楼，邮编：210009
电子邮箱　yilin@yilin.com
出版社网址　http://www.yilin.com
经　　销　凤凰出版传媒股份有限公司
印　　刷　江苏凤凰扬州鑫华印刷有限公司
开　　本　718毫米×1000毫米　1/16
印　　张　22.75
插　　页　4
字　　数　306千
版　　次　2014年9月第1版　2014年9月第1次印刷
书　　号　ISBN 978-7-5447-4929-9
定　　价　58.00元

总序

在众多现代学科中，有一门过程学。在各种过程研究中，有一种新兴技术叫生物过程技术，它的任务是用自然科学的最新成就，对生物有机体进行不同层次的定向研究，以求人工控制和操作生命过程，兼而塑造新的物种、新的生命。文学研究很大程度上也是一种过程研究，从作家的创作过程到读者的接受过程，而作品则是其最为重要的介质或对象。问题是，生物有机体虽活犹死，盖因细胞的每一次裂变即意味着一次死亡；而文学作品却往往虽死犹活，因为莎士比亚是“说不尽”的，“一百个读者就有一百个哈姆雷特”。

换言之，文学经典的产生往往建立在对以往经典的传承、翻新乃至反动（或几者兼有之）的基础之上。传承和翻新不必说，即使反动，也每每无损以往作品的生命力，反而能使它们获得某种新生。这就使得文学不仅迥异于科学，而且迥异于它的近亲——历史。套用阿瑞提的话说，如果没有哥伦布，迟早会有人发现美洲；如果伽利略没有发现太阳黑子，也总会有人发现。同样，历史可以重写，也不断地在重写，用克罗齐的话说，“一切历史都是当代史”。但是，如果没有莎士比亚，又会有谁来创作《哈姆雷特》呢？有了《哈姆雷特》，又会有谁来重写它呢？即使有人重写，他们缘何不仅无损于莎士比亚的光辉，反而能使他获得新生，甚至更加辉煌灿烂呢？

这自然是由文学的特殊性所决定的，盖因文学是加法，是并存，是无数“这一个”之和。鲁迅谓文学最不势利，马克思关于古希腊神话的“童年说”和“武库说”更是众所周知。同时，文学是各民族的认知、价值、情感、审美和语言等诸多因素的综合体现。因此,文学既是民族文化及民族向心力、认同感的重要基础,也是使之立于世界之林而不轻易被同化的鲜活基因。也就是说,大到世界观,小到生活习俗,文学在各民族文化中起到了染色体的功用。独特的染色体保证了各民族在共通或相似的物质文明进程中保持着不断变化却又不可淹没的个性。惟其如此,世界文学和文化生态才丰富多彩,也才需要东西南北的相互交流和借鉴。同时,古今中外,文学终究是一时一地人心的艺术呈现,建立在无数个人基础之上,并潜移默化、润物无声地表达与传递、塑造与擢升着各民族活的灵魂。这正是文学不可或缺、无可取代的永久价值与恒久魅力之所在。

于是,文学犹如生活本身,是一篇亘古而来、今犹未竟的大文章。

此外,较之于创作,文学研究则更具有意识形态和上层建筑属性,因而更取决于生产力和社会形态、社会发展水平。这也是马克思主义的基本观点之一。如是,我国现代意义上的文学研究起步较晚,外国文学研究更是如此。虽然以鲁迅为旗手的新文学运动十分重视外国文学,但从实际成果看,1949年前的外国文学研究却基本上属于旁批眉注、前言后记式的简单介绍,既不系统,也不深入。因此,我国的外国文学研究几乎可以说是在新中国成立以后全面展开的,而系统的外国文学学术史研究,这还是第一次。

二

学术史研究也是一种过程学,而且是一种相对纯粹的过程学。不具备一定的学术史视野,哪怕是潜在的学术史视野,任何经典作家作品研究几乎都是不能想象的。

然而,后现代主义解构的结果是绝对的相对性取代了相对的绝对性。于是,许多人不屑于相对客观的学术史研究而热衷于空洞的理论了。在一些人眼里,甚至连相对客观的真理观也消释殆尽了。于是,过去的“一里不同俗，十里言语殊”，成了如今的言人人殊。于是，众声喧哗，且言必称狂欢，言必称多元，言必称虚拟和不确定。这对谁最有利呢？也许是跨国资本吧。无论解构主义者初衷如何，解构风潮的实际效果是：不仅相当程度上消解了真善美与假恶丑的界限，甚至对国家意识形态，至少是某些国家的意识形态和民族凝聚力都构成了威胁。然而，所谓的“文明冲突”归根结底是利益冲突，而“人权高于主权”这样的时鲜谬论也只有在跨国公司时代才可能产生。

且说经典在后现代语境中首当其冲，成为解构对象，它们不是被迫“淡出”，便是横遭肢解。所谓的文学终结论也正是在这样的背景下提出来的。它与其说指向创作实际，毋宁说是指向传统认知、价值和审美取向的全方位的颠覆。因此，经典的重构多少具有拨乱反正的意义。

正是基于上述原由，中国社会科学院外国文学研究所于 2004 年着手设计“外国文学学术史研究工程”计划，并于翌年将该计划列入中国社会科学院“十一五规划”。这是一项向着重构的整合工程，它的应运而生，标志着外文所在原有的“三套丛书”(即 20 世纪 60 至 90 年代——“文革”时期中断——的“外国文学名著丛书”、“外国古典文艺理论丛书”和“马克思主义文艺理论丛书”)等工作的基础上又迈出了新的一步，也意味着我国的外国文学研究已开始对解构风潮之后的学术相对化、碎片化和虚无化进行较为系统的清算。

于是，关乎经典的一系列问题将在这一系统工程中被重新提出。比如，何为经典？经典是必然的还是偶然的？经典重在表现人类的永恒矛盾(用钱锺书的话说是“两足动物的基本根性”)呢，还是主要指向时代社会的现实矛盾？它们在认知方式、价值判断、审美取向方面有何特征？经典及经典批评与时代社会的生产力和生产关系、经济基础和上层建筑等关系何如？批评及批评家的作用(包括其立场、观点、方法及其与时代社会的一般和特殊关系)又如何？此外，经典作家的遭际与性情、阅历与禀赋，经典的内容与形式、继承与创新，以及文学的一般规律和文学经典的特殊性等诸如此类的问题，都将是本工程需要展示并探讨的。

且说世界文学一路走来，其规律并非羚羊挂角，无迹可寻。童年的神话、少年的史诗、青年的戏剧、中年的小说、老年的传记是一种概括。由高向低、由外而内、由强至弱、由大到小等等，也不失为一种轨辙。如是，文学从摹仿到独白、从反映到窥隐、从典型到畸形、从审美到审丑、从载道到自慰、从崇高到渺小、从庄严到调笑……终于一头扎进了个人主义和主观主义的死胡同。小我取代了大我，观念取代了情节；"阿基琉斯的愤怒"变成了麦田里的脏话；"路漫漫其修远兮，吾将上下而求索"变成了"我做的馅饼是世界上最好吃的"；诸如此类，不一而足。是谓下现实主义。当然，这不能涵盖文学的复杂性和丰富性。事实上，认知与价值、审美与方法等等的背反或迎合、持守或规避所在皆是。况且，无论"六经注我"还是"我注六经"，经典是说不尽的，这也是由时代社会及经典本身的复杂性和丰富性所生发的。

二

众所周知，文学是人类文明的重要组成部分。马克思主义的经典作家向来重视文学，尤其是经典作家在反映和揭示社会本质方面的作用。马克思在分析英国社会时就曾指出，英国现实主义作家"向世界揭示的政治和社会真理，比一切职业政客和道德家加在一起所揭示的还要多"。恩格斯也说，他从巴尔扎克那里学到的东西，要比从"当时所有职业的历史学家、经济学家和统计学家那里学到的全部东西还要多"。列宁则干脆地称托尔斯泰是俄国革命的一面镜子。这并不是说只有文学才能揭示真理，而是说伟大作家所描绘的生活、所表现的情感、所刻画的人物往往不同于一般抽象的概括、数据的统计。文学更加具体、更加逼真，因而也更加感人、更加传神。其潜移默化、润物无声的载道与传道功能更不待言。站在世纪的高度和民族立场上重新审视外国文学，梳理其经典，展开研究之研究，将不仅有助于我们把握世界文明的律动和了解不同民族的个性，而且有利于深化中外文化交流，从而为我们借鉴和吸收优秀文明成果、为中国文学及文化的发展提供有益的“他山之石”。胡锦涛前不久说过，“我们必须准确把握当代世界和中国发展变化的大势，坚持立足国情，同时又吸收世界文化的优秀成果；坚持立足当代，同时又大力弘扬中华民族优秀文化传统”。这和“洋为中用”、“古为今用”思想一脉相承。

“观乎天文以察时变，观乎人文以化成天下”；文学作为人文精神的重要基础和介质，既是人类文明的重要见证，同时也是一时一地人心、民心的最深刻、最具体的体现，而外国文学则是建立在外国各民族无数作家基础上的不同时代、不同民族的认识观、价值观和审美观的形象反映。研究人心自然不能停留在简单抽象的理念上，因此，走进经典永远是了解此时此地、彼时彼地人心、民心的最佳途径。换言之，文学创作及其研究指向各民族变化着的活的灵魂，而其中的经典（包括其经典化或非经典化过程）恰恰是这些变化着的活的灵魂的集中体现。

如是，“外国文学学术史研究”立足国情，立足当代，从我出发，以我为主，瞄准外国文学经典作家作品和思潮流派，进行历时和共时的梳理。其中第一、第二系列由十六部学术史研究专著、十六部配套译著组成：第一系列涉及塞万提斯、歌德、雨果、左拉、庞德、高尔基、肖洛霍夫和海明威；第二系列包括普希金、茨维塔耶娃、康拉德、狄更斯、哈代、菲茨杰拉德、索尔·贝娄和芥川龙之介。

三

格物致知，信而有证；厘清源流，以利甄别。“外国文学学术史研究”中的经典作家作品学术史研究系列，顾名思义都是学术史研究（或谓研究之研究）。学术史研究既是对一般博士论文的基本要求，也是一种行之有效的文学研究方法，更是一种切实可行的文化积累工程，同时还可以杜绝有关领域的低水平重复。每一部学术史研究著作通过尽可能抽丝剥茧式的梳理，即使不能见人所未见、言人所未言，至少也能老老实实地将有关作家作品的研究成果(包括有关研究家的立场、观点和方法)公之于众,以裨来者考。如能温故知新,有所创建,则读者幸甚,学界幸甚。相配套的经典论文翻译,则遴选有关作家作品研究的阶段性和标志性成果,其形式类似于外文所先前出版的“外国文学研究资料丛书”。

此次面世的“外国文学学术史研究”中的每一部学术史研究著作将由三部分组成。第一部分为经典作家(作品)的学术史梳理。这是相对客观的,但其中的艰难也不可小觑。首先,学术史梳理既不像平素泛舟书海,拾贝书海,尽意兴而为之的俯拾由己和随心所欲;其次,牵涉语种繁多,而且经过20世纪的形形色色的方法论和批评思潮的浸染,用汗牛充栋来形容经典作家作品研究成果已不为过。因此,要在浩如烟海的研究史料中攫取最有代表性的观点和方法,实在是件考验耐心和毅力的事情。战战兢兢,生怕挂一漏万,自不待言,且挂一漏万在所难免。因此,我们只能择要概述,甚至把侧重点放在经典作家的代表作上。不然纵使篇幅再大,也难以涵括浩瀚的文献资料。换言之,去芜杂的枝蔓和重复的敷衍,留精粹要义和真知灼见是必然的,但也是不容易做到的。它考验我们涉猎的深度和广度,而且也是检验我们学术水准和价值判断的重要环节。

第二部分研究之研究何啻是一大考验。都说20世纪是批评的世纪,在经历了现代主义的标新立异和后现代主义的解构风潮之后,在各种思潮、各种方法杂然纷呈的情况下,如何言之有物、言之成理、不炒冷饭,殊是不易;如何在前人的基础上有所发现、有所前进,就更是难上加难。反过来看,正因为文化相对主义的盛行和批评的多元,也才有了我们展示立场、发表见解的特殊理由和广阔余地。举个简单的例子,解构主义针对二元论的颠覆虽然是形而上学的,却不可谓不彻底。其结果是相当一部分学者怀疑甚至放弃了二元思维,但事实上,二元思维不仅难以消解,而且在可以想见的未来仍将是人类思维的主要方法。真假、善恶、美丑、你我、男女、东方和西方等等实际存在,并将继续存在。与此同时,作为中国学者,面对西方话语,我们并非无话可说。总之,从文学出发，关心小我与大我、外力与内因、形式与内容、反映与想象、情节与观念，以至于物质与精神、肉体与灵魂、西方与东方等诸如此类的二元问题，以及经典在民族和人类文明进程中的地位和作用，依然可以是我们的着力点。当然，二元论决不是排中律，而是在辩证法的基础上融会二元关系及二元之间所蕴藏的丰富内涵和无限可能性。毋庸讳言，改革开放以来，学术界解放思想，广开言路，但日新月异中不乏矫枉过正、时髦是趋。比如大到存在与意识、物质与精神的辩证关系，小到客观与主观、客体与主体等等，都大有乾坤倒转、黑洞化吸之势。至于意识形态"淡化"之后，跨国资本主义的一元化意识形态更是有增无已；真假不辨、善恶不论、美丑混淆的现象所在皆是；个人主义大行其道，从而使抽象的人性淹没了社会性；普世主义势不可挡，以致文化相对主义甚嚣尘上。文学从大我到小我，从外向到内倾，从摹仿到虚拟，从代言到众声喧哗；真实给虚幻让步，艺术向资本低头；对妖魔鬼怪和封建迷信津津乐道，任帝王将相和无厘头充斥视阈，能不发人深省？然而，经典作家是说不尽的，以上的任何一位作家都是无法穷尽的。用巴尔加斯·略萨的话说，伟大的经典具有"自我翻新"的本领。至于何为经典，虽然也是个说不尽的话题，但用简单的方式综观前人的观点，也许可以用两句话来概括：一是它们必须体现时代社会(及民族)的最高认知和一般价值(包括人类永恒的主题、永恒的矛盾)；二是其方法的魅力及审美的高度不会随着岁月的更迭而褪色或销蚀。当然这是将复杂问题简单化的一种说法。而本课题便是关乎经典其所以成为经典的一种较为复杂的论证方式。需要说明的是，经典不等于市场。用桑塔亚那的话说，经典不在于一时一地喜欢者的多寡，而在于喜欢者的喜欢程度。如果在此基础上再加上一个历史的维度，那么这话也就更加全面了。

学术史研究的最后部分为文献目录。它在尽可能详尽的基础上，还要有所选择。不然，展示一个经典作家的学术史，光文献目录就可以编辑厚厚的几大本。因此，去粗存精，是为重要或主要文献目录。

最后需要说明的是，"外国文学学术史研究"的中长期目标是在作家作品和流派思潮研究的同时,进行更具问题意识的学术史乃至学科史研究,以期点面结合,庶乎"既见树木,又见森林";若能密切联系实际,促进中华学术的繁荣、发展和创新,则读者幸甚,我等幸甚。无疑,此工程面向全国高校及科研机构,希望有志于外国文学学术史研究的同仁踊跃加盟、不吝赐教。

陈众议

目录

绪言

在利维斯(Leavis, F. R.)论英国文学的《伟大的传统》(1948)一书中,祖籍波兰的约瑟夫·康拉德(Conrad, Joseph, 1857—1924)名列这一伟大传统的代表作家。英国文学理论家塞尔登(Selden, Raman)对此评论说,利维斯写此书的目的就是要鉴别出伟大的文学经典,抛弃文学的糟粕。这些经典需要作为课程在大学的讲堂上传授。一个国家的文化要健康发展,就需要这样的甄选过程,使其日臻雅致而富有活力。作为英国文学经典人物的康拉德有着传奇般的人生。他本出生于波兰,后来做了水手,在大海的颠簸中开始用英文写作。他从未受过正规的英文教育,而其作品却成了英国文学的经典,并被认为与亨利·詹姆斯(James, Henry)一道,开启了英国文学中的现代主义。在英国文学史上,康拉德无疑占有重要的地位。

康拉德一生共出版了25部小说和两部散文、书信杂记。他的写作可以分为四个阶段。1894—1896年为第一阶段,此为康氏写作的实验阶段,精品不多。第二阶段为1897—1911年,这是他思想深刻、技巧纯熟、作品频发的重要阶段。1911—1919年为第三阶段,一般被认为是他创作的转折阶段。1919—1924年是他创作的衰退阶段。在其小说中,相比之下更为著名、更具影响力的有《"水仙号"上的黑水手》、《吉姆爷》、《黑暗的心》、《诺斯特罗莫》、《间谍》、《在西方的眼睛下》,尽管《阿尔迈耶的愚蠢》、《青春》、《阴影线》、《不安的故事》、《继承者》、《台风》、《海镜》、《金箭》等也是名著。要将康拉德的所有作品都放在他的研究史中加以考察,当然未尝不可,但是集中精力于他更有影响力的作品的批评史上,则能够让我们看到更为精彩的批评接受过程，而且也能节省篇幅，不致面面俱到而无特色。因此，本批评史考察的是前六部作品的批评史，其他作品的批评史则成为遗珠之憾而留待以后了。

《“水仙号”上的黑水手》的作者《前言》是理论名篇，该作品也在践行着这一理论。在《前言》中，康拉德阐明了艺术的忠实问题，代表了康拉德创作重要阶段的一个标志。在《前言》中，他这样为艺术定义：“通过揭示隐藏在每种现象下的多样或唯一的真实，一心一意地给可视世界以最高的公正。艺术是一种企求，想从世界的形式、色彩、光亮和阴影中，从事物的种种现象和生活的种种现实中，发现各自主要、持久和根本的东西——一种具有启发作用和令人信服的品质——它们存在的实质。”这部小说也是康拉德第一次把海洋当成有前途的小说题材。《吉姆爷》是康拉德作品中争论最多的作品之一，其中的道德与救赎问题一直是批评界争辩的一个焦点。该作品的写作技巧也是批评家津津乐道的话题。《黑暗的心》于批评界有着经久不衰的魅力。作品中表现出的文明冲突和象征意义成为批评界研究的恒久话题。《诺斯特罗莫》被认为是史诗般的作品。其宏大的场面、丰富的意蕴吸引着批评家们的注意。《间谍》在或显或隐的“棱镜门”不断的当代世界，更是具有空前的魅力。《在西方的眼睛下》所揭示的友谊、背叛主题，情与理的矛盾，对知识分子的性格探讨等，同样是批评界的热门话题。20世纪各种文学理论的产生，大大丰富了人们看问题的视角，使人们从作品中发现了更多的问题，有了更多的批评切入点，为文本的阐释提供了数不清的可能。康拉德的作品似乎更是批评家们运用各种批评武器的对象。因此，他的每一部作品都有了不同角度的阐释。这些浩如烟海的评论，让我们领略到了种种迤逦风光，但是要把所有的风景都在这本薄书中一一展现，却是一件难事。因此，本书所包括的对于任何一部具体作品的批评，绝不是过去批评的全部，而只能是沧海一粟，这不是谦辞，而是事实。希望我们对于康拉德批评的爬梳，能给读者在步入迷宫进行探寻时起到向导的作用。

作为英国作家，康拉德的评论理所当然地大都来自英国批评家，他们的批评占了康拉德研究史的主要部分。不过康拉德已经是全世界的康拉德,他的作品是世界文学经典中的一部分,不是英国的批评家同样喜欢阅读康拉德,同样对康拉德进行研究评论,这同样是理所当然的事,尤其是一些文学大国,如俄国、法国、美国等。他们的研究丰富了康拉德研究的宝库,对他们的研究有着俯瞰式的认识十分必要,因此,本书专设一章,介绍这三个国家对康拉德研究的总体情况。进入21世纪,康拉德研究方兴未艾,这是因为康拉德的作品具有时代的穿透力。阅读康拉德,让人们惊讶地发现,21世纪以来的国际风云变幻,康拉德在19世纪末20世纪初的时候,就已经在其作品中进行了预言和启示录式的描写。主题上的前瞻,技巧上的前卫,都是康拉德成为当代批评界研究热点的原因。尽管刚进入新世纪十多年,但是对康拉德的研究已经显现出了明显的特色。因此,本书也特别以一章的篇幅对此进行大体勾勒。相信这样做会对我们今天研究康拉德有所启发。

本书的完成,得到了很多朋友的帮助,尤其是外文所乔修峰教授和北京语言大学傅勇教授帮助撰写了部分章节。其中,乔修峰撰写了康拉德学术史中的《间谍》、《在西方的眼睛下》、《诺斯特罗莫》和《"水仙号"上的黑水手》;傅勇撰写了学术史《黑暗的心》之第一至四节。此外,北京语言大学的部分博士生和硕士生帮助翻译和整理了康拉德研究的一些资料。在此一并表示衷心的谢意!

第一编
康拉德学术史

约瑟夫·康拉德(Conrad, Joseph, 1857—1924)出生于波兰,1887年加入英国籍。波兰语是他的母语,法语是其第二语言,英语是他在十七岁之后才开始学习的,在这个学习过程中他没有老师,也没有进过正式的学校。然而他却成了用英语写作的了不起的作家。罗斯·默芬(Murfin, Ross)称他的天才超越了语言障碍和国界。他最伟大的作品,包括《黑暗的心》(*Heart of Darkness*)、《吉姆爷》(*Lord Jim*)、《间谍》(*The Secret Agent*)、《诺斯特罗莫》(*Nostromo*)、《在西方的眼睛下》(*Under Western Eyes*)、《"水仙号"上的黑水手》(*The Nigger of the "Nacissus"*)都是迄今为止用英语写成的最有力量、最富诗意的小说。著名文学批评家耶鲁大学的哈罗德·布鲁姆(Bloom, H[illegible]ld)教授认为他是影响了海明威(Hemingway, Ernest Miller)、菲茨杰拉德(Fitzgerald, F. Scott)、福克纳(Faulkner, William)等大作家的了不起的小说家,在《太阳照样升起》(*The Sun Also Rises*)、《了不起的盖茨比》(*The Great Gatsby*)、《我弥留之际》(*As I Lay Dying*)中都有《黑暗的心》和《诺斯特罗莫》的遗风。评论家丹尼尔·施瓦茨(Schwarz, Daniel R.)认为康拉德是"只有劳伦斯(Lawrence, D. H.)和乔伊斯(Joyce, James)才可与之比肩的伟大小说家"。[①] 美国著名文学家门肯(Mencken, H. L.)也称康拉德是最伟大的小说家;中国著名作家老舍称他为"近代最伟大的境界与人格的创造者"。英国著名批评家利维斯(Leavis, F. R.)在论英国文学的《伟大的传统》(*Great Tradition*, 1948)一书中,把康拉德列入这一伟大传统

① Vinson, James (ed.): *Great Writers of the English Language: Novelists.* London and Basingstoke: Macmillan Press Ltd, 1979.

的代表作家。

康拉德的作品题材广泛，海上生活、丛林世界都是他描写的对象；其小说里的地域更是包括欧洲、南美、亚洲、非洲。其创作可分为四个时期：第一阶段为初始期（约为 1894—1896 年）①；第二阶段为鼎盛期（约为 1897—1912 年）②，这一时期不仅创作的量大，且佳作迭出。康拉德几乎所有的重要作品都是在这个时期完成的。第三阶段是转折期（约为 1911—1919 年）③，这一时期的作品质量上参差不齐。有些很好，有些平平。最后是从《金箭》（*The Arrow of Gold*）开始的衰落期（约为 1919—1924 年）④。

康拉德作品内涵之所以如此丰富，作品中涉及的地域之所以如此宽广，是因为他有着独特的人生阅历，这种独特性在英国文学史上几乎是前无古人的。英国作家高尔斯华绥（Galsworthy, John）在 1893 年第一次遇到康拉德后给他妹妹的一封信中曾说："他是一个周游列国、见多识广的人。他去过非洲的刚果、亚洲的婆罗洲，还有其他一些常人难至的地方，更不用说在他年轻时干过小小的走私之类了。"⑤ 康拉德出

① 这时期的主要作品包括 *Almayor's Folly*（1895），*An Outcast of the Islands*（1896），*Tales of Unrest*（1898），其中收录了 "Lagoon", "Karain", "The Idiots", "An Outpost of Progress", "The Return"。

② 这一时期的作品包括 *The Nigger of the "Nacissus"*（1897），*Heart of Darkness*（1899），*Lord Jim*（1900），*The Inheritors*（1901），*Typhoon*（1902），*Youth*（1902），*Romance*（1903），*Nostromo*（1904），*The Secret Sharer*（1912），*Under Western Eyes*（1911），*The Mirror of the Sea*（1906），*The Secret Agent*（1907），*A Set of Six*（1908），*The Nature of a Crime*（with Ford Madox Ford, 1924）。

③ 这一时期的主要作品有 *A Personal Record*（1912）［开始题为 *Some Reminiscences*］，*Twixt Land and Sea*（1912），*Chance*（1913），*Victory*（1915），*Within the Tide*（1915），*The ShadowLine*（1917），最后一部被认为是这一时期里最好的作品。

④ 这一时期的作品有 *The Arrow of Gold*（1919），*The Warror's Soul*（1920），*Prince Roman*（1920），*The Rescue*（1920），*Notes on Life and Letters*（1921），*Notes on My Books*（1921），*The Rover*（1923），*Suspense*（1925），*Tales of Hearsay*（1925），*Last Essays*（1926），*The Sisters*（1928, unfinished）。

⑤ Marrot, H. V.: *The Life and Letters of John Galsworthy*. London: William Heinemann, 1935, p.88.

生于一个波兰世家,家族人有着强烈的反对外国势力侵略的爱国情怀。其祖父在反对奥地利和俄国侵略中立过战功,他的父亲也在俄国占领波兰时期进行过反抗,被俄国当局定为政治罪而遭流放。在康拉德的成年岁月里,他的祖国波兰处于政治大动荡之中,他的家族经受着政治的、经济的大灾难。康拉德本人经历了两次流放,这种经历深刻地影响了他对西欧生活和文化的感受。第一次是他在四岁时与父母一起被流放到俄罗斯东北的偏远地区。艰苦的环境致使他母亲染疾身亡(1865年),而在他母亲去世后的第四年,他父亲也跟着离世,那时的康拉德才七岁。作为一名孤儿,康拉德过着一种浮萍浪迹的生活。1874年,十六岁的康拉德离开波兰来到法国马赛,第二年在法国开始了他的水手生涯。这可以看成是他的第二次流放,不过这次是他自己的选择。康拉德对于政治动荡、理想主义、爱国主义、牺牲等的看法一定很受这些经历的影响,而这些影响又以艺术的形式出现在他以后的作品中。有批评家指出,康拉德的名字很可能是取自一部爱国史诗中的主人公"康拉德·华伦洛德(Wallenrod, Konrad)"。[①] 当然,这些主题由于他的语言和结构的遮蔽而不能清晰易见。康拉德避免简单和无趣的方法是采用不常见的叙事技巧。比如,叙述者同时又是人物、叙事时序的颠倒,叙述视角的运用等等,这些都是19世纪主流写作中不常见的。如《诺斯特罗莫》的结构有着非常复杂的时间安排。第一部分的时间是圆形的,完全不是传统的线性发展。在描述了很多事情并进行了分析后,故事的结尾又回到了开头的时间点。而在《黑暗的心》及《青春》(*Youth*)中,叙述者同时又是故事中的人物,这在当时是非常新颖的叙事方法。在康拉德出生的时候,英国文学的伟大传统是由狄更斯(Dickens, Charles)、盖斯凯尔(Gaskell, Elizabeth)、萨克雷(Thackeray, William Makepeace)、特罗洛普(Trollope, Antony)等人在发扬光大,而这些人又继承了菲尔丁(Fielding, Henry)、简·奥斯丁(Austen, Jane)的传统,并将其传给艾略特(Eliot, George)和哈代(Hardy, Thomas)等人。以上的作家与康拉德相比都有一个共同点,那就是他们的"英国性"——英国生,英国长,受英国教育,被其文化浸染;而英国又是一个政治稳定,经济繁荣,充满自信的国家。康拉德与他们大不相同,国家受外强

① Spittles Brian: *Joseph Conrad, Text and Context*. London: The Macmillan Press Ltd, 1992, p. 4.

侵略，家庭成覆巢之卵，本人颠沛流离，流经全球的大海就是他的世界，大海成了他认识世界的主要途径。在这个意义上说，他是一个世界公民。康拉德的主要作品都与海上游历有关，《黑暗的心》描写刚果之行；《吉姆爷》以马来半岛为主要背景；《"水仙号"上的黑水手》写的是海上经历；《诺斯特罗莫》里的宏阔场景是南美洲。正因如此，康拉德的作品被一些批评家定义为"海上冒险"之作。但康拉德的作品绝不止于海上冒险的故事。透过故事表象，我们看到的是诸如勇气、忠诚、责任、道德、伦理、人心善恶、个人与群体的关系、人与自然的矛盾、不同文明间的冲突、殖民主义等严肃的主题。诚如康拉德在写给一位评论他的《"水仙号"上的黑水手》的评论者的信中所言，"水仙号"其实是个体与社会生活的延伸隐喻。他是想把船上的小世界与大世界联系起来。大世界是复杂的，充满了各种恐惧、情感、背叛、孤独，而这些在小世界里都感受得到。

康拉德在《"水仙号"上的黑水手》序言中说："我要努力完成的任务就是，凭借文字的力量让你听到、让你感受到——更首要的是，让你看到。就是这样，再无别的。"① 的确，康拉德在小说的世界里展现了真实世界大舞台上演出的种种。通过他的文字，我们（一般读者和批评界）听到了、感受到了很多，也懂得了很多（原文是"see"，此词既是"看到"，又是"理解"、"懂得"的意思）。康拉德在评论屠格涅夫（Тургенев, Иван Сергеевич）的作品时曾说，屠格涅夫的作品"伟大而优美，有着最清晰的想象和最优雅的回应，深邃的眼光，对人类生活和这个可见世界中的重大事情正确无误的直觉判断"②。其实这话用来评价康拉德本人的作品，也是恰到好处的。

因此，康拉德的作品从发表到现在，一直就是评论界关注的热点。到了21世纪，世界霸权主义、阴谋与间谍事件（如"棱镜门"）、背叛、人心险恶较之上世纪有增无减，因此康拉德小说更成了人们讨论的焦点。1905年，亨利·詹姆斯（James, Henry）在评论康拉德时说，他是一位伟大的艺术家和忠诚的历史学家。在读他的作品时，你不会无动于衷。

① Conrad Joseph: *The Nigger of the "Narcissus"*, edited and introduction by Cedric Watts. London: Penguin Books, 1989, p. xlix.

② Aubrey, G. Jean (ed.): *Joseph Conrad: Life and Letters*. Vol. 2, p. 192.

他的小说结尾让你总觉得只是整个生活中的一段故事的结束。在读完最后一个字时,你总感到生活还在继续着,甚至连死去的人也还在沉寂中通过艺术创作而有着某种微妙的存在。读这样的作品让你感到满足,但你却感觉不到作品的结束。是的,他的作品有着延伸到作品之外去的力量,而批评界尽管有了对他的作品的种种解读,但是,伟大的作品总是以其丰富的魅力提供无穷的解读的可能。以下是康拉德的六部作品在西方的研究概况,这既不能包含对每部作品的所有研究,更不能说是对康拉德作品研究的集成,因为,我们还有着无穷的未来。

第一章 《黑暗的心》学术史

《黑暗的心》被认为是康拉德最成功的短篇小说。艾伯特·J. 格拉德（Guerard, Albert J.）认为这部小说“不仅是康拉德最好的小说，从文学史的角度来看，还是所有英语小说中一流的象征作品中的上上之作”①。不过这部小说同样也是读者大众论争的对象。有些人认为它是审美的胜利，有些人则认为它陷入了隐晦的风格难以自拔。② 它兼有神话的力量和诗歌的韵致。在美国文学史上，从 T. S. 艾略特（Eliot, T. S.）的诗歌到 20 世纪 20 至 40 年代的主要小说和电影无不受其影响。在 21 世纪的今天，“黑暗的心”几乎成了人们讨论文学、讨论人性时的一个“关键词”。

我们首先了解一下康拉德《黑暗的心》的背景。

康拉德在《地理与若干探险家》（“Geography and Some Explorers”）中回忆说，还在十三岁的时候，他就对看地图上了瘾，尤其对遥远而又神秘的非洲心驰神往。③ 十六岁时，他就用手指指着地图上的非洲的中心，宣称总有一天要到那里去。④1890 年 5 月 6 日，康拉德的愿望终于实现了。他乘着法国的“比利时国王号”（Roi des Belges）向着非洲

① Guerard, Albert J.: *Conrad the Novelist*. Cambridge, Mass: Harvard University Press, 1958, p. 14.

② Bloom, Harold (ed.): Joseph Conrad's *Heart of Darkness*. NY: Chelsea House Publisher, 1987, p. 3.

③ Conrad, Joseph: “Geography and Some Explorers”. In *Last Essays*, ed. Richard Curle. London : J. M. Dent and Sons, 1926, pp. 19-20.

④ 同上，p. 24。

中心的刚果海岸进发了。那时的刚果属于比利时国王利奥波德二世（Leopold II, 1835—1909）的私人财产，他声称要将西方文明带到刚果去。他把这个国家分成十六个地区，每个地区由一个特派员管理。这些人到了那里后，横征暴敛，将当地人变成了他们的奴隶。康拉德的亲身经历，让他知道了什么叫贪婪、掠夺和残忍。他深刻地认识到，那些乘船来开启文明的人，是多么容易堕落为腐败者和破坏者啊；白色和光明是可以轻易就转变为黑色和黑暗的，而那些黑皮肤的人和黑暗的事物反倒比较纯洁。这样，借着非洲人的肤色和密不见光的黑色丛林，康拉德将人心幽深处的神秘黑暗暴露无遗。

康拉德的"'文无定法'反倒为他几乎赢来了世界上所有的读者"[①]。而《黑暗的心》自出版以来则成了"读者们的战场"[②]。文本的丰富性给人们提供了各种解释的可能，因而释者蜂起，蔚为壮观。除了难以计数的论文外，关于这部小说的专著和编著就不下十种。[③] 在所有对《黑暗的心》进行的研究中，关于人心的黑暗这个主题的研究显得

① Bloom, Harold (ed.): Joseph Conrad's *Heart of Darkness*. New York: Chelsea House Publisher, 1987, p. 4.

② 同上，p. 3。

③ 比如，1977 年，著名康拉德研究专家锡德里克·沃茨（Watts, Cedric）写了《关于康拉德，〈黑暗的心〉的批评与语境》。1987 年，耶鲁大学布鲁姆教授将研究《黑暗的心》的重要文章编成专辑，题为《论康拉德的〈黑暗的心〉》。1988 年，罗伯特·金布罗（Kimbrough, Robert）编辑了《黑暗的心》的综合研究资料。1989 年，迈阿密大学教授罗斯·默芬将当代西方文论与《黑暗的心》解读作为当代批评中的个案研究编成专辑，题为《黑暗的心：当代批评中的个案研究》。1991 年，英国文学批评家罗伯特·伯顿（Burden, Robert）又将围绕《黑暗的心》的各种论辩进行了研究，出版了《黑暗的心：评论家的论争》一书。2002 年，阿迪·德·兰格和盖尔·芬彻姆（Lange, Attie de & Fincham, Gail）编辑了《康拉德在非洲》一书。2004 年，吉恩·摩尔（Moore, Gene M.）编了一部新的研究《黑暗的心》的著作《康拉德的〈黑暗的心〉》。可以看出，除了难以计数的研究论文外，关于《黑暗的心》，不断有研究专辑问世。尤其有意思的是，这部作品几乎成了当代西方文论的试金石，似乎无论哪种理论都要经过对它分析才能称得上是一种成熟的理论。在上面提到的默芬的编著中，编者遴选了五篇有代表性的论文，涵盖了对《黑暗的心》的心理分析、读者反应批评、女权批评、结构主义批评、新历史主义批评。这当然只是研究康拉德作品的视角之一。其他还有人类学的、巴赫金对话分析的、后殖民的、文体分析的、叙事学分析的、马克思主义批评的、神话批评的等等。

非常突出。弗雷德里克·卡尔（Karl, Frederick R.）以弗洛伊德（Freud, Sigmund）的心理分析理论对这个问题进行了研究。[①] 他认为康拉德在这部小说中考察了黑暗和梦幻的——甚至是梦魇的领域，并试图借这部小说对他所了解的世界的实质进行定义。

在说到弗洛伊德与康拉德的联系时，卡尔指出，他们是同时代人，但他们都取得了令人难以置信的成就，这并非巧合。弗洛伊德是在19世纪90年代做了关于梦的主要研究工作的。也是在这个时候，康拉德的脑子里正翻腾着在这个危机四伏、如梦魇般的世界里发生在刚果的个人的和政治上的事情。弗洛伊德的《梦的解析》（*The Interpretation of Dreams*）是他观察这个世界的结晶，这部书出版于1900年，仅比康拉德的《黑暗的心》晚几个月。这是很有意思的。他们俩一个进行文学创作，一个做科学研究，但都强调人类行为中拒绝正统解释的非理性因素。康拉德对政治思想的贡献便是他看出了政治之无理性的、梦魇般的性质。这一性质取决于领导者是否患有神经官能症，还要看人们是否集体患上神经官能症。康拉德的这一观点的价值是不受时间限制的，但自1900年以来的人类历史更能说明这一点。人类何时像这段时间这样，既精心呵护着生命，又毫不足惜地将它弃置如粪土？康拉德揭露的不仅是虚伪，还揭露了人类行为中的非逻辑性。库尔茨（Kurtz）在他报告的最后写道："将那些畜生统统灭掉。"[②] 这便是人格分裂和不可控制的个人需要最终发展为偏执狂的政治。面对同样的材料，作为科学家的弗洛伊德所关心的，是将幻梦，甚至是梦魇中那些看似不合逻辑的、非理性的东西进行逻辑分析。他和康拉德都深入到对黑暗的关注。这种黑暗出现在人们处于睡眠，或良心处于睡眠，或当人们能毫无拘束地追求隐秘的愿望的时候——这种追求可能是在梦中，如弗洛伊德的精神分析对象那样；也可能是在实际生活当中，如库尔茨及其追随者那样。这里的关键词是"黑暗"；对康拉德来说，它既是非洲的丛林，又是处于无约束状态的意识之黑暗。

对于小说中的马洛（Marlow, Charles）来说，其刚果之行犹如梦魇，

① Murfin, Ross C. (ed.): *Heart of Darkness: A Case Study in Contemporary Criticism.* NK: St. Martin's Press, 1989, pp. 123-136.

② 同上，p. 66。

让他深受痛苦;这次经历使他回来时成了另一个人,明白了在他自己身上有着不可隐藏的深壑。尽管他在头脑中有意识地树立了各种障碍,但是实现愿望的意识从未远离过他——因为那些表现在库尔茨身上的令他恐惧的品质也在他自己身上以别的形式表现出来。库尔茨身上表现出来的尼采(Nietzsche, Friedrich Wilhelm)式锐不可挡的强烈的权力意志,也正是他自己的权力意志特征。他差点克制不了自己,因为他不可抗拒地被库尔茨吸引过去了。

至于库尔茨,他由一个遵纪守法、道德上很敏感的人变成了一个贪婪的、掠夺成性的人,走进了精神变态的世界。他确实属于欧洲:寻求霸权,玩弄手腕以求先机。他在寻找象牙的殖民冒险中发现了机会,他对获得象牙的渴望不可遏制。他所希冀的是至高无上的统治欲。他要凌驾于一切物质之上,凌驾于一切人之上,最后,要凌驾于一切价值之上。在满足了不应满足的欲望后,他已不受文明社会的理性的限制。在刚果,他可以为所欲为。他唯一的法令就是:产生效果,运回象牙。反观现实,卡尔痛切地指出,没有社会道德感,以他人为牺牲往上爬,为了纯粹的私利掌控他人;过度地树立形象、谋求一致、追求个人权力,缺乏有意义的信仰;只求进步、扩张,而无更远大的理想,把事业建立在操纵和策略上而不是理念上——这便是我们时代的一些政客们的特点。

库尔茨在临死时连续两声“可怕!可怕!”的喊叫[①]引起批评家们强烈的兴趣。卡尔对此也有精到的见解,他认为这一叫喊的内容比绝大多数读者理解的远为丰富,难以说清。就马洛看来,这一叫声代表一种道德的胜利。也就是说,在死亡的门槛上,库尔茨以一种恐惧感回首往事,在临死前心有悔意。马洛把这句话看成是道德感对于野蛮和理想丧失的胜利。对这句话的“基督教似的”阅读当然是马洛愿意听到的。他是一个有道德的人。有了这种宗教意识,他相信,面对巨大的未知力量,所有的人最终都会悔悟。按这么解读,库尔茨的喊叫正合了马洛想要知道的人性的样子。然而,卡尔提醒人们,不是每个人都是马洛,不是每个人都与他持同样观点——即使他是对的。库尔茨的喊叫也许有更为含糊不清的、讽刺的意味,库尔茨的恐惧也许只是表达了一个小有成

① Murfin, Ross C. (ed.): *Heart of Darkness: A Case Stady in Contemporary Criticism*, NK: St. Martin’s Press, 1989, p. 85.

就但事业未竟而行将死去者的痛苦和绝望而已。若如是，库尔茨则并无悔意，而是在为壮志未酬的命运哭泣。在他临死的那一刻，他在向生与死发出挑战，试图使他曾受打击的意志高扬起来。就像弥尔顿（Milton, John）《失乐园》（*Paradise Lost*）中的撒旦，他宁愿下地狱而不愿妥协。

这个故事让人们久久难忘的，是康拉德将库尔茨—马洛的二极关系集中描写成关于我们时代的定义。按照康拉德的艺术表现去读欧洲史以及人类个体的历史，我们就会得到更清楚的理解。因为他告诉我们，即使是像马洛这样最有责任感的人，一旦被权力意志所掌控，也会被引向野蛮、残酷的边沿；即使是像库尔茨这样的最理想化的人，也会成为虐待狂式的杀人者；可以说，《黑暗的心》在好几个层面上成了我们的故事，成了我们阅读历史和我们互相阅读的唯一方法。通过这个故事，康拉德提醒我们关于每个人心中的邪恶这个主题。他相信，在他人身上和自己身上存在邪恶这个问题上，人是会欺骗自己到最后一刻的。在1898年致坎宁安·格雷姆（Graham, R. B. Cunninghams）的一封信中，康拉德写道："我们躲避在我们的愚蠢、沉醉、谎言、信念、谋杀、盗窃、悔改当中——在否定、鄙视当中。""没有道德观、知识和希望；唯有我们自己的意识驱赶着我们在这个世界上乱跑；无论从凹面镜还是凸面镜看，这个世界终不过是一个虚妄缥缈的表象而已。"[①]

《黑暗的心》写的是非洲的刚果。作品中表现的非洲是原始、愚昧、落后，还是自然、纯朴、可爱；对非洲黑人是持一种欧洲人高高在上的鄙夷、歧视的态度，还是持同情、尊重的态度，这同样是批评的热点之一。尼日利亚作家兼批评家阿契贝（Achebe, Chinua）曾著文对《黑暗的心》进行猛烈的抨击。他认为在《非洲的形象》一文中，康拉德把非洲描绘成了没有历史的野蛮愚昧的群落，是欧洲的对立面；认为这部小说不能再被视为杰作，康拉德本人则是"一个该死的种族主义者"。但其他批评家，如伊恩·瓦特（Watt, Ian）则援引小说中的例子予以反驳。瓦特认为，下面这段文字其实是对黑人的赞美：

船是由一群黑人划的，从远处就可以看见他们的眼白在闪光。他们在那儿喊着、唱着，汗流浃背；这些家伙的脸就像奇形怪状的

① Karl and Davies: *The Collected Letters*, Vol. 2, p. 30.

面具，但他们骨骼强健，肌肉发达，充满了野性的生气，有着强烈的运动活力，这一切都像海边的浪花一样自然而真切。他们生活在那里不需要任何的借口，看到他们就很舒服。①

尽管对他们的脸的描写也许有不恭之处，但比较起来，这些脸孔与在船上的那些白人的脸孔比起来让人看了更舒服。在马洛看来，那些皮肤松弛、装腔作势的白人，只不过是贪婪、残忍、愚蠢的代表，因此他实际上是站在黑人一边的。在面对"死亡谷"时，马洛看到的"是痛苦、遗弃、绝望"，我们发现他出于同情而倾其所有救助一个濒临死亡的年轻黑人。小说中，库尔茨的那位黑人情人尽管有些野，但健康，两眼有神，充满活力，而库尔茨在比利时的那位未婚妻却被描绘成脸色苍白，心神不定。两相对照，批评家们认为小说其实是对殖民主义、种族主义罪恶的揭露和批判。正如小说所说："你认真想想，征服世界……总归不是件好事。"②

如果说上面关于种族和殖民的批评让我们感到火药味很浓的话，洛桑大学的马提尼·赫纳尔（Hennard Dutheil de la Rochère, Martine）的解读则是颇有兴味的。他从"身体的政治"的概念出发，对小说中关于帝国的解剖做了研究。他认为小说作者对人的身体和非洲的地理做了类比，进而对帝国这个概念进行解剖。首先，非洲就像一个有机的女性空间，被外力强行侵入，佯装以为她疗病为借口（包括疾病、道德错位、精神黑暗）对她进行破坏乃至最终对她加以毁灭。马提尼认为，马洛沿刚果河而上到达内陆站的行程，是从河流般的血管到达跳动的心脏的旅程。这一类比不仅使小说中的地貌描写有了生机，而且整个故事的谋篇布局也是按照这个思路进行的。马洛是从"河口"（"mouth of the big river"）进入到"这片土地的肠道"（"the bowels of the land"），到达丛林深处，只听见阵阵非洲鼓声传入耳中，而这鼓点的韵律，正是心脏搏动的节奏。这一原始的身体，本来是健康快乐的，外来者的侵入却使

① Conrad, Joseph: *Heart of Darkness*. Shanghai: Shanghai Foreign Language Press, 2001, p. 13.

② Watt, Ian: *Essays on Conrad*. Cambridge: Cambridge University Press, 2000, pp. 85-96.

它的原始秩序混乱、颠倒，造成整个机体的毁灭。由身体而政治，这个故事就是这样通过类比对帝国主义的殖民政策进行批评的。[①]

罗伯特·伯登（Burden, Robert）对《黑暗的心》的话语分析也是新颖、有力的。[②]所谓"话语"（discourse），用麦卡布（MacCabe）的话说，是指一定的交流领域，这一领域规定了信息的发出者和接受者，因此也决定了信息是否得体。[③]所有的文本都是话语的产物，都属于一定的体制和意识形态，都是文化编码过程的结果。我们可以不考虑有关妇女的自然本质等，来考察某一历史时期中在特别的话语中妇女主体性的建构问题。比如，在《黑暗的心》中，马洛有这样的一段话："她们——我指的是妇女——是应该排除在外的，她们不应该掺和。我们得帮助她们待在自己漂亮的世界里，否则我们的世界就糟糕了。"[④]这里，给妇女安排位置的是马洛，一个受到良好教育的维多利亚时代的男人的代表，他代表了当时的主流意识形态的声音，并通过文本得以表达。在这一声音（话语）中，表现的是19世纪末维多利亚社会形态中男人对女人的集体想象，这是一个男权统治的时代，妇女是没有社会地位的。

那么小说中给库尔茨的主体定位的话语又是怎样的呢？库尔茨的主体性主要是通过马洛的回顾性叙述来实现的，同时是来自过去的多种声音的结果。这里面有各种代表人物关于库尔茨的声音，也有库尔茨自己的声音。库尔茨何许人也？按照地位举足轻重的管账人的专业眼光来看，他是一位"一流的代理"，也是一位"非常了不得的人物"。他的判断标准是，库尔茨运回欧洲的象牙等于所有的贸易站运回去的总和。因此，他得到了在欧洲的后台老板的赏识，不久就会飞黄腾达。这里的库尔茨的主体性代表着成功和前程远大，而判定他能如此的标准是贸易公司的话语，其思想意识根源是通过象牙买卖进行资本的原始积累。

① Hennard Dutheil de la Rochère, Martine: "Body Politics: Conrad's Anatomy of Empire in *Heart of Darkness*". In *Conradiana*, Vol. 36, No. 3, 2004, pp. 184-205.

② Burden, Robert: *Heart of Darkness: the Critics Debate*. Hampshire: Macmillan Education Ltd., 1991, pp. 65-82.

③ MacCabe, C.: *Theoretical Essays: Film, Linguistics, Literature*. Manchester: Manchester University Press, 1985, p. 102.

④ 康拉德：《康拉德小说选》，袁家骅等译，上海：上海译文出版社，1985年，第69页。

而中心站的经理则得意地述说怎样成功延缓了汽船去内陆站救应库尔茨;他曾跟他叔叔说起库尔茨使他失去了权威,而他叔叔的回答是,非洲的恶劣气候会帮他解决这一问题的:因为欧洲人很难从那样恶劣的环境里生还。这是公司间为了利益而明争暗斗的话语。库尔茨得意,意味着被老板赏识,意味着中心站经理的不被赏识,意味着他的利益的损失,因此他在库尔茨有难时不积极救应,并且希望恶劣的气候能为他除掉对手。

而对马洛而言,库尔茨是维多利亚时期白人探险精神和英雄主义的话语主体。他想象的是几个人驾着独木舟,漂洋过海,去发现,去探索,去占领。这是他要崇拜的英雄。库尔茨的经历正好符合他的想象,因此在他心目中库尔茨真了不起,他"很富勇气,敢于面对荒野的深处"。在他对库尔茨有了更深刻的了解之后,马洛认识到,尽管库尔茨仍然是英雄,但却是一位孤独的英雄,他远离了他本来所处的所谓文明社会的约束。这样,通过对库尔茨的兴趣,他想了解的实际上是一个更大的问题,即当脱离了社会、道德的束缚之后,"文明人"会出现什么问题?他惊讶地发现,这时的库尔茨已经是一个"空到了骨髓"的人,除了他能舌灿莲花地欺骗当地人、用残酷的手段剥削他们之外,他已只剩下一具空壳。

不同的社会集团有着不同的话语。《黑暗的心》中有着很多种话语,它们形成了不同的文类特色,并以各种不同的声音构成了冲突,以致美国当代文论家詹姆逊(Jameson, Fredric)宣称这部作品简直无法划分文类,而"整个欧洲造就了库尔茨"的断语也就只能在对构造库尔茨的各种话语进行了充分的分析后,我们才能真正懂得其含义。

伯登最后借罗杰·布龙利(Bromley, Roger)的话,表达了话语理论对文本的理解:"写作永远处于接力的网络之中,留下能区分的痕迹。这些痕迹永远不能被作者所简单'表现',或被读者完美地解读。文本的编码过程和接受时的社会关系影响,便确定了这样一个道理:任何写作的模式,都永远不可能'一劳永逸地'被还原到某一特定的位置。"①

以上是《黑暗的心》批评的几个方面。这部作品的丰富性,使各种

① Bromley, Roger: *Lost Narratives: Popular Fiction, Politics and Recent History*, London and New York: Routledge, 1988, p. 30.

阐释成为可能。随着时代的变迁和批评方法的创新，产生了更多的批评。以下是几种比较主要的批评。

第一节 《黑暗的心》的原型批评

20世纪50年代以来，《黑暗的心》的神话原型批评颇成风气。不少评论家把马洛非洲探险与自我精神探索结合起来，力图寻求小说的原型。

里莲·费德（Feder, Lillian）发现《黑暗的心》是对维吉尔（Virgil）的《埃涅阿斯纪》（*Aneas*）的模仿。在希腊神话中，哈德斯是守护冥府的地域统治者，也是冥府的名称。据说赫尔墨斯通过拉科尼亚等地的入口，把鬼魂送到冥河斯提克斯岸边，卡戎用船将他们渡过冥河。三头狗克尔柏罗斯守在入口，对进去的人毫不阻挡，但不允许任何人出来。根据维吉尔的《埃涅阿斯纪》，埃涅阿斯在西比尔引导下游历了地狱各界，然后进入冥府中的乐土，又活着回到人世。埃涅阿斯的冥府历程使他了解到了人世的悲剧本质。这位特洛伊英雄历经黑暗的重重磨难，为在罗马建立自己的国家付出了巨大代价。

根据费德的分析，两部作品在故事情节上有惊人的相似之处：主人公都经历了三个阶段的自我发现历程，即分离、变化、返回。他们离开原来的地方，告别年轻时的单纯和幻想，踏上旅途与罪孽恶相遇，克服重重艰难险阻，接受无数严峻考验，最后获得真理。《黑暗的心》受《埃涅阿斯纪》的影响，巧用冥府游历，设置阴森忧郁的色调，以表现作者对历史和文明的深刻思考，以及对人类命运的终极关怀。小说开头，康拉德就凸显了幽暗的情调。他反复使用了诸如“悲怆的朦胧”（第二段）、“低覆的阴暗朦胧”（第三段）、“西边天际笼罩着上游河段的那片朦胧”（第四段）之类的词语，描写当时马洛的几位朋友聚在一起听他讲故事的情景。马洛眼望着泰晤士河讲述着罗马帝国征服英格兰的历史，他提到罗马人的暴行时说：“……一种对于观念的毫无私心的信仰——这是一种可以去加以树立，对它顶礼膜拜，向它贡献牺牲的东西……”[①] 费

① 康拉德：《康拉德小说选》，袁家骅等译，上海：上海译文出版社，1985年，第489页。

德说，马洛的评述正点明了《埃涅阿斯纪》的主题，因为维吉尔所关注的就是马洛所说的"信念"——作为征服者所必需的残暴的武力，所以，罗马神话为库尔茨的暴行和马洛在"地狱"中的自我发现提供了原型批评的背景。①

费德认为，康拉德与维吉尔都以作家的自觉意识，采用象征、寓意和暗示的手法，表现主人公在命运驱使下建立新的属于自己的家园。费德注意到马洛对刚果的叙述中使用了诸如"链条串"、"死一般的冷漠"等语来表示地狱的意象。走进一片树荫后，马洛说："我便觉得，我好像是踏进了某个阴森森的地狱圈子里。"② 这里的"地狱"指基督教意义上的"hell"，也是拉丁语的"inferna"。康拉德对非洲丛林里土著人的描写正如维吉尔对哈德斯地狱的描写："一些黑色的人形的东西蜷缩着，躺卧着，背靠树干坐在树丛间，他们紧紧地依附着大地，一半露出来，一半遮没在昏暗的光线里，呈现出各种各样痛苦的、认命的和绝望的姿态。"③ 在马洛和库尔茨会面时，康拉德多次指涉地狱的意象：当马洛走近库尔茨时，库尔茨在地狱般的背景里站起身来，"摇摇晃晃地，长长的、模模糊糊的形体并不分明，仿佛是大地中冒出的一股蒸气，轻微地摆动着，朦胧不清地、一声不响地站在我面前"。这时，康拉德把库尔茨形容为地狱里的"幽灵"，一个"四处漂泊受尽折磨的东西"。④ 此外，库尔茨的未婚妻也似乎像是一个从冥界走来的人一样，此时，她不是库尔茨的地狱般的丛林里的人，而是"在那静穆得如同墓地中一条维护良好的甬道般的大街上两排高高的房屋之间"的人。在她的房间里，"有三扇从地面直到天花板的长窗"和一架"浅黑色的磨光的石棺"般的钢琴。⑤ 马洛对她的造访可以看成是他冥府之旅的最后一站。基于这几个方面，费德断言，康拉德通过使用古典地狱意象向读者展现出马洛非

① Feder, Lillian: "Marlow's Descent into Hell". In *Nineteenth-Century Fiction*, Vol.9, No. 4, March (1955): pp.280-292. Reprinted in *Twentieth-Century Literary Criticism*, Vol. 13, p.107.

② 康拉德：《康拉德小说选》，袁家骅等译，上海：上海译文出版社，1985 年，第 503 页。

③ 同上。

④ 同上，第 578 页。

⑤ 同上，第 591 页。

洲之行非同一般意义上的旅行，而是一次深入人类内心黑暗之处的心路历程，一次埃涅阿斯式的寻找失落的精神家园的"无意识的自我"体验。

罗伯特·埃文斯（Evans, Robert O.）则发现了《黑暗的心》借用了但丁（Alighieri, Dante）《神曲》（*Divina Commedia*）里"地狱篇"中的意象，不同的只是马洛孤身一人旅行，而但丁则有维吉尔做他神游的向导。小说中的非洲就是《神曲》里的"地域"，大河是"亚开龙河"、"弗列格吞河"、"斯提克斯河"的总称，这两个主体意象涵盖了小说所具有的意大利史诗的特征。①

埃文斯说，维吉尔的《埃涅阿斯纪》显然启发了康拉德的写作，但是，《黑暗的心》不能简单地被视为是《埃涅阿斯纪》的原型再现。它既不是陈述库尔茨的堕落，也不是抒写马洛的觉醒，而是让读者在马洛的"冥府"式旅行中得到教育启示，同时又能获得娱乐享受，从而体味出康拉德与维吉尔具有同样深层次的伦理价值观。

他认为，《黑暗的心》借鉴了但丁《神曲》的框架构制。但丁的神游不是埃涅阿斯式的持续性旅行，而是间断的。诗人在途中不时停下来对所见所闻做一番评论，这与马洛的非洲之旅极为相似。与罗马神话原型相比，马洛的旅行更具有意大利史诗的性质。

埃文斯发现，马洛在旅途中相遇的人物都带有《神曲》里人物的"罪孽"。马洛将自己三个旅行阶段中相遇的人物归为三种类型的"罪孽"。第一阶段是到海滨站的旅程，他遇到了公司会计，这个人很像炼狱里的佃户，"他们（佃户）没有'罪孽'/但是他们的所作所为有过失/不可洗刷/这是你最向往的信仰之门"。② 显然，会计是属于炼狱第一圈"候判所"（Limbo）里的人物，他与荷马、苏格拉底等古圣先贤一样，命定受罚却不受苦，而且永远没有升入天堂的希望。第二阶段是到中心站的旅程，马洛遇到的象牙贸易商们酷似《神曲》里上层地狱的人，这是一群"被鬼魂迷在一圈破篱墙里的不忠实于自己信仰的朝圣者"，在中心站的院子里晒着太阳漫无边际地溜圈子，"一股愚蠢的贪婪的腐臭气通

① Evans, Robert O.: "Conrad's Underworld". In *Modern Poetry Studies,* Vol. II, No. 2, 1956, pp. 56-62. Reprinted in *Twentieth-Century Literary Criticism*, Vol.13., pp.110-113.

② 但丁：《神曲》，王维克译，北京：人民文学出版社，1994 年，第 23 页。

过象牙这个词儿飘逸出来,恰似从某一具尸体上散出的味道!”[①] 这俨然是《神曲》里地帝城(City of Dis)的景象。第三阶段是到内陆站的旅程,这里是属于库尔茨的下层地狱世界。库尔茨这个恶魔具有“路西弗”(Lucifer)身上的一切罪孽。从马洛的叙述中不难看出,库尔茨恰如其分地表现出但丁对“罪孽”的描写。他挣脱了社会和文明的束缚,抛弃了宗教信仰,出卖了贸易同伙,丧失了道德准则,成了地狱“冥府”里的“路西弗”。

杰尔姆·塞勒(Thale, Jerome)则在《黑暗的心》中发现了“寻求”主题。他认为,康拉德关于马洛的叙事是一个神话,一个有关英雄追寻圣杯的神话。圣杯是耶稣受难前一日,在最后晚餐时使用过的杯子。当时耶稣用圣杯盛酒,说:“这是我立约的血,与你们同饮,以赦世人之罪孽。”[②] 这样,圣杯就成为反映人心善恶的镜子,只有内心纯洁无瑕的人才能看见它,缺乏仁爱、节制和真理的人无缘得见。13 世纪,勃艮第诗人罗贝尔(Robert de Boron)撰写的诗歌《薄希华》(*Perceval*)中,圣杯进入了亚瑟王的传说体系。在一次圆桌骑士的宴会上,骑士们目睹了圣杯发出的绚丽光彩,但没有一个人能看清圣杯的真貌。于是,骑士们发下誓言,不找到圣杯,绝不返回朝廷。骑士们在追寻圣杯的过程中经历了上帝制造的幻象的考验,如果内心对上帝的信念不坚定,就无法寻得圣杯。骑士们纷纷无功而返,只有薄希华[illegible]见圣杯,被誉为“圣杯骑士”。

塞勒认为,《黑暗的心》与追寻圣杯的传统文学主题有着微妙的联系。马洛就是一个变形的骑士。在踏上非洲之旅的漫漫长途之后,他经历了千辛万苦,增长了见识,最终得到了精神升华。为了突出马洛追寻圣杯的文学意义,康拉德特意运用了黑白象征手法来发掘潜藏在圣杯原型中的神话内涵。

在小说中,“光”是圣杯的表象。只有看见“光”的人才能获得顿悟。小说开头,马洛说:“这块地方(非洲)也是世界上的黑暗地带之一啊。”[③] 的确,非洲是一个荒原,阴沉而又郁闷。在这茫茫黑暗里,马洛在

① 康拉德:《康拉德小说选》,袁家骅等译,上海:上海译文出版社,1985 年,第 513 页。

② Matthew 26:28.

③ 康拉德:《康拉德小说选》,袁家骅等译,上海:上海译文出版社,1985 年,第 486 页。

寻求圣杯之光："这个地方……不知为什么，它似乎能在某种程度上照亮有关我的每一件事情——直照进我的思想……它似乎是投射出了一股亮光。"[①] 光明代表着圣洁和仁慈，黑暗代表着死亡和邪恶；文明是光明，丛林是黑暗。然而，在小说中，光明与黑暗不断变换，甚至错位。弗雷斯勒人的尸体是白色的，库尔茨房舍周围挂着的死人头颅是白色的，海外帝国的总部给马洛的印象是"白色坟墓"。其实，死亡和堕落不属于黑人，而恰恰是白人涂抹掉了非洲大陆的地图上的"神秘的白色"，使它变得黑暗。这种黑暗一直持续到小说结尾："那通向天涯海角的静静的河道在阴云密布的天空下昏沉地流动着——仿佛是流入一片广阔无边的黑暗的中心。"[②] 康拉德在此暗示：只有在"黑暗"的非洲，他才能找到真实的自我。对他来说，伸向非洲腹地之旅就是通往自我灵魂的泊地。事实上，马洛在"黑暗"的非洲大陆走向了人类灵魂的腹地。

塞勒指出，库尔茨就是马洛追寻的"圣杯"。在所有与库尔茨交往的人中，只有马洛这个"虔诚的信徒"获得了顿悟。贸易站的经理对库尔茨妄加指责，俄国海员对库尔茨盲目崇拜，库尔茨的未婚妻和非洲情妇对他痴情迷恋，他（她）们所寻觅的"圣杯"不是虚幻的，就是谎言。唯独马洛，正如圣杯故事中的薄希华那样，经受住了最后的考验，认识了库尔茨的真面目：

> （库尔茨）有话可说。他说出来了。因为我曾亲自越过那一线边缘去窥视过，所以我更了解他那看不见蜡烛的火光而却又睁大得足以容下整个宇宙、锐利得足以穿透在那片黑暗里跳动着的每一颗心的凝视中所包含的意义。[③]

塞勒指出，库尔茨最后的呼求喊出了马洛非洲历险的全部意义。在库尔茨的"可怕"的叫声中，马洛看出了库尔茨的自醒，这种自醒就是库尔茨对自己邪恶行径的精神顿悟。

像格列佛那样，马洛回到了英国。他鄙视走在大街上的那些庸庸

① 康拉德：《康拉德小说选》，袁家骅等译，上海：上海译文出版社，1985 年，第 489 页。

② 同上，第 596 页。

③ 同上，第 586 页。

碌碌的人群。他嘲笑他们的浅薄和无知,因为在寻找库尔茨的过程中他已经发现了步入人类自由之境的"圣杯",这个"圣杯"需要人一步一个脚印地奋斗,经历磨难,忍受被物欲摧残的痛苦,只有这样,才能最终"获得拯救人心灵的'圣杯'"。

第二节 《黑暗的心》的女性主义批评

康拉德的小说世界大多是男人的世界,纵然有女性的身影,她们也多半处于"无声"状态。《黑暗的心》也不例外。乔治·吉辛(Gissing, George)曾于1903年在写给康拉德的信中说:"你小说中那些沉默不语或少言寡语的女性棒极了,你是如何鬼斧神工地用沉默来让她们表达自己的心声的呢?"[①] 在类似吉辛这样的批评家眼里,《黑暗的心》是一个推崇男性至上主义的文本,反映了西方社会普遍存在的父权意识。

托马斯·莫泽(Moser, Thomas)首先抨击康拉德小说中的父权意识。[②] 他指出,《黑暗的心》中的女性与小说的主旨无紧要联系。马洛在自己的叙述中提及了五位女性人物,分别为给马洛谋到公司职位的姨妈,马洛在公司办事处遇到的一胖一瘦两个用黑毛线编织衣物的女人,库尔茨的未婚妻和那位非洲悍妇。在莫泽看来,上述女性,可能是有意烘托其作为帝国男儿的责任和义务,而这些女性的建构无疑与西方父权意识不谋而合,进而更加强了强男弱女的人物形象。

作为男性叙述者,马洛表现出西方传统的男权强势。在他眼里,女人无知、浪漫,无力面对现实生活。莫泽说,马洛在小说开头就表现出对女性的偏见。他想谋得船长之职,却难以寻求到男性亲戚的帮助,只好"屈尊"求助姨妈。姨妈是个乐善好施、和蔼可亲的人,她把马洛看成是开拓非洲、传播文明的圣徒。马洛一边嘲笑姨妈的无知,一边却又希望继续隐瞒真相,编造谎言,永远将女性置于自己狭小的圈子。

① Nadelhaft, Ruth: *Joseph Conrad: A Feminist Reading*. Hemel Hempstead: Harvester Wheatsheaf, 1991, p. 34.

② Moser Thomas, *Joseph Conrad: Achievement and Decline.* Cambridge, Mass: Harvard University Press, 1957. (Part of the book) Reprinted in *Twentieth-Century Literary Criticism,* Vol. 13, pp. 113-114.

> 真奇怪，女人们距离真理竟是这么远。她们生活在一个她们自己的天地里，而世界上从来不曾存在过任何这样的天地，也绝不可能存在。她们的这种天地真是太美妙了，如果她们竟会建立起这样一个天地来，那么，不等日落西山就会土崩瓦解的。我们男人自从创世纪以来一直心满意足地接受下来的某个该死的事实，会突然冒出来，把她们整个这一套打得粉碎的。①

马洛认为女人和真理无关。在小说中，马洛对库尔茨未婚妻的评价是："她跟这个有没有关系——完全没有，她们——我指女人们——都跟这个无关——也应该无关。我们必须帮助她们停留在她们自己那个美丽的世界中，否则我们的世界就会变得更糟了。"② 莫泽指出，马洛对女性的这种曲解顺应了文化与历史对女性层层绑缚的潮流，反映出父权文化的虚伪。

在小说里，读者看到的是两个罩着黑衫、高深诡秘、巫师般可怕的黑皮肤女人和一个披挂着怪异装饰的"狂野"的黑人女子。这些黑人女子都被排斥在男人的意义之外，被埋没于被动无语的空间。马洛对库尔茨的非洲情妇这样描述：

> 在一片突然降临到这块悲哀土地上的寂静中，那无边无际的荒野，那有着丰饶而神秘的生命的巨大躯体似乎都在凝视着她，沉思地凝望着，仿佛在凝望它自身那晦涩而热烈的灵魂所显现出来的形象。③

戈登·汤普森（Thompson, Gordon W.）具有同样的看法。汤普森认为，库尔茨的情妇是黑人女性的代表，尽管她的出场非常短暂，但康拉德对她却流露出歧视：

① 康拉德：《康拉德小说选》，袁家骅等译，上海：上海译文出版社，1985 年，第 519 页。

② 同上，第 552 页。

③ 同上，第 571 页。

……一个粗野的衣着花哨的鬼一般的女人从右往左在那里走动……身上挂的野蛮的装饰物发出轻轻的叮当声和闪烁的光泽……既凶猛狂野又美丽端庄……她脸上带有悲伤而凶猛的神色……就像荒野本身一样。①

他认为康拉德是在渲染土著女性的野蛮性和丑陋性。他将森林作为库尔茨情妇出没的背景旨在表明这个女人是野人,是生活在原始丛林中的野人。他在承认康拉德不是一个没文化的热爱者的同时,也指出他对土著女性妖魔化的刻画是他站在白人和父权制的立场上对她们的贬低和排斥,因此,康拉德对土著女性存在着种族和性别上的双重歧视。在康拉德的小说里,女性是男性的"他者",是愚昧的、放荡的、粗野的。②

以尼娜·佩利坎·斯特劳斯(Straus, Nina Pelikan)为首的激进女权主义评论家也批评康拉德将女性排除在叙事之外。斯特劳斯认为,在《黑暗的心》中马洛虽然也谈论女人,但是,他的话语对象是其他男人。没有迹象表明女人也可以被包括在他的听众之内,也没有迹象表明他所依赖生存的"人类"包括了女性。康拉德在故事的外围故意增添了一层框架,以便把读者也包括在马洛的听众之内。她认为,正是这一框架泄漏了全书叙事话语那秘而不宣的实质——康拉德似乎跟马洛共同密谋了一段排斥女性的叙事话语。斯特劳斯认为,库尔茨的一幅油画反映了父权禁锢下的女性:"我注意到一幅小小的速写油画……画的是一位妇女,披着衣服,蒙着眼睛,举着一把点燃的火炬。背景昏暗——几乎是一片漆黑。"③ 斯特劳斯指出,原文中"blinded"一词,既表明了"被蒙住眼睛"的含义,也可以引申为"被欺骗"。画中的女性在父权帝制的禁锢下无法认清殖民究竟是文明传播,还是意味着杀戮和掠夺。由此,

① 康拉德:《康拉德小说选》,袁家骅等译,上海:上海译文出版社,1985 年,第 571 页。

② Thompson, Gordon W.: "Conrad's Women". In *Nineteenth-Century Fiction*, 32.4, (1978): p. 34.

③ 康拉德:《康拉德小说选》,袁家骅等译,上海:上海译文出版社,1985年,第547页。

斯特劳斯认为:“《黑暗的心》中马洛的非洲之行是对女性的殖民过程;而女性角色在这一过程中被除名、被遗忘、被物化,因此,康拉德是借男性之口大肆宣扬男性价值体系的男性沙文主义作家,他在小说中展示给男性的是事情的本来面目,留给女性的却是谎言。”①

锡德里克·沃茨(Watts, Cedric)在评论中试图找出康拉德女性偏见的原因。他认为,《黑暗的心》体现出的男权意识与康拉德因幼年丧母而产生的厌女心理不无关系,所以,康拉德把女性无一例外地误解为神秘莫测。女性人物在康拉德小说中永远是男性的附庸,是他者,是陪衬,难入主流。小说中的姨妈除了马洛以外找不到别人来寄托自己的希望,于是承担着马洛母亲的责任。马洛在男性社会混不下去了,就来找她,从她那里寻得慰藉。因此,姨妈只是为了马洛才具有了本身存在的意义。沃茨也引用马洛对姨妈的贬斥:“真奇怪,女人们距离真理竟是这么远。她们生活在一个她们自己的天地里,而世界上从来不曾存在过任何这样的天地,也绝不可能存在。”沃茨说,马洛以鄙视的态度来淡化姨妈对自己的恩情,以此减少自己蒙恩于女人的羞愧。在旅途中,马洛曾对他的同事抱怨道:“大家应该合力把女人关在她们自己的世界里,否则她们必会搞破坏,添乱!”②在旅途结束后,马洛并没有去拜访和面谢姨妈,因为在他看来,姨妈的推荐带给他的并不是光明的前程,而是让他前方的路更加艰难、黑暗。

除了姨妈以外,马洛也不乏对库尔茨未婚妻和黑人女性的恶意贬低。在他赞扬库尔茨未婚妻的端庄举止的同时,他还用了“不祥的影响”这样的词句。马洛是在暗示库尔茨是为了将未婚妻娶进家门才去殖民地敛财,正是不祥的她给库尔茨带来了灭顶之灾。马洛把库尔茨的“狂野”情妇毫不掩饰的原始情欲以及对库尔茨的公然责怪描述为邪恶的诱惑、危险、贪婪与罪恶:

> 她注视着我们所有的人,仿佛她是靠了那凝视不动的目光才

① Straus, Nina Pelican: “The Exclusion of the Intended from Secret Sharing in Conrad’s *Heart of Darkness*”. In *Novel* 20:2 (1987): p. 28.

② 康拉德:《康拉德小说选》,袁家骅等译,上海:上海译文出版社,1985年,第515页。

得以维持住自己的生命。突然，她伸开裸露的两臂，把它们直挺挺地举过头顶，似乎她有一种不可遏制的欲望要去摸一摸青天似的，与此同时，迅速移动的阴影投向了大地，扫过了河面，把这艘汽船也裹入阴暗的怀抱中。一种令人不寒而栗的寂静笼罩着眼前的这片景色。①

在马洛眼里，非洲情妇是邪恶的夏娃。她违反上帝的指令，用野性勾引库尔茨，使他一步步走向黑暗的深渊。沃茨认为，这种"粗野"与"女人"的双重特质玷污了男人原有的优势性别与文明，从而也成为库尔茨背弃文明，疏离他的未婚妻而沉迷于邪恶与血腥的丛林深处的根源。沃茨认为：女人无知的牵引和阴险的蛊惑是男人身陷黑暗深渊的根源。在康拉德笔下，女人就是黑暗所指，他们的领域就是危险地带，男人要涉足黑暗必须谨慎，否则难逃厄运。②

戴安娜·布莱顿（Brydon, Diana）认为康拉德小说中的女性与作品所表现的主题不无关联。由于航海、探险和殖民属于男人的事业，女性被排除在外，因为她们不具备那样的能力。小说自始至终凸显的是男性中心、女性边缘的特点，不过也只有这种性别建构才能使整部作品的中心主题得以充分发挥。布莱顿认同评论界对康拉德小说中女性形象的普遍观点。她再次强调《黑暗的心》是一部典型的以男性为中心的小说。小说中所有的女性都成了男性的附庸。姨妈强烈支持帝国男人的事业，盛赞帝国的殖民政策。库尔茨的未婚妻为未婚夫坚守贞洁，坚信他的伟大事业，等待他的归来。如果没有马洛，姨妈这个形象便失去了存在的价值，同样，如果没有库尔茨，其未婚妻也失去了存在的必要。非洲女人在库尔茨到来后也心甘情愿做他的附属品。库尔茨把非洲女人由一个"野蛮人"调教成有"性别意识"的"文明人"，说明西方父权文化的"启蒙"力量。在英国，库尔茨控制其物质和精神世界；在非洲大陆，土著女人接替了未婚妻的角色，受库尔茨的主宰。据此，布莱顿

① 康拉德：《康拉德小说选》，袁家骅等译，上海：上海译文出版社，1985年，第569页。

② Watts, Cedric: *Conrad's Heart of Darkness: A Critical and Contextual Discussion.* Milan: Mursia International, 1977, p.76.

总结道，康拉德没有跳出父权思维的窠臼，在他的小说世界里，男性居于主导控制地位，女性只是作为参照物来建构男性的“男子气概”，她们要么是客体化了的文明世界的欧洲女性，要么是异己化了的非洲土著女性。①

上述评论家们都关注到康拉德对库尔茨未婚妻的塑造。库尔茨的未婚妻被长年固封于“黑暗的墓穴般的空间内，周围的一切都是那种迂腐、沉闷、毫无生气的生命存在”②。她没有名字，没有自我身份，终日圈隅于自己的画室，与外部世界隔绝，生活在库尔茨的阴影中。在康拉德的笔下，库尔茨的未婚妻被描绘成“随时准备附从，没有任何保留，没有任何疑问，甚至没有任何自我的概念……（她）具有一种与生俱来的、成熟的忠诚观和信任感，以及忍受任何苦痛的能力”③。库尔茨远在非洲开拓帝国的殖民事业，她却独守清闺，独自忍受离别带来的思念的痛苦和生活的艰辛，默默等候库尔茨的归来。她对库尔茨在黑暗的非洲大陆的所作所为及其精神状态一无所知。光阴荏苒，她仍然沉浸在自己编织的梦中，坚信库尔茨是永远的英雄，并情愿为他保持贞操。康拉德甚至剥夺了她拥有姓名的权利，称呼她为库尔茨的未婚妻。显然，康拉德认为她不该具备自我身份，只不过是库尔茨的“他者”。

评论家们还注意到库尔茨死后马洛去看望他未婚妻时的景物的色调和气氛描写：“……高高的大理石壁炉带有一种冷冰的、纪念碑似的白色。一架大钢琴重实地摆在一边屋角里；平滑的表面上发出黑色的光亮，好像一口浅黑色的磨光石棺。”④ 斯特劳斯说，纪念碑和石棺象征着殖民帝国行将就木，日暮途穷。在阴郁、幽暗的氛围中，库尔茨的未婚妻出场了：

她走上前来，一袭素裳，面色苍白，在暮色的昏暗中向我飘然

① Brydon, Diana: "'The Thematic Ancestor': Joseph Conrad, Patrick White, and Margaret Atwood". In *World Literature Written in English* 24 (1984): pp. 386-397.

② 康拉德：《康拉德小说选》，袁家骅等译，上海：上海译文出版社，1985 年，第 586 页。

③ 同上。

④ 同上，第 570 页。

> 走近。她在服丧。这已经是他死去一年多,消息传来也一年多以后了;她看来似乎要永远牢记永远悲哀下去。她抓住我的双手喃喃不清地说,“我早听说您要来了。”我注意到她并不很年轻——我意思是并不像个小姑娘。她具有一种成熟的人的忠诚、坚信和受难的能力。那间屋子似乎变得更昏暗,好像那个阴云密布的黄昏里所有悲哀的光亮都跑来躲藏在她的额头上。这头美发,这张苍白的脸,这对纯洁的眉毛,仿佛被一圈灰色的光环围绕着,而透过这光环,一双黑色的眼睛在对我凝视。它们的视线是坦率的、深沉的、自信的,也是信赖人的,她抬起悲伤的脸,仿佛在为这悲伤而骄傲,仿佛她要说,我——只有我,知道该如何像他所应受的那样去为他哀悼。①

斯特劳斯对库尔茨未婚妻的这种形象特别分析说,这个一直生活在欧洲“文明”枷锁下的女人把库尔茨作为欧洲文明的楷模加以崇拜,最终成为父权帝制的牺牲品。然而,也有些评论家,其中包括弗雷德里克·卡尔却认为,库尔茨未婚妻的形象中的黑暗是由马洛的感悟而来,是他自己为了寻求心理上的自我平衡所致。这为他欺骗库尔茨的未婚妻铺垫了氛围。②

小说结尾处马洛向库尔茨未婚妻说出的谎言一直成为众多评论家关注的焦点。莫泽曾写道:“马洛回到欧洲原本是要消除库尔茨的未婚妻对库尔茨的记忆,而她的表现却使马洛不得不对她说谎,即库尔茨临终前的遗言不是‘可怕’二字,而是呼唤着她的名字。”③ 莫泽援引文本来强调马洛当时的彷徨心理:“我听见一声轻轻的叹息,紧接着我的心

① 康拉德:《康拉德小说选》,袁家骅等译,上海:上海译文出版社,1985 年,第 591 页。

② Karl, Frederick R.: “Early Conrad:From ‘Almayer’ to ‘Typhoon’”. In *Modern Fiction Studies*, Vol. XIV, No. 2, Summer (1968): pp. 91-144. Reprinted in *Twentieth-Century Literary Criticism,* Vol. 13, p.129.

③ Moser, Thomas: *Joseph Conrad: Achievement and Decline.* Cambridge, Mass: Harvard University Press, 1957. (Part of the book) Reprinted in *Twentieth-Century Literary Criticism,* Vol. 13, p.131.

便停住不跳了，它突然死死地停住，因为一声狂喜的和可怕的叫喊，因为这声出于不可想象的胜利和难以言形的痛苦的叫喊。”[①] 莫泽指出，马洛所说的“不可想象的胜利”是指他自己通过非洲丛林的历险把握了真实的自我，而库尔茨的未婚妻却由于他的谎言成了真实的孤独旅行者。马洛对库尔茨的未婚妻的谎言永远剥夺了她知晓“事实”的权利，将她永远置于一种浪漫的谎言中，使她永远沉溺于无尽的虚无世界。

斯特劳斯基于马洛带给男性的是事实，而带给女性的是谎言这一事实指出：“库尔茨的未婚妻不仅被剥夺了姓名，也被剥夺了获得真实情况的途径。”斯特劳斯认为，康拉德对欧洲女权运动有着模棱两可的理解，认为这是一场女性争取社会权利和政治选举权的人文运动，所以对其前景缺乏信心。小说结尾处马洛和库尔茨未婚妻之间的对话昭示出父权文化对女性的意识形态的亵渎。[②]

肯尼斯·布鲁菲（Bruffee, Kenneth A.）则对此别有见解。她认为马洛的谎言不是对事实的回避，而是一种捍卫脆弱的文明免受邪恶权势的侵害的英勇行为。布鲁菲注意到，在小说开始马洛曾经表白：“谎言里带有一种死亡的腐朽味儿，一种致人死命的臭气——这正是我在世界上所最为厌恨最为憎恶的东西——我所想要抛诸脑后永远不再记起的东西。它使我难受，让我恶心，就好像咬了一口某种腐烂发臭的东西似的。”[③] 然而，在小说结尾处，他却对库尔茨的未婚妻撒了谎。这个谎言对整个小说的寓意起到了关键的作用，而恰恰是这个谎言往往被读者误解。布鲁菲认为，生活给每个人都有一份独特的回报，自知是他人所不能理解的自我认识过程。然而，在小说中马洛的经历告诉他事实并非如此。他很快发现自己却偏偏参与了库尔茨的自知过程，并在库尔茨的经历中得到启示，从一定程度上讲，马洛分享了生活给库尔茨的回报，以及这个回报带来的惩罚和负担。[④] 马洛曾经说过，非洲荒野使

① 康拉德：《康拉德小说选》，袁家骅等译，上海：上海译文出版社，1985年，第596页。

② Straus, Nina Pelican: “The Exclusion of the Intended from Secret Sharing in Conrad’s *Heart of Darkness*”. In *Novel* 20:2 (1987): p. 131.

③ 康拉德：《康拉德小说选》，袁家骅等译，上海：上海译文出版社，1985年，第519页。

④ Bruffee, Kenneth A.: “The Lesser Nightmare: Marlow’s Lie in ‘*Heart of Darkness*’”. In *Modern Language Quarterly*, Vol. XXV, No.3, September (1964): p. 323.

库尔茨的灵魂永远为荒野所有。他一旦被谎言“抓住”就开始占有那里的任何东西:“我的未婚妻,我的象牙,我的贸易站,我的河,我的——每样东西都是属于他的。”然而,马洛又紧接着说:“要紧的是我们得知道,他是属于什么东西的,又有多少种黑暗的势力宣称他是属于它们的。”[①] 当马洛确信库尔茨不是“蠢货”之后,他便暗示出库尔茨是属于谁的:“依我想,没有哪个蠢货从魔鬼手里救出过自己的灵魂。”[②] 最后,马洛断言:“(库尔茨)的被遗忘的兽性的本能会诱使他无法无天的灵魂去超越那所能容许的灵感的界限。”[③] 由此看出,马洛得到的回报是在他亲眼看见库尔茨的所作所为后得到的道德启示,他庆幸自己没有像库尔茨那样在“可怕”中死去。布鲁菲认为,“对马洛的惩罚就是小说结尾中他向库尔茨未婚妻说的谎言,他通过撒谎牺牲了自己人格的完整性”[④]。布鲁菲指出,谎言既没有削弱小说的结尾,也没有削弱小说本身:

> 并非这个女人不应该得知真相,而是她应该不去得知真相……“这头美发,这张苍白的脸,这对纯洁的眉毛,仿佛被一圈灰色的光环围绕着,而透过这光环,一双黑色的眼睛在对我凝视。”她被光环围绕着,然而这光环是灰色的,但它毕竟是光环。那么,谎言的目的就是为了减轻这个女人的悲伤。更主要的是,马洛的谎言是为了缓解连她自己都不知道的痛苦。无论库尔茨的未婚妻所代表的文明是如何的空虚与腐朽,她的光环是如何灰色,马洛在小说结尾才意识到这个女人是令人尊敬的,她不应该被告知事实的真相。[⑤]

随着女权主义批评的深入,男性作家的创作和女权主义解读的对

---

① 康拉德:《康拉德小说选》,袁家骅等译,上海:上海译文出版社,1985 年,第 553 页。

② 同上。

③ 同上,第 579 页。

④ Bruffee, Kenneth A.: “The Lesser Nightmare: Marlow’s Lie in *Heart of Darkness*”. In *Modern Language Quarterly*, Vol. XXV, No.3, September (1964): p.329.

⑤ 同上,p.327。

立逐渐消解，也有些评论家，如杰里米·霍桑（Hawthorn, Jeremy）和安德鲁·罗伯茨（Roberts, Andrew M.），开始质疑莫泽和斯特劳斯的观点。霍桑认为，《黑暗的心》中的女性形象丰满且充满了神秘色彩。马洛在公司办事处遇到的一胖一瘦两个正用黑毛线编织衣物的女人，“显得那么神秘莫测，好像有执掌着人的命运的能力……她们把守着黑暗的大门，手里忙着织黑毛线，好像是用来做一件温暖的棺衣”[①]。库尔茨的未婚妻和他的非洲女人，一白一黑，形成了鲜明对比：

> 他（库尔茨）的未婚妻优雅稳重而被动，他的黑情人则是生命的象征；未婚妻只有黑白两色，而黑情人却色彩炫目；未婚妻优雅而虚弱，黑情人却野蛮又超然；未婚妻身着丧服，而黑情人却身穿战衣；未婚妻身上透着令人压抑的乏味，而黑情人却既野蛮又高贵，既凶猛狂野又美丽端庄……未婚妻和她所代表的理想主义是枯燥乏味的，结果必定是死亡。但黑情人旺盛的生命力就如同在他身上折射的荒野，热情而生命力旺盛。[②]

霍桑指出，康拉德小说中的女性形象虽笔墨不多，但富有创意。她们或神秘或执着，或可怕或天真；她们虽沉默无语，但其肢体语言却耐人寻味。

苏珊·琼斯（Jones, Susan）认为，康拉德小说里的女性没有肤色之分，只有传统与现代之分，她们代表着传统与现代两种理念，有着极强的象征意义。琼斯指出，库尔茨的未婚妻是传统的贤妻形象。她与库尔茨相别数年，但始终默默等待，毫无怨言。在马洛看望她时，她仍希望库尔茨临终前能想到她，念念不忘自己对库尔茨的真挚感情。康拉德从她身上表现了对传统女性的褒扬。与此相比，库尔茨的情妇则是现代女性的代表。从她的打扮到她的举止都不难看出，她是充满生机活力的、敢于追求新生活的现代女性。尽管如此，她仍然是男权社会的

① 康拉德：《康拉德小说选》，袁家骅等译，上海：上海译文出版社，1985 年，第 506 页。

② Hawthorn, Jeremy: *Joseph Conrad Narrative Technique and Ideological Commitment: Heart of Darkness*. London: Edward Arnold, 1990, p. 54.

牺牲品，终究没能逃出男性“他者”的命运。[①]

约翰娜·史密斯（Smith, Johanna M.）对帝国意识形态进行了女性主义批评。她把意识形态通常意义上的有意识的思想体系扩展到无意识的个人经历，也就是凯瑟琳（Catherine）所指的“对世界的真实体验”。约翰娜从意识形态与文学的关系入手，解说文学语言必然受到意识形态的影响，但是语言的流动性又会否定强加给它的意识形态。一旦作家把某种意识形态诉诸于一部作品，语言的流动性就会反映出作品和意识形态之间的鸿沟。[②]《黑暗的心》正反映了马洛的叙述与意识形态之间的鸿沟。例如，在一份写给国际社会的报告中，库尔茨说：“只需简单地运用一下我们的意志，我们便可以一劳永逸地对他们行使一种实际上是漫无止境的权利。”[③] 如果说库尔茨对他者施与的权利是一种意识形态上的“漫无止境的权利”的话，那么，这种观念就使“运用我们的意志”合法化，也就是说，用权利去压制野蛮的习俗是自然的、合理的。小说开始时库尔茨行使殖民霸权与结尾处他信笔涂抹在报告中的“消灭所有这些畜生”形成了鸿沟。在这篇激起各种利他主义感情的文章最后出现的这句动人心魄的呼喊反映出帝国意识形态伪装下的权利与其罪恶行径之间的矛盾。

从这一角度出发，约翰娜分析了贸易公司的会计和他的洗衣女的关系。会计夸耀他的衣料产地实际上已经道明他是用帝国意识形态教化土著妇女，以便做他的奴隶：“我在教站里一个土著女人学习。真难办，她本来讨厌这种工作（洗衣工）。”[④] 马洛对此做出的反应也反映了帝国的强权政治意识。尽管他嘲笑会计像个“女人理发店里做招牌的假人模特儿”，但他同时也表现出了一丝敬意，说他的衬衫是“性格的成

① Jones, Susan: “Conrad’s Women and the Polish-Romantic Tradition”. In *Conrad and Poland*, ed. Wieslaw Krajka. New York: Columbia University Press, 1996, p. 80.

② Smith, Johanna M.: “ ‘Too Beautiful Altogether’: Patriarchal Ideology in *Heart of Darkness*”. In *A Case Study*, ed. Murfin, 1989, p. 181.

③ 康拉德：《康拉德小说选》，袁家骅等译，上海：上海译文出版社，1985 年，第 555 页。

④ 同上，第 506 页。

就”,透出“一种骨气”,还说:“这人还真做了点事情呢。”[①] 马洛把洗衣女置于失语的状态,说明他对帝国的强权政治极端行径已经习以为常。

约翰娜认为,马洛的叙述使帝国权利关系神秘化,特别是男性和女性的关系神秘化。例如,他描述非洲女人时用了“野蛮又高贵”和“凶猛狂野又美丽端庄”这样的修饰语,由此使人联想到非洲丛林的神秘:

> 那无边无际的荒野,那有着丰饶而神秘的生命的巨大躯体似乎都在凝视着她,沉思地凝视着,仿佛在凝视它自身那晦涩而热烈的灵魂所显现出来的形象。[②]

马洛把非洲丛林人格化,更增添了非洲女人的象征意义。在马洛的叙述里,非洲女人沉默失语,非洲丛林寂静无声。如果说帝国的父权制旨在征服女人的身体,那么,帝国的意识形态则旨在征服神秘的非洲丛林。然而,在这寂静无语的状态下,读者感受到“意识形态压制下的真实,而寂静的存在也是意识形态本身”。[③] 在约翰娜看来,非洲女人是一位颇具女权主义特征的女性形象。她的装束——头戴钢盔,身着战衣,铜护胫,铁护手——使她俨然是一个女勇士:“她是非洲传统意义上的女性,在性感与情感上独立于库尔茨之外;她又是非洲传统的土著人,在经济上也独立于库尔茨之外。她的沉默为我们的阅读打开了透射马洛叙述中暴露出的意识形态上的鸿沟。”[④] 她的健康与无畏衬托出了一个病入膏肓的库尔茨。库尔茨的帝国强权政治虽能使他称霸非洲丛林,但是他并没能征服他的非洲女人。他非但未能降服她,反而身陷于她狂野的同化中无法自拔。马洛发现这种可怕的同化已经侵蚀进库尔茨的大脑、肌肤,深渗进库尔茨的血管和灵魂,让库尔茨逐步萎缩,无力逃脱。

① 康拉德:《康拉德小说选》,袁家骅等译,上海:上海译文出版社,1985 年,第 505—506 页。

② 同上,第 571 页。

③ Smith, Johanna M.: " 'Too Beautiful Altogether': Patriarchal Ideology in *Heart of Darkness*". In *A Case Study*, ed. Murfin, 1989, p. 188.

④ 同上, p. 186。

第三节 《黑暗的心》的殖民主义批评

评论家认为,《黑暗的心》描述的冒险故事与《格列佛游记》(*Gulliver's Travels*)和《鲁宾逊漂流记》(*The Adventures of Robinson Crusoe*)不同,它的要点不在宣扬对外殖民征服,相反,它是对殖民主义的揭露和批判。康拉德把殖民主义者在世界范围内的冒险航行看成是一场大规模的海盗行为,他们"凭借坚船利炮在世界范围内争夺自己的势力范围,这大体上看来,和那些野蛮的土著人在丛林里抢夺各自的地盘没有本质上的区别"[①]。

首先从殖民主义角度研究康拉德的西方学者把这部小说与康拉德的生活经历联系起来。杰拉德·琼—奥布里(Jean-Aubry, Gerard)论述了康拉德早年的身世、他的祖国的命运与他的世界观形成之间的关系。康拉德出生在沙俄统治下的波兰,其父是一位爱国作家,因涉嫌参加推翻沙俄的波兰民族独立运动而被捕关押,次年被流放到俄国。康拉德四岁时便同母亲一起在俄国过着颠沛流离的生活。两年后母亲去世。康拉德的祖国波兰历尽磨难,从1795年被俄国、普鲁士、奥地利三国瓜分开始,此后一百多年间,始终处于被西方列强瓜分的痛苦中。西方列强把波兰视为劣等民族,更形成了波兰与西欧的隔绝。国破家亡的痛苦与辛酸,使康拉德与那些被欧洲殖民者奴役的非洲土著人有着相似的感触。二十年的海上漂泊更使他对英国乃至整个欧洲所鼓吹的殖民政策有了深刻的认识,于是他把自己的写作锋芒直接指向了殖民者的罪恶行径。[②]

在杰拉德之后,有学者将康拉德的身世结合当时的国际环境探讨《黑暗的心》。吉伦·亚当(Adam, Gillon)在分析了自19世纪下半叶欧洲列强瓜分非洲的历史事实之后指出,康拉德亲眼目睹了比利时殖民者用武力强迫刚果人民为其聚敛橡胶和象牙的历史事实。在当时的英国也有很多关于刚果的骇人听闻的报道。他认为,康拉德在创作《黑暗

① 康拉德:《文学与人生札记》,北京:中国文学出版社,2000年,第33页。

② Jean-Aubry, Gerard: *The Sea Dreamer: A Definitive Biography of Joseph Conrad*. London: Allen & Unwin, 1957.

的心》时，很可能读过这方面的报道。此外，于 1890 年出版的德国人格奥尔格·施威福斯（Schweifurth, Georg）的《在非洲的中心》（*Im Herzen von Afrika*）一书详细介绍了 1884 至 1885 年的柏林会议后刚果沦为比利时的殖民地的全部过程，康拉德也很可能读过这部书。吉伦认为，《黑暗的心》渗透着作者强烈的人道主义意识。在康拉德的笔下，自我标榜为文明使者的殖民者除了给殖民地带来杀戮、掠夺、犯罪以外什么价值也没有创造出来。马洛的非洲之行揭露了欧洲殖民者对非洲土著人的奴役、掠夺和杀戮。

殖民主义者在殖民地都做些什么呢？帕特里克·布兰特琳戈（Brantlinger, Patrick）对此做了探讨。他在批评中特别强调马洛在小说中的作用，认为康拉德借马洛的沉吟思考为读者诠释了帝国神话。“在静静的充满泥土味儿的气氛中，正在进行着死神和贸易的快乐舞蹈。”[①] 布兰特琳戈引用马洛的话说，所谓帝国神话不过是“把廉价的工业品——不值钱的棉布、玻璃珠子、铜丝运到黑暗深处，换回来珍贵的点点滴滴不断送来的象牙……这种行为和意愿背后所具有的道义目标，并不比溜门贼撬开一只保险箱时更多”[②]。布兰特琳戈指出，马洛的分析揭示了帝国神话的真谛：殖民主义只是军事与文化的暴力，而非福音、教化的乌托邦。马洛的声音实际上是康拉德的回声。他审视这黑暗，质疑这黑暗内部隐匿的征服、贪欲、暴力、屈辱，以及殖民者的灵魂畸变和民族对抗关系。

第二次世界大战以后，获得独立的非洲国家和民族开始重新审视自己的文化身份，重新认识原宗主国与殖民地的文化关系，因而很多学者对这部小说的殖民主义和种族主义思想提出质疑。以爱德华·萨义德（Said, Edward）为代表的第三世界学者从宗主国政治、经济、文化与被殖民国家政治、经济、文化的对立中，看出了世界话语权力结构的本质特点。萨义德认为，西方国家为了自己政治、经济、文化利益的需要，编造了一套重构东方的话语，建构了西方对东方的理解，通过文学艺术来描写“非我族类”的东方形象为其殖民主义和帝国主义的政治服务。

① 康拉德：《康拉德小说选》，袁家骅等译，上海：上海译文出版社，1985 年，第 520 页。

② 同上，第 516 页。

萨义德说："这种强权政治虚设或虚构出一种'东方神话'，以此显示其文化的无上优越感。这就是'东方主义'，就是西方为控制东方所设定出来的政治镜像。"[①]

萨义德在谈到康拉德思想的矛盾时指出："当他无所谓又悲观地揭露那种自我肯定和自我欺瞒的海外统治的腐朽时，他是进步的，而当他承认，非洲或南美洲可能有自己的历史和文化，这个历史和文化被帝国主义者粗暴践踏，但最终他们被自身历史和文化所打败时，他是反动的。"[②] 根据萨义德的观点，康拉德像他所塑造的库尔茨一样，是欧洲文明的产物，被打上了欧洲文化的烙印。萨义德认为，康拉德在揭露西方列强掠夺的暴虐和贪婪的同时，也以白种人的高傲描写了原始荒蛮的非洲大陆和丑陋低贱的非洲土著居民。从萨义德的角度看，康拉德对非洲的描述是虚构的、歪曲的，浸透着浓厚的东方主义思想。他把非洲人刻画为没有文明、没有历史、原始的、野蛮的食人生番，无意间迎合了殖民主义意识形态的需求，暴露了他的殖民者的心态[③]。

阿契贝在批评康拉德时要比萨义德更直截了当。阿契贝站在非洲民族文化立场上，抨击《黑暗的心》中的白人种族主义思想。他说："我的观点至此已很明确，那就是康拉德是个彻头彻尾的种族主义者。"[④]阿契贝认为，在这部小说中，非洲始终以对立于欧洲文明的"另一个世界"展现在读者面前，其背景从欧洲转换到非洲，最后又重新回到欧洲，恰好暗含着文明—野蛮—文明的转换。在描写泰晤士河时作者使用了静谧优美的词语，以此印证英帝国的文明史。泰晤士河"在这白日将尽时，水波不兴地安息着，它世世代代为两岸积聚的种族做过多少好事情，如

① 爱德华·萨义德：《东方学》，王宇根译，北京：生活·读书·新知三联书店，1999 年，第 87 页。

② 爱德华·萨义德：《文化与帝国主义》，李琨译，北京：生活·读书·新知三联书店，2003 年，第 77 页。

③ Said, Edward: *Joseph Conrad and the Fiction of Autobiography.* Cambridge, MA: Harvard University Press, 1966, p. 79.

④ Achebe, Chinua: "An Image of Africa". In *Massachusetts Review* 17:4 (1977): pp. 782-794. Reprinted in *Twentieth-Century Literary Criticism*, Vol.13, p. 131.

今它，这条可以通往天涯海角的水上通途，端庄静穆地舒展在眼前”[①]。然而，刚果河却是以泰晤士河的对立面展现在读者面前。它的寂静增添了恐怖险恶的气氛。在这两种对立的意象中，非洲的贫穷反衬着欧洲的富足；非洲的软弱反衬着欧洲的强大；非洲的愚昧反衬着欧洲的发达，如此精心设计表明白人的高傲心理和其殖民占领的合理性。阿契贝援引了小说中这样一段：

> 隔一段时间，我还得去照看一下那个野人司炉工。他是一个经过教育得到提高的标本；他能点燃一只立式锅炉。他就在我的下面，说真话，看见他，就好像看见一只穿条学人样的马裤、戴顶皮帽子、用两条后腿走路的狗一样令你获益匪浅。几个月的训练对这个真正不错的家伙产生了效果。他显然是努力做到了无所畏惧，斜起眼睛来瞄着蒸汽压力表和水位表——他有一口用锉刀锉平了的牙齿，这可怜的家伙，头上的那簇毛剃成奇形怪状的式样，每边脸颊上有三个装饰性的疤痕。[②]

这里黑人土著居民是沉默的。他们像动物一样，处于被西方人观看、凝视的境地。他们丑陋、野蛮、没有语言能力，是原始的“异类”。阿契贝说，“康拉德应该清楚，非洲黑人又嚎又叫，又蹦又跳，可能是他们本民族的一种抒发感情的方式，并非野蛮的骚乱”。[③]康拉德虽然厌恶金钱的聚敛和财富的追求，但对于被掠夺和被奴役的刚果土著居民，他并无真正了解。他对土著居民的某些原始风俗不无嘲讽之意，而对他们的“道德发现”更属于理性的思考。在康拉德的笔下，非洲成了荒蛮的、没有历史、没有文明的黑暗大陆。那里的土著居民原始、神秘、难以理解。

阿契贝更以小说中对女性的描写为例抨击《黑暗的心》中殖民主

① 康拉德：《康拉德小说选》，袁家骅等译，上海：上海译文出版社，1985 年，第 486 页。

② 同上，第 523 页。

③ Achebe, Chinua: “An Image of Africa”. In *Massachusetts Review* 17:4 (1977): pp.782-794. Reprinted in *Twentieth-Century Literary Criticism*, Vol.13, p. 131.

义思想。他说:“对非洲悍妇的细致刻画反映出小说的两个目的:第一,她作为非洲女性的代表迎合了康拉德的心理;第二,她适应了故事结尾的需要。而欧洲妇女被描写成有教养的、文明的欧洲人的总体形象。显然,非洲妇女只是欧洲妇女的陪衬,作者对这两位女子的态度差别如此之大显而易见。他对其中一个有同情心,而对另一个没有。”①

马洛作为小说的叙述人可以被看作西方文明的代表。和所有西方人一样,他也对东方世界怀有神秘的幻想和征服意识。在小说的开头,康拉德写道:

> 征服这块土地,主要是从那些肤色不同,或者鼻子比我们稍塌一点儿的人手里抢走它,这并不是一件漂亮的事情,如果你十分仔细地去对它观察的话,就会发现这一点。唯一能够给予补偿的是那种观念,那种隐藏在它背后的观念;这不是一种感情上的借口,而是一种观念。以及一种对于这观念的毫无自私自利之心的信仰——这是一种可以去加以树立,对它顶礼膜拜,向它贡献牺牲的东西。②

阿契贝感叹道:康拉德清楚地表示,把欧洲文明的“圣火”传到其他民族,使他们获得进步与光明,是一种进步的思想。康拉德和他的叙事者的话“在不同的人心中引起不同的反响,但是,他的话几乎毫无例外地都回避了白人与黑人之间的关键问题”③。阿契贝由此得出结论,“康拉德是一个血腥的种族主义者……白人对非洲的种族歧视是一种惯常的思维方式,白人作家在写作时对此毫无察觉”④。

然而,以 C.P. 萨尔万(Sarvan, C.P.)为代表的西方学者对阿契贝的

① Achebe, Chinua: “An Image of Africa.” In *Massachusetts Review* 17:4 (1977): pp. 782-794. Reprinted in *Twentieth-Century Literary Criticism*, Vol.13, p. 130.

② 康拉德:《康拉德小说选》,袁家骅等译,上海:上海译文出版社,1985 年,第 489 页。

③ Achebe, Chinua: “An Image of Africa”. In *Massachusetts Review* 17:4 (1977): pp. 782-794. Reprinted in *Twentieth-Century Literary Criticism*, Vol.13, p. 130.

④ 同上,p. 132。

观点提出质疑。在萨尔万看来，小说中的非洲刚果只是背景，不是小说所要反映的主题。马洛被塑造成一个偶像，一个没有坐在莲花池里的欧洲活佛。他认为，马洛提到那些具有优越感的欧洲殖民者的行为使他联系起古罗马时代，他指出前者更有甚于后者，应当加以谴责。马洛对公司会计的描写也带有嘲讽的口吻："我尊敬这个人。是的，我尊敬他的白领，他的大袖口，他的刷光的头发。他的外表无疑是一个女人理发店里做招牌的假人模特儿；但是在这片土地上这种极度消沉败坏的气氛下，他保持住了他的外表。这是一种骨气。"[①] 萨尔万认为，如果把这种带有明显嘲讽的描述也看成是康拉德对欧洲殖民者形象的维护，那就是片面的，相反，康拉德暗示世人应该重新审视欧洲一贯标榜的文明优越的国度。

对阿契贝就"非洲妇女只是欧洲妇女的陪衬"的说法，萨尔万也持有相反的意见。他认为，非洲妇女代表着整个黑人种族的生存和完整，是一个"极富魅力的女性"[②]：她头戴钢盔，身着战衣，铜护胫，铁护手，显出强悍、粗犷、高傲的神情，是一个感情丰富的人。相反，库尔茨的未婚妻却被描写成阴郁、幽暗的象征："（她）走上前来，一袭素装，面色苍白……这张苍白的脸，这对纯洁的眉毛，仿佛被一圈灰色的光环围绕着……"[③] 两个女性形成鲜明的对比：一个勇猛果敢，一个天真温顺；一个充满活力，一个生活在令人窒息的欧洲"文明"社会。萨尔万由此指出，库尔茨的未婚妻代表着无知与幻想，是小说所指的人的黑暗本性，因为马洛在同她交谈时"黑暗的气氛更加浓重"[④]。

20世纪90年代后殖民批评家们不仅谴责殖民暴行，并且关注其语言文化暴力对殖民地政治心理的影响，力图打破由殖民主义者建立起来的"基督教信仰 = 文明，非基督教信仰 = 野蛮"的二元对立的霸权模式，恢复被压制文化以应有的地位。杰弗里·哈珀姆（Harpham, Geoffery Galt）认为，小说的叙事形式就是它的主题。语言是帝国主义

① 康拉德：《康拉德小说选》，袁家骅等译，上海：上海译文出版社，1985年，第549页。

② 同上，第141页。

③ 同上，第591页。

④ 同上，第589页。

统治的一个重要因素。马洛对非洲荒蛮之地的兴趣和对文明社会的排斥都是通过语言表达出来的。然而,属于文明社会的话语与“黑暗”之中的“话语”是不能沟通的。沉寂的荒野、海浪的咆哮、低沉的鼓声和土著人的嚎叫与呐喊,都是自然赋予的,是深邃的、有意义的。在哈珀姆看来,这些自然“话语”与文明社会教堂里传出的钟声同样具有深远的含义,也正是这种声音使马洛内心产生了难以抵制的吸引力。在这些声音的衬托下,话语就如同总会计师的服装那样荒诞可笑。话语只是文明人的外衣而已,只有脱去话语的外衣才可能理解非洲这块土地上的“黑暗的中心”的神秘象征。①

库尔茨集诗人、画家、雄辩家、音乐家于一身,文明社会造就了他雄辩的口才。他怀着传播西方文明、教化“野蛮愚昧”的土著人的远大理想来到非洲,试图用西方文明的高贵语言压制野蛮的沉默。在非洲殖民掠夺中,他凭借这些优势使当地土著人把他当作半鬼半神,对他顶礼膜拜。然而,在他雄辩的口才的隐蔽之下是赤裸裸的“黑暗的中心”。他所掠夺的象牙相当于其他人所得到的总和。不仅如此,在撰写一份“扫除野蛮人报告”中,他竟丧失理智地呼吁国际社会“杀死一切野蛮人”②。如果剥去他在沉寂的荒野中发迹的文明外衣,他除了自己的那颗黑暗的心以外,将变得一无所有。他临终前的“可怕!可怕!”的叫喊实际上是“对超越苍白的文明的认识,也是将个体意识从黑暗中分离出来的本能”③。对马洛而言,库尔茨在寂静的荒野喊出的“可怕”正反映了人类语言的贫乏。马洛由此警醒道:“文明”的堕落就是“黑暗”的胜利。

哈珀姆认为,马洛试图用话语构建他和库尔茨的经历也是徒劳的。

① Harpham, Geoffery Galt: “Beyond Mastery: The Future of Conrad’s Beginnings”. In *Conrad in the Twenty-First Century*, eds. Carola M. Kaplan et al. New York: Routledge, 2005, pp. 17-37.

② 康拉德:《康拉德小说选》,袁家骅等译,上海:上海译文出版社,1985年,第550页。

③ Harpham, Geoffery Galt: “Beyond Mastery: The Future of Conrad’s Beginnings”. In *Conrad in the Twenty-First Century*, eds. Carola M. Kaplan et al. New York: Routledge, 2005, p. 20.

马洛曾说:“我也有一种声音,我的声音无论善与恶,是不能保持沉默的。”[1](而他对非洲土著人的狂野之声却一直保持沉默,相反,在这狂野之声的背后却回荡着库尔茨“可怕”的喊声。)刚果对欧洲人是陌生的。同样,欧洲的语言以及由语言表现出的思维模式对这个国家来说也是陌生的。哈珀姆由此进一步指出,“小说中没有真正的沟通,也没有实质性的经验传递。马洛对读者来说正同库尔茨起初在他心目中的形象那样,是迷失在黑暗和沉默中的声音”[2]。

贝尼塔·帕里(Parry, Benita)也从语言文化的角度详细分析了马洛的叙事语言,并与哈珀姆得出了类似的结论。他认为,评论家对《黑暗的心》中反映的殖民主义倾向各执一词,原因就在于马洛的两面叙述折射出一系列矛盾性。马洛对殖民主义的认识是从“文明”到“原始”的渗透来完成的。一切都是“文明”和“原始”矛盾的对立冲突。对道德的评判与在非洲大陆上的生存不能相容。拥有道德便不能生存,倘要生存就要置道德于不顾。对“文明”和“原始”的模棱两可的认识使马洛在他渴求寻找到库尔茨的“声音”和目睹殖民暴行之间犹豫徘徊。虽然他承认库尔茨掠夺了比其他殖民者的总和还多的象牙,然而,引用马洛的原话说,问题的要点不在这里,“问题的要点在于他(库尔茨)是一个有天赋才能的家伙,并且,在他所有的才能中,最为突出的一点,表现出他才能的真实存在的一点,是他说话的本领,他的言谈——他的表达才能,那令人迷惑,使人领悟,极其高尚也极其可鄙的东西,那均匀搏动着的光明之流,或者是从无法穿透的黑暗的心中涌出的欺骗”[3]。

帕里认为,马洛把库尔茨写到“扫除野蛮人报告”中的“杀死一切野蛮人”的话删掉,维护了库尔茨的完美形象,也是对他的殖民行为的

① 康拉德:《康拉德小说选》,袁家骅等译,上海:上海译文出版社,1985年,第486页。

② Harpham, Geoffery Galt: “Beyond Mastery: The Future of Conrad’s Beginnings”. In *Conrad in the Twenty-First Century*, eds. Carola M. Kaplan. et al. New York: Routledge, 2005, p. 33.

③ 康拉德:《康拉德小说选》,袁家骅等译,上海:上海译文出版社,1985年,第550—551页。

维护。尽管他目睹了殖民活动的丑恶,但他压制不住那"从无法穿透的黑暗的心中涌出的欺骗",从而闭上双眼,回避现实。所以,《黑暗的心》是叙述上的失败。马洛叙述真实与否,只是他自己编出的谎言,也是他对自己所目睹的殖民行径保持沉默。小说在结尾处,马洛设想自己和库尔茨展开了一场谈话,他想告诉库尔茨他的所见所闻。但是,他又觉得把自己的真实想法告诉库尔茨不太可能:"我便已想到,我谈也罢,不谈也罢,的确,无论我采取什么行动,都将是白费力气。一个人的知与不知又何关宏旨?谁来当经理,又何关宏旨?一个人往往会有这种一闪之间的真知灼见的。这件事的实质隐藏在表面之下的深处,非我所能及,也非我所能有力加以干预。"[①] 帕里总结道:"马洛并非缺乏对殖民者的认识,而是他尽力克制自己把自己内心的所思所想说出来。只有在小说文本以外,我们才能体悟到'黑暗的中心'的本意。由于马洛未能对殖民者的行径做出见证,他的叙述只是在黑暗中摸索着自己所见所闻的意义。所以,马洛断言:'我也有一种声音,我的声音无论善与恶,是不能保持沉默的。'"[②]

纵观各家论述,从殖民主义角度来研究《黑暗的心》,我们能看到,库尔茨作为小说中的黑暗幽灵,实际上是殖民主义的具体化。马洛寻访库尔茨的航行是一个在黑暗中发现真实、探索自我的过程。他的死亡和马洛的幻灭预示着殖民主义的衰落与消亡。小说从殖民文化内部揭露了帝国的实质,它的深层所指是殖民者无边的权利欲以及造就这种欲望的现代欧洲文明。

第四节 《黑暗的心》的叙事技巧研究

康拉德不仅在创作主题上有很大的开拓之功,他还为文学创作技巧的革新做出了很大的贡献。利维斯读了《黑暗的心》后就认为康拉德是一个形式与技巧的革新者。[③]

① 康拉德:《康拉德小说选》,袁家骅等译,上海:上海译文出版社,1985 年,第 537 页。

② 同上,第 534 页。

③ Leavis, F. R.: "Revaluations: Joseph Conrad". In *Scrutiny* 10:2 (1941): p.158.

最初对康拉德小说的叙事技巧进行研究的是弗朗西丝·卡特勒(Cutler, Frances W.)。她首先提出康拉德究竟把马洛放在一个怎样的叙述角度的问题。她认为,康拉德让马洛既以第一人称叙述者的身份讲述故事,又充当故事中的一个人物,参与故事的发展,这样就加强了叙述的感染力。作为刚果之旅的直接见证人,马洛不仅能把自己的所见所闻具体形象地展现在读者面前,而且还能对自己的所见所闻做出判断和评价。比如,对库尔茨临死前"可怕!可怕!"的呼喊,马洛评论道:"任何雄辩都不能像他最终倾吐的真话那样足以摧毁你对人类的信任了。"这样,马洛的叙述就拉近了读者与叙述者的距离,使读者在参与叙述者的情感历程中分享叙述者对人性问题的探讨。所以,卡特勒认为,马洛的叙述对深化小说的主题起到了重要的作用,可以说,"《黑暗的心》的成功是与马洛的叙述分不开的"。[1]

廷德尔(Tindall, W. Y.)在肯定了马洛的叙述作用的基础上,对小说的总体框架进行了分析。他说,在传统叙述模式中,叙述者是无所不在,全知全能的,而《黑暗的心》却不是这样,它使用了两个叙述者而不是一个叙述者。两个叙述者的运用就产生了双层叙述视角:首先由一个叙述者出面,对故事和小说的背景进行介绍,建立一个故事外叙述视角;然后再由故事中的另一个人物进行主体部分的介绍,构成故事的中心部分——故事内叙述视角。这是康拉德对小说叙事学的贡献。

故事外叙述者介绍整个文本的结构,给读者提供故事进展的视角,但他的叙述并不构成故事的主体。故事主体的话语权归于马洛这个故事内叙述者,他不仅是故事的参与者,也是故事的叙述者,通过他的追忆读者了解到故事的全部内容。两个叙述者在小说中的角色和作用是不同的。前者不仅具有"我"的现场观察能力,还可以超越"我"的局限,客观地将自己的所见所闻和所思所想转述给读者,是忠实的叙述者,而后者的叙述明显地夹杂着个人主观感受的词语,使读者所获得的信息的可信性大打折扣。所以,马洛是"不可靠的叙述者"。比如,马洛对姨妈帮助自己找工作所发的议论和他对贸易站的会计的评价,都是他随意发出的意见。相比之下,故事外叙述者是作品中能完整转述马洛叙

① Cutler, Frances Wentworth: "Why Marlow?". In *Sewanee Review* 26:1 (1918): p. 51.

述的一位叙述者:[1]

> 他们那些人大概睡着了。但我醒着。我在听着,我仔细地听着每句话、每个字。这些话使我感到有点不安。他所讲的故事好像不是从口里出来的,而是在这条河上的深沉的夜空中自己形成的。
>
> ……我这才晓得,除我之外,至少有一人仍醒着在听他讲。[2]

廷德尔认为,在马洛故事的众多聆听者中,故事外叙述者是一个真正能够以公允的态度理解故事含义,并能直面黑暗的人。

在比较了马洛与康拉德在文本构建上的关系后,廷德尔指出小说的故事外叙述视角就是作家本人。他发现,除利维斯以外,似乎所有评论学者都将马洛与康拉德混为一谈,从而模糊了两者叙述的界限,这也许是康拉德的其他作品给他们带来的误解。诚然,马洛与他的塑造者有着相似的生活经历和思想情感,马洛的刚果之旅反映了作家的感受。然而,他们之间不能划等号。康拉德为避免说教,采用了故事套故事的叙事框架。作为故事外叙述者,康拉德的叙述分别出现在小说的开头和结尾,而且时常穿插在马洛的叙述中。他聆听马洛讲故事,然后把故事又转述给读者。马洛叙述库尔茨的故事,而康拉德又叙述马洛的故事。"只不过康拉德是戴着叶芝式的面具来看马洛的叙述,而这个面具使他的叙述具有了非人格化、戏剧性和距离感等特点。"[3] 廷德尔说,从叙事学角度看,马洛不是康拉德的主题而是主体,"康拉德把他(马洛)

① Tindall, W.Y.: "Apology for Marlow". In *From Jane Austen to Joseph Conrad: Essays Collected in Memory of James T. Hillhouse*, eds. Robert C. Rathburn & Martin Steinmann, Jr. Minnesota: University of Minnesota Press, 1958. Reprinted in *Twentieth Century Literary Criticism*, Vol. 13, p. 117.

② 康拉德:《康拉德小说选》,袁家骅等译,上海:上海译文出版社,1985年,第535页。

③ Tindall, W.Y.: "Apology for Marlow". In *From Jane Austen to Joseph Conrad: Essays Collected in Memory of James T. Hillhouse*, eds. Robert C. Rathburn & Martin Steinmann, Jr. Minnesota: University of Minnesota Press, 1958. Reprinted in *Twentieth Century Literary Criticism*, Vol. 13, p.117.

搁置于并不重要的位置上，以一个艺术家的美学方式使用他”。也就是说，马洛作为故事内叙述者，回顾自己的经历时叙述的是“经验自我”的故事。康拉德在一旁不停地积极参与记录，时而准备表达自己的想法。这样，就产生了“距离”效应，这种“距离”效应既可以理解为叙述者的观点与作者的观点的距离，也可以理解为作者、叙述者、读者三者之间的距离。在两个第一人称叙述者中间，康拉德既可以援引自己的经历，又可以与文本和读者保持距离。

廷德尔还指出，康拉德设置一个对叙述者的叙述，并不是节外生枝。故事内叙述者马洛只聚焦于“我”的海员生活的层面，他的目的就是不断地在航海中寻求自我的意义：“你所能从它那里得到的，”马洛说道，“不过是一些对你自己的认识而已。”经历了种种挫折后，马洛变得成熟了。告别了年轻时的单纯与梦想，他终于踏上归途，可回到伦敦后，他却变得愤世嫉俗起来，感到自己与身边的人格格不入。所以，在马洛对自己的认识过程中，他的视角是有限的，他所获得的知识和判断时刻处于康拉德的“监视”之下。作为故事外叙述视角的“我”（康拉德）“不断补充和调节马洛的叙述，引领读者寻找对自己的认识”[①]。

马洛的直抒胸襟式的叙述会把读者引向黑暗的心脏。廷德尔注意到，康拉德赋予马洛高超的描写能力，所用之词能表达一种精确清晰的意象。无论是刻画两位坐在门外“疯狂地编织黑色羊毛织物”的妇女，还是描写“一片强烈的沉寂、一个无法穿透的”森林，马洛的叙述都具有 T.S. 艾略特所谓的“客观对应”的效果，在所涉及的人物之间形成“注视”与“被注视”的内在结构。同时，故事外叙述视角“我”的提示，又使读者在阅读中不时调整与马洛的距离，使读者有了一个内省的时间和空间。无论是库尔茨的“可怕”的喊叫，还是马洛对其未婚妻的谎言，读者都会与“我”一起挖掘一个时代的灵魂。

艾伦·弗里德曼（Friedman, Alan Warren）认同马洛叙述的“不可靠

① Tindall, W.Y: “Apology for Marlow”. In *From Jane Austen to Joseph Conrad: Essays Collected in Memory of James T. Hillhouse*, eds. Robert C. Rathburn & Martin Steinmann, Jr. Minnesota: University of Minnesota Press, 1958. Reprinted in *Twentieth Century Literary Criticism*, Vol. 13, p.118.

性”。但是,他提醒读者,不可靠并非不真实。马洛的“不可靠”叙述都是他个人的真实感受,记述着他走近库尔茨,认识自身,乃至认识整个人类的过程。这种“不可靠”虽然增加了阅读的障碍,但读者可以根据这个“不可靠”的叙述进行自己的思考和评判,从而使“不可靠”变为真实可靠。

弗里德曼指出,马洛的“不可靠”叙述增强了小说的“陌生化”效果。康拉德没有将关于马洛的叙述集中在惊险的丛林冒险,而是把重点放在描绘他如何单纯,立志要以欧洲文明改造荒蛮的非洲大陆,又如何在寻找库尔茨的过程中淹没在茫茫的黑暗之中。正是这种独特的经历使《黑暗的心》有别于其他探险类小说而具有很高的艺术欣赏价值。在马洛眼里,那些“瘦骨嶙峋”的黑人成了树林中“黑色的物体”,森林密不透风,河面一片死寂,空气沉闷压抑,一切景物都给人单调无聊之感,而正是在这种表面上无意义的叙述中,读者会发现马洛寻找自我的心路历程。①

马文·莫德里克(Mudrick, Marvin)认为,《黑暗的心》的成功不能全部归功于它的双层叙事结构,其实,康拉德对细节的描写和反讽的手法也是他创作的两个重要方面。作家通过对人物和自然的细节描写增强了马洛叙述的多重性,使读者不断被他的意识和情绪所左右,逐渐认同他眼里被异化的世界。比如,马洛在航行中所见的翻倒在草地里的锅炉,一列小型火车厢轮子朝天躺着,看上去像一只动物的尸体死在那里一动不动,还有山坡上挖着的人工洞穴,以及从远道运来供新居住区使用的排水管翻滚在路边等等,这些细节的描写烘托出一种阴森和不祥的气氛,自然地把读者带入了马洛的回忆中。库尔茨只是个令土著人畏惧的名字,一个令马洛不解的声音,而马洛偏要千方百计、迫不及待地想见到他,而最终见到的却是一个行将就木的人。库尔茨来非洲的目的本来是要教化野蛮的土著人,但最终却被土著人的野蛮性所征服;他野蛮地掠夺象牙,而他的驿站却被称为“文明之站”,这些反讽的手法点缀在马洛的叙述中,更增添了马洛心中那种疑惑与迷茫,使他眼

① Friedman, Alan Warren: “Conrad’s Picturesque Narrator: Marlow’s Journey from ‘*Youth*’ through *Chance*”. In *Joseph Conrad: Theory and World Fiction,* eds. Zyla &Aycock. London: Allen & Unwin, 1974, p.134.

中的事物发生变异。莫德里克说，这些艺术上的特点是作家苦心孤诣的文学表现手法，体现了他独特的想象力。①

杰里米·霍桑认为，《黑暗的心》的叙述主要借助于印象主义和象征主义的手法。他认为康拉德在展现人物时不是按照时间顺序从生到死平铺直叙，而是首先从这个人物在某时刻的经历所给人留下的强烈印象开始，然后在穿插描述中使人物形象渐趋完整。比如，在塑造库尔茨这个人物时，康拉德将他的片断印象组合起来。库尔茨是西方文明的产物。他富有理想，到非洲去冒险，想教化野蛮蒙昧的土著人。但是，在追求权利与财富的欲望驱使下，他的内心逐渐堕落，成为愚弄、欺骗、奴役和杀戮土著人的恶魔。然而，这个人物也不像我们想象的那样简单。其实，他不仅是殖民掠夺的凶手，也是它的受害者。正如马洛在丛林里遇到的一个俄国海员所指出的那样，这个人受的苦太多了。他痛恨一切，但又无法摆脱。小说通过马洛在旅行中所结识的贸易站经理、会计以及俄国海员对库尔茨的印象，把库尔茨在非洲的经历片段组合起来，使读者对库尔茨其人及其在非洲的行径有了完整的认识。

霍桑还认为康拉德成功地运用了象征手法使作品的主题、人物和主要事件密切联系起来，突出了他的思想核心。康拉德在一封信中曾指出："所有伟大的文学创作都是有象征意义的，唯其如此，它们才取得了复杂性、感染力与美感"，其理由是"作品越接近于艺术，越需要有象征性"。就《黑暗的心》而言，黑色和白色的象征意义的反复出现体现着作者对这个词的独特理解，他用"黑白两种颜色所表达的象征意蕴激发了读者对人类文明价值以及人性问题的思考"。②

霍桑把黑与白进行了对比指出，小说名曰《黑暗的心》，那么，"黑暗"作为标题中的关键词在小说中反复出现，成为贯穿整部作品的主色调。它既代表着未开化的、贫穷落后的非洲大陆，也影射着以库尔茨为代表的欧洲殖民者的邪恶与暴行。黑暗的非洲丛林里的黑人有骨骼，

① Mudrick, Marvin: "The Originality of Conrad". In *The Hudson Review*, Vol. Xi, 4 (Winter 1958-1959): pp. 545-553. Reprinted in *Twentieth Century Literary Criticism*, Vol. 13, p. 121.

② Hawthorn, Jeremy: *Joseph Conrad: Narrative Technique and Ideological Commitment.* London & New York: Edward Arnold, 1990, p. 59.

有筋肉,有野性的生气,有强烈的运动活力,他们象征着一种未遭人类文明破坏的自然力量。相比之下,白色原本是纯洁无瑕的象征,但是,白人在机械文明的掩盖下对非洲实行野蛮的掠夺,暴露了他们人性中向恶的倾向。据此,小说中出现了许多与白色的原本象征意义相悖的意象,如"白色坟墓"般的城市,会计那"洁白的袖口"、"雪一样白的长裤"、"大而白的手掌"以及象牙和白雾都赋予了与"纯洁"相反的意义。霍桑还把库尔茨未婚妻与其非洲情妇的黑白象征意义做了比较。他认为库尔茨的未婚妻稳重却被动,他的黑情人主动又有力;未婚妻代表死亡的气息,而黑情人则是生命的象征;未婚妻只有黑白两色,而黑情人却色彩炫目;未婚妻优雅而虚弱,黑情人却野蛮强悍;未婚妻身着素衣,而黑情人却身穿战袍;未婚妻身上透着令人压抑的乏味,而黑情人既野蛮又高贵,既凶猛狂野又美丽端庄。未婚妻代表的欧洲文明行将腐朽,而库尔茨的黑情人却有着强大的生命力。霍桑认为,康拉德把欧洲白人的文明等同于愚昧和野蛮是他所力求表现黑暗的深层结构。

霍桑还注意到马洛的旅行是在黑暗中开始,也是在黑暗中结束的。小说开始就把读者带入了一种压抑阴沉的气氛:"格雷夫森德上空的天色是黯淡的,靠里更显得黯淡,似乎浓缩成一层悲怆的朦胧,一动不动地低覆在这座世界上最庞大,也是最伟大的城市上空。"[①] 小说结尾处,黑暗再次出现:"远处的海面横堆着无边的黑云,那流向世界尽头的安静的河流,在乌云密布的天空之下阴森地流动着——似乎一直要流入宽阔无际的黑暗的中心。"[②] 黑暗的旅行总有白雾出现,黑白的交替出现就像是一幅印象派画家的作品,朦胧地勾勒出作家眼里的真实。

第五节 米勒对《黑暗的心》的解构主义解读

在众多对于《黑暗的心》的评论中,解构主义批评是不可能忽视的。而米勒(Miller, J. Hillis)作为解构主义的代表,他对于这部小说的解构式解读有着代表性的意义。解读思想曾经在西方普遍流行,在上世纪

① 康拉德:《康拉德小说选》,袁家骅等译,上海:上海译文出版社,1985 年,第 483 页。

② 同上,第 596 页。

六七十年代，几乎什么都被“解构”。那么，什么是文学的解构呢？这里可以做一个非常简单的介绍。有时，当我们读到某人对某部作品做出一种阐释的时候，我们很可能在同一部作品中发现完全不同于这种阐释的成分，这并不是作品更好地支撑了我们的解读，而是作品可以用来同时支撑这两种阐释。希利斯·米勒对解构主义有一个很好的定义：“解构主义并不是对一个文本结构的拆解，而是要显现出该文本本身早已对自己做了拆解。它那看似坚固的基础其实不过是脆同散沙。”[1] 解构一个文本不是要显示过去的解读都不能在文本中寻到，而是要表明一个文本中有着多种交织着的看似对立的“话语”。解构主义的创始人德里达（Derrida, Jacques）认为，我们平常喜欢以对立的术语进行思维和表达，如男 / 女，开始 / 结束等二元对立。在这个两分法中，前者往往占有优势，后者处于劣势。解构主义要做的不是要颠倒这种层级关系，使后者优于前者，而是要去掉二者之间的分界线或边界，进而质疑这一对立所含有的秩序与价值。文学解构的目的，就是要表明，在文学中存在着各种语言结构，它们与“无矛盾”的规律是矛盾的。找出这种矛盾性，就是要恢复文学的“陌生性”，揭示出文学能够让读者吃惊的能力，展现出文学总是能超越任何规范或理论的。

米勒对《黑暗的心》的解读，就是一种解构主义的解读。米勒对该小说的解读，主要是关于该小说的文类所属。《黑暗的心》被改编成电影《现代启示录》（*Apocalypse Now*），“启示”作为一个文类，用来描述《黑暗的心》是否合适？作为启示，该文本是否自身就对这一文类所属进行了拆解？米勒正是由此出发对这部小说进行解读的。在解读中，米勒对文本种类中一系列有着层级关系的二元对立进行了剖析。通过对具有优越地位的启示、寓言（parables）和马洛的故事进行质疑，他抹掉了诸多二元对立之间的疆界，比如《圣经》（*Bible*）与文学之间、高雅与低俗叙事之间、文学与评论之间、比喻与提喻等等之间的分野。启示、寓言都被认为能让我们体验诸如永恒的真理，“始”与“终”这样的终极道理。而米勒则认为它们不能揭示这些形而上的秘密，因为它们如同别的符号一样，都是提喻，并不能触及终极真理。

① Miller, J. Hillis: “Stevens' Rock and Criticism as Cure, II”. In *The Georgia Review* 30 (1976): p. 341.

米勒认为,康拉德的与众不同之处,在于他用比喻来说话。就是这些比喻,也还不可避免地需要别的比喻来补充以便得以解释。比如《黑暗的心》中有这样的话:“马洛的故事引出的意义,就像一线光亮引出了光雾,就如同那些模糊的光晕。”米勒的批评方法显然有着这样的后结构主义假想,即《黑暗的心》对“二元对立”的逻辑是个挑战。就像任何其他的文本一样,它既是A,又不是A。它好像会向我们揭示出什么,但又告诉我们,那个东西既不可见,又不可显现出来,它是一个带有反讽意义的文本,建立在非理性之上,其意义是不确定的。

米勒先提出问题:一、电影版的《黑暗的心》取名为《现代启示录》,是由于大众传媒赤裸裸的曲解,或粗俗的改编,还是康拉德小说本身就含有启示的[①]成分?二、启示文本(apocalyptic text)有哪些典型特征?我们怎样才知道这样的文本?

米勒没有马上回答这个问题,而是先对启示、寓言和讽喻(allegory)这三个文类进行区分。寓言的典型特征是用一个写实的故事来表述另一种无法直接表述的现实或真理。这个故事总是要或多或少地严格基于马克思所说的人们真实的“生活条件、人们的社会关系”。[②]当耶稣的门徒问他为什么用寓言对众人讲话,他回答道:“我之所以用寓言对他们讲,是因为他们看也看不见,听也听不见,也不明白”[③],因此他要用寓言把创世以来所隐藏的事说出来”[④]。说康拉德的故事是寓言,一方面,是因为它严格地以真实生活经历的细节为基础。所有可能出自康拉德刚果之行的内容,还有库尔茨等人物都有着批评家们找到的历史原型。如果寓言的一大特色就在于表现现实的或历史的

① 启示、启示文学(apocalypse 或 apocalyptic literature),主要指约公元前200至公元200年间流行于犹太教和基督教内部的文学体裁。为使遭受迫害或文化巨变之压力的教团重燃希望,启示文学作品通常预言世界末日和基督再来的景象,如,届时要发生普世灾变,如异常天象、战争、瘟疫等,上帝要介入人类历史,佑护他的忠实的选民等。《旧约·但以理书》和《新约·启示录》是启示文学的代表作。现代的启示文学常以科幻作品的形式出现。——译注

② Marx, Karl: “Manifesto of the Communist Party”. In *The Marx-Engels Reader*, 2nd ed., ed. Robert C. Tucker. New York: W. W. Norton, 1978, p. 476.

③ Matthew13:13.

④ 同上,34-35。

真理，则《黑暗的心》几近完美地达到了这一要求。但它同时还符合寓言的另一个条件，即，尽管它以马克思所称的真实的“生活条件”为基础，它的叙述者仍在力图通过所讲的故事来揭示某种尚未为人所见的事实。“讽喻”有助于解释过去，而“寓言”则指向未来，指向末日，指向天国的奥秘及其抵达之路。启示意指揭示（unveiling），一部启示作品就是一种叙事性的揭示或启示。《圣经》的最后一书——《启示录》，便是“启示文学”的代表作，它力图揭示未来的奥秘，即世界末日的景象。基于以上区分，米勒认为，《黑暗的心》以其独特的方式同时切合了寓言和启示的定义，而且通过文类的分类来解读这部小说也会给读者带来诸多启迪。一篇带来光亮、烛照黑暗、解释疑难、给人带来启迪的叙述——可以界定为寓言或启示作品，同样也可指称批评或诠释之作。至于一篇故事如何使人得到启迪而茅塞顿开，米勒引用了《黑暗的心》，从区分叙事作品与其含义之间的关系说明了这个问题：

> 海员们信口诌成的故事，都是那样直截了当，简单明了，其中的含义就包含在打开了的坚果的外壳里边。不过，马洛却属例外（如果把他好讲故事的癖好除外的话）。在他看来，一个故事的含义，并不像果仁那样藏在外壳的里边，而是在故事本身之外，围在故事的外层，让故事像白热的光所放出的辉雾一般显现出它的含义来，那情景倒有点像人们在月夜的幽光之下，偶尔看到的一种雾蒙蒙的月晕。[①]

叙述者用两种比喻（figures）描述了两种故事，即简单故事和寓言故事。而且，康拉德力图通过这两种比喻，来展示这两种叙事与其含义相关联的不同方式。海员的故事，含义都在故事中，就像果仁包含在坚果的外壳里面。换言之，故事的含义很容易表达，可以同故事分离开。例如，有些故事给我们的道德含义是：“恶有恶报”、“诚实是最好的原则”等。“打开的坚果指故事本身，其人物和叙事细节都属于不可食用的外壳，需要打开并扔掉，以便消化吸收故事的含义。故事与其含义的这种关系相当于容器与所盛之物的关系。用所盛之物替代容器，

① 康拉德：《黑暗的心脏》，王金玲译，济南：山东文艺出版社，1984 年，第 196 页。

这里用含义代替故事，属于古典修辞学中所说的提喻（synecdoche），不过是转喻性的提喻（metonymic synecdoche），而不是隐喻性的提喻（metaphorical synecdoche）。[①] 含义与故事相邻，包含在故事中，有如果仁由外壳包裹着，但二者没有内在的相似性。含义与包含它的故事之间，没有不可分割的必然关系。两者偶然地接触到一起，正如外壳包着果仁，瓶子盛着液体。"这种关系在马洛的讲述中被颠覆了。在他的故事中，不是故事包着含义，而是含义裹着故事。容器与所盛之物的关系颠倒了过来。

寓言的叙事（parabolic narration），是一个很微妙的概念，康拉德让叙述者在表达这一概念时，借助了自然界中某种大气现象的"相似"，而且是寓言性的"相似"，揭示寓言含义的故事就像"光"，故事的含义就像包围在故事外面的光，也即"光"外面的光。这就像叙述者关于寓言的理论，不是在具体的哪个比喻中，而是在他提出的两个比喻本身的"相似"中。因此，这两个比喻兼有双重任务：既揭示了马洛的故事如何表达其含义，其本身又是个比喻，也即是说，这两个比喻叠在一起又组成一个比喻，显示了比喻自身的运作（working）模式。

米勒认为，康拉德的比喻运作比初看上去时要复杂得多。他用真实的、几乎尽人皆知的事实来间接表达另一种难以见到的、罕为人知的真理。《黑暗的心》的叙事整体上基于历史事实和康拉德的个人经历，但却是用这些事实来表达某种超越历史和个人的东西，即那难以捕捉的"真理"。为了说明真理的难以捕捉，并解释在小说中意义包含故事的道理，米勒进一步对康拉德的月光寓言做了阐明。月光是反射的第二重光。第一重光是阳光，阳光只有在物体对它的反射中才得以体现。在月光寓言中，薄雾中的月晕也是经过了两次折射后的光。根据康拉德的类比，故事，即可名可见的事实，为月光，而由薄雾中的微小滴珠（无之则无法见到其反射的月光）在月亮四周形成的月晕，便是故事的含义，或者说，故事的含义便是由月晕经过了两次折射后的光所显现出来的黑暗。我们已经意识到，黑暗和光明，意义与故事的二元对立在这

① 隐喻性提喻以局部代整体，如"我看到一片帆"意指"我看到一条船"。在转喻性提喻中，喻体与本体是相邻关系，而不是本体的一部分，如"瓶子"与"液体"，玻璃不能像帆成为船的一部分那样成为液体的一部分。

里已经得到了解构，它们的关系已经颠倒过来。

米勒的结构解读还表现在他对小说叙述层面的分析上。他说，《黑暗的心》的读者通过第一层的叙述者去认识其中的各种关系，而后者又通过马洛去认识，马洛再通过库尔茨去认识。目击者便这样接力进行，一个接着一个，每个都进一步揭示出下一个真实，而这个真实只不过是《黑暗的心》的叙述层次中相应的另一个目击者。小说是一连串的事件，每一事件的构建都依据不同的表象、符号，这些表象、符号又同时是一些障碍或面纱。每揭起一层面纱，都显示一个真实，而这个真实后面又总会有另一个事件、另一个目击者、另一层面纱，还需要继续揭开。这种接力是启示文类的一个典型特征。在《启示录》中，上帝通过耶稣说话，耶稣晓谕给信使，信使又转告给在帕特莫斯[①]的约翰，约翰再告诉我们。这种认识的延异，是解构主义方法论的具体体现。

通过对小说中马洛和库尔茨的声音，以及对声音的精妙分析，米勒再次证明了《黑暗的心》既不是寓言，也不是启示，而是寓言启示这一文类。我们可以从以下一段文字看他的论证的巧妙：

库尔茨的“身子已经是空心的”[②]了，因此荒野可以通过他来说话，把他当作腹语者的木偶，通过它把那可怕的信息广布至世界各地：“把这些畜生统统消灭掉！”“可怕！”[③]演说家反倒成了传声筒。库尔茨那游离体外的声音，或叙述者的声音后面的声音，或库尔茨被抬上汽艇时岸上土著喊出的“一阵语言清晰的、节奏急促的、上气不接下气的吼叫”[④]——所有这些声音，到最后，和康拉德写在纸上的字句一样，都没有直接地见证真理。马洛讲故事，是只闻其声不见其人，库尔茨，是一个游离体外的声音，二者暗示着一个事实，即《黑暗的心》本身即是只见词语、不见人踪，而这些词语又都无法溯源到哪个个人身上。这就再次验证了我的观点，《黑暗的心》属于寓言启示这一文类。

① 帕特莫斯（Patmos），又译拔摩，希腊爱琴海上一小岛，第四福音书的作者约翰曾被流放至此。——译注

② 康拉德：《康拉德小说选》，袁家骅等译，上海：上海译文出版社，1985年，第281页。

③ 同上，第268、300页。

④ 同上，第296页。

米勒把证明《黑暗的心》不仅是一个寓言文本，还是一个启示文本比成揭示一层层由模棱两可的画卷所构成的卷轴，而最后一层便是他自己作为一个阐释者的揭示之举。而他的揭示便是揭示了《黑暗的心》中缺少最终的、决定性的揭示。最后，他带着解构意味地声称，他对《黑暗的心》这部小说进行的文类分析，当然不免带上这种分类所隐含的全部的破坏性和无理性，因为没有哪部作品会完全切合某种文类的界定。文类是不确定的，意义是不确定的，一切阐释只是阐释链中的一环，阐释会永远继续下去。

第二章 《吉姆爷》学术史

第一节 主题与文类之争

《吉姆爷》是康拉德最著名的小说之一。理查德·柯尔（Curle, Richard）称："毋庸置疑，康拉德作为小说家的名声主要是靠《吉姆爷》这部小说建立起来的。"[①] 的确，《吉姆爷》以其主题之丰富，技法之新颖而臻为不朽之作，康拉德本人因此被评论界认为是英语文学中的一流作家，单凭其《吉姆爷》一书就可流芳百世。

《吉姆爷》首先于1899至1900年在《布莱克伍德杂志》（*Blackwood's Magazine*）上连载，1900年以书的形式出版。据记载，刚出版时，评论家们感到困惑。比如，1900年11月3日的《纽约论坛报》（*The New York Tribune*）上就有一位评论家把小说里的描写当成真实事件，说"帕特纳号"邮船真的沉了，只有几个人死里逃生。[②] 慢慢地，人们有了越来越多的批评视角。

首先是关于该书的主题。古斯塔夫·莫夫（Morf, Gustav）是最早用心理分析研究该作品的批评家之一。在《康拉德的波兰传统》（*The Polish Heritage of Joseph Conrad*）一书中，他称《吉姆爷》是一部心理分析说尚未出现前的心理分析小说。[③] 他认为该小说实质上就是表达了

① Curle, R.: *Joseph Conrad : A Study*. London: Kegan Paul, 1914, pp. 35-36.

② Sherry, Norman (ed.): *Conrad: The Critical Heritage* . London: Routledge, 1973, p.121.

③ Morf, Gustav: *The Polish Heritage of Joseph Conrad*. London: Sampson, Low, Marston, 1930, pp. 165-166.

康拉德离开波兰的忏悔。在他的解读中,康拉德/吉姆的关系非常紧密。吉姆从“帕特纳号”上跳下来的所有故事是康拉德加入英国籍之前的故事,这时的吉姆是潘·约瑟夫(Jozef, Pan)——这是康拉德作为波兰贵族少年时用人们对他的称呼。将沉之船就是波兰。当时康拉德的舅舅催促康拉德立刻离开波兰,然而康拉德延搁了七年才最终离开,这一事实表现在小说中就是康拉德迟迟不肯跳下“帕特纳号”,而吉姆和马洛对吉姆跳船的辩护就是康拉德借以对自己离开波兰的辩护。[①] 梅尔(Meyer, Bernard C.)在二者的关系比较上走得更远。在其《康拉德:心理分析评传》(*Joseph Conrad: A Psychoanalytic Biograpy*)一书中,他认为吉姆对于跳船的愧疚就是康拉德离开波兰的愧疚之再现,船上被抛弃的朝圣者就是暗指波兰人民;而吉姆心甘情愿让多拉明处死是基于康拉德对自己母亲死亡的负疚感;他泡在海水里的行为意味着他想重新回到母亲的子宫。这么一来,康拉德的小说创作实际上就是一种赎罪行为。[②]

莫夫还注意到了吉姆和布朗先生(“Gentleman Brown”)。用心理分析的眼光来看,他认为布朗就是吉姆的另一个自我,区别只在于一个是“高级自我”,一个是“低级自我”。用这种平行对应法,他甚至认为吉姆就是康拉德的对应自我,是康拉德戴了面具的自我投射。康拉德的阅读物与吉姆的阅读物一样,唤醒了他要成为一个水手的热望。而上面提到的康拉德的名字“Pan Jozef”,在波兰语里就有“约瑟夫爷”的意思。[③]

索恩伯恩(Thornburn, David)则把康拉德比作写冒险故事的罗伯特·斯蒂文森(Stevenson, Robert),并从《吉姆爷》中看出了传统冒险故事中的成长特征。不过斯蒂文森写的是一个成熟而谦恭的人物帮助一个年轻人走向成熟的故事,而在《吉姆爷》中却是一位长者在年轻人身

---

① Morf, Gustav: *The Polish Heritage of Joseph Conrad*. London: Sampson, Low, Marston, 1930, pp. 149-166.

② Meyer, Bernard C.: *Joseph Conrad: A Psychoanalytic Biography*. Princeton, NJ: Princeton University Press, 1967, p. 69.

③ Morf, Gustav: *The Polish Heritage of Joseph Conrad*. London: Sampson, Low, Marston, 1930, p. 162.

上发现了他自己的为人标准的故事。[①]

J. H. 斯塔普（Stape, J. H.）认为这是一部成长小说，一部追踪一位年轻主人公即将步入成年所面临的道德和社会要求的冲突和痛苦的教育小说。[②] 这种小说有双重焦点：一个是主人公的外部世界，即先于他/她的社会语境；另一个焦点是主人公通过各种考验和经历而不断发展的内心世界。

他指出，这种小说形式要求作家具备一种对社会细微差别的敏锐感觉和极其微妙地表达瞬息变化的思想和情感的能力。虽然这一体裁在英国小说史上有很悠久的传统——如菲尔丁的作品，但康拉德最直接的榜样显然来自法国。司汤达（Stendhal）的《红与黑》（*Le Rouge et le Noir*, 1831）和福楼拜（Flaubert, Gustave）的《情感教育》（*Sentimental Education*, 1869）都对吉姆这一人物的塑造产生了很重要的影响。然而，这些法国作家小说中的年轻的主人公们和吉姆有着关键的差别，尤其是在他们所怀有的抱负与理想方面，这些抱负有时表现得微不足道甚至可鄙。具有侵蚀作用的叙述反讽进一步加大了人物与读者的距离，而《吉姆爷》里的讽刺性的疏远和富于同情的认同达到了平衡。

他认为康拉德在多方面改变了传统成长小说的形式结构。他把罗伯特·斯蒂文森的冒险幻想特色移植过来，包括有异国风情的热带背景和残忍嗜杀的海盗们惊心动魄的袭击。更重要的是，小说的悲剧幻想、对错综复杂和多层次的象征的广泛使用以及多种叙述策略等，这些颠覆了成长小说基本的现实主义结构。而该小说表现出来的哲学兴趣，即斯塔普所概括的“如何存在”的问题使小说变得复杂，从而扼杀了教育小说所特有的逐步重建社会和谐的积极的可能性。

他还发现马洛和吉姆作为两个成长人物的特点。由于从亲眼目睹并参与事件的戏剧化叙述者的转换，个体对集体必要的依赖和承诺这一主题在吉姆的经历和马洛的讲述的相互影响下得到深化。这也是成长小说的另一种形式变体，其特色是通常将和实际的父亲发生争执或

① Thornburn, David: *Conrad's Romanticism*. New Haven, Conn: Yale University Press, 1974, p. 33.

② Stape, J. H.(ed.): *The Cambridge Companion to Joseph Conrad*. Cambridge: Cambridge University Press,1996, pp. 63-80.

和父亲保持距离的主人公设立成一位父亲形象的代言人。而在康拉德笔下，这种模式变得更复杂，他发展了双重情节，即年轻主人公的探求和他经验丰富的指导者都经历了变化。一开始信心十足的马洛，有意识地扮演着经验丰富的指导者角色，远远地冷静地观察这个年轻探求者摸索，随着他更近距离观察吉姆，他的自我和信仰经历了一些波动。从这个意义上看，《吉姆爷》是关于两个主人公的成长小说。

斯塔普认为吉姆在成长过程中的失败，是“主人公自我”在外部表现和内部基础的分离造成的。如在小说中，在简单介绍吉姆后来作为水手的职业生涯后，作者巧妙地安排了教练舰这一章节，预示了“帕特纳号”弃船事件和他后来受到渎职的指控前习惯性地往东撤退，甚至对指控的恐惧。这一情节残酷地粉碎了吉姆对“英雄”形象的天真渴望，讽刺了他那年轻人惯有的夸夸其谈。他还缺乏获得成功所必备的外在和内在的能力，需要潜心磨练，以加强其处变不惊的应变能力。

斯塔普指出，和许多现代主义作品一样，《吉姆爷》致力于故意让人觉得灰心的同时又激发人寻求非结论性意义。马洛对动机的持续追问和审问，通过小说的结尾引导读者从认识上开始怀疑，怀疑任何理解和分析方法的适当性。这鼓励读者在存在或不存在冲突和不可靠证据时做出开放的判断。但是，康拉德结尾时的修辞策略却有一种相反的作用：最后几页弥漫着伤感，一种几乎无法承受的失落感——马洛曾经需要吉姆，珠儿也需要他，他已经赢得了声望和影响地位的社会也需要他。这一点是康拉德与19世纪成长小说里主人公起初不适应社会环境到最后接受世界的模式最显著的区别。在《吉姆爷》的结尾，受到惩戒并变得比集体要渺小的不是主人公，而是世界本身。马洛忧伤地悲叹，表明吉姆的逝去不只是个体的逝去，而是这个集体共同信仰的逝去。小说最后一句讲述斯坦疲惫至死，营造了阴沉的结局气氛，也暗示了吉姆的死将带来更大的损失。

在伊恩·瓦特看来，康拉德和华兹华斯（Wordsworth, William）有诸多相似之处。他认为康拉德的《“水仙号”上的黑水手》的序与华兹华斯的《抒情歌谣集》（*Lyrical Ballads*）虽异曲而同工。[①] 卡尔·内尔松

① Watt, Ian: *Conrad in the Nineteenth Century*. California: University of California Press, 1979, pp. 78-81 .

（Nelson, Carl）则发现在用词和形象上,《吉姆爷》的前面的章节中有《古舟子吟》（*The Rime of the Ancient Mariner*）和《忽必烈汗》（*Kublai Khan*）的影子。就想象而言,二者都描写了暑热,炙人的阳光,死里逃生,沉闷的寂静等;在戏剧化组织上,马洛讲故事的情景就像古舟子在晚饭后讲故事一样;吉姆受着愧疚的煎熬,其原因乍看起来很明显（他不顾船上的人而弃船逃生）,但深究起来却不清楚。[①] 然而他们的观点却遇到了道格拉斯·休伊特（Hewitt, Douglas）的挑战。休伊特认为,如果真读懂了康拉德的作品,我们就不会把《吉姆爷》看成是一个海洋冒险的故事,也不会把它解读成一个发生在异国的浪漫故事。[②] 这一观点得到了爱德华·克兰克肖（Crankshaw, Edward）的认同。克兰克肖认为,不能把康拉德仅仅视为一个写异国情调浪漫故事的作家,而应把他看成英国小说史上一流的作家。他强调要研究康拉德作品中的精神层面,要研究他怎样深刻地表现了人类精神。[③]

厄迪纳斯特—沃肯（Erdinast-Vulcan, Daphna）认为《吉姆爷》介于英雄史诗与现代性作品之间。正是这种史诗观与现代性之间的张力,使得《吉姆爷》以及《诺斯特罗莫》、《"水仙号"上的黑水手》蕴含着对话性质。英雄史诗的成分使人物在远离西方文明的异乡能坚守其英雄本性,能使他们在政治和军事对手面前采取坚强的措施,使他们在他人眼中成为超人成为半神,成就他们的英雄壮举,能降伏其他人,成为部落或者社区的领袖和依靠。所有这些都是主人公成为史诗英雄的标志,也是作品被视为"英雄史诗"的标志。不过,厄迪纳斯特—沃肯也看到了这些人物的另一面。吉姆也好,诺斯特罗莫也好,林加德也好,他们都是失败的英雄。在他们各自的故事里,在首先作为英雄、救世主之后,我们发现他们最后都名不副实。他们与他们承担的社会角色不符,与他们作为英雄的道德伦理标准不符,他们有负群体的众望,都难以担当

① Nelson, Carl: "The Ironic Allusive Texture of Lord Jim: Coleridge, Crane, Milton and Melville ". In *Conradiana* , Vol.IV, No. 2,1972, pp.47-59.

② Batchelor, John: *Lord Jim.* London: Unwin Hyman Ltd., 1988, pp. 195-196.

③ Crankshaw, Edward: *Joseph Conrad : Some Aspects of the Art of the Novel* London:Macmillan,1976, pp. 1-2 .

史诗英雄的美名。[①]

> 史诗英雄是一个彻底完成了的人物。他就在那,早已成就。他与自身巧合,完全等同自身。而且,他是完全外化了的。在他的本质与外部表现之间没有丝毫的缝隙。小说的主人公要么比他的命运更伟大,要么比他作为人所需要的条件更小。[②]

因此,他的结论是,《吉姆爷》和其他两部作品最后都从史诗的层次上跌落下来了,成了一般的小说。在这部小说中我们经历的就是一种"小说化"。具体说到《吉姆爷》,帕特纳和帕图桑这两部分经历了一个从史诗模式到小说模式的转变。

《吉姆爷》吸引了几代批评家的注意。第一代批评家如托马斯·莫泽、格拉德等,他们把吉姆的故事定在一个不变的伦理位置上,尽量避免对小说做更多的伦理判断。第二代批评家如坦纳(Tanner, Tony)、考克斯(Cox, C. B.)、米勒等,他们把小说看成是明显具有现代性的表达。其特点是,几乎无法对此进行道德判断,其意义便是固定意义的缺失,也无所谓形而上的、本体论的和伦理意义上的确定性。在引用了所有这些观点后,厄迪纳斯特—沃肯表示,尽管小说在精神和伦理的现代性上很是突出,但该小说绝不是现代性气质的反映。相反,它倒是要努力打败现代性而倒退到一种神秘话语模式。这一倒退之表现是小说里帕图桑部分,这是小说结构转折的关键处。[③]

特拉西·西利(Seeley, Tracy)代表对小说做现代性解读的另一派批评家。她建议对《吉姆爷》做一分为二的分析。一方面,小说中时间断裂,陈述主观,主题不定,这说明它属于现代派小说。而另一方面,主人公吉姆却具有罗曼司中英雄形象的典型特征,完全符合传统读者对于这样一个英雄的期待。他在克服重重困难而终于完成了英雄人物的塑造之后,收获了名声、荣誉、财富和权力,这既让人羡慕不已,也尽在

① Edinast-Vulcan, Daphna: *Joseph Conrad and the Modern Temper*. Oxford: Clarendon Press, 1991, p. 26.

② 同上, p. 27。

③ 同上, p. 35。

情理之中。作者把这样两部分完美地融合到“罗曼司”这个文类中去了。他说，“罗曼司”是对《吉姆爷》的整体描述，而不仅仅指主人公远离故土，去到陌生的地方，寻求各种冒险。他发现，康拉德把二者结合起来，是非常得体而明智的，因为如果分开，不管是作为罗曼司来写还是作为现代小说来写，那都是不可能的。①

但是中世纪意义上的罗曼司包含了对理想的追求。如追求圣杯，英雄主义，美满爱情，理想社会。尽管追求的过程充满艰难，但是目的一般能实现。而《吉姆爷》却没有这样的结局。吉姆最后死了，结局具有悲剧性。道格拉斯·休伊特就是这样阐释的。在其《康拉德：重新评价》（*Conrad: A Reassessment*，1975）一书中，他认为《吉姆爷》是一个悲剧。因为中心人物吉姆是陷在一个英雄人物的模子里，却与世隔绝。② 莫夫也认为《吉姆爷》是个悲剧，就像《哈姆雷特》（*Hamlet*）一样；也像一部忏悔小说。③ 范根特（Van Ghent, Dorothy）也著文认为这部小说是一个悲剧。他说康拉德笔下的吉姆爷写的是一个“经典”悲剧，足可与索福克莱斯（Sophocles）的《俄狄浦斯王》（*Oedipus the King*）媲美。他认为吉姆同俄狄浦斯一样，想要逃脱他的命运，结果却一头扎进命运的悲剧中。④ 德温特·梅（May, Derwent）持相同观点，说《吉姆爷》站在英国小说传统的中间，既讲究道德，又具有悲剧性。他甚至认为，康拉德的吉姆在读者身上产生的效果恰如莎士比亚（Shakespear, William）的哈姆莱特在读者身上产生的效果。读者深深地感觉到吉姆就应该那么做。⑤

关于“友谊”主题的探讨也构成批评中的一个热点。瓦特把吉

① Seeley, Tracy: “Conrad’s Modernist Romance: Lord Jim”. In *ELH*, 1992, pp. 495-496 .

② Hewitt, Douglas: *Conrad: A Reassessment.* London: Bowes and Bowes, 1975, p. 134 .

③ Morf, Gustav: *The Polish Heritage of Joseph Conrad.* London: Sampson, Low, Marston, 1930, pp. 165-166.

④ Ghent, Dorothy Van: *The English Novel: Form and Function.* New York: Harper Torchbooks, 1961, p. 229.

⑤ May, Derwent: “The Novelist as Moralist and the Moralist as Criticism”. In *Essays in Criticism*, Vol. X, No. iii, 1960, pp. 320-328.

姆/马洛的关系视为小说取得成就和遐迩闻名的核心理由。[①] 巴彻勒(Batchelor, John)评论道,"友谊"这个词覆盖了很广的关系。按照这个概念,他把马洛/吉姆的关系比作英国诗人丁尼生(Tennyson, Alfred)与他的好友哈莱姆(Hallam, Arthur Henry)的关系。他认为小说的后十章是马洛为其逝去的友人吉姆所作的挽歌,正如丁尼生以诗歌悼念他的挚友哈莱姆一样。丁尼生在《怀念集》(*In Memoriam*)中说,他对哈莱姆的哀叹是对"整个人类的哀叹,而不仅仅是对个人的哀叹"。巴彻勒借用这话来表示马洛对吉姆的哀叹亦复如此:那不是一个人对失去好朋友的哀叹,应该要看成是康拉德通过文学为人类在现代世界的整个环境发出的哀叹。除了"友谊",他还认为这部小说探讨了如"孤独"、"懦弱"、"荣誉"、"勇气"、"尊严"、"背叛"等诸多人类境况中那些更重要的、不可逃避的主题。因此,他说《吉姆爷》是康拉德用艺术的方式在寻求普遍真理。[②]

也有评论家认为这部小说写出了马洛企图理解和表达吉姆内心身份和道德危机努力,这种努力起初跃跃欲试,后来无果而终。[③] 马丁·普赖斯(Price, Martin)是关于浪漫英雄的深沉思考。在马洛身上有行动的重负,在吉姆身上有思考的重负。[④] 约瑟夫·比奇(Beach, Joseph)用比喻来说明马洛对吉姆的观察,说他对吉姆的不同角度的观察就像一束发散式的光,强烈地照在他希望我们能想象到的那一点上。[⑤] 莫泽没有把这一束光限制在马洛那里,他还看到有很多别的"光"也照在吉姆身上。因此,可以说《吉姆爷》是人类群体主题的最成熟的表现。[⑥]

然而,理查德·柯尔却认为《吉姆爷》最大的成就在于它清楚地指

① Watt, Ian: *Conrad in the Nineteenth Century*. California: University of California Press, 1979, pp. 78-81.

② Batchelor, John: *Lord Jim*. London: Unwin Hyman Ltd., 1988, p. 209.

③ 同上, p. 20。

④ Price, Martin: "Conrad and the Linmits of Irony". In *Joseph Conrad: Critical Assessement*, ed. Keith Carabine. London: Helm Information Ltd., 1992, p. 700.

⑤ Beach, Joseph W.: *The Twentieth Century Novel, Studies in Technique*. New York: Century, 1932, p.197.

⑥ Moser, Thomas: *Joseph Conrad: Achievement and Declin*e. Cambridge, Mass: Harvard University Press, 1957, pp.11-12.

向道德问题。“小说尖锐地提出了道德问题，并把这一问题的张力贯穿作品的始终。”在他看来，小说提出的问题很简单：什么是勇敢？或者反过来问，什么是懦弱？[①] 莫泽看出了小说中的另一主题，即什么是背叛？他认为吉姆是简单的背叛者中最有趣的，而《诺斯特罗莫》中的德库德（Decoud, Martin）则要复杂得多。他的罪孽是最重的，他的堕落是最不可救药的，因为他原本可以做一个真正的英雄的。[②]

第二节　写作技巧之辩

值得注意的是，批评家们还注意到了康拉德小说的“未完成性”或叫“开放性”。瓦特在比较康拉德和亨利·詹姆斯的基础上认为，这两位作家都注意到了小说的结尾反映了作者对生活的一般看法。因此这两位作家都打破了传统的小说结尾法，即给出小说中有关情节和人物的主要问题的完整答案。[③] 瓦特对亨利·詹姆斯开放式小说的赞赏与他对康拉德的赞赏形成了呼应：

> 亨利·詹姆斯的小说永远不会让人停歇。他的书的结尾就好像只是生活的一个段落暂告结尾一样。你总有一种生活在继续前进的感觉。即使是书的最后一个字也读完了，你甚至都可以感觉到在安谧中死者的微妙存在，这真让人心情畅快。不过小说并没有完。亨利·詹姆斯是了不起的艺术家，忠实的历史学家，他永远不会去做那做不到的事情。[④]

---

① Curle, Richard: *Joseph Conrad: A Study*. London: Kegan Paul, Trench, Trubner and Co., 1957, p. 22.

② Moser, Thomas: *Joseph Conrad: Achievement and Decline*. Cambridge, Mass: Harvard University Press, 1957, p. 22.

③ Watt, Ian: *Conrad in the Nineteenth Century*. California: University of California Press, 1979, p. 207.

④ James, Henry: “Preface to Roderck Hudson”. In *The Art of the Novel*, ed. R. P. Blackmur. New York: The University of Chicago press, 1934, p. 5.

对詹姆斯而言,关系是不会停留下来的,是处皆然。因此艺术家也就无权给小说中的生活以最后的结局。而较之詹姆斯,康拉德在艺术地表达小说行为的不完整性和意义的不确定性时走得更远。[①] 巴彻勒说:

> 生活在继续,事情都令人满意地处于未完成状态,经历永远难以被人们的意识充分理解与控制——这样的意识在康拉德的作品里特色非常明显,而在詹姆斯的作品中却没有如此强烈。康拉德允许真实经验的杂乱无章和偶然性不变,允许各种力量互相竞争,这是很有意思的。[②]

他接着说:

> 《吉姆爷》的写作方法尤为突出,其特色是无休止的相对性。读者与文本之间、匿名的全知视角叙述者与马洛之间、马洛与吉姆之间的交流永无停息。[③]

尽管有了上述的种种阐释,但是一部好作品总是敞开的,欢迎各种解读。就在《吉姆爷》出版不久,巴彻勒就发现:

> 《吉姆爷》出版后,读者连读了五年,还不知道怎样才能满意地将其归类。这部小说增加了读者理解的难度。有些评论家感到非常的困惑。[④]

这种让人困惑的原因很多,比如,故事到底说了什么?故事与话语之间的关系如何?我们先看格拉德对《吉姆爷》的概括:

---

① Batchelor, John: *Lord Jim.* London: Unwin Hyman Ltd., 1988, p. 45.

② 同上, p. 46。

③ 同上, p. 25。

④ 同上。

满载着朝圣者的“帕特纳号”在晚上撞上了某漂浮物，船上的官员们相信船会很快沉没，船上又没有足够的救生衣，于是他们就弃船而逃，让那些朝圣者在睡梦中身葬大海。吉姆先是犹豫，然而他还是抛却了浪漫的个人主义梦想和自尊，最终随着其他人一起跳海逃生。但是“帕特纳号”却没有沉没。马洛在法院碰到了吉姆。这是他很多次想为自己开脱的场合之一。他希望人们相信，那个跳海的他并非是有意识跳海的人。然而他忍受不了人们提起这件事。于是他心负愧疚与耻辱，向着地球的东方漂泊。马洛因多种原因同情吉姆，于是向昆虫学家、商人斯坦恩（Stein）请教办法。斯坦恩把吉姆派到帕图桑去。在那里他无亲无故，可以躲开起诉他的白人世界。在帕图桑，吉姆成了仁慈的首领，享有近乎上帝的权力和名誉。然而，由于他不想将先前来到那里的一些白人，包括布朗先生处死，他的小朝廷也就到此结束了。这些白人侵略者屠杀了吉姆的朋友，包括那里的头领的儿子，为了赎罪，他只好把自己的生命交给当地人处置。不过他与当地的情人珠儿逃走了，在一种迷离恍惚的理想中举行了无情的婚礼。[①]

雅各布·洛斯（Lothe, Jakob）在《康拉德的叙事手法》（*Conrad's Narrative Method*, 1989）一书中对此做了详细的评价。他首先指出这一段故事总结尽管文字优雅，却至少有两个问题：一是省却了重要的材料，整个概括只是从很多重要的成分里选择了一些东西，且循时间的线性次序。所包括的事实也可以用别的成分代替，还有好多成分需要添加。第二就是，这一概括尽管简短，却包括了非文本的内容，而且是概括者的阐释内容。格拉德的最后一句话显然是阐释性的，而不是客观的事实描述。《吉姆爷》不仅是一部异国情调的冒险故事和具有复杂的艺术构思的小说，而且是交织着二者特性的书。[②] 他认为，关于《吉姆爷》一书主题的简单化结论，都始于对本书复杂多变的叙述方法缺乏足

① Guerard, Albert J.: *Conrad the Novelist*. Cambridge, Mass.: Harvard University Press, 1958, p.129.

② Lothe, Jakob: *Conrad's Narrative Method*. Clarendon: Oxford University Press, 1989, pp. 133-134.

够的思考所致。这种简单定性甚至连很多大评论家也难免。他参考了希利斯·米勒在《小说与重复》(*Fiction and Repetition*)中提出的方法论,对小说中柏拉图式的重复模式和尼采式的重复模式的使用进行了对比。通过对《吉姆爷》的细致分析后,发现小说叙事与主题发展之最有趣的方面之一,在于马洛对吉姆的兴趣似乎与不相信他的统治权有关。最后他得出三点关于《吉姆爷》叙事方法的结论:一、马洛既是叙事者,又是小说中的人物。这种身份使得他讲的故事显得扑朔迷离。二、尽管小说中弥漫着强烈的怀疑气氛,但小说的主题方面不应该让我们忽略了比较单纯、比较积极的成分,那就是被戏剧化了的人类友谊的价值。马洛对吉姆的友谊也引起了他对理想的幻灭。这种复杂的情感交织在一起,使得很多时候马洛言不由衷。三、《吉姆爷》中马洛的叙事和主题中心性在作者的设定框架里得到了加强。小说以马洛最后的思考作为结尾似乎很恰当。这些思考集中在两方面:马洛与吉姆的亲情和马洛的疑惑。《吉姆爷》与《黑暗的心》不同,没有第一层叙事者和第二层叙事者之间的明显对比。马洛的叙事是由作者叙事者的方式呈现和编辑的。小说中无所不在的叙事者却不对马洛强加评判的事实,更表明了马洛作为独特的有作者功能的个人叙述者在叙事和主题问题上的权威。[①]

很有意思的是,批评家福格尔(Fogel, Aaron)把这部小说描绘成一次"国际论坛"[②]。在评论了对康拉德作品中"偶听"(overhearing)[③]现象进行研究的三大家[④]后,福格尔指出,在所有新近使用的理论中,唯有巴赫金把小说当成对话来研究的方法最有说服力。这一理论着重于小说的多声部、语言与文化的接触、语句之间的斗争,能够把康拉德的作品置

① Lothe, Jakob: *Conrad's Narrative Method*. Clarendon: Oxford University Press, 1989, pp.172-174.

② Fogel, Aaron: *Conrad's Poetics of Dialogue*. Cambridge: Harvard University Press, 1985, p. 25.

③ 指人物偶然听到某些事情的场面。此词在此不宜译为"偷听"。

④ 第一家为弗洛伊德派。此派以心理分析为工具对"偶听"进行研究;第二派为德里达派。此派把偶听场景解释为读者中心位置的一种暗喻;第三派为布鲁姆派。此派把康拉德看成是后期浪漫派作家,把"偶听"现象看成是小说和诗歌的传统。

于本该具有的中心位置，能够挖掘出过去的研究未曾涉及的领域。[1]

第三节　吉姆原型之溯源

康拉德的“吉姆爷”形象来自何方，这不仅是一个角色的选择问题，还涉及到人物形象塑造的诸多理论问题，引来众多批评家的关注，这里选取妮娜·嘉兰（Garland, Nina）的批评作为个案考察。

吉姆原型来自何方？首先是康拉德的自家之说。在《吉姆爷》面世的第十六年，康拉德在《作者的话》中提到该书的主角时，这样说道：“一个阳光明媚的早晨，在东泊区附近，他从我眼前走过—惹眼—非凡—愁眉不展——言不发。”[2]

对于这一说法，批评家们并不买账。因为这种不假思索、荒谬夸张的言辞正是典型的康拉德风格，他常常把自己创作的原动力归于陌生人擦身而过的一瞥或一次偶遇。[3] 关于吉姆这一角色，伊恩·瓦特提出了四种较为可信的来源。第一个是奥古斯丁·波德莫尔·威廉斯（Willams, Augustine Podmore）。1880 年英国的一艘朝圣船“吉达号”发生了海难。威廉斯是“吉达号”上的大副，尽管船最后没有沉，但是由于船上的人对乘客的不负责任，还是成了一桩丑闻。据说康拉德去世前见过威廉斯，因此他的吉姆原型很可能来自于此人。第二种可能是吉姆·林加德（Lingard, Jim），他的父亲威廉·林加德（Lingard, William）被认为是《阿尔迈耶的愚蠢》（*Almayor's Folly*）中船长汤姆·林加德（Lingard, Tom）的原型。吉姆·林加德可能就是吉姆爷，与小说中的吉姆相似，他娶了一个伊班女人。而这个女人大概就是小说中帕图桑岛部分出现的吉姆的情人珠儿的原型。第三，吉姆和他的帕图桑岛之旅可以从康拉德读过的一些游记和历险传奇中找到一些蛛丝马迹，那么这个吉姆就是一个混合物。第四，就是作者本人。康拉德和吉姆一样曾不幸被落下的

① Fogel, Aaron: “The Mood of Overhearing in Conrad's Fiction”. In *Joseph Conrad: Critical Assessment*, ed. Keith Carabine. London: Helm Information Ltd., 1992, pp. 681-682.

② Moser, Thomas (ed.): *Lord Jim, Norton Critical Edition*. New York: Norton,1968, p. 2.

③ Ian Watt: *Conrad in the Nineteenth Century*. Berkeley and Los Angeles: University of California Press, 1979, p. 34.

桅杆砸伤,因而当船遇到暴风雨时,他不得不待在自己的小木屋里,一边为不用到甲板上和天气斗争而窃喜,一边又为这种自私心理而饱受良心的折磨,瓦特的这些推测都有合理的成分。

但这些来源都不足以解释故事中的很多特别成分:比如马洛(或康拉德)对吉姆的感情。又比如如果只考虑船长弃船的部分,为什么还要加上后面帕图桑的部分呢?批评家妮娜·嘉兰对此做了详细的考察,否定了前面的所有假想,最后认定,康拉德的吉姆原型就是史蒂芬·克莱恩(Crane, Stephen)。

嘉兰的第一个论据是康拉德有"古舟子综合征",他的母亲在他十七岁时死于肺结核,这一变故带来的痛苦必须靠一遍遍的讲述方能缓解。她还提到康拉德疗伤的一种怪异的方式,即反复使用数字 32,这正好是他母亲去世时的年纪。在小说《吉姆爷》中,三十二岁的船长布莱尔利(Brierly),在自杀前决心再行驶最后一段航程:"'让她再走 32 英里,'他说,'然后我们就会明白……沿着这个航向再走 32 英里,你就安全了。'"[①] 1889 年的秋天,康拉德突然开始了他的写作生涯——正是他迈入三十二岁年华之际。也许这个数字暗示着他内心的不安和写作之间的联系。接着,嘉兰考察了史蒂芬·克莱恩 1895 年 11 月出版的《红色英勇勋章》(*The Red Badge of Courage*),探讨了这本书为什么以及如何对康拉德产生这样的影响。她注意到康拉德要以史蒂芬·克莱恩先生为榜样,写一部给海洋和水手看的书,正如克莱恩为战争和勇士作传那样。克莱恩对吉姆·康克林(Conklin, Jim)之死的描述一定引起了康拉德的强烈震撼,以至于这一场景无比相似地出现在《"水仙号"上的黑水手》中詹姆斯·维特(Wait, James)的死亡过程中。康拉德和克莱恩给这些角色们都起了一样的名字,克莱恩用的小名"吉姆",而康拉德在写《吉姆爷》时也恰好用了吉姆这个名字。

嘉兰通过很多例证说明康拉德的早期创作大都受《红色英勇勋章》的影响,但克莱恩的影响最大限度地体现在小说《吉姆爷》当中。在他写这本书时,克莱恩已成为他的好友。不仅是克莱恩的文学作品,连他本人都会在康拉德这部作品中占有永恒不朽的地位。

首先他考察了克莱恩的性格。《红色英勇勋章》讲述的是一个男孩

① Moser, Thomas (ed.): *Lord Jim, Norton Critical Edition*. New York: Norton, 1968, p. 37.

想成为真正男子汉的故事，而克莱恩和康拉德都是那种思虑过多、想象丰富的人，在塑造理想的男子汉形象的过程中，总觉得被自己本应值得称赞的想象力拖了后腿。康拉德意识到勇气可能不是《吉姆爷》的真正主题，吉姆饱受愧疚感的煎熬，这才是他要表现的。是什么使他感到愧疚呢？是因为弃船而逃吗？还是因为丢了荣誉？吉姆总感到是船把他给抛弃了。马洛（或康拉德）一直不明白吉姆，康拉德也从来没弄明白是什么在吞噬吉姆，也不知道除了自杀外吉姆还能如何赎罪，这个罪名在故事里也不过是"无杀害之罪"，只因在那一刻他没能坚守职业传统，没能维护尊严。克莱恩也正是这样一个人，这一点在后来克莱恩的古巴之行中得到了很好的印证。

嘉兰还追溯了 1897 年 10 月 15 日康拉德和克莱恩在伦敦的初次会面，从他们的友谊和接触中看出康拉德在塑造吉姆时，以克莱恩为原型。当时，身处英国的克莱恩，还沉浸在其小说《红色英勇勋章》成功的喜悦之中，就要求同当时以连载形式刊登《"水仙号"上的黑水手》的作者会面。在那时，康拉德将这位年轻人（克莱恩时年二十六岁，而康拉德已年近四十）视为自己写作上的前辈，因而对克莱恩的邀约倍感荣幸。康拉德一拿到《"水仙号"上的黑水手》的书稿，便寄给了克莱恩，后者热情洋溢的回应让他倍感欣慰。从他们初次见面的10月某天开始，两人一直保持着深厚的友谊，他们一个是沉稳老练的波兰侨民，一个是美国侨民，友谊伴随他们走过近三年时光，直到克莱恩去世。

嘉兰引用了康拉德对他这位年轻朋友的深情描述和小说中马洛对年轻吉姆的观察评判。通过对比，让人觉得康拉德笔下的吉姆就是克莱恩：

> 这双蓝蓝的，孩子气的眼睛，直视着我的眼睛，这张年轻的面庞，这副能担当的肩膀，这头漂亮的秀发，成簇地生长，发根下露出宽阔的古铜色额头……这种坦诚的样子，这毫不做作的微笑，这洋溢着青春的认真劲儿。[①]

① Moser, Thomas (ed.): *Lord Jim, Norton Critical Edition*. New York: Norton, 1968, p. 48.

“我已体察到此人沉静外表之下的澎湃精力与坚强决心。每当他举目凝视,那一闪而过的清澈目光中,其灵魂深处的隐秘品格已纤毫毕现(尽管他的声音总显得漫不经心)。从史蒂芬的双眼之中,可一窥其真我本性……虽然他的其他相貌特征也能凸显这一信息,譬如他额头的轮廓,以及那抹修眉之下形若弓弩、深邃坚定的双眸。”①

> 看着他的面孔,就像看着一声霹雳打响之前越来越阴沉的天空,乌云在不知不觉中层层凝聚,在爆发之前的宁静中,空气越来越紧张,很有些神秘。②

“曾经在某个场合我对他说:‘史蒂芬,你沉思的时候就像一朵天边的雷雨云。’那时他早在屋子的另一端懒懒躺下,从那儿时不时地发出只言片语,不像雷声隆隆,倒颇似那风暴来临之前骤落的雨滴。可怜的克莱恩,他要是时不时地,看起来足够阴沉欲摧就好了,可他连雷也没打过一个;尽管我深信不疑:倘若他愿意的话,他能表现得像个危险人物。”③

康拉德还描述过他和克莱恩共处一室的情景,当时后者总忙着完成每日定量的写作计划。

> 我通常会捧本书,背朝他,舒舒服服地坐在同一张桌子的另一端;两个多钟头过去,屋子里都听不到一丝声音……他那三大叠厚厚的稿纸上总是写得满满的,随处可见他字迹工整清晰,笔力恰到好处。④

---

① Beer, Thomas: *Stephen Crane: A study In American Letters*, Preface by Joseph Conrad. London: Heinemann, 1924, p. 6.

② Moser, Thomas (ed.): *Lord Jim, Norton Critical Edition*. New York: Norton, 1968, p. 44.

③ Beer, Thomas: *Stephen Crane: A Study in American Letters*, Preface by Joseph Conrad. London: Heinemann, 1924, p. 8.

④ 同上, p. 27。

这些不平凡的时刻在小说《吉姆爷》中也有如出一辙的对应叙述，正如马洛所描述的：

> 我把（吉姆）领进我的卧室，然后马上坐下来写信。这是世界上唯一一个地方……可以由他在那儿独自想心思，而不必受到其他芸芸众生的打扰。那件该死的事——照他的表述——没能让他隐迹销形，但我特意表现得他好像不存在似的。我一坐到椅子上，就像个中世纪的抄写员一样埋头书桌，除去执笔书写的动作，我一直安守静默，生怕弄出响动……我写啊写的……间或偷瞥他一眼。他像生了根似的待在原地，但是一阵阵的寒颤滚过他的脊背……他在挣扎，他在挣扎……即使这样，每当我的笔写字的沙沙声停下一会儿，这房间就完全陷入了寂静。[①]

克莱恩1898年春天的古巴之行，成了嘉兰将其与《吉姆爷》中的情节进行有说服力的比较的很好材料。当年，美西战争在古巴爆发，克莱恩以战地记者的身份奔赴古巴，一睹战况。

史蒂芬·克莱恩于1898年4月启程前往古巴，在克莱恩离开的日子里，一些情况的变化使得康拉德和克莱恩，以及克莱恩和吉姆之间的关系更深入紧密地交织到了小说的结构组织之中。

战后，克莱恩没有即刻从古巴回国，还从哈瓦那消失了，留下妻子柯拉（Taylor, Cora）一人在英国身无分文，又遭债主追逼纠缠，神智全失。当克莱恩流连古巴时，柯拉正在给众多好友写信求助，恳请他们帮忙找到克莱恩并带他回国。

在这期间，尽管克莱恩的情况还“很不明朗”，康拉德却在试着筹措旅费让他回国。康拉德当时对这位朋友不负责任的举动诧异不解，但尽管同情柯拉的遭遇，也从未对史蒂芬有过半句微词。之后他在小说《吉姆爷》中写过一个古怪的片段，与当时的情景大同其趣。在小说有关帕图桑岛的章节中，吉姆的情人珠儿，坚信吉姆会离她而去，希望从可怜的马洛那里获得肯定，而马洛则茫然无措，不知如何替她解忧。

① Moser, Thomas (ed.): *Lord Jim, Norton Critical Edition*. New York: Norton, 1968, pp. 104-105.

> 这段经历很奇妙。她似乎不信任他的睡眠——她似乎认为我能告诉她为什么！就这样，一个可怜的凡人，为某个魂灵的魔咒所迷，可能不得不尽力从另一个鬼魂那里得到另一个世界所掌握的权利的秘密，那是对一个脱离了躯体的迷失在这个世界的情网之中的灵魂的权利。①

尽管史蒂芬·克莱恩后来回到了柯拉的身边，而吉姆也没有抛弃帕图桑岛或是珠儿，但在这一连串事情发生后不久，两人都撇下了他们的妻子，撒手人寰。

即使康拉德明白克莱恩的悲剧并不能归咎于他，他帮助克莱恩筹到了旅费，好让他前往被战火摧毁的古巴，结果后者的健康状况每况愈下，最终身亡。他对母亲之死而承受的负罪感自孩提时代起一直挥之不去，或许加深了他对朋友之死的负疚之感。这样一来，我们就不难理解，为什么他写作《吉姆爷》的初衷，即部分效仿《红色英勇勋章》一书中勇气主题的种种用意，会在克莱恩重病之后，被负罪和遗弃的主题彻底颠覆。因为康拉德当时又一次面临自己的好友离他而去的痛苦，并且他再一次感到自己难辞其咎，却无力回天。

正如康拉德曾经把克莱恩介绍给布莱克伍德（Blackwood, William），从他手中借来去古巴的差旅费一样，在小说《吉姆爷》中，马洛也把吉姆介绍给了斯坦恩，一位商人兼昆虫学家。斯坦恩也为吉姆筹集了旅费，让他得以前往帕图桑岛，而这里最终也成为了他的魂归之所。《吉姆爷》中这部分情节和现实生活的对照呼应，简直可以视作康拉德内心对自己在史蒂芬·克莱恩逝世一事中所负责任的真情实感的佐证，明白直露却也满含痛苦。

嘉兰对康拉德为什么改变初衷，把一部本来计划好的短篇小说写成了长篇小说，也与克莱恩联系起来。这部小说的进程和结果——即吉姆的一切命数——已经同史蒂芬·克莱恩的命运紧紧交织，密不可分了。如果克莱恩能痊愈，故事中的吉姆可能就不会死。他的潜意识里可能认为只要吉姆还活着，史蒂芬·克莱恩就还有救。他或许认为自己

① Moser, Thomas (ed.): *Lord Jim, Norton Critical Edition*. New York: Norton, 1968, p. 192.

负有责任——也有能力——来延续史蒂芬·克莱恩的生命。因此,在这场与死神的较量中,是种种超出康拉德想象和控制之外的力量征用了他手中的笔。在理智上他想要完成《吉姆爷》的写作,但在情感上他却犹疑不决。这场“搏斗”持续了六个月。5 月 16 日,约瑟夫·康拉德行至英国海滨城市多佛尔,同克莱恩作最后的诀别。几周之后,克莱恩逝世了。康拉德也为《吉姆爷》谱写终曲了,但结局之前,康拉德先送马洛去帕图桑岛见吉姆最后一面。在这一场景之后,马洛也不再充当小说的叙述者,尽管全书还有好几章才完全结束。小说中马洛与吉姆共处的最后时光的描述,哀婉凄切,好像是一曲献给朋友的挽歌。当时吉姆陪伴马洛步行去海滨,马洛发现吉姆:

> 从头到脚都是白色,衬着他背后的夜的堡垒,衬着他脚下的海。……对我来说,那在岸边和海的寂静中的白色身影似乎站在一个巨大的谜的中心。暮霭正从他头上的天空很快地消退,那片沙滩已经在他的脚下沉没,他自己显得不比一个孩子大——然后就只有一点,一个小小的白点,似乎要把一个暗淡下来的世界剩下的全部光明都抓住……突然间,我看不见他了……①

史蒂芬·克莱恩去世一个月后,康拉德把家眷迁到伦敦居住,然后自己开始通宵达旦地写作。破晓之时,他完成了小说《吉姆爷》的最后一笔。他很可能永远无从知道是何种力量在指引着他奋笔疾书。

嘉兰对吉姆原型的探讨,细致严谨,可以说,这一考察是诺斯罗普·弗莱(Frye, Northrop)原型批评理论的当代典型考据范例。②

① Moser, Thomas (ed.): *Lord Jim, Norton Critical Edition*. New York: Norton, 1968, p. 204.

② Nina, Garland: “Stephen Crane as a Source for Conrad’s Jim”. In *Nineteenth-Century Fiction*, Vol. 38, No. 1. (Jun., 1983): pp. 78-96.

第三章 《间谍》学术史

《间谍》是康拉德第二部带有明显政治色彩的小说。与之前的《诺斯特罗莫》不同的是，故事的场景不再是异域的拉美，而是西方文明的中心——伦敦，因而也是康拉德第一部以自己寓居的英国为背景的主要作品。不仅在地点上回到了康拉德所生活的环境，时间上也回到了他所处的时代。故事发生在1886年，小说的题词页上也写明是一个"19世纪的故事"。相比他之前的小说，《间谍》在时空上的变化给康拉德带来了不小的挑战，也让当时的读者对这部政治小说格外敏感。

康拉德选用的体裁和写作手法也令熟悉他的读者感到一丝惊讶。间谍维尔洛克（Verloc, Adolf）指使自己有点弱智的妻弟斯迪威（Stevie）将炸药放到格林威治公园，要实施一次恐怖行动。不料炸药意外爆炸，斯迪威被炸成碎片。深爱着弟弟的温妮（Verloc, Winnie）伤心之下，刺死了丈夫维尔洛克，之后被无政府主义者奥西朋（Ossipon, Alexander）骗走了所有积蓄，在绝望中投海自尽。康拉德在这个故事中掺杂了恐怖分子的阴谋、外国使馆的诡计、爆炸事件、侦破推理、谋杀和自杀等惊险小说的题材，与无政府主义以及描写无政府主义的小说在19世纪末的蓬勃发展有着密切的关系。而且，小说描写的格林威治公园爆炸事件又似乎以不久前真实发生的事件为原型，更是引发了许多猜测和疑问。康拉德对小说语言和场景的把控，对反讽距离的拿捏，又使这部政治小说的意蕴远远超越了它的题材和体裁。

第一节 《间谍》：一个重要的转折？

从康拉德的整个创作历程来看，《间谍》似乎标志着一个明显的转折。已经习惯了康拉德异域海洋小说的读者开始感到新奇。1907年的《星报》(*Star*)上有评论说:"这是康拉德先生第一次将伦敦放到他那神奇的熔炉之中。伦敦的魂魄,并不容易用文学呈现出来。我们的小说家很少能有这种神奇的魔力。现实主义小说家们统统铩羽而归。自狄更斯之后,还没有哪个小说家能抓住缥缈游荡的伦敦怪物。现在,康拉德先生抓住了它。他的手法如此绝妙,一如他抓住马来群岛丛林的魅力和大海的魔力。"[①] 不过,尽管小说所描绘的伦敦给读者留下了深刻的印象,但并不像狄更斯的小说那样注重细节,而是追求神似,很少展现具体的地形特征和城市景观。当代有评论家在比较了华兹华斯版(Wordsworth)、牛津版(Oxford)和企鹅版(Penguin)《间谍》的封面所采用的伦敦油画后,认为小说中的伦敦与英国当代画家约翰·弗丘(Virtue, John)笔下的伦敦神形俱似,虽不呈现细节,却抓住了魂魄。[②] 此外,还有许多批评家在考证小说中对伦敦风土人情的指涉,挖掘作为英帝国首都的伦敦的象征意义。

故事场景的转变也带来了视角和主题的转变。当时英国是世界上最强大的国家,不仅在经济和政治上雄霸全球,算上殖民地的疆域,甚至可以说是世界上最大的国家,俨然就是西方文明和进步的顶峰,而帝国首都伦敦自然也就成了英国政治、经济和文化进步的缩影。但具有反讽意味的是,正是在伦敦,四处存在着混乱的无政府状态。评论家约翰·彼得斯(Peters, John G.)发现,康拉德经常把欧洲人物放到西方文明以外的地方,看他们在异域他乡的反应,而他们也大都在那些"未开化的"地方变成了彻头彻尾的"野蛮人";而《间谍》却将欧洲人物放在他们自己文明的中心,借以揭示西方文明心脏地带的混乱状态,说明西方文明表面的秩序是虚幻的,不管是政治上的激进派还是保守派,都在破坏着社会的秩序。[③]《间谍》所描绘的社会以及社会中人与人的关系,

① Sherry, Norman (ed.): *Joseph Conrad: The Critical Heritage*. London: Routledge, 1973, p. 198.

② Epstein, Hugh: "An Analogous Art: *The Secret Agent* and John Virtue's *London Painting and Drawings*". In *The Conradian* 32.1 *The Secret Agent*: *Centennial Essays*, 2007, pp. 117-128.

③ Peters, John G.: *The Cambridge Introduction to Joseph Conrad*. Cambridge: Cambridge University Press, 2006, p. 82.

也与之前的作品有了不同。评论家兰德（Land, Stephen K.）就认为，这部小说属于康拉德创作的“第二个阶段”，人物不再追求在某一个领域中得到完善，而是试图在矛盾冲突的世界中保持中立；而且，小说所呈现的是一种分裂隔离的社会。[①]

康拉德自己也在寻求一种转变，试图在题材、体裁和写作技巧上有所突破。他在 1907 年 10 月 7 日给友人的信中说，这部小说对他来说是有些分量的，因为他开始了新的体裁。[②] 这种体裁的转变在该小说的批评史上也是一个长期存有争议的话题。雅克·伯绍德（Berthoud, Jacques）的观点比较公允，他认为小说并没有用一种单一的话语来讲述故事，既有维多利亚时代晚期恐怖主义小说的传统，也有 1890—1910 年间得到空前发展的出版界的常用语言风格，自然还有侦探小说的特征。[③] 艾伯特 · J. 格拉德甚至认为，这部小说超前地开创了“严肃的心理—政治谜案小说”这种体裁，揭示了社会的边缘成分（警察与罪犯之间的串通、密探与警方线人、思想犯罪和坦白、无政府主义和政治流亡等元素）也会入侵并腐蚀社会的中心成分。[④] 选择无政府主义的恐怖活动作为题材，并点出伦敦索荷区的无政府主义者，很大程度上也是为了吸引读者的眼球。其源头虽然一直没有定论，但批评家们大多认可两点。一是与“友人”关于无政府主义者的谈话，一是伦敦格林威治公园的爆炸事件。[⑤] 显然，无论是体裁还是素材，都与之前的小说有了明显的不同。

此外，康拉德也试图借鉴更为“流行”的写作技巧。艾伯特 · J. 格拉德就认为，《间谍》属于康拉德“过渡时期的小说”，不仅是从怪异转

① Land, Stephen K.: *Conrad and The Paradox of Plot*. Lodon: MacMillan, 1984, pp. 148-150.

② 转引自 Sherry, Norman (ed.): *Joseph Conrad: The Critical Heritage*. London: Routledge, 1973, p. 20。

③ Berthoud, Jacques: “*The Secret Agent*”. In *The Cambridge Companion to Joseph Conrad*, ed. J. H. Stape. Cambridge: Cambridge University Press, 1996, pp. 107-108.

④ Guerard, Albert J. : *Conrad the Novelist*. London: Oxford University Press, 1958, p. 220.

⑤ Sherry, Norman (ed.): *Joseph Conrad: The Critical Heritage*. London: Routledge, 1973, p. 21.

向通俗，从个人视角转向习俗的视角来审视人类，也是从印象主义手法到现实主义手法的一次“重大转变”。[①] 在描写城市下层民众的生活方面，以法国作家左拉（Zola, Emile）为代表的自然主义一度成为作家们推崇的现实主义风格。沃尔顿（Walton, James）在《康拉德与自然主义：〈间谍〉》（“Conrad and Naturalism: *The Secret Agent*”, 1967）一文中提出，尽管康拉德认为这种自然主义已呈衰微之势，却仍然借用了当时城市小说中常见的自然主义写法（包括资产阶级对待科学的态度、唯物主义心理学、不偏不倚的科学态度、对遗传因素的关注等），以求强化表现力，甚至借用了自然主义所追求的客观可信的态度来描写女性心理。[②]

总之，早期的很多评论家都认为《间谍》是康拉德创作生涯中的一个“重要转折点”。有人认为他的创作力已经衰竭，有人认为他开始丢弃阳春白雪而追求下里巴人，也有人认为他开始抛弃得心应手的印象主义手法。托马斯·莫泽在《约瑟夫·康拉德的成就与衰退》（*Joseph Conrad: Achievement and Decline*, 1957）一书中的观点很有代表性。他认为，《间谍》固然是一部严肃可敬的小说，但缺少典型的“康拉德风格”。[③] 不过，这些观点逐渐被后来的评论家们抛弃。霍夫（Hoff, Peter Sloat）在 1974 年纪念康拉德的一次国际学术会议上指出，以往的评论重分析而轻综合，过于强调《间谍》的“转折”特征，但实际上，这部小说与康拉德“典型”作品的差别只是表面的场景和情节，本质上仍与《吉姆爷》、《诺斯特罗莫》、《在西方的眼睛下》、《黑暗的心》等小说一脉相承。《间谍》同样包含了常被视为康拉德特色的四个主题：“理想的自我”以及人是否可以忠于它；背叛主题；双重人；使读者和主要人物直面《黑暗的心》中的那种恐惧。[④]

① Guerard, Albert J.: *Conrad the Novelist.* Cambridge, Mass: Harvard University Press, 1958, p. 219.

② Walton, James: “Conrad and Naturalism: *The Secret Agent*”. In *Texas Studies in Literature and Language* 9.2 1967, pp. 290-300.

③ Moser, Thomas: *Joseph Conrad: Achievement and Decline.* Cambridge, Mass.: Harvard University Press, 1957, p. 2.

④ Hoff, Peter Sloat: “*The Secret Agent*: A Typical Conrad Novel?” In *The Polish Review* 20. 2/3 Joseph Conrad: Commemorative Essays: The Selected Proceedings of the International Conference of Conrad Scholars, 1974 (1975): p.155.

其实,此前也有不少评论注意到了《间谍》与康拉德早先的作品之间的传承。E. K. 海(Hay, Eloise Knapp)就分析了《间谍》和《“水仙号”上的黑水手》在政治主题上的关联。[①] 而认为《间谍》属于康拉德创作第二阶段的兰德也认为,小说虽然与以往相比有所转变,但小说中体现的反讽却与康拉德惯用的情节相类似,即人物为了追求自己的目的,被迫做出妥协,而妥协的结果却损害了自己原本追求的目的。维尔洛克为了保持安逸稳定的家庭生活,被迫接受了符拉迪米尔(Vladimir)的指令,但执行这个指令却使他的家庭走向了破裂。这种经历与之前的吉姆、阿尔迈耶等人物相似。[②] 后来的评论更加注重这些具有共通性的特征。路德维希·施诺德(Schnauder, Ludwig)便在其新著《康拉德主要小说中的自由意志与决定论》(*Free Will and Determinism in Joseph Conrad's Major Novels*, 2009)中探讨了《间谍》与《黑暗的心》在主题和意象上的承接。施诺德认为,《间谍》对伦敦城中光的种种描述,都在突出其最大特征——“黑暗”,吞噬了“世界之光”。这种描述不仅把伦敦塑造成了“城市丛林”,也使小说与看似大为不同的《黑暗的心》形成了关联,暗示真正的“黑暗中心”不是在异域的殖民地,而是在帝国的都城伦敦;而且,伦敦所展示的正是达尔文主义所描述的适者生存的丛林法则,这也颠覆了“文明与野蛮、道德与不道德、雅致与粗鄙、进步与堕落”等常见的二元对立观念和话语。[③]

第二节 政治与存在

康拉德多次声称自己并不关注《间谍》中的革命政治,只是想给小说提供新的体裁和技巧。他也曾在信中说:“我没有打算从政治的角度思考无政府主义——也无意深究其哲学层面,只是从一般的层面展示

① Hay, Eloise Knapp: *The Political Novels of Joseph Conrad*. Chicago: The University of Chicago Press, 1981, p. 235.

② Land, Stephen K.: *Conrad and The Paradox of Plot*. London: MacMillan, 1984, pp. 148-150.

③ Schnauder, Ludwig: *Free Will and Determinism in Joseph Conrad's Major Novels*. New York: Editions Rodopi B. V., 2009, pp. 199-200.

人性中的不满和愚蠢。”[①] 尽管康拉德的确关注政治背景中的人性和道德问题,但这部小说所承载的深层的政治关怀也是无可否认的。而且,哲学层面的存在主义色彩也在小说中有着明显的体现。此外,评论家们还格外关注《间谍》中与政治活动相关的三个话题——色情文化、同类相食(cannibalism)和科学。

无政府主义显然是这部小说批评史上一个备受关注的话题。康拉德以无政府主义为题材的小说,除了《间谍》,还有《告密者》(*The Informer*)、《一个无政府主义者》(*An Anarchist*)这两个短篇。早期的评论大多不认可《间谍》所描写的政治场景和无政府主义者,认为康拉德写得不够真实可信,思想教益不够突出。1907 年的《曼彻斯特卫报》(*Manchester Guardian*)上有文章说,小说中的那些无政府主义者“居然缺少理想,这很奇怪。而且,尽管他们也有些不顾一切,却仍不过是虚荣的猎物”。[②] 小说家阿诺德·本涅特(Bennett, Arnold)则在 1907 年的日志中写道:“我感觉使馆场景写得不够真实,更像是作者绞尽脑汁想象出来的,因为他只掌握了一般的心理知识。不过,间谍的家庭生活,他妻子的个性,以及他们之间的‘感觉’,还有找个呆傻的妻弟来实施犯罪,却都是神来之笔。”[③] 1908 年的《爱丁堡评论》(*Edinburgh Review*)刊登了一篇题为《论小说中的丑》的文章,其中也谈到《间谍》的失败:“如果编这样一个故事(尽管构思还算巧妙),能够为艺术增一分彩,或为社会尽一份力,那么,我们不得不说,它一点都没做到。”[④]

20 世纪 50 年代以来,虽然也有欧文·豪(Howe, Irving)等批评家认为《间谍》没有公正地描述无政府主义运动,但也有不少批评家认为这部小说对无政府主义、科学至上主义、城市生活和社会正义等题材的描写十分深刻。E. K. 海就认为,“在某种程度上,《间谍》比康拉德写过的任何小说都更清晰且简明地阐述了他的基本政治信念”;但

① Karl, Frederick R. and Davies, Laurence (ed.): *The Collected Letters of Joseph Conrad*, 8 vols. Cambridge: Cambridge University Press, 1990, pp. 354-355.

② Sherry, Norman (ed.): *Joseph Conrad: The Critical Heritage*. London: Routledge, 1973, p. 182.

③ 同上, p. 190。

④ 同上, p. 202。

也指出,《间谍》是康拉德第一次将俄国政治纳入小说的主题,只是对专制的描写不如他的第一部也是最杰出的海洋小说《"水仙号"上的黑水手》,因此,康拉德后来又写了《在西方的眼睛下》以深入探索这个问题。[①]

汉密尔顿(Hamilton, Carol Vanderveer)不满康拉德更多从心理而非社会的角度来刻画无政府主义者。他认为,小说中虽然也写到了一些社会机构及其成员,如警察、国务大臣和使馆人员,但没有像巴尔扎克那样认为腐败与虚伪是资本主义社会内在的弊病。[②] 不过,斯皮格尔(Spegele, Roger D.)倒是认为小说恰恰是在借无政府主义这个话题来反思社会政治制度。他在《古典自由主义与约瑟夫·康拉德的〈间谍〉》("Classical Liberalism and Joseph Conrad's *The Secret Agent*", 1971)一文中指出,康拉德试图将政治放入人类活动这个更大的框架中,并使人更加深刻地认识到政治行动的局限性,因此,他的政治小说是广义上的"政治"。康拉德描写个人既抵制又需要有组织的社会,似乎说明他认同古典自由主义的政治社会模式,也即中产阶级的政体,个人从中得到了追求自己经济利益的机会,并设定规则来引导其情感,使其行为有益于社会。但另一方面,康拉德又不认为这个政体能如它所宣称的那样保护人的自由,而是围绕个人权力、荣耀和物质利益不断地你争我抢。因此,古典自由主义的政治社会模式虽基于自由,却无法保护自由。斯皮格尔认为《间谍》以一个资产阶级城市为场景,从最广泛的层面上探讨了这个悖论。[③] 约翰·彼得斯则指出,小说对无政府主义的描写不只是在反思政治制度,而是上升到了对整个西方文明的质疑。他在《康拉德与印象主义》(*Conrad and Impressionism*, 2001)一书中提出,康拉德在《间谍》中将时间、西方文明和无政府状态编织在一起,而这三条线索都指向了同一个结果——个人经历的独特性和个人对人为强加的制

① Hay, Eloise Knapp: *The Political Novels of Joseph Conrad.* Chicago and London: Chicago University Press, 1963, pp. 241, 235.

② Hamilton, Carol Vanderveer: "Revolution from Within: Conrad's Natural Anarchists". In *The Conradian* 18.2 (1994): p. 46.

③ Spegele, Roger D.: "Classical Liberalism and Joseph Conrad's *The Secret Agent*". In *Polity* 4.1 (1971): pp.7-9.

度的抵制。[①]

上世纪 80 年代后，有更多的评论家关注《间谍》中的无政府主义与社会机构和制度的关系，尤其是与政治监控的关系，其中又以对所谓的"圆形监狱"意象的探讨为多。例如，康罗伊（Conroy, Mark）的《圆形监狱般的城市：〈间谍〉中的怀疑结构》（"The Panoptical City: The Structure of Suspicion in *The Secret Agent*", 1983）、莫斯利（Moseley, William W.）的《警惕的社会：〈间谍〉与维多利亚时代的全景敞视主义》（"The Vigilant Society: *The Secret Agent* and Victorian Panopticism", 1997）和马克·哈马（Hama, Mark）的《作为权力的时间：康拉德〈间谍〉中的社会时间》（"Time as Power: The Politics of Social Time in Conrad's *The Secret Agent*", 2000）等。[②] 路德维希·施诺德在《康拉德主要小说中的自由意志与决定论》（2009）中也谈到"社会及其监控机制"，分析了小说中法律和秩序的维持机制，尤其是"无处不在"、"无所不知"的警察力量，以及隐含的审判和刑罚制度，认为小说模糊了"合法与非法、守法与犯法"的区别。[③]

还有批评家认为不必纠结于小说对无政府主义本身的描写，因为康拉德的目的是借此揭示当时人们的心态。伯绍德认为，1976 年之后的二十年里，关于《间谍》的政治批评、解构批评、后殖民批评、女性批评、历史批评以及心理批评，都认为小说在思想深度方面力有不逮，其实是一种误读。很多批评家都强调小说副题中的"简单"，解释小说十分复杂；伯绍德强调的却是小说副题中的"故事"，认为康拉德可能在暗示这只是一部小说，而不是政治宣传册子或哲学论著。伯绍德认为，小说的重点并不在于无政府主义，而在于时人对无政府主义做出的空洞乏味的回应。小说中所写的无政府主义在政治上并没有实际作为，作

① Peters, John G.: *Conrad and Impressionism*. Cambridge: Cambridge University Press, 2001, p. 122.

② Conroy, Mark: "The Panoptical City: The Structure of Suspicion in *The Secret Agent*". In *Conradiana* 15.3 (1983): pp. 203-217; Moseley, William W.: "The Vigilant Society: *The Secret Agent* and Victorian Panopticism". In *Conradiana* 29.1 (1997): pp.59-78; Hama, Mark: "Time as Power: The Politics of Social Time in Conrad's *The Secret Agent*". In *Conradiana* 32.2 (2000): pp.123-143.

③ Schnauder, Ludwig: *Free Will and Determinism in Joseph Conrad's Major Novels*. New York: Editions Rodop; B. V. 2009, pp. 212-221.

为中心事件的格林威治天文台爆炸事件，最终体现的居然是反无政府主义的姿态，而其影响也只限于家庭领域，也即维尔洛克一家的悲剧。因此，真正的主题是当时的一种精神状态或思想倾向（mind-set），也即通俗的观点、态度和情感。如他所言："无政府主义如果还能得到尊重，那也都是来自它对社会不公的反抗。小说中描写的无政府主义没有囿于实际的革命者，而是暗示了一种渗透在现代生活中的心态。"①

哈珀姆则从小说创作体验的角度对"无政府"进行了解读。他认为，《间谍》是康拉德根据阅读而非个人经历写成的小说，是他最精雕细琢、最有意识地进行的"创作"。在他看来，康拉德通常有着明显的创作焦虑，但在写《间谍》时却似乎没遭受多少困苦，这是因为"小说的素材似乎具有一种内在的驱动力，向康拉德揭示了一种类似于创作萌芽的东西"，康拉德因而有了一种创作的冲动。"无政府"不只是指小说中自称无政府主义者的那些人所指的无政府主义，还指所有与同情和理解相对抗的力量，而文本就是要抵制这些力量。②

和康拉德的其他政治小说一样，《间谍》也从政治视角凸显了他的存在主义思想。早在1908年，小说家高尔斯华绥就在《双周评论》（*Fortnightly Review*）上撰文说，康拉德有一种深厚的"宇宙视野"（cosmic spirit），强调人的渺小，这是当时在世的英国小说家望尘莫及的。他说："在巴尔扎克和狄更斯的小说中，能够感觉到环境，感觉到个人能够通过与其他人的相处而成长。在屠格涅夫的小说中，人物都沐浴在光线中，大自然的种种神态伴其左右，但人总是在第一位的。但在康拉德的小说中，大自然跃居首位，人则退居次席。"③ 评论家洛伊丝·米歇尔（Michel, Lois A.）也在《康拉德政治小说中的荒诞困境》（"The Absurd Predicament in Conrad's Political Novels", 1961）一文中提出，康

① Berthoud, Jacques: "*The Secret Agent*". In *The Cambridge Companion to Joseph Conrad*, ed. J. H. Stape. Cambridge: Cambridge University Press, 1996, pp. 103-105, 114.

② Harpham, Geoffrey Galt: "Abroad Only by a Fiction: Creation, Irony, and Necessity in Conrad's *The Secret Agent*". In *Representations* 37 Special Issue: Imperial Fantasies and Postcolonial Histories (1992): pp.79-103.

③ Sherry, Norman (ed.): *Joseph Conrad: The Critical Heritage*. London: Routledge, 1973, pp. 204-205.

拉德在审视人和宇宙时所持的“宇宙视角”（cosmic view），远大于个人或政治的哲学，因而不是严格意义上的“政治小说家”。格林威治爆炸事件本身就是“荒诞”意志的故意行动。小说中的人物彼此孤立隔绝，秘密和阴谋将人削减成了物品，抹煞了人性，凸显了荒诞。①

弗雷丁（Fradin, Joseph I.）对《间谍》中的存在主义思想有过深入研究。他在《无政府主义者、侦探和圣徒：〈间谍〉中行动的可能性》（“Anarchist, Detective, and Saint: The Possibilities of Action in *The Secret Agent*”, 1968）一文中分析了康拉德悲观的怀疑主义。小说中之所以没有明确的道德行动，就是因为在一个无政府状态四处弥漫的世界中，迟钝懒惰也许才是圣徒所能拥有的唯一可行的姿态。② 他还分析过“康拉德的典型人物”（Conrad’s Everyman），认为《间谍》用耸人听闻的事件和暴力说明“那些使生命具有尊严和荣誉的价值都是虚幻的，文明的西方人的生命在各个方面都遭到了死亡的入侵”，所有的线索走到头都不过是虚空而已。③ 他还在文章《〈间谍〉的语言：无生命的艺术》（“The Language of *The Secret Agent*: The Art of Non-Life”, 1968）中探讨了语言与存在的关系。文章分析了小说中隐含的双关和文字游戏，认为小说中的语言拒绝与人类世界接触，失去了道德力量，也参与了混乱的无政府状态，因而需要净化语言，使之准确地反映道德世界。④

评论家吉尔哈米特（Guilhamet, Leon）认为，小说中人物对“完美”（perfection）的追求恰恰形成了对生命的反讽。不管是寻求暴力活动的人，还是寻求安逸无为的人，都有着“对完美的追求”，而这便使他们生活在了一种虚幻的康乐之中。探长认为他可随时抓捕“教授”，温妮以为丈夫与弟弟关系日渐密切，这些都是虚幻的，也导致了最后的悲剧。温妮在弟弟死后杀死丈夫，不仅是在苦痛绝望之中产生的谋杀，更是由此摆脱了

① Michel, Lois A.: “The Absurd Predicament in Conrad’s Political Novels”. In *College English* 23.2 (1961): pp. 131-133.

② Fradin, Joseph I.: “Anarchist, Detective, and Saint: The Possibilities of Action in *The Secret Agent*”. In *PMLA* 83.5 (1968): pp. 1414-1422.

③ Fradin, Joseph I.: “Conrad’s Everyman: *The Secret Agent*”. In *Texas Studies in Literature and Language* 11.2 (1969): pp. 1023-1033.

④ Fradin, Joseph I. and Creighton, Jean W.P.: “The Language of *The Secret Agent*: The Art of Non-Life”. In *Conradiana* 1.2 (1968): pp. 23-35.

婚姻和为弟弟牺牲的虚幻生活。因此,"在整部小说的人物之中,只有温妮获得了行动的自由,见到了真正的死亡,因而也就能够对生命做出合理的评估"。正是在暴力与死亡、疯狂与绝望中,生命的真理才显示了出来。[①]

色情文化、同类相食和科学也是评论家们在解读这部小说的政治主题时格外关注的三个话题。《间谍》从一开始就点出了科学在爱德华时代的重要性。符拉迪米尔给间谍维尔洛克提供的攻击目标就是当时甚嚣尘上的"宗教"——科学。格林威治天文台刚在1884年被确定为世界标准时区系统的基点,成了当时科学的绝佳象征。路德维希·施诺德在《〈间谍〉中的唯物主义—科学世界观》("The Materialist-Scientific World View in *The Secret Agent*", 2007)认为,在小说中,不但破坏天文台的计划失败了,而且这次破坏事件的影响也很快就消失了,似乎说明科学以及唯物主义—科学世界观(materialist-scientific)已经很难撼动。[②] 他还认为,小说所呈现的这种世界观又与达尔文主义相关联的概念密不可分,小说也似乎呈现出了一个物竞天择、适者生存的社会,而这一点又得到了资本主义价值观和制度的强化。斯蒂芬·罗斯(Ross, Stephen)也在《康拉德与帝国》(*Conrad and Empire*, 2004)中探讨了科学话语与"资本主义文化规律"的关联,认为符拉迪米尔的攻击并非只是针对科学,同时也是对"帝国的意识形态、经济和认识论的核心因素"的攻击。[③] 伯绍德也指出,小说中"教授"的言行揭示了启蒙运动之后"理性"(rationality)的内在矛盾,而这种矛盾实际上摧毁了它所追求的改革目标。小说攻击的靶子是已成为现代世界特征的"理性"教条,该教条在小说中最明显的表现便是"科学至上主义"(scientism)或认为科学自足的观点。他认为康拉德是要提醒同时代的读者,要想改善人类世界,只靠抽象的原则和情感是不够的。[④]

① Guilhamet, Leon: "Conrad's *The Secret Agent* as the Imitation of an Action". In *The Polish Review* 20. 2/3 Joseph Conrad: Commemorative Essays: The Selected Proceedings of the International Conference of Conrad Scholars, 1974 (1975): pp. 146-153.

② Schnauder, Ludwig: "The Materialist-Scientific World View in *The Secret Agent*". In *The Conradian* 32.1 *The Secret Agent*: *Centennial Essays* (2007): p. 95.

③ Ross, Stephen: *Conrad and Empire*. Columbia: University of Missouri Press, 2004, pp. 154, 160.

④ Berthoud, Jacques: "*The Secret Agent*". In *The Cambridge Companion to Joseph Conrad*, ed. J. H. Stape. Cambridge: Cambridge University Press, 1996, pp. 114 -116, 119.

评论家惠特沃思（Whitworth, Michael）认为，关于康拉德的作品与科学的研究，大多聚焦于达尔文及其后继者的思想或笼统的“科学态度”，很少涉及物理学。他的文章《探查希特探长：〈间谍〉与能量与物质退降观念》（“Inspector Heat Inspected: *The Secret Agent* and the Meanings of Entropy”, 1998）便试图在这方面有所突破。他认为小说中的探长“希特”（Heat）与小说的反讽不无关系，但也关涉 20 世纪初期与“热”（heat）这个物理学概念有关的意象和热力学理论（thermodynamics）。该文主要探讨了小说与以下三个观念的关系：太阳的热和光将最终衰竭；各种能量与物质的退降将趋于极端；科学知识只是数据推测，不是绝对真理。文章还结合不同的文化背景探讨了“能量与物质退降”（entropy）观念，其中包括世纪末文人对“语言衰退”的焦虑。[①]

“同类相食”是小说中一个重要的意象和主题，简单地说，就是某人为了隐蔽或自私的目的而利用他人。斯托尔曼（Stallman, R. W.）的《时间与〈间谍〉》（Time and *The Secret Agent*, 1959）一文较早对此进行了解读，此后不断有评论家深入探讨这个话题，如 迈耶（Meyer, Bernard C.）的《康拉德传：心理分析》（*Joseph Conrad: A Psychoanalytic Biography*, 1967）。阿夫罗姆·弗莱什曼（Fleishman, Avrom）在《〈间谍〉的象征世界》（“The Symbolic World of *The Secret Agent*”,1965）一文中指出，小说中的人被削减成了组成部分，先是被看作动物，而后又被看作肉，这便与同类相食概念联系到一起，并与无政府主义的信条有着相通之处。[②] 朱克曼（Zuckerman, Jerome）在《〈间谍〉中的同类相食母题》（“The Motif of Cannibalism in *The Secret Agent*”, 1968）一文中对之前的相关研究进行了评析，并全面地追溯了康拉德之前写作的小说中对这个母题的使用。他分析了这一母题在人物语言（如“喂”等）和故事情节（温妮为了弟弟和母亲的安定生活而嫁给了维尔洛克，也是“舍身”）中的反复出现，认为伦敦本身就是一个“残忍的食人怪”，体现着现代生活的丛林法则。[③] 前

① Whitworth, Michael: “Inspector Heat Inspected: *The Secret Agent* and the Meanings of Entropy”. In *The Review of English Studies* 49.193 (1998): pp. 40, 53-54.

② Fleishman, Avrom: “The Symbolic World of *The Secret Agent*”. In *ELH* 32.2 (1965): pp. 199-210.

③ Zuckerman, Jerome: “The Motif of Cannibalism in *The Secret Agent*”. In *Texas Studies in Literature and Language* 10.2 (1968): pp. 296-299.

面提到的路德维希·施诺德的文章在谈到达尔文学说的影响时也指出,《间谍》着重刻画了人与人之间的相互利用,如符拉迪米尔利用维尔洛克,维尔洛克利用斯迪威,温妮利用维尔洛克等,并反复突出动物意象,似乎消解了道德、利他主义等概念,从而迫使读者调整自己看待物种、人类制度和道德观念的视角。[①]

同类相食的意象不仅在《间谍》中反复出现,还在《黑暗的心》、《胜利》(*Victory*)、《吉姆爷》等小说中有着明显的存在,这与康拉德所处时代的知识语境有着密切的关系。大卫·吉尔(Gill, David)便结合康拉德的经历和当时人类学的发展,探讨了《间谍》中的同类相食主题的语境和意义。他发现,在康拉德的时代,马克思和俄国无政府主义者巴枯宁(Bakunin, 1814—1876)等人的革命理论已经在欧洲传播,将资本家看作食人者已经是革命者的修辞手段。小说中的米凯利斯就提到了经济剥削,竞争的实质乃是大资本家吃小资本家。此外,希特探长的名字(Heat)还与热带相连,而生活在热带的非洲酋长对"捕人"(man-hunting)又十分熟稔,这便与康拉德其他小说中的食人主题有了关联。[②] 19 世纪下半叶,随着西方人类学家探知殖民地"他者"的仪式,关于献祭(sacrifice)的讨论日渐增多。已有学者关注康拉德小说中的献祭,如默齐纳(Mozina, Andrew)的《约瑟夫·康拉德与献祭艺术》(*Joseph Conrad and the Art of Sacrifice*, 2001)[③]。有评论家指出,古老的献祭仪式在现代主义作品中似乎暗示着超越和重生,但康拉德的《间谍》却对此提出了质疑,揭露了这种仪式的血腥以及它与同类相食母题的关联,认为通过献祭来实现社会秩序和精神拯救是残忍而随意的;而小说将情节建立在一系列献祭行为之上,并将献祭与同类相食联系在一起,从而挑战了西方文明的优越性。[④]

① Schnauder, Ludwig: "The Materialist-Scientific World View in *The Secret Agent*". In *The Conradian* 32.1 *The Secret Agent: Centennial Essays* (2007): pp. 97-104.

② Gill, David: "The Fascination of the Abomination: Conrad and Cannibalism". In *The Conradian* 24. 2 (1999): p. 23.

③ Mozina, Andrew: *Joseph Conrad and the Art of Sacrifice*. New York: Roudedge, 2001.

④ Ching, Yuet May: "'A Heap of Nameless Fragments': Sacrifice, Cannibalism, and Fragmentation in *The Secret Agent*". In *The Conradian* 32.1 *The Secret Agent: Centennial Essays* (2007): pp.36-38 .

20 世纪 90 年代以来，很多评论家开始深入关注小说中指涉的色情文学。谢弗（Shaffer, Brian W.）的文章《"买卖见不得人的商品"：康拉德〈间谍〉中的政治与色情文学》（"'The Commerce of Shady Wares': Politics and Pornography in Conrad's *The Secret Agent*", 1995）便分析了《间谍》在革命政治与色情书报之间建立的大量关联。例如，小说通过用词暗示色情书报和革命册子两种"商品"之间的相似之处：两者都是"秘密的"，都能"使人兴奋"；这两种"肮脏的"文本都印刷粗糙，纸张破烂；两者均源自欧洲大陆，尤其是英国人心目中的"罪恶之都"巴黎，均体现了英国人对欧陆思想和政治的忧惧；两者都表现出了"人吃人"或"同类相残"的特征；色情还与无政府主义者米凯利斯的乌托邦幻想联系在一起，两者都混淆了现实与虚幻；"教授"的无政府主义又与手淫这个隐喻形成了关联。谢弗由是认为小说实际是借令人不悦的性的淫秽因素，来抹煞"颠覆性政治"的光环。[①] 谢弗还探讨了小说的时代和意识形态语境，认为小说也展现并批判了晚期维多利亚时代英国人对性和政治的忧虑，这两者不仅难以控制，而且相互关联。《间谍》正是对这种关联本身（色情书报的威胁和革命威胁）进行了批判。约翰·卢兹（Lutz, John）认为，小说中的色情书报买卖也暗示了无政府主义者的革命活动偏离了历史轨迹和有意义的政治参与。[②]

马修·奥利弗（Oliver, Matthew）则另辟蹊径，没有讨论小说中的色情书报与政治和道德主题的相互映照，而是将色情书报当作"主角"来研究。他在《康拉德的怪诞大众：色情书报与〈间谍〉中阅读的政治》（"Conrad's Grotesque Public: Pornography and the Politics of Reading in *The Secret Agent*", 2009）一文中探讨艺术作品与读者大众的关系。他认为，要想理解小说中色情书报的作用，就需要关注康拉德思考的一个重要问题，即艺术如何影响其受众。小说中的色情书报不仅可以比照政治，还是一种政治上的颠覆因素。本尼迪克特·安德森 (Anderson, Benedict) 在《想象的共同体》（*Imagined Communities*）中指出，小说这种体裁有助于构建同质的民族共同体。而奥

① Shaffer, Brian W.: "'The Commerce of Shady Wares': Politics and Pornography in Conrad's *The Secret Agent*". In *ELH* 62.2 (1995): pp. 443-457.

② Lutz, John: "A Rage for Order: Fetishism, Self-Betrayal, and Exploitation in *The Secret Agent*". In *Conradiana* 40 (2008): pp. 1-25.

利弗认为,《间谍》恰恰颠覆了这个观点,小说中的怪诞因素(包括色情书报)不是在构建稳定的、同质的读者大众,而是在分裂读者大众。[1]

第三节 修辞与叙事

上世纪五六十年代的小说批评受结构主义及“新批评”的影响,注重小说的形式技巧,通过“细读”来分析小说各方面的细节如何构成了一个“有机的整体”(an organic whole)或“统一体”(unity)。利维斯在《伟大的传统》中盛赞《间谍》的整体性,视之为康拉德的代表作之一。[2] 艾伯特 · J. 格拉德也认为这部小说体现了康拉德的“掌控”能力,让人从一开始就能轻松地知道小说的写法。[3] 这种研究思路一直持续到新世纪,约翰 · 彼得斯在《剑桥文学入门:康拉德》(*The Cambridge Introduction to Joseph Conrad*, 2006)中依旧认为,《间谍》可能是康拉德写的“结构最完美”的一部小说。[4] 这些通常被冠以“小说艺术”的研究很多是从修辞层面来解读《间谍》,主要集中在小说中的对话、象征、反讽、语言等方面。随着“后结构”时代的来临,围绕小说修辞和叙事的研究也不再囿于形式层面。例如,麦克马斯特(McMaster, Graham)的文章《〈间谍〉中的其他一些秘密》(“Some Other Secrets in *The Secret Agent*”, 1986)[5] 就是从小说叙事的角度来分析意识形态。而且,研究的重心也不再只限于艺术和思想的整体性,而是探索两者之间的距离甚至“断裂”。

人物之间的对话是《间谍》批评史上一个备受关注的焦点。F. R. 利维斯认为小说在想象和人物刻画方面散发出的活力有狄更斯和莎士比

① Oliver, Matthew: “Conrad’s Grotesque Public: Pornography and the Politics of Reading in *The Secret Agent*”. In *Twentieth Century Literature* 55.2 (2009): pp. 209-211.

② F. R. 利维斯:《伟大的传统》,袁伟译,北京:生活 · 读书 · 新知三联书店,2002 年,第 351—352 页。

③ Guerard, Albert J.: *Conrad the Novelist.* Cambridge, Mass.: Harvard University Press, 1958, p. 218.

④ Peters, John G.: *The Cambridge Introduction to Joseph Conrad.* Cambridge: Cambridge University Press, 2006, p. 78.

⑤ McMaster, Graham: “Some Other Secrets in *The Secret Agent*”. In *Literature and History* 12.2 (1986): pp. 229-242.

亚的遗风。他以维尔洛克与使馆符拉迪米尔的会晤为例说明了这种活力："对话既逼真、可信、自然，又简练而相关，可以说完美无缺——整本书里都是如此，尽管从头至尾，差不多在康拉德的每一页上出现的英语惯用法都是靠不住的；整个会晤以戏剧化的手法写得非常逼真，我们几乎就意识不到在哪儿转向了描述，哪里是舞台指示或间接转述的思想念头：一切似乎都是呈现在我们面前的。"[①] 约翰·黑根（Hagan, John）在《康拉德〈间谍〉的构思》（"The Design of Conrad's *The Secret Agent*", 1955）一文中对小说中大量的交谈场景做了形式分析，解读了小说中的重复现象及其蕴含的主题，探讨康拉德如何将大量分散的场景和人物捏合成一个整体。他认为，小说在结构上的最大特征便是描写了一系列会谈（interview）。这些会谈不是简单的日常会话，而是正式的甚至是官方的会见。这些会谈场景不断重复，突出了小说所要表达的主题。[②] 不过，黑根也认为康拉德试图将不同部分捏合成一个整体的愿望只能是一种虚幻的想法，因为小说中的"整个道德价值的世界正分崩离析；《间谍》的世界，从头到尾，从官方层面到家庭层面，再到阴谋者的地下世界，都是一个道德混乱无序的世界"[③]。

还有批评家从印象主义手法和戏剧传统的视角分析了小说中的对话，并对康拉德著名的"让你看"原则做了补充解释。欧文·诺尔斯（Knowles, Owen）在《"让你听……"：康拉德笔下对话的几个特征》（"'To Make You Hear...': Some Aspects of Conrad's Dialogue", 1975）一文中提出，康拉德小说中的对话有两个基本特征。一是用印象主义技巧来选择、安排对话，通常不是严格意义上的对话，而是由敏感的听者听到的片段，因而不适合搬上舞台，只适合纸上阅读。二是利用不连贯的发言、突促的交谈、不确定的停顿等手法，在形式和功用上更接近后来英国剧作家哈罗德·品特（Pinter, Harold）的风格，也与爱德华时期的舞台语言有着很多相似之处。这些言谈的片段和不连贯性，也凸显了

① F. R. 利维斯：《伟大的传统》，袁伟译，北京：生活·读书·新知三联书店，2002 年，第 351—352 页。

② Hagan, John: "The Design of Conrad's *The Secret Agent*". In *ELH* 22.2 (1955): pp. 148-150.

③ 同上，p.162。

沉默和未言之话的重要性，引导读者去揣摩语言背后的情感空间。[①] 麦克劳德（McLeod, Deborah）在《打破沉寂——康拉德〈间谍〉中的声音意象》（“Disturbing the Silence: Sound Imagery in Conrad’s *The Secret Agent*”, 2009）一文中指出，已有很多评论分析了《间谍》中的印象主义特征，但大多是关注小说中的视觉意象，没有注意对声音的大量描写；而文学上的印象主义却是既受绘画影响，又受音乐影响。在他看来，这既然是一部关于“秘密”的小说（间谍、秘密会晤、私密情感等），沉默自然是其基调。正是在这种情况下，声音反而成了制造混乱、带来破坏的因素。麦克劳德通过分析小说中的听觉意象，发现康拉德的印象主义手法是多面的，他不仅想让读者“看”，更想要读者“听”。[②]

《间谍》对反讽的运用也一直是批评家们关注的一个焦点，尤其是反讽与道德的关系。利维斯认为，《间谍》用的是惊险小说的题材，但康拉德却成功地通过反讽把道德关怀突出了出来：“他的反讽针对的是道德信仰上自我中心主义的幼稚、传统道德立场的因循性以及习惯和利己之心在断言绝对是非曲直时所表现出来的愚钝的自信。作者对小说结构的设计，意在让我们感到，形形色色的行动者或生命乃是彼此隔绝的情感和意图的涌动——虽然彼此隔绝，但却在一个他们不加置疑的共同世界里，被迫共生共存而相互作用着，有时候就通过这种隔绝状态，进行着令人窘迫不安的接触。”[③] 斯佩克特（Spector, Robert D.）在《作为主题的反讽：康拉德的“间谍”》（“Irony as Theme: Conrad’s ‘Secret Agent’”, 1958）一文中认为，利维斯的上述评论大致理解了小说的主题，却未能认识到反讽对小说结构的重要性，也没有理解反讽的意义，因为反讽就是这部小说的主题。[④] 道格拉斯·休伊特也在《重评康拉德》（*Conrad: A Reassessment*,

① Knowles, Owen: “ ‘To Make You Hear...’: Some Aspects of Conrad’s Dialogue”. In *The Polish Review* 20.2/3 Joseph Conrad: Commemorative Essays: The Selected Proceedings of the International Conference of Conrad Scholars, 1974 (1975): pp. 165-166.

② McLeod, Deborah: “Disturbing the Silence: Sound Imagery in Conrad’s *The Secret Agent*”. In *Journal of Modern Literature* 33.1 (2009): pp. 117-131.

③ F. R. 利维斯：《伟大的传统》，袁伟译，北京：生活·读书·新知三联书店，2002 年，第 350—351 页。

④ Spector, Robert D.: “Irony as Theme: Conrad’s ‘Secret Agent’”. In *Nineteenth-Century Fiction* 13.1 (1958): pp. 69-71.

1952）一书中指出，整部小说充满了反讽，而且是一种令人不快的反讽，“它摧毁了那些令我们怡然自得的假定，迫使我们更深层地反思我们的信仰和价值”。他认为，在《在西方的眼睛下》里面，“西方”的行为方式没有得到深究，但到了《间谍》里，这些方式无一不受到反讽的质疑。[①]

此外，诺普弗莱麦彻（Knoepflmacher, U. C.）还在《〈间谍〉：荒诞反讽》一文中分析了小说文本和结构中的反讽与道德的关系。[②] 安东尼·温纳（Winner, Anthony）在《文化与反讽》（*Culture and Irony*, 1988）中比较了《间谍》中的伦敦和左拉笔下的巴黎，通过对主要人物的分析，探讨反讽在道德批评中的作用。[③] 苏雷什·拉瓦尔（Raval, Suresh）也在其著作《失败的艺术：康拉德的小说》（*The Art of Failure: Conrad's Fiction,* 1986）中指出，这部小说中反讽与道德的关系之所以复杂，与康拉德对现代社会的认识不无关系。《间谍》对道德的批判，很大程度上是对资产阶级政治道德以及由此引起的意识形态矛盾的批判。这种反讽不是像虚无主义那样弃绝生命，而是揭示反讽本身也可以看作对“家庭和国家的严肃的道德、社会和政治批判”。[④] 拉瓦尔分析了康拉德如何探索具有代表性的现代社会下层家庭中的成员关系，尤其是温妮一家那种扭曲的和自我毁灭的家庭关系，以及这种关系所反映的现代社会的生活状况。在拉瓦尔看来，康拉德的反讽来自他对社会的观察，包括社会的意识形态以及它的承载者家庭，《间谍》是康拉德对现代工业社会最透彻的批判——“现代社会促生了它自己的虚无主义，而道德虽得以存在，却拒绝了那些有道德情感的人的渴求”。[⑤]

关于《间谍》中的反讽的研究，并不仅限于上述反讽与道德的关系。由于反讽在这部小说的修辞中作用太过突出，几乎成了批评家们无法绕过的话题。如霍兰（Holland, Norman N.）的文章《作为人物的

① Hewitt, Douglas: *Conrad: A Reassessment*. London: Bowes & Bowes, 1975, p. 88.

② Knoepflmacher, U. C.: *Laughter and Despair: Readings in Ten Novels of the Victorian Era*. Berkeley: University of California Press, 1971, pp. 240-273.

③ Winner, Anthony: *Culture and Irony: Studies in Joseph Conrad's Major Novels*. Charlottesville: University Press of Virginia, 1988, pp. 70-91.

④ Raval, Suresh: *The Art of Failure: Conrad's Fiction*. London: Allen & Unwin, 1986, p. 104.

⑤ 同上，pp. 105-107,119, 124。

风格:〈间谍〉》("Style as Character: *The Secret Agent*", 1966),从心理分析的角度探讨了风格与主题的关系,也不免要谈到康拉德"反讽的、枯燥的用词"对人物之间的混乱关系的揭示。[①] 除了蒂尔亚德(Tillyard, E. M. W.)的《再读〈间谍〉》("*The Secret Agent* Reconsidered", 1961)[②] 这种全面分析小说反讽手法的文章,还有批评家总结了康拉德运用反讽手法进行创作的历程,进而审视《间谍》在这一历程中的意义。弗雷泽(Fraser, Gail)在上世纪 80 年代的文章中指出,关于《间谍》所用的反讽模式,康拉德最早在短篇小说《进步前哨》(*An Outpost of Progress*)中就已经使用过,到写作《间谍》的时候,已经臻于成熟,通过构建反讽体系来探讨政治和道德问题。[③] 爱泼斯坦(Epstein, Hugh)则在新近发表的文章中认为,《台风》(2008)是康拉德运用反讽手法的重要起点,而康拉德对英国和"英国性"的反讽,与奥斯丁、狄更斯和乔治·艾略特等作家所用的反讽有着截然不同的效果,嘲讽的总是"渺小的视野"。这在《间谍》中有着明显的体现。[④]

这部小说中的象征手法也引起了批评界的争鸣。斯托尔曼认为《间谍》是"所有英国小说中最难读懂的小说之一"。[⑤] 这在很大程度上是因为康拉德使用了多重的象征手法,而核心的象征便是格林威治天文台所象征的时间。斯托尔曼在《时间与〈间谍〉》("Time and *The Secret Agent*" , 1959)一文中指出,评论家没有注意到,小说中所有的时间——法律时间、社会时间、天文时间和宇宙时间——都源自格林威治天文台,而维尔洛克要炸掉天文台,也就是要摧毁现在的时间、宇宙时

① Holland, Norman N.: "Style as Character: *The Secret Agent*". In *Modern Fiction Studies* 12.2 (1966) : pp. 221-231.

② Tillyard, E. M. W.: "*The Secret Agent* Reconsidered". In *Essays in Criticism* 11.3 (1961) : pp. 309-318.

③ Fraser, Gail: "Conrad's Irony: 'An Outpost of Progress' and *The Secret Agent*". In *The Conradian* 11.2 (1986): p. 155.

④ Epstein, Hugh: "'The Fitness of Things': Conrad's English Irony in 'Typhoon' and *The Secret Agent*". In *The Conradian* 33.1 (2008): pp. 27-28.

⑤ Stallman, R. W.: "Time and *The Secret Agent*". In *Texas Studies in Literature and Language* 1.1 (1959): p. 101.

间或生命本身。维尔洛克的使命是摧毁时间,但同时也是要摧毁空间,因为格林威治天文台的子午线(0°经线)是划分空间的起点,是世界标准时区系统的基点。从子午线开始,一条条经线也就是一个个同心圆,而弱智的小说家斯迪威也在不断地画圆圈。斯迪威的那些圆圈也暗示着小说的结构。每个人都是一个圆圈,因其自私、幻想或观念而与他人隔绝开来;但又像同心圆,彼此之间又有共同的区域。同时,0°经线也讽刺了包括科学、政治、社会、经济、心理等在内的理论学说和幻想被不可预测的现实震碎为零。斯托尔曼还分析了小说中错综复杂的时间安排,认为小说就是要突出不可预测的时间(Time the Unpredictable)。[①]

斯托尔曼的这篇论文是较早对小说中的象征进行深入研究的论文之一,其中的很多观点都影响了后来的批评家。约翰·彼得斯在《康拉德与印象主义》(2001)中就针对斯托尔曼所论的圆形结构,提出了新的解读。他认为不管是刻意强调的圆形还是随机的安排,小说中的时间都是错乱的,这再一次说明"尽管格林威治天文台的阴影笼罩着小说中的行动,但人的时间仍优先于机械时间"。[②] 彼得斯发现,《间谍》和《吉姆爷》、《在西方的眼睛下》一样,存在着叙事时间的错乱。格林威治公园爆炸事件发生后,不仅地点在酒馆、警察总局、维尔洛克的商店之间转换,时间也先是向前推进到事件发生以后,以及随后发现了斯迪威的残骸,然后再回溯到爆炸事件之前的各种事件和爆炸事件发生之后紧接着发生的各种事件。而且,温妮的感知模式也成了读者的感知模式。彼得斯区分了小说中人的时间(human time)、机械时间(mechanical time)和叙事时间(narrative time),并将三者与西方社会这个大环境联系起来,对比了人的时间和机械时间(机械时间是有序的、客观的、分割的、有规律的,它代表了使用它的西方社会,是个人所无力改变的)。[③] 格林威治天文台是西方时间的最终象征,代表了一个组织有序的、绝对的体系。无政府主义者的爆炸企图不仅是打击这个时间体系,更是轰

① Stallman, R. W.: "Time and *The Secret Agent*". In *Texas Studies in Literature and Language* 1.1 (1959): pp. 102-103, 122.

② Peters, John G.: *Conrad and Impressionism*. Cambridge: Cambridge University Press, 2001, p. 112.

③ 同上, pp. 111-114。

击它后面的价值体系,实际上是针对西方文明的一次疯狂行动。在彼得斯看来,康拉德认为西方社会和无政府主义社会都不应该建立在绝对的事物之上,因而对双方都不支持。尽管康拉德反对西方世界观的绝对基础,但仍认为西方价值总体上还是社会交际的方便工具。西方时间方便人们使时间变得有序,文化规范也方便社会存在的井然有序。因此,无政府主义者摧毁时间或社会,虽然会打碎强加在社会行为上的人为限制,但也会导致混乱无序,这是康拉德所无法接受的。现存制度虽然有种种缺陷,但毕竟要好过无政府主义的混乱无序。①

马克·哈马在《作为权力的时间:康拉德〈间谍〉中的社会时间》(2000)一文中探讨了时间的多重性质,认为小说最后一幕"将三种完全不同的时间观并置在一起——即米凯利斯、教授和奥西朋三人的时间观",象征着对社会和人类前景的不同认识。②路德维希·施诺德则认为,《间谍》中强调了时钟和时钟时间,反复提供非常具体确切的时间点,也烘托了小说的主题。符拉迪米尔提出破坏天文台,其理由是科学—唯物主义世界观促进了中产阶级的不断富裕,统一的世界时间系统也有利于英帝国资产阶级的商业发展,因此,天文台及其保持的时间不仅象征着科学,还象征着社会和经济体系。只是,小说中所有人都试图与时间斗争,却都以失败而告终,只有叙述者成功地摧毁了时间的决定性力量。③

对于欧文·豪从"现实主义"角度对小说中无政府主义的解读,埃利奥特·古斯(Gose, Elliott B.)认为,康拉德所写的无政府主义已经超越了政治领域,属于象征的范畴,通过反复描写"光"被"黑暗"吞噬来说明整个社会已经陷入了混乱之中。④阿夫罗姆·弗莱什曼也持有类似的观点。他的文章《〈间谍〉的象征世界》("The Symbolic World of *The Secret Agent*", 1965)后收入其专著《康拉德的政治:康拉德小说中

① Peters, John G.: *Conrad and Impressionism*. Cambridge: Cambridge University Press, 2001, pp. 117-122。

② Hama, Mark: "Time as Power: The Politics of Social Time in Conrad's *The Secret Agent*". In *Conradiana* 32.2 (2000): p. 138.

③ Schnauder, Ludwig: *Free Will and Determinism in Joseph Conrad's Major Novels*. New York: Editions Rodopi B. V., 2009, pp. 208, 212.

④ Gose, Elliott B.: " 'Cruel Devourer of the World's Light': *The Secret Agent*". In *NCF* 15.1 (1960): pp. 39-51.

的社群与无政府状态》(*Conrad's Politics: Community and Anarchy in the Fiction of Joseph Conrad*, 1967),从书名不难看出他的研究重点。弗莱什曼认为小说的象征世界便是伦敦,而伦敦城市生活的特征便是社会分裂。因此,"该小说把现代世界刻画成了一个分裂的世界,是试图进行彻底的重构,使其调转方向,由分裂的社会转向理性有机的共同体"。[①] 弗莱什曼研究了小说中的重复,发现"秘密"(secret)这个词出现了五十多次,大致有三层所指:约有一半指维尔洛克和他所从事的职业,另一半指人的情感、道德品质以及人的总体生存状态。"秘密"与社会共同体的理念背道而驰,康拉德不仅描述了秘密、无知、疯狂的道德世界,还用圆和三角这两个意象刻画了同样孤立隔绝的物质世界,伦敦城便是小说道德世界的空间载体。小说通过描述社会的混乱无序,倡扬了理想的社会状态,尤其强调了人类共同体的价值。从这个意义上说,"《间谍》与其说是一部关于政治无政府主义的小说,不如说是一部关于社会无政府状态的小说。它生动地刻画了社会学上所说的 anomie 概念——即社会结构的极度失序和相应的个人迷失"。[②]

戴维森(Davidson, Arnold E.)在《康拉德的间谍的符号》("The Sign of Conrad's Secret Agent", 1981)中认为,斯托尔曼和阿夫罗姆·弗莱什曼对小说中的象征的分析仍有缺憾,尤其是对"圆形"和"三角形"意象的阐释,并进一步挖掘了小说中"三角形"符号的象征意义。[③] 他认为小说从题目开始就在进行反讽,虽然副题是"一个简单的故事",但小说实际并不简单。维尔洛克在俄国大使馆没有名字记录,只有一个符号作为代号,即"著名的间谍 Δ"。戴维森认为这是小说中一个重要的象征符号。有着多重身份、过着多重生活的维尔洛克便是一个三角型人物。他是温妮的丈夫,靠做间谍养家糊口,并开了一家商店来掩盖其收入来源。这三重身份分别象征着维尔洛克的政治生活(间谍)、社会生活(店主)和私人生活(丈夫)。温妮身上也有一系列三角形,一是丈夫、屠夫(昔日的意中人,为了弟弟的未来而没有选择嫁给他)和奥西

① Fleishman, Avrom: "The Symbolic World of *The Secret Agent*". In *ELH* 32.2 (1965): p. 196.

② 同上, pp. 197-198, 218。

③ Davidson, Arnold E.: "The Sign of Conrad's Secret Agent". In *College Literature* 8.1 (1981): p. 39.

朋(无政府主义者);另一个是她自己、丈夫和弟弟斯迪威(她幻想着丈夫能像父亲一样对待弱智的弟弟,而她便担起母亲的角色。但随着这个假想的“儿子”受丈夫指使带炸弹去格林威治公园而被炸成碎片,她也“爆炸”了,杀死了丈夫)。具有反讽意味的是,三角形本是几何图形中的一个稳定的结构,却被康拉德用来讽刺维尔洛克等人生活的不稳定。尤其是维尔洛克还具有普泛意义,影射了所有人。他作为英国资产阶级阶层的商店主,一个有着欧洲大陆背景和名字的英国人,参与革命活动和秘密行动,已经成为“康拉德所有同代人”的缩影。[①] 达拉斯(Darras, Jacques)也在《康拉德与西方:帝国征兆》(*Joseph Conrad and the West: Signs of Empire*, 1982)一书中指出,家庭是帝国社会的基本单位,维尔洛克一家三口模仿了基督一家三口的“神圣家庭”,象征着基督教家庭的堕落,揭示了体面外表下的野蛮和残忍。在维尔洛克家的“最后的晚餐”中,“父亲”吃掉了“儿子”,妻子吃掉了丈夫。[②]

相比康拉德的其他几部重要小说,《间谍》的叙事引发的评论并不算多。雅各布·洛斯的《康拉德的叙事手法》指出了《间谍》与《诺斯特罗莫》在叙事上的相近之处,进而分析了前者独特的叙事节奏,包括小说所用的一些叙事技巧,重点在作者叙述者(authorial narrator)以及他与小说几个主要人物的关系。洛斯认为叙述者并非中立者,而是带有偏见和主观评价,信息和评价经常是结合在一起的。[③] 叙事时间引起了较多关注,如前述约翰·彼得斯等评论家对小说中叙事时间的错乱所做的分析。此外,还有一些评论分析了人物与小说结构的关系。雷德瓦恩(Redwine, Bruce)在《〈间谍〉中的欺骗与意图》(“Deception and Intention in *The Secret Agent*”, 1979)一文中认为小说的统一性就在温妮身上,康拉德在叙事之初隐藏了她在小说中的重要地位,后来才逐渐

① Davidson, Arnold E.: “The Sign of Conrad’s Secret Agent”. In *College Literature* 8.1 (1981): pp. 35-40.

② Darras, Jacques: *Joseph Conrad and the West: Signs of Empire*, trans. Anne Luyat and Jacques Darras. London: Macmillan, 1982, pp. 103-105.

③ Lothe, Jakob: *Conrad’s Narrative Method*. Oxford: Clarendon, 1989, pp. 226-227, 251.

揭示出来。[①] 多兰（Dolan, Paul）在《〈间谍〉中的情节》（"The Plot in *The Secret Agent*", 1984）一文中解读了小说空间上的类比，例如温妮将丈夫的钱包藏在内衣中，教授将炸弹揣在口袋里，两人都是在替别人的未来着想，但钱和炸弹却都是毁灭性的因素。[②]

第四节　考据与比较

不管是无政府主义运动，还是无政府主义者，康拉德都没有直接的接触。批评家们自然想找出小说中所写的无政府主义在现实中的源头。这一领域的研究资料比较庞杂，也不断有新的发现问世。围绕《间谍》所做的考据主要集中在格林威治公园爆炸事件、人物原型、康拉德的生平经历等方面；比较研究主要涉及康拉德与其他作家和作品的关系、康拉德对小说的多次修改、小说的舞台话剧改编等方面。

1894 年 2 月 15 日，伦敦格林威治天文台附近发生爆炸事件，死者为携带炸弹的布尔丁（Bourdin, Martial），其姐夫写过很多无政府主义的宣传册子。诺曼·谢里在《康拉德的西方世界》（*Conrad's Western World*, 1971）中认为，除了康拉德本人，还没有人否认过这一事件就是《间谍》故事的原型，而且，康拉德本人对自己的否认也曾有过动摇。[③] 其实，这其中的一个重要的原因就是康拉德不想得罪任何政治派别，竭力避免读者将他与现实政治中的不同立场联系起来。谢里推测，在爆炸案发生时，康拉德就在伦敦写作《阿尔迈耶的愚蠢》，肯定读到了报纸上的相关报道。而他的另一个知识来源便是阅读，包括《无政府主义者》（*The Anarchist*）等报纸和《格林威治谜团》（*The Greenwich Mystery*）等小册子。[④] 伊恩·瓦特则认为不能将小说看作是在重构格林威治天文台爆炸事件。他通过回溯《间谍》的政治和社会背景，分析了小说世

① Redwine, Bruce: "Deception and Intention in *The Secret Agent*". In *Conradiana* 11.3 (1979): pp. 253-266.

② Dolan, Paul: "The Plot in *The Secret Agent*". In *Conradiana* 16.3 (1984): pp. 225-235.

③ Sherry, Norman: *Conrad's Western World*. Cambridge: Cambridge University Press, 1971, p. 228.

④ 同上，p. 229。

界与小说所涉及的现实时间和环境的距离。他认为,“尽管《间谍》既不是历史小说,也不是自然主义小说,但与现实的距离一直不是很大”。不过,康拉德还是在两个方面拉大了想象和现实的距离。一是家庭内部的关系,包括温妮的自杀;二是增加符拉迪米尔,略去了任何给人印象深刻的革命者,革命者里甚至都没有英国人。①

关于格林威治公园爆炸事件与小说的关系,从小说发表至今一直存有争议,新世纪以来仍有很多批评家对此进行研究。大卫·马尔里(Mulry, David)在《关于格林威治爆炸事件的记述及康拉德的〈间谍〉》(“Popular Accounts of the Greenwich Bombing and Conrad's *The Secret Agent*”, 2000)一文中认为,恐怖爆炸事件在当时的欧洲大陆已经比较习见,但发生在伦敦,自然会引起媒体的格外关注。他通过还原这次爆炸事件的始末及《蓓尔美尔报》(*Pall Mall Gazette*)、《泰晤士报》(*The Times*)等报章的反应,并结合与相关人士的资料和关联文本,对谢里的考据提出了疑问。② 玛丽·伯戈因(Burgoyne, Mary)则在《康拉德与无政府主义者:关于马歇尔·布尔丁和格林威治爆炸事件的资料》(2007)一文中补充多达 25 页的原始资料,包括 1894 年 2 至 3 月间的《圣詹姆士报》(*St James's Gazette*)、《泰晤士报》等报刊的报道及内政部的相关文件。伯戈因提供了大量关于当事人马歇尔·布尔丁和格林威治爆炸事件的原始资料,并对既往的相关研究进行了重估。③

除了对爆炸事件的还原,还有很多研究聚焦在事件所涉人物,寻找小说中主要人物的原型。纳什(Nash, Christopher)已经在《关于〈间谍〉的进一步说明》(“More Light on *The Secret Agent*”, 1969)一文中详细解释过康拉德在小说素材上所下的功夫。④ 诺曼·谢里的《康拉德的西方世界》(1971)一书更是详尽地搜罗了当时的资料,并与小说进行了比对。

① Watt, Ian: *Essays on Conrad*. Cambridge: Cambridge University Press, 2000, p. 122.

② Mulry, David: “Popular Accounts of the Greenwich Bombing and Conrad's *The Secret Agent*”. In *Rocky Mountain Review of Language and Literature* 54.2 (2000): pp. 43-64.

③ Burgoyne, Mary: “Conrad among the Anarchists: Documents on Martial Bourdin and the Greenwich Bombing”. In *The Conradian* 32.1 *The Secret Agent: Centennial Essays* (2007): pp. 147-185, i-ii.

④ Nash, Christopher: “More Light on *The Secret Agent*”. In *The Review of English Studies* 20.79 (1969): pp. 322-327.

他分析了卡尔·云特（Yundt, Karl）、米凯利斯、“教授”等无政府主义者的原型，认为小说所写的这些无政府主义者都是些极端的类型，是康拉德根据他自己所形成的抽象观念写成的。康拉德把这些人物刻画成漫画式人物，说明他并不支持他们的行动。谢里还分析了代表着法律与秩序的那些人物，包括埃塞里德爵士、警局副总监、探长希特、内务大臣等。①

在《康拉德研究期刊》（*The Conradian*）纪念《间谍》出版一百周年的系列文章中，也有两篇论及小说中的人物原型。牛顿（Newton, Michael）的《关于〈间谍〉的四点考察》（“Four Notes on *The Secret Agent*”, 2007）便对该小说研究中经常涉及的几个人物原型及故事素材提出了新看法，对谢里等批评家的考据进行了补充或提出异议。牛顿分析了小说中的埃塞里德爵士在多大程度上与英国财政大臣威廉·哈考特（Harcourt, William）相关，福特（Ford）和海伦·罗塞蒂（Rossetti, Helen）在多大程度上影响了康拉德，指出了格林威治爆炸事件中的相关人员与《间谍》在情节上的诸多根本区别，并质疑了先前批评家们对小说中维尔洛克的代号“Δ”的解读。诺曼·谢里将这个符号与19世纪后期在美国成立的爱尔兰组织（Clan-na-Gael）相连，但牛顿发现，康拉德在手稿中使用的符号却是B，只是后来才改为Δ。② 沃茨则结合当时的政治和知识语境来分析小说中的人物原型。他在《〈间谍〉中的犹太人和犯罪人》（“Jews and Degenerates in *The Secret Agent*”, 2007）一文中指出，《间谍》虽然没用“犹太人”（Jew）这个词，但给人物起的名字却暗示了他们的犹太人身份。符拉迪米尔、维尔洛克、云特、奥西朋、米凯利斯等，都不是明显的英国人或爱尔兰人的名字，但却很可能是犹太人的名字。沃茨认为，这种做法将读者的注意力从19世纪末爱尔兰人的威胁转到了犹太移民的威胁。沃茨还发现，除了小说中的人名指涉犹太人，对人物的描写也借用了意大利犯罪学家龙勃罗梭（Lombroso, Cesare, 1836—1909）关于犯罪人头盖骨和面相的描述以

① Sherry, Norman: *Conrad's Western World.* Cambridge: Cambridge University Press, 1971, pp. 249-252.

② Newton, Michael: “Four Notes on *The Secret Agent*: Sir William Harcourt, Ford and Helen Rossetti, Bourdin's Relations, and a Warning Against Δ”. In *The Conradian* 32.1 *The Secret Agent*: *Centennial Essays* (2007): p. 144.

及犯罪人是一种退化人种的说法,从而将犹太人与这种退化相连。[①]

还有很多研究关注康拉德的生平与《间谍》创作的关系。詹姆斯·沃尔顿(Walton, James)在《康拉德与"间谍":符拉迪米尔先生的系谱》("Conrad and 'The Secret Agent': The Genealogy of Mr. Vladimir", 1967)一文中探讨了符拉迪米尔的原型与康拉德生平的关联,认为《间谍》是第一部,很可能也是唯一一部反映康拉德家庭的革命身世以及康拉德从英国作家的视角反思青年时代放纵生活的作品。[②] 马勒(Marle, Hans Van)还在上世纪七八十年代多次撰文考证小说中的康拉德的影子,尤其是对小说指涉的地点的考察,包括康拉德早年的住所、维尔洛克的商店等,通过比照地图及相关资料来印证康拉德的创作。[③]

沃茨还在前述文章中特意强调了小说发生时间为1886年,而非剑桥大学出版社出版的《间谍》评注本中所说的1887年。[④] 两个时间虽然只有一年之差,但意义很大,既涉及到当时的政治和社会背景,又关乎康拉德的人生经历,因为当时正值他获得英国国籍之际。其实,关于故事发生的具体时间,早就存有争议。从小说来看,温妮自杀前留在船上的结婚戒指上刻着"1879年6月24日",维尔洛克早先曾说自己"已结婚七年",而故事又是发生在"初春时节",所以大多数评论家认为故事发生的时间为1886年。但哈克内斯和里德(Harkness, Bruce and Reid, S. W.)在他们为剑桥大学出版社编辑的《间谍》中则认为故事发生在1887年,那年是维多利亚女王登基六十年,而且还发生了镇压反失业游行的"血腥周日"(Bloody Sunday)。[⑤] 路德维希·施诺德认为,《间谍》中的时间有很多不确定的地方,故事的时

① Watts, Cedric: "Jews and Degenerates in *The Secret Agent*". In *The Conradian* 32.1 *The Secret Agent: Centennial Essays* (2007): pp. 70, 74.

② Walton, James: "Conrad and 'The Secret Agent': The Genealogy of Mr. Vladimir". In *The Polish Review* 12.3 (1967): p. 37.

③ Marle, Hans Van: "Shades of Reality: A Little of Conrad in *The Secret Agent*". In *The Journal of The Joseph Conrad Society (U.K.)* 3.1 (1977): 6-8. Marle, Hans van: "Of Lodgings, Landladies, and *The Secret Agent*". In *The Conradian* 12.2 (1987): pp. 138-149.

④ Watts, Cedric: "Jews and Degenerates in *The Secret Agent*". In *The Conradian* 32.1 *The Secret Agent*: Centennial Essays (2007): p. 72.

⑤ Conrad, Joseph: *The Secret Agent*, ed. by Bruce Harkness and S. W. Reid. Cambridge: Cambridge University Press, 1990, p. 413.

间跨度大致为“五周半”，因此不妨看作是某个时期，而不是具体的某一年。[①] 不过，即便把故事时间界定为一个时期，也存有很多争议。艾英顿（Eyeington, Mark）认为，故事发生的时间为 1890 年代，是维多利亚时代的晚期，社会道德和性道德都比维多利亚时代盛期要松弛。小说虽然试图描写这一时期，但在深层结构上却是在拆裂这一时期。比如，符拉迪米尔是保守派，但他要摧毁时间的念头却是“西方革命传统中最古老的观念之一”；维尔洛克的命运也是一个隐喻，象征了时间和维多利亚时代后期家庭的破碎。[②] 珀迪（Purdy, Dwight H.）则认为，尽管故事背景是 19 世纪末期，但体现出的忧虑却是小说写作时的爱德华时代，例如对性、外国势力、道德堕落、科学拯救等问题的思考；小说的主题和观察方式也是爱德华时代的。[③]

《间谍》从手稿、分期连载到最后成书出版共有三个版本，它们之间的不同之处也成了评论家们研究的焦点。哈罗德·戴维斯（Davis, Harold E.）在《康拉德对〈间谍〉的修改——文学印象主义研究》（“Conrad's Revision of *The Secret Agent*: A Study in Literary Impressionism”, 1958）一文中对康拉德前后所做的修改做了细致的分析，探讨了康拉德创作中期的印象主义手法。[④] 大卫·马尔里在《〈间谍〉中的修改模式——作为无政府主义者的康拉德》（“Patterns of Revision in *The Secret Agent*: Conrad as Anarchist”, 2001）一文中提出，这三个版本之间的差别主要体现在两大方面：一是文体方面，康拉德的改动增强了小说的印象主义特征，使读者更深入地感受到斯迪威和温妮的痛苦遭遇；二是结构方面，包括第十章描写警局副总监、谋杀场景以及对“教授”等无政府主义者的刻画。[⑤]

1922 年，改编成舞台剧的《间谍》在伦敦上演。理查德·汉德

① Schnauder, Ludwig: *Free Will and Determinism in Joseph Conrad's Major Novels*. New York: Editions Rodopi B. V., 2009, pp. 199-200, 207.

② Eyeington, Mark: “ 'Going for the First Meridian': *The Secret Agent*'s Subversiveness”. In *The Conradian* 29.1 (2004): pp. 119-121.

③ Purdy, Dwight H.: “*The Secret Agent* Under Edwardian Eyes”. In *The Conradian* 16.2 (1992): p. 1.

④ Davis, Harold E.: “Conrad's Revision of *The Secret Agent*: A Study in Literary Impressionism”. In *Modern Language Quarterly* 19.3 (1958): pp. 244-254.

⑤ Mulry, David: “Patterns of Revision in *The Secret Agent*: Conrad as Anarchist”. In *The Conradian* 26.1 (2001): pp. 33-59.

（Hand, Richard J.）的《康拉德与评论家——舞台上的〈间谍〉》（"Conrad and the Reviewers: *The Secret Agent* on Stage", 2001）一文讲述了康拉德如何将小说改编为剧本，并收罗了当时的数十篇剧评，分析了该剧的舞台效果和影响。汉德认为这个剧本的根本问题就在于康拉德太过忠实于小说，未对情节做大的修改。[①] 艾米·休斯顿（Houston, Amy）也追溯了康拉德将《间谍》改写为舞台剧的过程和细节以及相关的评论，认为《间谍》虽然不属于荒诞派戏剧，但却巧妙地利用了反讽、巧合和矛盾，其效果有荒诞派的风旨，而不是现实主义的。[②]

考证小说创作时的文学、思想和社会语境，自然会出现比较研究。《小说》问世之初，评论家们感受最深的是康拉德与同时代英国小说家的不同风格。爱德华·加尼特（Garnett, Edward）在1907年的《民族》（*Nation*）上撰文说，康拉德用令英国人叹为观止的英语，展现了英国人所不了解的斯拉夫人的生活状况。他认为康拉德胜过英国小说家的地方，就在其不偏不倚，能够描写所有人：

> 他超越了当代英国小说家。那些统治人性的法则，经常挫败我们的自尊，一如它们经常抑制我们精神上的自我中心主义。我们英国小说家不像斯拉夫人，我们总倾向于殷勤地描绘天使的这边，公开地或悄悄地拿着道德诉状。但是，如果把视野放低，看看尘世间，就会发现，在图画中，周边和远处会有更大的空间，可以作为那些永恒因素的背景，正是那些因素控制并贬抑了人类渺小的努力。康拉德先生描绘东方海洋上海员生活的那些长篇和短篇小说，非常精彩，那实际是诗人的成就；他向我们展示了人的狂热和任性的努力奋争，其背景就是无限而冷漠的大自然。在《间谍》中，康拉德先生对现实生活、对我们精神需求和追求背后那些永恒的动物本能所持的反讽的深邃目光，依旧令人叹美，替代了他已让我们熟悉了的热带海洋和天空的神秘背景。[③]

① Hand, Richard J.: "Conrad and the Reviewers: *The Secret Agent* on Stage". In *The Conradian* 26.2 (2001): pp. 5-6.

② Houston, Amy: "Joseph Conrad Takes the Stage: Dramatic Irony in *The Secret Agent*". In *The Conradian* 23.2 (1998): pp. 55-69.

③ Sherry, Norman: Joseph *Conrad: The Critical Heritage*. London: Rontledge, 1973, pp. 191-192.

加尼特的评论发表不久，1907 年 10 月 3 日的《格拉斯哥新闻》（*Glasgow News*）上又有文章称赞康拉德的卓尔不群：

> 他给英国文学带来了一种它从未有过的品质、情调和气息——这种东西对我们国家的才子们来说可能是完全陌生的。不管怎么说，这种东西只能在俄国作家中找得到。这种东西不好界定，不妨把它看作一种彻底的、不掺情感的真诚，一种很适宜绘画的从北方来的光线，直截了当，令一切都无处躲藏，一切都没有丝毫勉强、夸张或模糊，一切都恰如其分地呈现出其本来的形状和位置。作者从不站在哪一边，从不显露半分个人情感，没有英国作家那些意在炫耀或明显试图克制的情感、幽默、亲切、嘲讽、轻蔑和苦涩——只有平静的揣摩和平和的陈述。最多有一丝严肃的反讽，或一丁点感伤，例如在思考人类活动和欲望的无用及渺小的时候。但即便在那种时刻，他也没有使用愤愤不平的语气。这是我们文学中的新兴特征——哈代那种忧郁的悲剧与此全然不同——如此新颖，以至于人们会觉得这不是英国文学，而是斯拉夫文学。这位伟大的作家，继承了与我们截然不同的那个种族的才华，却用我们的语言作为表达工具，而且居然能像天生的大师那样运用自如，这绝对是一个奇怪的偶然现象。①

除了这种比较宽泛的印象式的评价，也有将康拉德与具体作家（如 H. G. 威尔斯和狄更斯）进行比较的研究。《间谍》与威尔斯的作品有很多隐含的关联，而且小说也是题献给了威尔斯，这便引起了很多批评关注。卡尔曾在《康拉德、威尔斯和两种声音》（“Conrad, Wells, and the Two Voices”, 1973）一文中详细分析过康拉德和威尔斯的关系。② 马丁·雷（Ray, Martin）则在 1986 年的文章中对卡尔的上述文章提出了异

① Sherry, Norman: Joseph *Conrad: The Critical Heritage*. London: Rontledge, 1973, pp. 195-196.

② Karl, F. R.: “Conrad, Wells, and the Two Voices”. In *PMLA* 88 (1973): pp. 1049-1065.

议,认为《间谍》是对威尔斯1905年新出的《现代乌托邦》(*A Modern Utopia*)等政治著述的一个回应,甚至是一种戏仿。他认为康拉德在《间谍》中主要抨击了威尔斯的两大信仰(一是以科学的发展作为未来的指导原则,二是未来的乌托邦图景),因为小说中身为无政府主义者的"科学家们"——如"教授"、奥西朋等——颠覆了威尔斯的设想。① 珀迪在《爱德华时代目光下的〈间谍〉》("*The Secret Agent* Under Edwardian Eyes", 1992)一文中也分析了威尔斯对康拉德的影响。②

利维斯指出了狄更斯对康拉德《间谍》的影响,但未能深谈。沃尔顿的《康拉德、狄更斯与侦探小说》("Conrad, Dickens, and the Detective Novel", 1969)一文则从内容和形式上分析了狄更斯与康拉德的异同之处,认为这些异同与小说家的个性和职业环境有关。沃尔顿提出,小说虽然在描写贫穷和政治,但二者都不是小说关注的根本,康拉德的主题仍是"自我",真正的灵感来自他自己内心的冲突;而狄更斯的手法能使他将这些冲突不带个人色彩地表达出来,并且展现了更为宏大的社会场景。沃尔顿比较了《间谍》和狄更斯的《荒凉山庄》(*Bleak House*)在主题、技巧、对侦探形象的塑造上的相似之处,认为这种作为主角的侦探形象其实也是"英国崇尚职业技能、奉献精神和自律精神的产物"。③ 杰拉德曾说《间谍》缺乏道德思考和探索,而沃尔顿则认为,康拉德恰恰是在伦理和想象上与狄更斯息息相通。④ 斯坦(Stein, William Bysshe)还分析了《间谍》对刘易斯·卡罗尔(Carroll, Lewis)的《爱丽丝梦游仙境》(*Alice in Wonderland*)、《笨拙》(*Punch*)杂志等文本的借鉴,如《间谍》中人物那种花花公子式的着装和做派,尤其是对"帽子、衣领、胡须"这个主题的描写,进而探讨康拉德对语言的思考。⑤

① Ray, Martin: "Conrad, Wells, and *The Secret Agent*: Paying Old Debts and Setting Old Scores". In *The Modern Language Review* 81.3 (1986): pp. 568-569.

② Purdy, Dwight H.: "*The Secret Agent* Under Edwardian Eyes". In *The Conradian* 16.2 (1992): pp. 1-17.

③ Walton, James: "Conrad, Dickens, and the Detective Novel". In *Nineteenth-Century Fiction* 23.4 (1969): p. 458.

④ 同上, p. 462。

⑤ Stein, William Bysshe: "*The Secret Agent:* The Agon(ie)s of the Word". In *Critical Essays on Joseph Conrad*, ed. Ted Billy. Boston, Mass: G. K. Hall, 1987, pp. 162-167.

第五节 "理论"语境

《间谍》明显受康拉德所处时代、知识和意识形态语境的影响,弗兰克·克莫德(Kermode, Frank)就认为,对爱德华时代语境的考察,有助于理解《间谍》这部1907年度最重要的小说。[①] 更多的研究集中在康拉德所处的知识语境,考察康拉德对当时诸多理论学说的应用。例如,马丁·雷分析了犹太医生、精神病学家诺尔道(Nordau, Max)的著作《堕落》(*Degeneration*)对小说中人物类型的影响[②];罗伯特·雅各布斯(Jacobs, Robert G.)在《奥西朋同志钟爱的圣徒:龙勃罗梭与康拉德》("Comrade Ossipon's Favorite Saint: Lombroso and Conrad", 1968)一文中分析了康拉德对意大利犯罪学家龙勃罗梭的学说的借用和讽刺。[③] 自上世纪80年代以来,尤其是进入新世纪后,评论家们越来越多地借助现当代思想家[如福柯(Foucault, Michel)、克里斯蒂娃(Kristeva, Julia)、弗洛伊德等]的各种理论来审视《间谍》,既考察康拉德所处的知识语境,又将康拉德放到了新的理论语境之中。对小说中出镜最多的女性人物——温妮·维尔洛克的解读便是一个明显的例子。

由于《间谍》描写了英帝国首都的家庭悲剧,借助后殖民主义理论对小说的解读便常和女性批评结合在一起。斯蒂芬·罗斯在《康拉德与帝国》(2004)一书中透过符拉迪米尔分析了小说中的社会组织,透过女主人公温妮分析了小说中的"家庭剧",透过教授分析了"奴隶道德"的矛盾。罗斯认为,虽然故事发生在帝国首都,却凸显了历史和政治领域的去中心化趋势。例如,对符拉迪米尔的描述就回避了他的国籍。他在与维尔洛克会面时,不断转换口音和语言,用到了法语、拉丁语、英语甚至中亚地区的语调,影射了去中心化的特征。[④] 罗斯还指出,小说对帝国的批判,还涉及到家庭、性和经济因素。贝夫·索恩(Soane, Bev)

① Kermode, Frank: *Essays on Fiction, 1971-1982*. London: Routledge & Kegan Paul, 1983, pp. 33-51.

② Ray, Martin: "Conrad, Nordau, and Other Degenerates: The Psychology of *The Secret Agent*". In *Conradiana* 16:2 (1984): pp. 125-140.

③ Jacobs, Robert G.: "Comrade Ossipon's Favorite Saint: Lombroso and Conrad". In *NCF* 23.1 (1968): pp. 74-84.

④ Ross, Stephen: *Conrad and Empire*. Kansas: University Missouri Press, 2004, pp. 151, 155, 184-185.

在《帝国中心的殖民地:〈间谍〉中的家庭空间》("The Colony at the Heart of Empire: Domestic Space in *The Secret Agent*", 2005)一文中认为,温妮处在英帝国的心脏伦敦,她象征着所有压迫制度下的妇女的遭际,她在家庭中所受的压抑正是男性能够行动的前提。因此,"《间谍》实质上是关于谁拥有并控制着权力和领地"的小说,而这种"权力"(power)和"领地"(territory)又是性别建构。贝夫·索恩认为,小说的核心意义就在于指出,温妮的家庭空间就是现实"殖民地"的一个隐喻。[①] 齐姆林(Zimring, Rishona)则在《康拉德的色情书报店》(1997)一文中分析了"暴力的家庭生活"(violent domesticity),即无法将"大街或市集上的那种混乱"排除在家门之外,影射了国家无法将外国势力和政治观念排挤出去。齐姆林认为,在这种状况下,女性会失去控制,将家变成一个恐怖的地方。[②] 伯恩斯坦(Bernstein, Stephen)的《政治、现代性和家庭生活:康拉德〈间谍〉中的哥特因素》("Politics, Modernity, and Domesticity: The Gothicism of Conrad's *The Secret Agent*", 2003)也从哥特因素的角度来分析小说中的政治与家庭生活。[③]

还有评论家结合了康拉德创作年代的女性运动和知识背景分析了温妮的形象。埃伦·哈林顿(Harrington, Ellen Burton)曾在《无政府主义者的妻子:康拉德在〈间谍〉中对惊悚小说的借鉴》("The Anarchist's Wife: Joseph Conrad's Debt to Sensation Fiction in *The Secret Agent*", 2004)一文中探讨过惊悚小说(Sensation Fiction)对康拉德创作的影响[④],后又在《女性犯罪人、新女性以及〈间谍〉中的温妮·维尔洛克》("The Female Offender, the New Woman, and Winnie Verloc in *The Secret Agent*", 2007)一文中指出,康拉德利用了犯罪学家龙勃罗梭关于女性犯人的论述,并借用了19世纪末有关"新女性"(the New Woman)的话

① Soane, Bev: "The Colony at the Heart of Empire: Domestic Space in *The Secret Agent*". In *The Conradian* 30.1 (2005): p. 46.

② Zimring, Rishona: "Conrad's Pornography Shop". In *Modern Fiction Studies* 43.2 (1997): pp. 319-348.

③ Bernstein, Stephen: "Politics, Modernity, and Domesticity: The Gothicism of Conrad's *The Secret Agent*". In *CLIO* 32.3 (2003): pp. 285-301.

④ Harrington, Ellen Burton: "The Anarchist's Wife: Joseph Conrad's Debt to Sensation Fiction in *The Secret Agent*". In *Conradiana* 36.1-2 (2004): pp. 51-63.

语，以讽刺当时的女性解放，质疑维多利亚时代之后出现“自由”女性的可能性。埃伦·哈林顿认为康拉德熟悉龙勃罗梭的《女犯》（*The Female Offender*）一书，尤其是关于母爱影响、自杀原因等方面的观点。温妮得知斯迪威死讯后精神崩溃，杀死丈夫，很大程度上是因为她对弟弟的爱是一种“母爱”。放到时代的语境中，不难看出，维多利亚时代对“贤妻良母”（wife-mother）形象的理想化彰显了温妮所犯的罪行，而温妮在斯迪威死后多次意识到自己已是“自由女人”（free woman），这种重复也是对世纪末的“新女性”话语的讽刺。①

埃伦·哈林顿还注意到，温妮的个人遭际也是更大的社会背景的缩影，康拉德对温妮的描写反映了他在看待腐化的现代社会时所持的虚无主义态度。② 还有很多批评家从经济的角度分析了温妮的遭遇。霍洛贝茨（Holubetz, Margarete）在《“穷人的悲惨世界”：〈间谍〉中的社会批判》（“ ‘Bad World for Poor People’: Social Criticism in *The Secret Agent*”, 1982）一文中认为，小说中的所有人物都受金钱的影响，金钱影响着他们的社会地位和生活水平、婚姻和职业选择、英雄壮举或卑鄙勾当。③ 路德维希·施诺德也在《康拉德主要小说中的自由意志与决定论》（2009）中分析了经济因素如何左右了《间谍》中人物的命运，探讨了贫富分化造成的种种问题，包括温妮的母亲、温妮以及斯迪威所做的牺牲。④

路德维希·施诺德主要讨论了康拉德在“自由意志与决定论”论辩中的位置。他认为，在维多利亚时代和现代主义初期，由于历史、经济、科学和文学话语的变化，意志自由（freedom-of-the-will）问题彰显了出来。就现代社会中明确的道德行动而言，《间谍》可能是康拉德最为悲观的小说。由于小说中人物的自由度很小，“利他主义”和“道德责任”也就成了疑问。斯迪威的同情心并非完全出自利他之心，还与他自幼形成的恐惧感密切相

① Harrington, Ellen Burton: “The Female Offender, the New Woman, and Winnie Verloc in *The Secret Agent*”. In *The Conradian* 32.1, *The Secret Agent*: *Centennial Essays* (2007): pp. 60-63, 65.

② 同上，p. 59。

③ Holubetz, Margarete: “‘Bad World for Poor People’: Social Criticism in *The Secret Agent*”. In *Arveiten aus Anglistik und Amerikanistik* 7 (1982): p. 15.

④ Schnauder, Ludwig: *Free Will and Determinism in Joseph Conrad's Major Novels*. New York: Editions Rodopi B. V., 2009, pp. 221-228.

关;而温妮和她母亲为了斯迪威而做出的牺牲,结果却导致了斯迪威的惨死,似乎暗示利他主义也可能是个含混的道德概念,甚至会产生破坏性的结果。而且,温妮在很大程度上是在依据本能而非自觉的意识在行动(比如她杀死丈夫),在这种情况下是否承担道德责任也就成了疑问。路德维希·施诺德还比较了叙述者的审视与叔本华(Schopenhauer, Arthur)的沉思,认为在小说中的道德无政府状态中,叙述者并未能提供道德上肯定因素。①

还有很多研究借助了当时和当代的理论学说。英格利希(English, James F.)的《科学家、道德家、幽默大师——用柏格森的理论解读〈间谍〉》("Scientist, Moralist, Humorist: A Bergsonian Reading of *The Secret Agent*", 1987)一文借鉴了法国哲学家柏格森(Bergson, Henri)的《笑:论滑稽的意义》来分析小说中的幽默。② 英格索尔(Ingersoll, Earl G.)则从弗洛伊德的《诙谐及其与无意识的关系》中所谈的幽默理论来分析《间谍》,尤其是由说者、听者和被嘲笑的对象三者构成的三角关系,以及拉康对弗洛伊德观点的修改。英格索尔认为,这种三角关系主要分两个层面:一是小说的叙述者、某个特定人物和读者所形成的三角;另一个是小说中的几个主要人物自身也变成叙述者,从而形成了另一种三角。符拉迪米尔、维尔洛克、温妮、奥西朋到"教授",形成一条"笑话链"(the joking chain),而这条链最终又将超越文本,走到小说之外,形成看似矛盾的"悲剧性笑话"。③

米卡利特斯(Mickalites, Carey James)借鉴了朱莉亚·克里斯蒂娃关于"卑贱"(the abject)的阐述,解读了小说中关于卑贱的种种比喻——身体(如维尔洛克的"肥猪"形象、与大众身体相连的"舆论"、维尔洛克在象征意义上"吃掉了"斯迪威等),分析了"卑贱"在界定城市公共空间的边缘和中产阶级的主体性中所起的作用,审视了维多利亚时代后期的资产阶级政治秩序。④ 普里克特(Prickett, David)则比照福

① Schnauder, Ludwig: *Free Will and Determinism in Joseph Conrad's Major Novels*. New York: Editions Rodopi B. V., 2009, pp. 7, 241-244, 247。

② English, James F.: "Scientist, Moralist, Humorist: A Bergsonian Reading of *The Secret Agent*". In *Conradiana* 19.2 (1987): pp. 139-156.

③ Ingersoll, Earl G.: "Tragic Jokes: Narration in *The Secret Agent*". In *The Conradian* 16.1 (1991): pp. 39, 46.

④ Mickalites, Carey James: "The Abject Textuality of *The Secret Agent*". In *Criticism* 50.3 (2008): pp. 501-526.

柯关于"解放"(liberation)和"自治"(self-governance)的相关理论来解读《间谍》,认为康拉德强调的是"所有意义都不可避免地有其主观的方面"。普里克特主要讨论了主体创造意义的问题:有时候,意义似乎完全是由个体创造的,客观现实并不存在;但有时候,主体性又似乎只是客观现实和个体之间的一个滤镜而已。有些人意识到了他们自己的主体位置和特性,有些人则忽视了自己的主观偏见。[①]

《〈间谍〉中"过渡状态"的文本化》("Textualizing Liminality in *The Secret Agent*", 2007)一文则借用美国人类学家特纳(Turner, Victor)提出的"过渡状态"(liminality)概念来分析小说。特纳所说的这种过渡状态,是一种时间和空间,是一种对现存社会结构和常规习俗而言非此非彼、模棱两可的社会状态,可以使身处其中的社会成员暂时脱离既有的社会行为规范和思维模式,审视或批判社会标准、文化模式。该文认为,康拉德便借此概念来反思英国,而在跨文化语境中,这种过渡状态可能会无限延长,对康拉德这种文化背景复杂的人来说,甚至成了唯一可以称作"家"的地方。[②] 文章分析了小说中处于这种过渡状态的复杂人物,并进而分析了使馆、警察、犯罪行为等相关因素。文章认为,结构的存在离不开反结构(anti-structure),结构有序的社会也需要一种对抗性的文化(counter-culture),而康拉德就透过《间谍》揭示了英国文化未能在结构和反结构之间维持一种有效的平衡。[③]

借助各种"理论"对《间谍》所做的评析,是近几十年尤其是新世纪以来的一个比较明显的批评趋势。虽然部分评论难免让人有"审美疲劳"之感,但大多数批评家都是以文本的细读为基础,透过理论的视野,不断开辟小说阅读的新空间。与此同时,类似于小说问世之初所见的那种比较"感性"的评论也没有绝迹,读者们仍能不时邂逅那些"很文学"的评论。正是有了它们,学术史上的《间谍》仍能感受到抚柳而过的春风,路过伦敦海德公园的维尔洛克先生也不免驻足凝望。

① Prickett, David: "No Escape: Liberation and the Ethics of Self-Governance in *The Secret Agent*". In *The Conradian* 32.1 *The Secret Agent*: *Centennial Essays* (2007), 56, 50.

② Voitkovska, Ludmilla and Vorontsova, Zofia: "Textualizing Liminality in *The Secret Agent*". In *The Conradian* 32.1 *The Secret Agent*: *Centennial Essays* (2007): p. 83.

③ 同上, pp. 83-94。

第四章 《在西方的眼睛下》学术史

《在西方的眼睛下》是康拉德第三部也是最后一部公开描写政治的小说，又是唯一一部以俄国为主要背景的小说。许多评论家把该小说视为康拉德艺术创作的巅峰，之后的作品除《阴影线》（*The Shadow-Line*）外均无法与之相提并论。[①]

小说共分四篇，以寓居日内瓦的一位老年英国语言教师为叙述者，讲述了俄国青年拉祖莫夫（Razumov）的故事。小说伊始，无亲无故的拉祖莫夫正在彼得堡大学撰写论文，希望通过学有所成来安身立命。刚行刺完沙俄政府大员的同学霍尔丁（Haldin, Vicfor）来他寓所躲避。他怕牵连自身，答应替霍尔丁去叫车夫奇耶米亚尼奇（Zemtanitch）来送他逃走，却又赶上车夫酩酊大醉。拉祖莫夫无奈之下告发了霍尔丁，从此良心不安，精神几欲崩溃，无法再回到自己的学生生活，最终在政府官员米库林（Mikulin）的劝逼下做了特务，前往日内瓦打探俄国流亡革命者的动态。他在日内瓦遇到了霍尔丁的妹妹纳塔莉娅（Natalia），被她的纯情打动，向她坦白了自己的背叛行为。当他向彼得·伊万诺维奇（Ivanovitch, Peter）、索菲亚（Anfonovna, Sophia）等流亡的革命者们坦白时，被击伤耳膜，接着遇车祸受伤，回到俄国乡下了度余生。他在日内瓦时与叙述者打过交道，他交给纳塔莉娅的日记后来也落入叙述者手中，于是，他的故事便透过叙述者“西方的眼睛”展现在了读者面前。

① Peters, John G.: *The Cambridge Introduction to Joseph Conrad*. Cambridge: Cambridge University Press, 2006, p. 13.

第一节 早期的好评：康拉德与俄国

尽管康拉德在1920年为该小说写的《作者序》中认为它并没有受到公众好评，[①] 但当时的评论还是赞誉居多。1911年，康拉德的至交理查德·柯尔在《曼彻斯特卫报》上撰文称，"康拉德新作的推出是文坛的头等大事"，该小说虽非康拉德的典型成就，但也已经非常出色。[②] 当时的《晨报》（*Morning Post*）更是不吝赞词，称该书是一部"完美均衡的艺术作品"，是作者继《吉姆爷》之后的最佳作品。[③]《蓓尔美尔报》也有评论文章称赞小说写得十分真实，对人物的内心有深刻的洞识，当居康拉德巅峰作品之列。[④] 小说对俄国的描写也得到了肯定。当年的《威斯敏斯特报》（*Westerminster Gazette*）认为小说成功地诠释了俄国，这将使它成为"不朽之作"。[⑤]《每日电讯》（*Daily Telegraph*）也称："这部小说将长存于世，因为它是人类的一份记录，向西方世界阐述了当代俄国的精神。"[⑥] 十年之后，福特·马多克斯·福特依然看好这部小说，他在《如是回首》（*Thus to Revisit*）中称它是"康拉德所有作品中最伟大、最睿智、最有诗意的作品"，甚至是"英语语言中最好的小说"。[⑦]

康拉德出生于俄国统治下的波兰，后来定居英国写作，又写了一部以俄国为背景的小说，评论家们自然会关注小说中描写的俄国以及康拉德对俄国的态度。小说问世之际，正是英国读者热捧俄国文学但又不太了解俄国的时候，[⑧] 当时的评论大多认为康拉德清晰地勾勒了

---

① Conrad, Joseph: *Under Western Eyes*. Garden City, N.Y.: Doubleday, 1921, p. viii.

② Sherry, Norman (ed.): *Joseph Conrad: The Critical Heritage*. London: Routledge, 1973, pp. 228, 229.

③ 同上，p. 231。

④ 同上，p. 227。

⑤ 同上，pp. 234-235。

⑥ 同上，p. 24。

⑦ 转引自 Hay, Eloise Knapp: *The Political Novels of Joseph Conrad*. Chicago: The University of Chicago Press, 1981, p. 264。

⑧ 弗吉尼亚·吴尔夫（Woolf, Virginia）曾描述过当时的情形。她在《俄国人的角度》一文中指出，"英国人能否理解俄国文学就更加令人怀疑，尽管英国人对俄国文学如此热衷"；她还在《现代小说》一文中高度评价过俄国小说："对现代英国小说最基本的评论几

那个令西方人困惑不已的俄国,有助于更好地理解俄国作家。[①] 爱德华·加尼特在 1911 年的《民族》上撰文分析小说的艺术手法,认为小说不仅塑造了典型的俄国人物,更营造了俄国人的生存背景,如一幅凄凉阴沉的大幕,高悬在人物背后,加深了小说的反讽意味。[②] 加尼特虽然在公开的评论中肯定了康拉德,却在给康拉德的信中表示了不满,认为康拉德把对俄国的"仇恨"写进了小说,是在刻意嘲讽俄国革命者;康拉德回复说,他写作时关心的只是思想观念,并未掺杂个人好恶。[③] 他后来在《作者序》中再次强调自己竭力"避开所有的情感、偏见乃至个人经历"。[④]

《在西方的眼睛下》虽然是一部政治小说,但主人公拉祖莫夫所经历的道德谴责和心理煎熬也占有很大的分量,背叛与忏悔便是评论家们关注的焦点之一。早在 1911 年,《蓓尔美尔报》就有题为《背叛》的评论文章指出,拉祖莫夫出卖霍尔丁自然令人反感,但康拉德却让读者

乎无法避免提及俄国的影响,而如果提及俄国作家,则可能令人感到除了他们的小说之外,写任何小说都是浪费时间。"(见弗吉尼亚·吴尔夫:《普通读者 I》,马爱新译,北京:人民文学出版社,2003 年,第 130、148 页。)

① 例如,1911 年的《威斯敏斯特报》称:"《在西方的眼睛下》诠释了俄国小说家的作品,有助于我们更为清晰地理解屠格涅夫和陀思妥耶夫斯基,成功地使俄国人能为西方人所理解。" 同年的《泰晤士报文学增刊》也说,绝大多数英国人在读俄国小说时,经常会有一种陌生感,而康拉德则解释了造成这种阅读障碍的原因。见 Sherry, Norman (ed.): *Joseph Conrad: The Critical Heritage.* London: Routledge, 1973, pp.234-235。

② Sherry, Norman (ed.): *Joseph Conrad: The Critical Heritage.* London: Routledge, 1973, p. 238. 不过,理查德·柯尔当时却认为这部小说未能像之前的《吉姆爷》、《诺斯特罗莫》和《黑暗的心》那样营造一种氛围,即"个人生命的转瞬即逝,欲望的破灭,希望的落空;与此相对的,是丛林的沉寂,海洋的强大,大地的丰饶",主要不是因为它写的是欧洲而非热带,而是因为它少了许多活力,语言个性不如以往张扬。[Sherry, Norman (ed.): *Conrad: The Critical Heritage*. London: Routledge, 1973, p. 229.]

③ Norman Sherry, (ed.): *Joseph Conrad: The Critical Heritage*. London: Routledge, 1973, p. 236. 1936 年,加尼特在评论康拉德的序言集时坦承,重读这部小说后才发现自己当年对康拉德的指责失之公允。[Sherry, Norman (ed.): *Joseph Conrad: The Critical Heritage*. London: Routledge, 1973, pp. 24-25.]

④ Conrad, Joseph: *Under Western Eyes.* Garden City, N. Y.: Dowbleday, 1921, p.viii.

对这位背叛者产生了同情。[1] 爱德华·加尼特也认为小说前两篇只是铺垫,第三篇写拉祖莫夫在日内瓦的生活和道德挣扎才是力透纸背的大手笔。[2] 当时刊于《晨报》的《俄国之谜》一文也认为小说对人物内心的刻画入木三分,传达了忏悔之意,但同时也描写了处在无情命运掌控之下的灵魂。[3]

早期的评论家们还注意到小说在道德主题上与《吉姆爷》的关联。福特·马多克斯·福特在 1912 年的《英国评论》(*English Review*)上撰文称,康拉德更像是伊丽莎白时代的人,经常思考黑暗、死亡、荣誉和骑士品质,拉祖莫夫就一直在盲目地寻求他丢掉的荣誉,而这种荣誉观又与康拉德一同源出波兰贵族传统,有着异域色彩。无独有偶,吉姆爷作为船员不顾乘客安危,跳船逃生,随后心灵备受煎熬,但不是因为那些无辜乘客的丧生,而是因为他失去了荣誉。[4]

第二节　四五十年代的复兴:道德与政治

1924 年康拉德去世之后,评论界对他作品的评价开始走低,[5]《在西方的眼睛下》也未能幸免。虽然福特·马多克斯·福特仍宣称自己一直认为小说中描写的政治与情感是"康拉德最卓越的成就","如果问我康拉德的哪部作品必将传诸后世,我会说就是这部小说"。[6] 但直至 40 年代,批评家们才试图重新确立康拉德的经典地位,《在西方的眼睛下》也随着逐渐摆脱了备受冷落的尴尬。利维斯在《伟大的传统》中对康拉德的中期作品最为推崇。他认为《在西方的眼睛下》虽不像《诺斯

① Conrad, Joseph: *Under Western Eyes*. Garden City, N. Y.: Dowbleday, 1921, p. 227.

② Sherry, Norman (ed.): *Joseph Conrad: The Critical Heritage*. London: Routledge, 1973, p. 237.

③ 同上, pp. 232-233。

④ 同上, p. 243。

⑤ 1937 年,福特·马多克斯·福特发现,"从商业和流行的角度来说,康拉德的作品的确正在经历着消亡的过程"。见 Stallman, R. W.: Introduction, *The Art of Joseph Conrad: A Critical Symposium*, ed. R. W. Stallman. Michigan State University Press, 1960, p. xvi。

⑥ 转引自 Raval, Suresh: *The Art of Failure: Conrad's Fiction*. London: Allen & Unwin, 1986, p. 126。

特罗莫》和《间谍》那样属于一流作品,但“一定要算在可以稳定确立康拉德作为英国文学大师之一的那些作品中”。[①] 他遗憾地指出,这几部作品居然“未曾获得世人的承认——这对英语文学的修养培育或英语文学的批评来说,可不是一件光彩的事”。[②] 一年后,又有评论家表达了与利维斯同样的遗憾,认为小说的艺术成就并不亚于更为人知的《吉姆爷》,“可令人吃惊的是,《在西方的眼睛下》很大程度上仍是一部未能引起关注的小说,只有在论述康拉德的所有作品时才会被提及”。[③]

这一时期的研究主要聚焦在作家与道德方面,探讨艺术、政治和道德问题。尽管欧文·豪在《政治与小说》(*Politics and the Novel*, 1957)中写下了第一篇详述康拉德政治的评论,但主流批评还是道德与心理分析,如利维斯、道格拉斯·休伊特、托马斯·莫泽和艾伯特·J. 格拉德等人的评论。

利维斯认为《在西方的眼睛下》与之前的《间谍》有着共通之处,不仅描写了革命分子,也通过拉祖莫夫的内心挣扎描写了孤寂隔绝的主题。[④] 道格拉斯·休伊特在《重评康拉德》(1952)中指出,康拉德善于利用小说场景和结构展现人物的内心挣扎,并用忠诚、勇敢等价值观念加以评判,但有些描写也有夸张之嫌。[⑤] 和休伊特一样,艾伯特·J. 格拉德也列举了小说中的败笔,但他认为小说的道德和心理探索无与伦比,并认为这是康拉德最后一部关于背叛与自惩的小说,在某种程度上也是最为感人的小说。[⑥] 尽管它在经典中的地位不如《吉姆爷》高,但

① F. R. 利维斯:《伟大的传统》,袁伟译,北京:生活·读书·新知三联书店,2002 年,第 367 页。

② 同上,第 375 页。

③ Haugh, Robert F.: “Joseph Conrad and Revolution”. In *College English* 10.5 (1949): p. 273.

④ F. R. 利维斯:《伟大的传统》,袁伟译,北京:生活·读书·新知三联书店,2002 年,第 367 页。

⑤ Hewitt, Douglas: *Conrad: A Reassessment*. London: Bowes & Bowes, 1975, p. 83. 例如,拉祖莫夫出门为霍尔丁寻找车夫时的所见所思,霍尔丁走出拉祖莫夫住处时两人的交谈。

⑥ Guerard, Albert J.: “Under Western Eyes”. In *The Art of Joseph Conrad: A Critical Symposium*, ed. R. W. Stallman. Michigan: Michigan State University Press, 1960, p. 259.

仍不失为“康拉德最好的现实主义小说”，对拉祖莫夫的心理刻画明显优于对吉姆的心理描写。[①] 拉祖莫夫的背叛行为尽管事出有因，但毕竟是“破坏了人与人之间最深厚的纽带”，因而受到了恐惧和愧疚的双重折磨。[②] 托马斯·莫泽在其《约瑟夫·康拉德创作的盛衰》中谈到，康拉德最优秀的小说均以忠诚和背叛为中心主题，《在西方的眼睛下》也不例外。康拉德最初想以拉祖莫夫与纳塔莉娅的爱情为中心，但真正动笔后又改变了主意，爱情故事仅占了不到十分之一的篇幅，而且也没有写好。两位主人公只有三次会面，前两次拉祖莫夫几乎没说什么话，最后一次又有叙述者在场，考虑到拉祖莫夫此时既要向纳塔莉娅坦白自己的罪行，又要坦白对她的爱意，叙述者的在场显然不合时宜。[③]

40 年代就有评论家开始关注该小说的政治主题与艺术成就的关系。罗伯特·霍（Haugh, Robert F.）在《康拉德与革命》（“Joseph Conrad and Revolution”, 1949）一文中指出，该小说不仅生动地塑造了革命者形象，还将革命活动天衣无缝地融入到了小说的整体结构之中。他认为小说中的革命波澜对人的影响与《吉姆爷》中的大海相似，革命的波澜对拉祖莫夫的考验与大海的波澜对吉姆的考验如出一辙，因为“革命者身上有一种无序的非理性力量，就像大海一样，无视并能摧毁人类价值，从而可以用来考验一个重压之下的敏感青年”。[④]

也有评论家与罗伯特·霍的态度相左，认为小说未能将政治主题和人物刻画有机地结合起来，顾此失彼。G.H. 班托克（Bantock, G. H.）在《康拉德与政治》（“Conrad and Politics”, 1958）一文中指出，该小说第一篇写“无根的个人在政治时代寻求正常前程的困境”，但没有延续这一社会政治主题，反倒写起了纳塔莉娅与拉祖莫夫的关系。[⑤] 弗雷德

① Guerard, Albert J.: “Under Western Eyes”. In *The Art of Joseph Conrad: A Critical Symposium*, ed. R. W. Stallman. Michigan: Michigan State University Press, 1960, p. 260.

② 同上，p. 268。

③ 转引自 Cox, C. B. (ed.): *Conrad: Heart of Darkness, Nostromo and Under Western Eyes*. London: Macmillan, 1981, pp. 161-162。

④ Haugh, Robert F.: “Joseph Conrad and Revolution”. In *College English* 10.5(1949): pp. 273, 275.

⑤ Bantock, G. H.: “Conrad and Politics”. In *English Literary History* 25.2 (1958): pp. 133-134. E.K. 海则在《康拉德的政治小说》（1963）中对此进行了反驳，认为小说后文仍在

里克·卡尔则在《〈在西方的眼睛下〉的盛与衰》("The Rise and Fall of *Under Western Eyes*", 1959)一文中提出,康拉德更关心人的社会角色而非政治角色,该小说主要是围绕拉祖莫夫作为社会弃儿展开的。因此,个人因素在小说中最为重要,在个人主题完成后仍继续写政治属于画蛇添足:"拉祖莫夫向霍尔丁小姐坦白是小说的高潮部分,之后的内容就走下坡路了。"[①]

小说中的俄国形象和康拉德对俄国的态度仍是评论家们争鸣的一个焦点。道格拉斯·休伊特在其《重评康拉德》(1952)中肯定了爱德华·加尼特的观点,认为康拉德写作时未能保持足够的距离,小说反映了他对俄国的憎恨。他认为康拉德在后期小说中习惯将人分为好坏两个阵营,而《在西方的眼睛下》中所展示的"忠心投靠错了对象。暴政、欺骗、耻辱属于俄国而非西方的典型现象"。[②] 而艾伯特·J. 格拉德却认为小说非常贴近"俄国生活的真正灵魂",叙述者对西方政体的合法性、秩序和"体面"的辩护,反倒成了一种讽刺,使读者更加同情俄国人。格拉德还反驳了欧文·豪的观点,认为康拉德对革命者固然有所嘲讽,但也不乏同情。[③]

延续最初的主题,霍尔丁的灵魂在他妹妹纳塔莉娅的身上再现,继续折磨着拉祖莫夫。海通过分析康拉德给高尔斯华绥的信指出,康拉德最初不仅要写拉祖莫夫与纳塔莉娅的交往,还要写两人结婚生子,再由他们的儿子来为霍尔丁复仇(他们儿子的身上也有其舅舅的影子);但康拉德最后还是收手了,改由纳塔莉娅来完成复仇,因为她的热情和在场既能使拉祖莫夫意识到他在躲藏,又能使他再度受到命运的捉弄。见 Hay, Eloise Knapp: *The Political Novels of Joseph Conrad*. Cambridge: Cambridge University Press, 1963, pp. 307-308。

① Karl, Frederick: "The Rise and Fall of *Under Western Eyes*". In *Nineteenth-Century Fiction* 13.4 (1959): pp. 313, 325.

② Hewitt, Douglas: *Conrad: A Reassessment*. London: Bowes & Bowes, 1975: pp. 81-82. 托尼·坦纳则在十年后(1962)的一篇文章中为康拉德鸣不平,认为许多评论将这部小说看作一篇反俄檄文,"是错将写散文的保守的康拉德当成了写小说的深刻的康拉德",没有领悟到康拉德的反讽和怀疑,没有看到他对人类心灵的透视。见 Tanner, Tony: "Nightmare and Complacency: Razumov and the Western Eye". In *Conrad: Heart of Darkness, Nostromo and Under Western Eyes*, ed. C. B. Cox. London: Macmillan, 1981, pp. 165-166。

③ Guerard, Albert J.: "Under Western Eyes". In *The Art of Joseph Conrad: A Critical Symposium*, ed. R. W. Stallman. Michigan: Michigan State University Press, 1960, pp. 269-270.

欧文·豪的《政治与小说》(1957)在该小说的批评史上具有里程碑式的意义,也引发了持久的争鸣。他认为康拉德是政治上的保守派,不喜欢政治(尤其是革命),强调秩序和社会稳定。虽然"康拉德无论从性情上还是从教养上来说都是反感政治生活的",却又经常离开自己常写的话题,转而写起伦敦的无政府主义者、流亡国外的俄国政治人物以及拉丁美洲的革命者。①

欧文·豪认为康拉德受陀思妥耶夫斯基和亨利·詹姆斯的影响最大。康拉德的父亲曾参加波兰抗俄起义,失败后遭流放,五岁的康拉德随父同往。这段经历唤起的既是荣耀,又是屈辱。康拉德离开波兰和俄国后,在陀思妥耶夫斯基的小说中找到了他记忆中的两面——沙俄的独裁统治及其反抗者。在文学上,康拉德师法亨利·詹姆斯这位自由社会的道德发言人,学做西方文人,感受着英国人的保守气息。因此,康拉德的作品明显具有两面性:"受詹姆斯影响的康拉德评点人生,受陀思妥耶夫斯基影响的康拉德抒发情感。"②

他还发现了康拉德政治思想中的许多矛盾。例如,在康拉德的思想中有一对针锋相对的力量,即保守主义和无政府主义,但两者也并非水火不容,"保守主义是富人的无政府主义,而无政府主义则是贫者的保守主义"。③ 而且,"在康拉德的禁欲主义所形成的有意识的严肃刻板之下,如同在他的保守主义之下,有一种阴郁可怕的怀疑,一种根本的怀疑主义,在侵蚀着他所珍重的一切事物的底面"。④

在欧文·豪看来,康拉德与大多数政治小说家一样,试图用非政治的办法来解决政治问题。这部小说的结尾表达了对政治的敌视,揭示了"信条的残缺,权力的腐败,以及狂热激情的衰竭"。⑤ 为证明此点,欧文·豪做了两个精彩分析。首先是拉祖莫夫与政府官员米库林的对白。拉祖莫夫无亲无故,默默无闻,没有人认为他也是一个心怀忧伤与

① Howe, Irving: *Politics and the Novel*. New York: Horizon, 1957, p. 76. 这三类人分别是《间谍》、《在西方的眼睛下》和《诺斯特罗莫》等三部政治小说中的主要人物。

② 同上, p. 80。

③ 同上, p. 84。

④ 同上, pp. 80-81。

⑤ 同上, p. 92。

欲望的个体;他想在压迫者和被压迫者之间寻找一条出路,先是出卖了霍尔丁,后又想坦白罪过以求谅解,但没有人愿意听他倾诉,也没有人在乎他。孤独无助的他注定是米库林的囊中之物。他向米库林表示想摆脱这一切,隐退一隅:

> "退回去,"他又说了一遍。
> "去哪里?"米库林委员轻轻地问道。[①]

欧文·豪认为这处对白是一个高潮,"揭示了在现代世界中,政治无处不在。它能创造一切,也能摧毁一切,它不允许例外,没有怜悯,也不给庇护之所"。[②] 他的另一个精彩分析针对的是叙述者。叙述者满足了康拉德要与秩序井然的西方走在一起的愿望,康拉德想抛开那些阴暗的俄国问题,但这个俄国又摆脱不掉,因为它就是我们世界的缩影。叙述者说:"希望遭到了荒诞的背叛,理想遭到了可笑的歪曲,这就是革命成功的定义。"[③] 这就是叙述者的基本态度,将统治者与被统治者等同起来,反映了中产阶级洋洋自得的心态。欧文·豪认为这是康拉德的错误,他没有认识到政治反抗有时是唯一的选择,就如乔治·奥威尔(Orwell, George)所说,"所有的革命都是失败,但并非同一种失败"。[④]

第三节 六七十年代:政治与存在主义

小说中的政治在60年代得到了深入的研究,出现了两部对后来影响很大的批评专著。对政治问题的探讨也涉及到了原型批评和存在主义。人的生存状况和精神危机是六七十年代批评家们解读该小说的重点,并愈来愈多地借助了叙事分析。

作为研究康拉德政治思想的经典之作,E. K. 海的《康拉德的政治小说》(*The Political Novels of Joseph Conrad*, 1963)与阿夫罗姆·弗莱

① Conrad, Joseph: *Under Western Eyes*. Garden City, N. Y.: Doubleday, 1921, p.99.

② Howe, Irving: *Politics and the Novel.* New York: Horizon, 1957, p. 92.

③ Conrad, Joseph: *Under Western Eyes*. Garden City, N. Y.: Doubleday, 1921, p. 135.

④ Howe, Irving: *Politics and the Novel.* New York: Horizon, 1957, p. 90.

什曼的《康拉德的政治：康拉德小说中的社群与无政府状态》（*Conrad's Politics: Community and Anarchy in the Fiction of Joseph Conrad*, 1967）起到了继往开来的作用。[①] 弗莱什曼发现 E. K. 海的著作是当时"唯一一部研究康拉德政治的专著"，但也未能改变前人对康拉德的成见，即"易怒的反对革命者，始终如一的波兰民族主义者，持怀疑态度的保守主义者"。[②] 而后来的兹齐斯瓦夫·奈德（Najder, Zdzislaw）则认为，弗莱什曼在其书中将康拉德归入 18 世纪英国保守思想家埃德蒙·伯克（Burke, Edmund）所在的传统，也未能摘去自 30 年代起就戴在康拉德头上的保守主义的帽子。[③]

乔治·古丁（Goodin, George）的《〈在西方的眼睛下〉中的个人与政治》（"The Personal and the Political in *Under Western Eyes*", 1970）也是当时的一篇重要评论，该文认为欧文·豪对政治的理解过于狭隘，只关注现代小说如何把现代意识形态的弹丸融入到小说之中，由于《在西方的眼睛下》未能处理好抽象的意识形态，豪便认为它反感政治。而从广义的政治来看，康拉德不仅通过人物、行动和意象说明了俄国的政治现实，还使政治融入了人生的道德现实之中。[④] 古丁由此解读小说中的政治，认为康拉德对俄国政治的描述实为一个隐喻，借以窥视道德世界。[⑤]

由于前述两部专著通常是后人研究康拉德政治的起点，因而有必要概述它们对《在西方的眼睛下》的讨论。

E. K. 海认为该小说是"除《吉姆爷》之外唯一一部能展现康拉德史诗作家才华的作品"，小说中的"历史知识之广博，经验体味之深厚"

① 克莱尔·罗森菲尔德（Rosenfield, Claire）虽然也在《蛇之天堂：康拉德政治小说的原型批评》（*Paradise of Snakes: An Archetypal Analysis of Conrad's Political Novels*, 1967）中论及《在西方的眼睛下》，但爱德华·萨义德认为她的评论忽略了康拉德对俄国、英国和欧洲的想象。见 Said, Edward: "Review". In *Victorian Studies* 13.4 (1970): p. 432。

② Fleishman, Avrom: *Conrad's Politics: Community and Anarchy in the Fiction of Joseph Conrad*. Baltimore: The John Hopkins Press, 1967, p. ix.

③ Najder, Zdzislaw: *Conrad in Perspective: Essays on Art and Fidelity*. Cambridge: Cambridge University Press, 1997, p. 140.

④ Goodin, George: "The Personal and the Political in *Under Western Eyes*". In *Nineteenth-Century Fiction*, 25.3 (1970): pp. 327-328.

⑤ 同上，pp. 341-342。

足可使之跻身20世纪最重要的小说之列。[①] 她对小说做了详尽的考证，认为小说中几乎所有的人物和事件都能在英文和法文文献中找到源头，并指出康拉德熟知俄国的救世神话（即俄国社会将有彻底变革），因为这个神话支撑着小说中人物的民族主义思想。她还比照了小说手稿，发现康拉德删掉了对美国的指涉，但成稿中的日内瓦形象却很像“民主自由之乡”美国，与叙述者的英国形成了鲜明对比，从而解释了为什么叙述者的价值观和信念与日内瓦的政治气氛并不相融。

E. K. 海认为康拉德之所以反对革命，主要是因为他怀疑革命者的道德素质，怀疑该民族的历史和道德性格，因而对当时东欧和西欧的几种革命的意识形态诉求未有认真区分。[②] 这与法国作家加缪（Camus, A.）不同，后者在《反抗的人》（*The Rebel*）中更看重革命所持的理念而非革命者的个人道德。E. K. 海还分析了康拉德塑造的俄国形象，认为该形象主要不是体现在革命者和统治者身上，而是体现在拉祖莫夫身上，因为后者展示了俄国人的困境与悲剧。[③] 她发现拉祖莫夫和俄国历史人物赫尔岑（Herzen, Aleksandr, 1812—1870）很是相像，后者也是俄国贵族的私生子，同情波兰，有英国气质，主张演变，反对革命，主要作品也是日记体的《往事与随想》(Былое и думы)。不过，她也指出，拉祖莫夫的原型并非仅有赫尔岑一人，他是身处困境并能对此做出反思的俄国青年的代表。拉祖莫夫代表着夹在独裁与革命之间的俄国知识分子，“他的故事就是一部俄国史诗”，反映了俄罗斯民族在危机中的历史命运以及与此一并起伏的个人命运。[④]

阿夫罗姆·弗莱什曼也在《康拉德的政治：康拉德小说中的社群与无政府状态》中考证了小说人物的原型和情节的源头，发现康拉德虽然

① Hay, Eloise Knapp: *The Political Novels of Joseph Conrad*. Cambridge: Cambridge University Press, 1963, pp. 291, 276.

② Hay, Eloise Knapp: *The Political Novels of Joseph Conrad*. Cambridge: Cambridge University Press, 1963, p. 275. 例如，在《间谍》中，活动在伦敦的革命者的名字都不是英国人的名字。

③ 同上，p. 290。

④ 同上，p. 291。

声称要写普遍现象，但实际上写的还是具体的俄国革命。[①] 他认为康拉德写于 1905 年的《独裁与战争》（“Autocracy and War”）一文奠定了小说的政治基调，而且，小说“有两个方面不同于康拉德其他描写孤立个人的小说，一是残酷的政治环境，一是主人公的知识分子身份。小说的成熟之处就在于它以现代世界中的知识分子为中心，因而可以当作一部关于思想观念的小说来读，这是康拉德的其他作品所无法做到的”。[②]

弗莱什曼着重以知识分子拉祖莫夫为例分析了康拉德政治思想的复杂性。拉祖莫夫最初受西方文化影响，心仪政治自由和个人自由，看重与群体的分离（小说一直在强调拉祖莫夫无亲无故）；他后来抛弃了这种西方的个人主义，开始看重与他人的有机关联，有了更富有俄国特色的群体观念。根据拉祖莫夫钉在墙上的信条，他有一种把国家视为有机体的思想，即以“爱国的统一”为“指导”，通过“历史”实现“演进”。其中，“演进（而非革命）”和“指导（而非破坏）”是反对革命；而“历史（而非理论）”、“爱国主义（而非国际主义）”和“统一（而非分裂）”则是反对个人主义的自由主义思想。因此，康拉德和他的主人公既远离西方自由主义所宣扬的个人主义，又远离俄国民粹主义所鼓吹的革命。[③] 弗莱什曼还通过对叙述者的分析说明，“小说塑造了叙述者的怀疑主义（经常被引用但很少有阐释）与纳塔莉娅·霍尔丁平静的理想主义之间的辩证”，这是康拉德作为政治小说家最重要的成就，它表明康拉德从狭隘地排斥俄国转向了对人类历史的同情，“悲观但不绝望”。[④]

弗莱什曼认为小说的情节架构就在于寻找一个“忠心所投靠的对象”。拉祖莫夫先是投奔政府，但没有找到他需要的社群；然后又寻求“阶级身份”（混入革命者中）或“个人关系”（接近纳塔莉娅），依然没有成功；在坦白了自己的背叛行为后，隐居俄国，反被革命者视为“我们

① Fleishman, Avrom: *Conrad's Politics: Community and Anarchy in the Fiction of Joseph Conrad*. Baltimore: The John Hopkins Press, 1967, p. 219. 例如，小说中的暗杀事件源自 1882 年沙皇亚历山大二世遇刺，刺客后来被其同伙 Rysakov（与小说主人公名字 Razumov 读音相近）出卖。

② Fleishman, Avrom: *Conrad's Politics: Community and Anavchy in the Fiction of Joseph Conrad*. Baltimore: The John Hopkins Press, 1967, pp. 222-223.

③ 同上，p. 228。

④ 同上，pp. 238, 241。

中的一员"，小说中用的词是"un des nôtres"，这就使人联想到马洛评价吉姆的话（"one of us"）以及"诺斯特罗莫（nostr'omo）"的名字。拉祖莫夫与吉姆和诺斯特罗莫一样，先是一个个人主义者，最后回到了群体中来，这是一个重大的改变。[①] 弗莱什曼的主旨就在于揭示如何寻找真正的社群，避免陷入无政府主义。

60 年代对小说中政治的阐释并没有忽略个人心理和人类境况。弗莱什曼就认为，该小说"从心理的角度说是康拉德最为成熟的政治小说"，"最为明显地显露了康拉德政治小说的长处和短处"。[②] 洛伊丝·米歇尔也在《康拉德政治小说中的荒诞困境》（"The Absurd Predicament in Conrad's Political Novels", 1961）一文中指出，康拉德小说中的人物都是孑然一身，这种孤立的存在状态不利于与他人交流并建立社会关系；人们都受制于无可避免的非理性的灾难（也就是存在主义所说的"荒诞"），而康拉德就善于描写人们是如何忍受灾难的；在康拉德看来，最大的不幸并不是那些非理性的灾难，而是像拉祖莫夫那样失去个人的道德情操。[③] 利奥·格科（Gurko, Leo）在《〈在西方的眼睛下〉：康拉德与"去哪里"的问题》（"*Under Western Eyes*: Conrad and the Question of 'Where To?'", 1960）中提出，小说探索了孤独所带来的道德影响、背叛与赎罪的循环、人与环境的相互作用等，这也是康拉德常写的主题。[④] 主人公是个"空心人（unfilled man）"，在小说开始时心里是空白的，通过故事中的经历或他人的评价，渐渐形成了个性。主人公的名字在波兰语和俄语中都是"理解"之意，他在小说中的经历也就是一个理解过程。他处在一种孑然无依的孤独境地，连时间都被抹煞了，但这种过度的孤独也导致了其道德体系的崩溃，走向了背叛，因而也就需要救赎。[⑤]

托尼·坦纳的《梦魇与自满：拉祖莫夫与西方的眼睛》（"Nightmare

① Fleishman, Avrom: *Conrad's Politics: Community and Anarchy in the Fiction of Joseph Conrad*. Baltimore: The John Hopkins Press, 1967, pp. 234-237.

② 同上，p. 217。

③ Michel, Lois A.: "The Absurd Predicament in Conrad's Political Novels". In *College English* 23.2 (1961): p. 131.

④ Gurko, Leo: "*Under Western Eyes*: Conrad and the Question of 'Where To?'". In *College English* 21.8 (1960): p. 451.

⑤ 同上，pp. 445-450。

and Complacency: Razumov and the Western Eye", 1962）是这一时期颇具特色的评论，深入地分析了政治与存在的关系和小说的叙事技巧。"梦魇"指的是拉祖莫夫的心理挣扎，"自满"指的是叙述者的"西方眼睛"所持的态度。

坦纳认为，要理解拉祖莫夫的生存状态和心路历程，就需要先回答两个问题：拉祖莫夫为什么要背叛霍尔丁？他又为什么要向革命者坦白自己的背叛行为？拉祖莫夫原本希望通过学有所成（即依靠理性）找到自我身份，霍尔丁的不期而至打乱了他的计划，为使生活回到正轨，他出卖了霍尔丁，却并未如愿，神智开始昏迷，掉进了梦魇之中。思维能力的丧失既表现在外表上（叙述者注意到他一副没有睡好的样子，纳塔莉娅注意到他在听到霍尔丁的名字时身体有异常反应），也表现在行动上（他在S夫人家谈话时语无伦次；车夫之死本可消除别人对他的怀疑，但他仍然感到头脑不清）。说谎的日子让他感到窒息，于是决定坦白。虽然坦白几乎毁掉了他的生命，却也使他重新获得了生命赖以存在的空气。坦纳认为，拉祖莫夫得到的回报就是那种可以摆脱梦魇的安宁："在这个没有得救的世界上，这也许是我们唯一能够期盼的。那不是天堂，而是一颗安宁的心所具有的平静以及重新获得的神智清醒。"这部小说就是"有心智的人"的悲剧，清晰活跃的大脑是拉祖莫夫的唯一所有。[①]

坦纳对叙述者的分析突破了前人的研究，他认为康拉德批判了叙述者在看待俄国暴力活动时显露出的西方自满。[②] 在坦纳看来，康拉德的风格就在于提出问题，引起疑惑，使用破坏性的反讽，因此需要借助叙述者："引入一个叙述者，就可以形成两种参照框架、两种价值体系、两种经验范畴的相互作用。"[③] 该小说中的叙述者代表着得体、节制、宽容等美德，对西方资产阶级的自由主义传统深信不疑，"让这样一个理

① Tanner, Tony: "Nightmare and Complacency: Razumov and the Western Eye". In *Conrad: Heart of Darkness, Nostromo and Under Western Eyes*, ed. C. B. Cox. London: Macmillan, 1981, p. 184.

② 此前的评论家（如道格拉斯·休伊特）大多认为康拉德基本上同意叙述者的判断。

③ Tanner, Tony: "Nightmare and Complacency: Razumov and the Western Eye". In *Conrad: Heart of Darkness, Nostromo and Under Western Eyes*, ed. C. B. Cox. London: Macmillan, 1981, pp. 164-165.

想的人来讲述某种毫无理性可言的事件,让梦魇般的素材经过一个自满的过滤器,让西方的眼睛竭力捕捉某种非西方的经验,这就是要形成双重的反讽”。叙述者虽然表示对俄国不甚了解,但真正使他讲不好这个俄国故事的原因却是他的自满。因为,“画框固然可以限定、安置画面,而画面也可以挑战甚至嘲弄画框”。① 叙述者看不起他的素材,与之保持距离,这份素材也蔑视并疏远了他以及他所代表的西方常识和自满。小说就是要证明“西方眼睛的目光短浅”。②

70 年代有两部重要的著作对小说中的存在主义做了解读,并分析了叙事技巧对主题的影响。考克斯的《约瑟夫·康拉德:现代想象》(1974)探讨了小说中人物的孤独境地,指出了叙述者的身份对小说中道德问题的影响;戴勒斯基(Daleski, H. M.)的《康拉德:沉着自若的方式》(*Joseph Conrad: The Way of Dispossession*, 1977)则从心理的角度剖析了主人公的精神危机,指出了叙事视角的转换所起的作用。

考克斯认为康拉德也应属于存在主义者,《间谍》中暗含的虚无主义在《在西方的眼睛下》中有着明显的体现。③ 他认为康拉德的后期小说主要是在探索“同伴(fellowship)和群体(community)”。《在西方的眼睛下》的主人公也深受存在问题的困扰,“像帕图桑的吉姆或沉船后的诺斯特罗莫,拉祖莫夫也应该创建自己的身份”。④ 拉祖莫夫原本希望通过完成学业来安身立命,但这个理性的计划却因霍尔丁的闯入而夭折。霍尔丁就像命运的使者,代表着非理性的力量,像布朗摧毁吉姆在帕图桑岛的美梦那样,破坏了拉祖莫夫对身份的追求。拉祖莫夫出卖了霍尔丁,却又良心不安,想“退隐”而不得,失去了存在的根基:“拉

① Tanner, Tony: “Nightmare and Complacency: Razumov and the Western Eye”. In *Conrad: Heart of Darkness, Nostromo and Under Western Eyes,* ed. C. B. Cox. London: Mauminan, 1981, p. 165.

② 同上, p. 167。坦纳还发现,日内瓦在叙述者眼中,尤其是在拉祖莫夫眼中,是一幅了无生机的景象,与拉祖莫夫的内心痛苦形成了鲜明对比;小说中反复出现日内瓦的卢梭雕像,因为拉祖莫夫的痛苦和孤独正是卢梭所设想的那种人的对立面。

③ Cox, C. B.: *Joseph Conrad: The Modern Imagination*. London: Dent, 1974, p. 103.

④ 同上, p. 112。

祖莫夫的背叛行为，就像古舟子杀死信天翁，扯断了人与自然、人与人之间的纽带。这是一种原型的罪，就像谋害了客人或朋友一样。彼得·伊万诺维奇将拉祖莫夫比作布鲁图，其贴切程度连伊万诺维奇本人都没有想到。”[1] 拉祖莫夫出卖霍尔丁后神志不清，常说胡话，陷入了孤独无依的境地。这种人格分裂只能通过坦白来弥补，但坦白无异于自杀，拉祖莫夫自己也意识到“他必须坦白而后死去”[2]。坦白后的拉祖莫夫耳朵聋了，生活在无声的世界中，依旧是一种被排斥在外的状态，如同小说中雪的意象，构成了一个巨大的空白。[3] 考克斯认为小说中的英国语言教师有着双重身份，“既是一个理解力很差的旁观者，又是一个想象力很强的叙述者”。[4] 当拉祖莫夫向纳塔莉娅坦白时，旁边的叙述者就像一个偷窥者。叙述者的语调也不够稳定，他与康拉德、拉祖莫夫的态度经常难以区分，主要是因为康拉德本人也无法调和自己思想中的冲突，因而无法形成清晰的道德准则。[5]

1981 年，考克斯选编了关于该小说的评论文集，其中就摘选了戴勒斯基在《康拉德：沉着自若的方式》（*Joseph Conrad: The Way of Dispossession*, 1977）中对该小说的评论。戴勒斯基认为，该小说并不像《诺斯特罗莫》或《间谍》那样政治意味浓厚，主要关注的是拉祖莫夫的精神危机。[6] 他认为《间谍》更像狄更斯所写，讲社会的相互关联；而《在西方的眼睛下》更像陀思妥耶夫斯基所写，探索人的心灵。[7] 失去对自我的控制是康拉德小说的中心主题。为展示忠诚等美德，就必须控制自我；如果失去对自我的控制，身体和精神也就垮掉了。最终的自我控制通常只能来自于有意识地放开自我，

① Cox, C. B.: *Joseph Conrad: The Modern Imagination*. London: Dent, 1974, p. 107. 布鲁图为古罗马元老院议员，曾参与密谋刺杀尤利乌斯·恺撒。

② Conrad, Joseph: *Under Western Eyes*. Garden City, N. Y.: Doubleday, 1921, p. 361.

③ 同上，p. 117。

④ Cox, C. B.: *Joseph Conrad: The Modern Imagination*. London: Dent, 1974, p. 104.

⑤ 同上，pp. 104-105。

⑥ 见 Cox, C. B. (ed.): *Conrad: Heart of Darkness, Nostromo and Under Western Eyes*. Hong Kong: The Macmillan Press Ltd., 1981, p. 188。

⑦ 同上，p. 190。

进而实现对自我的更深刻的认识。戴勒斯基认为拉祖莫夫是康拉德刻画的最深刻、最微妙的人物。他在危机时刻失去了镇定(即对自我的控制),受制于愤怒的情绪,而这种愤怒又出于自保之心;他最后决定坦白自己的背叛行为,坦白后神色镇静,叙述者认为这是没有人性的表现,但实际上他的镇静正是来自坦白之后找回的对自我的控制,克服了康拉德的主人公们所经历的那种典型的孤独。[①] 戴勒斯基认为这种心理探索得益于叙事技巧的创新。小说第一篇的叙事视角主要是拉祖莫夫的眼睛,他是"意识中心(center of consciousness)";到了第二篇,拉祖莫夫不再是意识中心,常由叙述者或纳塔莉娅从外部来观察他;第三篇又换成了拉祖莫夫的视角,他与伊万诺维奇和索菲亚的谈话都经过了他的过滤;第四篇的视角则错综复杂。[②]

此外,哈利亚特·吉勒姆(Gilliam, Harriet)还在《康拉德〈在西方的眼睛下〉中的时间》("Time in Conrad's *Under Western Eyes*", 1977)一文中分析了拉祖莫夫对时间的体验和叙述者对这些体验的反应,认为康拉德暗示了幻想的必要性,失去了幻想的拉祖莫夫就只知道如何死去而不是怎么活着。[③] 戈登·汤普森的《康拉德笔下的女性》("Conrad's Women", 1978)也旨在说明康拉德的后期小说就是要解释"人的最大不幸就在于他是一个梦想家,而这也正是他最高的特权"。[④] 纳塔莉娅虽不了解男性世界,天真地认为未来会更好,但正是其单纯促成了拉祖莫夫的坦白。女性不了解社会的黑暗,却因此保留了梦想,"守护着对爱、美、信念和希望的梦想",借以抵制某些男性人物的怀疑和反讽,或做出崇高之举,或激发男性去做出崇高之举。[⑤]

① 见 Cox, C. B. (ed.): *Conrad: Heart of Darkness, Nostromo and Under Western Eyes*. Hong Kong: The Macmillan Press Ltd., 1981, p. 190。

② 同上, pp. 190-192。

③ Gilliam, Harriet: "Time in Conrad's *Under Western Eyes*". In *Nineteenth-Century Fiction* 31.4 (1977): pp. 425, 439.

④ Thompson, Gordon W.: "Conrad's Women". In *Nineteenth-Century Fiction* 32.4 (1978): p. 463.

⑤ 同上, p. 461。汤普森指出,康拉德笔下的男性人物为了不让女性知道他们所见到的黑暗,便对她们撒谎,拉祖莫夫一度隐瞒纳塔莉娅,而《黑暗的心》中的库尔茨和马洛也没有对库尔茨的未婚妻道出实情。

第四节　八九十年代:叙事与比较研究

围绕小说的语言和叙事所做的研究在 80 年代出现了高潮,并受到阐释学、解构主义和巴赫金理论的影响,从一开始就是在争鸣中展开的。

首先是叙述者的角色问题。罗伯特·塞科尔(Secor, Robert)在《〈在西方的眼睛下〉中叙述者的作用》("The Function of the Narrator in *Under Western Eyes*", 1970)一文中提出,作为叙述者的语言教师只是"衡量拉祖莫夫成长的一个固定的点"。[①] 丹尼尔·施瓦茨则在《康拉德:从〈阿尔迈耶的愚蠢〉到〈在西方的眼睛下〉》(*Conrad: Almayer's Folly to Under Western Eyes*, 1980)中反驳说,叙述者是一个有血有肉的动态人物。[②] 施瓦茨指出,以前的批评家多谈论拉祖莫夫与叙述者的相似之处(有着英国人的派头,想成为教授,过着退隐孤独的生活,无亲无伴),却忽略了两人的根本不同:叙述者想要纳塔莉娅过得更好,拉祖莫夫却是要毁掉她;叙述者同情拉祖莫夫,但拉祖莫夫并不同情别人。[③]

其次是对小说叙事层面的分析。70 年代后期,评论界开始关注该小说对语言、写作和虚构的思考,最突出的便是阿夫罗姆·弗莱什曼的文章《〈在西方的眼睛下〉中的言语与写作》("Speech and Writing in *Under Western Eyes*")。该文首次分析了小说的叙事结构,把小说分为三层文本。A 文本指康拉德所写的小说(包括标题、作者名、献词等),B 文本指叙述者整理出来的资料,C 文本指叙述者所参考的一系列文本(包括报纸上关于霍尔丁被捕的报道、彼得·伊万诺维奇的自传、拉祖莫夫写给纳塔莉娅的坦白信及其日记等)。[④]

特伦斯·凯夫(Cave, Terence)也在《识别:诗学研究》(*Recognition:*

① 转引自 Schwarz, Daniel R.: *Conrad: Almayer's Folly to Under Western Eyes*. London: Macmillan, 1980, p. 195。

② Schwarz, Daniel R.: *Conrad: Almayer's Folly to Under Western Eyes*. London: Macmillan, 1980, pp. 195-196.

③ 同上, p. 200-201。

④ 转引自 Szittya, Penn R.: "Metaficiton: The Double Narration in *Under Western Eyes*". In *Critical Essays on Joseph Conrad*, ed. Ted Billy. Boston, Mass: G. K. Hall, 1987, p. 159。

A Study in Poetics, 1988）中指出了小说中不同叙事层面之间的矛盾，认为拉祖莫夫的叙述比语言教师的叙述更为可信，但读者又只能依赖后者的不可靠或局限的叙述。[①] 吉恩·莫尔（Moore, Gene M.）在其文章《〈在西方的眼睛下〉中的时空体与声音》（"Chronotopes and Voices in *Under Western Eyes*"，1986）中借用巴赫金的理论分析了叙述者与拉祖莫夫的叙事权威问题。佩恩·西焦（Szittya, Penn R.）在《元小说：〈在西方的眼睛下〉的双重叙事》（"Metaficiton: The Double Narration in *Under Western Eyes*", 1981）一文中提出，小说在结构上具有双重性。主人公拉祖莫夫就是两面人（a double man），说话有两种声音，一种用于与革命者交谈（这也是叙述者听到的），一种用于与自己说话（如其日记）；而读者对拉祖莫夫的了解也是通过小说的双重叙事，一是叙述者讲述，一是拉祖莫夫自述。因此，在读者面前有两个叙述者、两个故事、两种视角、两套时间安排、两种风格。[②] 西焦指出，此前的评论家如克莱尔·罗森菲尔德（Rosenfield, Claire）曾探讨过拉祖莫夫与霍尔丁所形成的一对（double），但拉祖莫夫和叙述者乃至作者康拉德也形成了一对。只是拉祖莫夫和康拉德各自作为双面人的面具不够牢靠，导致了他们语调上的反讽，也反映了自我认识的飘移不定。例如，拉祖莫夫时常说漏嘴，陷入呓语，与他的正常言谈明显不同，说明他无法承受双重身份的折磨（即表面看是霍尔丁的信徒，但内心知道自己是个叛徒）。[③]

雅各布·洛斯的《康拉德的叙事手法》（1989）讨论了"叙述者随着文本的逐步演进在叙事和主题方面所起的作用"，[④] 并对阿夫罗姆·弗莱什曼所区分的叙事层面做了进一步的分析。洛斯认为，尽管 C 文本包含着许多声音，但都经过了叙述者的调和，从而产生了叙事声音和叙事

① Cave, Terence: "Joseph Conrad: The Revenge of the Unknown". In *Joseph Conrad*, ed. Andrew Michael Roberts. London: Longman, 1998, pp. 48-49. 凯夫还认为，《在西方的眼睛下》与亨利·詹姆斯的《大使》（*The Ambassadors*）有相似之处，尤其是两部小说的叙述者，都在理解着一个他一知半解的世界；康拉德继续用"黑暗中心"这个意象来描述俄国的看不透，一方面是俄国精神的"黑暗"，一方面是俄国政治环境的"黑暗"。

② Szittya, Penn R.: "Metaficiton: The Double Narration in *Under Western Eyes*". In *Critical Essays on Joseph Conrad*, ed. Ted Billy. Boston, Mass: G. K. Hall, 1987, pp. 143, 146.

③ 同上，pp. 148-151。

④ Lothe, Jakob: *Conrad's Narrative Method*. Oxford: Clarendon, 1989, p. 265.

视角的相互作用（语言教师作为叙述者，其视角影响了那些声音的语调和内容，而他的视角又受到了那些声音的影响）。洛斯还分析了公开的B文本与隐含的A文本所形成的张力，认为A文本不仅包括而且超越了B文本，表述了小说中的理解、距离、孤独、分裂、道德责任等中心问题。[①] 洛斯反驳了佩恩·西焦的观点，认为叙述者和拉祖莫夫性格迥异，并不像西焦所说可构成相似的一对。佩恩·西焦认为A文本和B文本在主题上的呼应反射出了小说的元小说特征，洛斯则认为恰恰是两文本之间的矛盾起到了这种作用。[②]

小说复杂的叙事也凸显了康拉德对创作的认识。佩恩·西焦指出了该小说的元小说特征，既是“关于虚构小说的小说，同时也是关于阐释的小说”。[③] 雅各布·洛斯也认为小说是“对写作与语言的那些很基本的问题（尤其是叙事方法）所做的持久的反思和生动的表述”。[④] 早在1977年，杰弗里·伯曼（Berman, Jeffrey）就在其《约瑟夫·康拉德：写作作为拯救》（*Joseph Conrad: Writing as Rescue,* 1977）一书中指出，该小说是“康拉德关于艺术创作所做的最复杂的研究”，拉祖莫夫就是“艺术家的肖像”，尽管他的忏悔写作是一种摆脱混沌、重拾自我的手段，但结果却导致了他这位艺术家的消亡。[⑤]

由语言引起的创作困境和理解困难也是这一时期关注的焦点。爱德华·萨义德在《康拉德：叙事的呈现》（“Conrad: The Presentation of Narrative”, 1974）中讨论了该小说对语言的认识，指出了康拉德遇到的语言困境：“他发现，他在所写之词（words written）方面的天赋，非但没有缩小言说之词（words saying）与表意之词（words meaning）之间的鸿沟，反倒使之扩大。选择了写作，就等于选择既不能如他所愿地

① Lothe, Jakob: *Conrad's Narrative Method.* Oxford: Clarendon, 1989, pp. 287-288.

② 同上，pp. 290-291。

③ Szittya, Penn R.: “Metaficiton: The Double Narration in *Under Western Eyes*”. In *Critical Essays on Joseph Conrad*, ed. Ted Billy. Boston, Mass: G. K. Hall, 1987, pp. 142, 152.

④ Lothe, Jakob: *Conrad's Narrative Method.* Oxford: Clarendon, 1989, p. 263.

⑤ 转引自 Szittya, Penn R.: “Metaficiton: The Double Narration in *Under Western Eyes*”. In *Critical Essays on Joseph Conrad*, ed. Ted Billy. Boston. Mass: G. K. Hall, 1987, pp. 159-160。

直接言说,也不能如他所愿地确切表达。"[1] 弗兰克·克莫德(Kermode, Frank)在《秘密与叙事顺序》(1980)一文中认为该小说中的叙事"秘密"打破了传统的阅读规范。[2] 阿伦·福格尔(Fogel, Aaron)在《被迫说话:康拉德的对话诗学》(*Coercion to Speak: Conrad's Poetics of Dialogue*, 1985)中借助巴赫金的理论来分析康拉德的政治小说,观察人物彼此说话的方式,尤其是他们迫使别人说话的方式,并指出被迫说话乃是康拉德小说的主要特征之一。苏雷什·拉威尔(Ravel, Suresh)也在《失败的艺术:康拉德的小说》(*The Art of Failure: Conrad's Fiction*, 1986)中指出,康拉德对语言和虚构作品的怀疑态度导致无法实现最终的理解。拉威尔从语言的角度对主人公的经历做了精彩的分析。拉祖莫夫出卖霍尔丁后,其语言便成了狡辩和掩饰的手段;在向纳塔莉娅口头坦白时,其理智仍在逃避责任,语言也遮遮掩掩,没有说出自己内心的煎熬;等他回头写下"书面"坦白时,才说出了真情实话,从而找回了自我,获得了内心的安宁,进而能够镇定自若地向其他革命者们口头坦白自己的行为;在被击伤耳膜失聪后,隐居的拉祖莫夫反而可以很自若地跟前来探望他的革命者们谈谈意见。因此,"一个人如何学会说得很好,没有口是心非,没有隐瞒欺骗,是该小说的重要主题之一"。[3]

90年代的叙事研究更侧重意识形态批评,杰里米·霍桑的《约瑟

① Said, Edward W.: "Conrad: The Presentation of Narrative". In *Novel: A Forum on Fiction* 7.2 (1974): p. 116.

② 基思·卡拉宾(Carabine, Keith)后来撰文反驳弗兰克·克莫德在这篇文章中提出的观点,为康拉德的叙事技巧作了辩护,认为这是一部"多层次、多声音、多视角的小说"。见Carabine, Keith: "Construing 'Secrets' and 'Diabolism' in *Under Western Eyes*: A Response to Frank Kermode". In *Conrad's Literary Career*, ed. Keith Carabine, Owen Knowles and Wieslaw Krajka. Boulder: East European Monographs, 1992, p. 188。

③ Ravel, Suresh: *The Art of Failure: Conrad's Fiction*. London: Allen, 1986, pp. 137-139, 142. 这种解释也就反驳了弗雷德里克·卡尔的观点,即拉祖莫夫向纳塔莉娅口头坦白后的部分都是画蛇添足。拉威尔还指出,叙述者的洞见和困惑也是探索意识形态冲突的背景下自我与社群关系的必要手段。叙述者不能理解俄国,是因为他自己的视角局限,认为自由民主乃是任何社会发展的最高阶段,未能理解"革命的希望"。小说成功地将历史经验(即叙述者基本可信的历史经验)和理想抱负(纳塔莉娅所代表的道德心理诉求)这对矛盾统一了起来。

夫·康拉德:叙事技巧与意识形态的参与》(*Joseph Conrad: Narrative Technique and Ideological Commitment*, 1990)就是一个代表。[①] 布鲁斯·亨里克森(Henricksen, Bruce)的《游动的声音:康拉德与叙述主题》(*Nomadic Voices: Conrad and the Subject of Narrative*, 1992)体现了后结构主义的理论背景,认为康拉德的小说从《"水仙号"上的黑水手》的单声过渡到了《在西方的眼睛下》的多声,不同观点的冲突显示出了对话性质,而各种"游动的"声音也反映了现代分裂的自我。基思·卡拉宾(Carabine, Keith)为《剑桥文学入门:约瑟夫·康拉德》(1996)撰写的文章则借助叙事分析解读了该小说的道德和政治主题。卡拉宾指出,小说中人物各说各话,并不相互解释,给读者造成了理解障碍,而小说复杂的叙事也加重了这个问题。[②] 叙述者声称无法理解拉祖莫夫的日记,一是因为语言是事实的最大的敌人,日记并非真实的表达,也不能等同于自我认识;二是因为俄国人是在叙述者的注视之"下",他对俄国的勉强理解不可避免地带有偏见。叙述者一方面嘲讽俄国人的性格不如西方,一方面又同情独裁政体压迫下的俄国人,读者也只好跟着在这两种语气之间转换。[③] 拉祖莫夫对自己及他人在俄国事件中的参与也语焉不详,断断续续,前言不搭后语。例如,当他要为自己背叛霍尔丁找个冠冕堂皇的爱国借口时,他的思路就会断开或由省略号形成破碎的感觉,与吉姆描述自己那不光彩的一跳很是相似。[④]

考据和比较研究一直存在于该小说的批评史中,到90年代更是成为显学。讨论最多的是小说所受的文学影响以及它与其他作品的关联,涉及卢梭(Rousseau, Jean-Jacques)、陀思妥耶夫斯基、托尔斯泰(Толстой, Лев Николаевич)、亨利·詹姆斯、加缪等作家。考证小说中

① 此前也有类似的研究,如 Eagleton, Terry: "Joseph Conrad and *Under Western Eyes*". In *Exiles and Émigrés: Studies in Modern Literature*, by Terry Eagleton. London: Chatto, 1970, pp. 21-32; Busza, Andrzej: "Rhetoric and Ideology in Conrad's *Under Western Eyes*". In *Joseph Conrad: A Commemoration*, ed. Norman Sherry. London: Macmillan, 1976, pp. 105-118。

② Carabine, Keith: "Under Western Eyes". In *The Cambridge Companion to Joseph Conrad*, ed. J. H. Stape. Cambridge: Cambridge University Press, 1996, pp. 123-124.

③ 同上, pp. 125-129。

④ 同上, p. 132。

人物和事件的原型，挖掘人物名字的深意，比较小说不同版本之间的异同，也是批评家们时常选择的切入点。2003 年，杰里米·霍桑编辑了该小说的“牛津世界文库”版，在编者注中旁征博引，收集并辨析了此前关于小说中人物、事件、词句等方面的种种考证，展示了此类研究的丰硕成果，颇具参考价值。①

该小说与陀思妥耶夫斯基作品的关联早已被评论家指出。② 最早将小说与《罪与罚》(Преступление и наказание)进行深入比较的是乔斯林·贝恩斯(Baines, Jocelyn)的《约瑟夫·康拉德评传》(*Joseph Conrad: A Critical Biography*, 1959)。兹齐斯瓦夫·奈德发现贝恩斯没有考虑历史和政治地理因素，他详细地论述了两部小说在主人公名字、场景地点、情节发展等方面的相似之处，认为《在西方的眼睛下》更具体地描写了俄国，重心在于政治而非道德。③ 保罗·基尔希纳(Kirschner, Paul)则在《康拉德〈在西方的眼睛下〉中陀思妥耶夫斯基的法国面孔》(“The French Face of Dostoyevsky in Conrad's *Under Western Eyes*: Some Consequences for Criticism”, 1998)一文中指出，该小说除了受《罪与罚》影响外，还受陀思妥耶夫斯基另一部小说的法文译本《一个稚嫩的年轻人》(*Un Adolescent*, 1902)影响。④

小说也与法国文学和哲学有着深厚的渊源。伊夫·埃尔武埃(Hervouet, Yves)在《约瑟夫·康拉德的法国面孔》(*The French Face of Joseph Conrad*, 1990)中甚至指出，纳塔莉娅在听完拉祖莫夫的坦白之后所说的话，就是在重复司汤达《红与黑》中德勒纳尔夫人(Mme de

① Conrad, Joseph: *Under Western Eyes,* ed. by Jeremy Hawthorn. Oxford: Oxford University Press, 2003, pp. 284-304.

② 例如，1911 年，爱德华·加尼特在《民族》上的文章就指出康拉德受屠格涅夫和陀思妥耶夫斯基影响，与他们有很多相像之处。[Sherry, Norman (ed.): *Conrad: The Critical Heritage*. London: Routledge, 1973, p. 239.]

③ Najder, Zdzislaw: *Conrad in Perspective: Essays on Art and Fidelity*. Cambridge: Cambridge University Press, 1997, pp. 133, 129.

④ Kirschner, Paul: “The French Face of Dostoyevsky in Conrad's *Under Western Eyes*: Some Consequences for Criticism”. In *Conradiana* 30.3 (1998): p. 163. 该文分析了两部小说在心理和社会方面的相似(如主人公名字的深意、主人公的身份、主人公对女性的态度等)以及在“观念”和语言方面的相似。

Renal）的话。[①] 兹齐斯瓦夫·奈德分析了小说中对法国思想家卢梭的指涉，并论述了卢梭的思想对小说的潜在影响。[②] 斯蒂芬·伯恩斯坦（Bernstein, Stephen）则在《康拉德与卢梭》（"Conrad and Rousseau: A Note on *Under Western Eyes*", 1994）一文中讨论了小说中的风景描写与18世纪美学中的"崇高论"的关联。[③]

锡德里克·沃茨在《康拉德的文学生涯》（*Joseph Conrad: A Literary Life*, 1989）一书中也谈到了法国文学对康拉德的影响，并特别指出了波兰文学与小说的关联，尤其是波兰诗人密茨凯维奇（Mickiewicz, Adam）的长诗《康拉德·沃伦洛德》（*Konrad Wallenrod*, 1828）。康拉德的名字就取自诗中的主人公康拉德（Konrad），而该诗中所涉及的忠诚与背叛的主题也与《在西方的眼睛下》有异曲同工之妙。[④]

评论家们注意到小说中主要人物的名字与《罪与罚》等小说中的人物有相近之处，主人公的姓"Razumov"含有"理性"之意。[⑤] 佩恩·西焦发现主人公的名"Kirylo"还暗指斯拉夫文学的鼻祖圣西里尔（St. Cyril, 826—869），认为这也许是在强调拉祖莫夫作为"作家"的角色。[⑥] 克里斯托弗·戈格维尔特（GoGwilt, Christopher）在《虚构西方》（*The Invention of the West*, 1995）一书中对主人公的全名"Kirylo Sidorovitch Razumov"做了分析，认为叙述者在小说第一段中将此名译作"Cyril

① Hervouet, Yves: *The French Face of Joseph Conrad*. Cambridge: Cambridge University Press, 1990, p. 107.

② 小说多次暗示卢梭的身份（出生于日内瓦），彼得·伊万诺维奇这个人物很像卢梭，小说对俄国的论述也接近于卢梭的观点。见 Zdzislaw Najder: *Conrad in Perspective: Essays on Art and Fidelity*. Cambridge: Cambridge University Press, 1997, pp. 147-148。

③ Bernstein, Stephen: "Conrad and Rousseau: A Note on *Under Western Eyes*". In *Journal of Modern Literature* 19.1 (1994): p. 163.

④ Watts, Cedric: *Joseph Conrad: A Literary Life*. New York: St. Martin's, 1989, pp. 34-35.

⑤ 例如，兹齐斯瓦夫·奈德指出，《在西方的眼睛下》主人公名为"Razumov"，含理性之意；而《罪与罚》主人公名为"Raskolnikov"，有反叛之意。见 Najder, Zdzislaw: Conrad in Perspective: *Essays on Art and Fidelity*. Cambridge: Cambridge University Press, 1997, p. 129。

⑥ Szittya, Penn R.: "Metaficiton: The Double Narration in *Under Western Eyes*". In *Critical Essays on Joseph Conrad*, ed. Ted Billy. Boston, Mass.: G. K. Hall, 1987, pp. 160, n. 9.

son of Isidor”,分别使人联想到俄语的本源西里尔字母(Cyrillic)和埃及宗教中的生育繁殖女神伊西斯(Isis),似在强调“西方”和“东方”对俄国历史的影响,但小说的标题恰恰又瓦解了这个名字中所包含的东西方的对立,从而颠覆了作为政治、文化和历史身份的西方。[①]

基思·卡拉宾认为小说中另一位人物霍尔丁的名字源出德语词“Heldin(女英雄)”,而黛布拉·罗马尼克(Romanick, Debra)在《得胜的恶棍?——〈在西方的眼睛下〉中霍尔丁的名字之谜》(1998)一文中认为这个名字更有可能出自俄语词“haldei”和“halda”(词根为hald),有傲慢无礼、卑鄙刻薄、瞒骗欺诈之意。[②] 罗马尼克还分析了小说中其他主要人物的名字:拉祖莫夫来自俄语词“razum”,意为“理性”,暗合其知识分子的身份;车夫奇耶米亚尼奇源自俄语词“zemilia”或波兰语词“ziemia”,指土地或尘土,暗合其农夫的身份;流亡的革命者彼得·伊万诺维奇与两位俄国沙皇彼得大帝(1672—1725)和恐怖的伊凡(1530—1584)形成了呼应。[③] 照此逻辑,维克多·霍尔丁的名字也就是文章标题所说的“得胜的恶棍”,小说中霍尔丁的确多次被人叫作“恶棍”。但罗马尼克认为,康拉德笔下人物的名字通常带有反讽意味(如“吉姆爷”),拉祖莫夫这个理性之士不知道自己在干什么,名字中含有“智慧”一词的革命者索菲亚却在该书的《作者序》中被称作“坚持错误判断的”人。[④] 因此,“恶棍”并不是指霍尔丁,而是指拉祖莫夫,从而形成了一种镜像效应。

对小说版本和具体语句的考证也会影响到对小说的解读。大卫·希格登(Higdon, David Leon)就曾指出,弗雷德里克·卡尔、兹齐斯瓦夫·奈德等主要传记作者都误认为“小说第一版比在杂志上连载时少

① GoGwilt, Christopher: *The Invention of the West*. Stanford, California: Stanford University Press, 1995, pp. 159-162. 关于小说对东方和西方这对对立概念的解构,还可参见:Gilliam, H. S.: “Russia and the West in Conrad’s *Under Western Eyes*”. In *Studies in the Novel* 10.2 (1978): pp. 218-233。

② Romanick, Debra: “Victorious Wretch?: The Puzzle of Haldin’s Name in *Under Western Eyes*”. In *Conradiana* 30.1 (1998): p. 44.

③ 同上,pp. 44, 48。

④ Romanick, Debra: “Victorious Wretch?: The Puzzle of Haldin’s Name in *Under Western Eyes*”. In *Conradiana* 30.1(1998): p. 45.

了约三万字”,而实际上这两个版本的字数大致相同(均为11.3万字),应该是比手稿少了三万字左右。[①] 在小说第一章结尾处,霍尔丁与拉祖莫夫交谈时引用了“一位英国人”的话,即“事物之中蕴含着一个神圣的灵魂”[②]。吉恩·莫尔指出,杰里米·霍桑曾感觉此句源出英国浪漫派诗人华兹华斯,而他认为是出自莎士比亚《哈姆雷特》第五幕第二场中哈姆雷特之口:“无论我们怎样辛苦图谋,我们的结果却早已有一种冥冥中的力量把它布置好了。”不过,杰里米·霍桑后来在他编辑的该小说的“牛津世界文库”版的注释中采用了另一位批评家的考证,认为该句来自托马斯·卡莱尔(Carlyle, Thomas)的《英雄与英雄崇拜》(*On Heroesand Hero Worship and the Heroic in History*)。[③]

该小说还常被拿来与非洲知名作家恩古吉(Thiong'o, Ngũgĩ wa; 1936—)的《一粒麦种》(*A Grain of Wheat*, 1967)进行比较。艾丽莎·汉密尔顿(Hamilton, Alissa)撰文分析了两部小说借助语言进行关于民族身份的建构和解构活动,指出了叙述者在其中的作用。[④]《〈一粒麦种〉中的新殖民主义与背叛情节:恩古吉重写〈在西方的眼睛下〉》(1998)一文详细分析了两部作品在情节、人物和主题方面的异同,探讨恩古吉如何将康拉德小说的政治意义移入肯尼亚文化,并指出《在西方的眼睛下》有意识地对比了俄英两国的政治、社会和文化,却抹煞了

① Higdon, David Leon: "Conrad, Under Western Eyes, and the Mysteries of Revision". In *The Review of English Studies*, *New Series*, 39.154 (1988): 231-233. 还可参见 Davis, Roderick: "*Under Western Eyes*: 'The Most Deeply Meditated Novel'". In *Conradiana* 9.1 (1977): pp. 59-75; Carabine, Keith: "From *Razumov* to *Under Western Eyes*: The Dwindling of Natalia Haldin's 'Possibilities'". In *The Ugo Mursia Memorial Lectures, University of Pisa, September 7th-11th 1983*, ed. Mario Curreli. Milan: Mursia International, 1988, pp. 147-171。

② Moore, George M.: "Conrad's *Under Western Eyes*". In *Explicator* 49.2 (1991): 103-104. 哈姆雷特语引自朱生豪译文,见《莎士比亚全集》第五卷,北京:人民文学出版社,1994年,第408页。

③ Conrad, Joseph: *Under Western Eyes*. Garden City, N.Y.: Doubleday, 1921, p. 288.

④ Hamilton, Alissa: "The Construction and Deconstruction of National Identities through Language in the Narrative of Ngũgĩ wa Thiong'o's *A Grain of Wheat* and Joseph Conrad's *Under Western Eyes*". In *African Languages and Cultures* 8.2 (1995): p. 138.

两国均为殖民帝国的现实及其帝国主义政策。[①]

第五节 新世纪的继承与发展

在21世纪的头十年里，该小说的语言和叙事证明了其经久不衰的魅力，而小说中的政治、道德和哲学主题也依旧是批评研究的重心。新颖多元的视角既带来一抹亮彩，也透出了些许迷茫。

迈克尔・格里尼（Greaney, Michael）的《康拉德、语言与叙事》（*Conrad, Language, and Narrative*, 2002）一书分析了《在西方的眼睛下》中对话的呈现与颠覆，认为该小说生动地体现了康拉德对语言的“忧虑和不信任”。[②]丹尼尔・梅尔尼克（Melnick, Daniel C.）在《〈在西方的眼睛下〉与沉默》（“*Under Western Eyes* and Silence”, 2001）一文中指出，康拉德在小说中比较了西方眼中的俄国和他自己心目中的俄国，一方面是为了质疑并解构关于俄国的一系列认识，另一方面也是试图用复杂变动的视角来透视人生以理解人生的意义。康拉德真正要说明的是言不逮意，沉默才是真相的标志。[③]

耶尔・莱文（Levin, Yael）在其文章《康拉德诗学中的道德含混》（“The Moral Ambiguity of Conrad's Poetics: Transgressive Secret Sharing in *Lord Jim* and *Under Western Eyes*”, 2007）中指出，叙述者和主人公一样，既是一个“叛徒”，又是一个“特务”。[④]叙述者在第一次提到拉祖莫

---

① Caminero-Santangelo, Byron: “Neocolonialism and the Betrayal Plot in ‘A Grain of Wheat’: Ngũgĩ wa Thiong'o's Re-Vision of ‘Under Western Eyes’ ” . In *Research in African Literature* 29.1 (1998): pp. 140, 142.

② Greaney, Michael: *Conrad, Language, and Narrative*. Cambridge: Cambridge University Press, 2002, p. 167.

③ Melnick, Daniel C.: “*Under Western Eyes* and Silence”. In *The Slavic and East European Journal* 45.2 (2001): pp. 231, 240.

④ 莱文还比较了《在西方的眼睛下》和《吉姆爷》的相似之处：主题相似，主人公都在经受道德煎熬和心理挣扎，与无情的命运作斗争；叙述者都是目击者，但又并非全知叙述者，所知有限，好在还能通过其他渠道加以弥补，与主人公或主人公身边的人有交往，都用心理和道德语汇来描述自己的行为，并翻版了主人公的背叛行为。见 Levin, Yael: “The Moral Ambiguity of Conrad's Poetics: Transgressive Secret Sharing in *Lord Jim* and *Under Western Eyes*”. In *Conradiana* 39.3 (2007): pp. 212-213。

夫的日记时就说，“很难想象拉祖莫夫会希望别人看到这本日记”，但他却将此日记公之于众，而且没有说明为什么要这么做；纳塔莉娅信任叙述者，将日记交付给他，让他阅后保存或销毁，并未允许他公开日记，他显然辜负了纳塔莉娅的信任，正如拉祖莫夫辜负了霍尔丁对他的信任，是明显的背叛行为。而且，叙述者的行为就像一个“特务、猎人或刺探隐私的人”。[①] 叙述者并不像丹尼尔·施瓦茨所说是一个富有同情心的人，他接近纳塔莉娅，并非出自责任感，而是出于打探隐私的兴趣。例如，拉祖莫夫最后向纳塔莉娅坦白自己就是出卖她哥哥的人时，叙述者并没有知趣地离开，他的在场显得十分多余。拉祖莫夫后来成了特务，而叙述者也像个特务，其“记述本身就像是一份特务的记述”。[②]

汤姆·赖斯（Rice, Tom）认为叙述者的性情暗示了康拉德不愿参与政治的态度：“《在西方的眼睛下》提出不要参与任何政治活动。不参与似乎是康拉德的最高政治哲学，更确切地说是反传统政治的哲学。”[③] 叙述者而非拉祖莫夫才是小说中最重要的政治人物，这位英国语言教师年事已高，因此可以不参政，不动情，他在政治上的回避与他在性上的克制一脉相承。这位语言教师虽不是一位不可靠的叙述者，却是一个不可靠的人。[④] 在俄国人的性情中，最令叙述者难以理解的，是他所寻找的那个能够帮助理解故事道德寓意的“关键词”，即“犬儒主义（Cynicism）”。[⑤] 赖斯认为这个关键词应该是“激情”，因为小说中几乎每个俄国人都是满怀激情的，而“犬儒主义”恰恰是叙述者本人的写照。赖斯指出，犬儒主义者原指那些认为自制乃美德之本的人，后用来指那些认为人类全部行为均出于私心的人；单身的英国老教师代表着自制，但他的活动、与纳塔莉娅的交往以及促成她与拉祖莫夫的往来则显出了他的私心；他在情感

① Levin, Yael: “The Moral Ambiguity of Conrad’s Poetics: Transgressive Secret Sharing in *Lord Jim* and *Under Western Eyes*”. In *Conradiana* 39.3 (2007): pp. 211-212.

② 同上，p. 220。

③ 同上，p. 135。

④ Rice, Tom “Condomization in *The Secret Agent* and *Under Western Eyes*”. In *Conradiana* 402(2008): p. 136.

⑤ 关于康拉德的作品中反复出现的怀疑主义和犬儒主义在《在西方的眼睛下》中的体现，还可参见凯切尔的文章：Kertzer, J. M.: “‘The Bitterness of Our Wisdom’: Cynicism, Skepticism and Joseph Conrad”. In *Novel: A Forum on Fiction* 16.2 (1983): pp. 121-140。

上的淡然冷漠与拉祖莫夫后来的身体残疾并无二致。赖斯最后提出,康拉德在小说中对革命及政府的看法与其说与他的政治观有关,不如说与他的艺术观相连,因为这其中反映了他的一个重要主张,即真正的艺术家应该使自己的作品远离大众文化,不受后者的玷污。[①]

丹尼尔・达维(Darvay, Daniel)从该小说创作时的文学背景出发分析了政治环境的影响。他在《康拉德〈在西方的眼睛下〉中的哥特式小说的政治学》("The Politics of Gothic in Conrad's *Under Western Eyes*", 2009)一文中认为该小说"展示了康拉德政治想象中的哥特式母题"。[②]他认为,间谍活动在 18 世纪的哥特式小说中盛行,又在 19 世纪末的英国间谍小说中延续,与当时的民族主义宣传不无关系,也影响到了康拉德对西方社会的界定。

约翰・彼得斯在《康拉德与印象主义》(*Conrad and Impressionism*, 2001)中认为该小说的主人公最终选择了人性而非抽象的绝对观念。[③]他在后来的《剑桥文学入门:康拉德》中进一步分析了小说中政治与人性的关系,认为该小说是康拉德"最能展现人的本性的小说",因为它最明显地用人际关系和情感来反对僵硬的观念。[④]彼得斯指出,小说中的政治话题是独裁统治与革命活动,描述了俄国政府的运转和革命者的密谋,而康拉德对统治者和革命者都有批判。[⑤]与政治世界相对的,是人际关系的世界,人性高于观念。最突出的例子就是纳塔莉娅和拉祖莫夫的关系:拉祖莫夫认识到了她的纯情,爱上了她,决定向她坦白自己的背叛行为,不再受爱国主义、憎恨和复仇等错误观念的控制,回归到了人性上来。[⑥]

① Rice, Tom: "Condomization in *The Secret Agent* and *Under Western Eyes*". In Conradiana 402(2008): pp. 140-142.

② Darvay, Daniel: "The Politics of Gothic in Conrad's *Under Western Eyes*". In *Modern Fiction Studies* 55.4 (2009): p. 694.

③ Peters, John G.: *Conrad and Impressionism*. Cambridge: Cambridge University Press, 2001, p. 147.

④ Peters, John G.: *The Cambridge Introduction to Joseph Conrad*. Cambridge: Cambridge University Press, 2006, p. 88.

⑤ 详见 Peters, John G.: *The Cambridge Introduction to Joseph Conrad.* Cambridge: Cambridge University Press, 2006, pp. 90-92。

⑥ 同上, pp. 93-94。

约翰·彼得斯认为，康拉德还引导读者透过拉祖莫夫的个人遭遇来思考整个宇宙以及人类的存在，揭示命运对人的捉弄。拉祖莫夫就摆脱不了命运的控制，他无力阻止霍尔丁把他拉入革命活动，而遍布俄国的猜疑气氛也使他无法摆脱干系。为了洗脱自己，掌控命运，他决定告发霍尔丁，结果越陷越深，反而成了当局的特务。一系列看似偶然的事件也促成了他的现状（霍尔丁要他去联系车夫准备出逃，恰巧赶上车夫那天喝醉了；米库林本有可能问完话后不再找他，却又觉得他还有利用的价值，可以担当间谍；拉祖莫夫又碰巧与霍尔丁的妹妹住在同一城市，他在坦白自己的背叛行为时恰巧又赶上以暗杀手段凶狠著称的尼基塔在场，弄伤了他的耳膜，而出门又碰上有轨电车驶过，被撞受伤），说明拉祖莫夫无力掌控自己的存在，即便他试图控制自己的命运，也是徒劳的。因此，

> 人类就和拉祖莫夫一样，自以为可以掌控自己的生活，但现实中的政治及社会机构夺去了他们的这种能力的很大部分；更令人不安的是，人类对于那些将要发生的，能把他们卷入其中并永久改变他们存在的事件毫无能力把握。这也是康拉德作品中反复出现的主题。[①]

杰里米·霍桑在为该小说的“牛津世界文库”版所作的序中认为，这部作品预言了“现代性”问题，现代文学理论中一些略显过时的术语所表述的现象在小说中就已经有了，如“监视社会（surveillance society）”、“权力—知识（power-knowledge）”、“环形监狱（panopticism）”和“凝视（gaze）”等。[②]

---

① 详见 Peters, John G.: *The Cambridge Introduction to Joseph Conrad.* Cambridge: Cambridge University Press, 2006, p. 90。

② Conrad, Joseph: *Under Western Eyes.* Garden City, N. Y.: Doubleday, 1921, pp. xxix-xxx.

第五章 《诺斯特罗莫》学术史

1904年问世的《诺斯特罗莫》无疑是康拉德“最优秀的小说之一”[①]。有评论家认为，这部小说简直就是康拉德的一份“总结”（summa），既包括了他典型的叙事技巧，收录了他常用的主题，也是他政治思想的缩影。[②] 评论家们常将它与后来出版的《间谍》（1907）、《在西方的眼睛下》（1911）看作康拉德的“政治小说”三部曲。后两部小说分别以英国和俄国为主要场景，《诺斯特罗莫》则虚构了一个南美国家。而且，它对政治的探讨也比后两部作品更为广阔而深刻，不仅描写革命，还涉及历史、政治、国际关系、社会、伦理等诸多主题。有评论家说，南美西海岸的这个国家虽然“是康拉德梦想出来的，但却是最坚实且有意义的梦之一，比绝大多数现实还坚实有意义”。[③] 不过，康拉德的这个梦却让他筋疲力尽。小说写于康拉德体弱穷困之际，如他后来回忆所说，他是经历了“二十个月”的呕心沥血才完成了写作的。[④]

写作艰辛，阅读也不轻松。时间错乱，地点模糊，人物杂多，视角不定，线索不清，读者如掉进云山雾海，单是了解故事梗概就要费一番周折。查尔斯·古尔德（Gould, Charles）从英国返回位于柯斯塔瓜纳共和国（Costaguana）西海岸的萨拉科省（Sulaco），借美国财阀霍尔罗

① Sawyer, A. E.: “Joseph Conrad: A Centenary Review”. In *Canadian Slavonic Papers / Revue Canadienne des Slavistes* 4 (1959): p. 194.

② Najder, Zdzislaw: “A Century of *Nostromo*”. In *Conradiana* 40.3 (2008): p. 233.

③ Warren, Robert Penn: “Nostromo”. In *The Sewanee Review* 59.3 (1951): p. 365.

④ Sherry, Norman (ed.): *Conrad: The Critical Heritage.* London: Routledge, 1973, p. 160.

伊德（Holroyd）之力，重新开发父亲留下的桑·托梅（San Tomé）银矿并取得成功。不久，将军蒙特罗（Montero）起兵造反，赶走了柯国总统里比厄拉（Ribiera）。古尔德怕近半年开发的银矿落入叛军之手，便安排码头工长诺斯特罗莫（Nostromo）和记者德库德夜间将银子偷运出国。不料，运银船出港后与叛军军舰相撞，只得停靠附近的一座孤岛。两人将银子藏在岛上。诺斯特罗莫游回萨拉科，奉医生莫尼汉姆（Monygham）之命去请救兵。将军巴利欧斯（Barrios）挥师赶走叛军，策划包括萨拉科在内的西部省脱离柯国独立。众人都以为运银船已经被叛军撞沉，而独守孤岛的德库德又绝望自杀，只有诺斯特罗莫知道银子的下落。几年后，萨拉科重现繁荣，古尔德和银矿日益发达，诺斯特罗莫也拥有了自己的商船。藏银的岛上修建了灯塔，由乔治·维奥拉（Viola, Giorgio）带两个女儿守护。维奥拉像父亲般对待诺斯特罗莫，并将大女儿许配给他。一天夜里，诺斯特罗莫上岛偷银，被维奥拉误杀。

这部作品对海明威、乔治·奥威尔、博尔赫斯（Borges, Jorge Luis）等作家产生了深远的影响，而它所受到的批评关注也和康拉德的其他经典作品一样，在经历了 20 世纪上半叶的短暂沉寂之后，随着 1957 年康拉德诞辰百年之际再度复兴，并在它自己的“百年诞辰”（2004 年）目睹了一场批评的盛会。

第一节　20 世纪上半叶：艺术创新与阅读难度

1904 年的康拉德已经确立了自己在文坛的地位。这一年 2 月，《学院》（*Academy*）上就有文章称，康拉德已经是“现代文学中的一个人物”，“是名副其实的语言大师”。[①] 不过，康拉德这一年推出的新作《诺斯特罗莫》却也让很多读者开始怀疑他讲故事的能力。

诺曼·谢里在《康拉德：批评遗产》（*Conrad: The Critical Heritage*）中收录了多篇小说发表当年的报章评论，大都显示出了小说给读者带来的阅读挑战。批评主要集中在两个方面。其一，小说整体杂乱无章，主题、人物、技巧没有捏合成一个整体。其二，小说情节没有安排好，尤

① Sherry, Norman (ed.): *Conrad: The Critical Heritage*. London: Routeledge, 1973, pp. 162, 163.

其是故事时间错乱，让人如坠雾中。

《泰晤士报文学增刊》（*The Times Literary Supplement*, 1904 年 10 月 21 日）上有评论说，虽然《诺斯特罗莫》文笔依旧优美，人物刻画依旧细致，但总体上无法与康拉德此前的佳作相提并论。它实际上是把一个短篇故事硬扯成了一部长篇小说，“杂乱无章（shapelessness）是它唯一的缺陷”。[①] 同年 11 月 9 日的《每日电讯》也有评论认为，小说对细节和个人的描绘太过细腻，从而忽略了整体效果，“只见树木，不见森林”；“画布虽大，但太拥挤”，导致整体比例失调。[②] 罗伯逊（Robertson, J. M.）曾在 1918 年的一篇长文中指出，相比《吉姆爷》，《诺斯特罗莫》算不上是康拉德的代表作。他认为，评选代表作，主要看是否能让人感到主题与技巧的统一，而《诺斯特罗莫》则显得散乱不整，不够集中。例如，小说名字就失之偏颇，诺斯特罗莫并非主角；副题《海岸故事》也有不妥，还不如叫《银矿故事》或《革命故事》；而书中三部分分别以《银矿》、《伊莎贝尔群岛》、《灯塔》为题，也不恰当。银矿并非只出现在第一部中，而是贯穿全书；伊莎贝尔群岛到了第二部的后面才出现；灯塔也只是在第三部结尾处才出现的。[③] 这篇批评略显苛刻，甚至有强词夺理之嫌，但也有评论家另辟蹊径，为这部小说的人物和主题辩护。爱德华·加尼特在 1904 年的评论中指出，诺斯特罗莫的人生、银矿以及欧洲人的活动，都不是小说的主题。无需苛责这部小说中人物描写的缺陷，因为大多数小说家是围绕人物来写场景，而康拉德是以自然为主角，人物不过是大自然图景中的装饰或点缀而已。因此，“我们可以把自然想象成一条无穷无尽、奔流不息的生命之河，每个个体生命都来自河水，如一粒微小的原子出现在视野中，在周边背景的衬托下逐渐突出，然后又消失并溶化在无尽卷来的新的生命波浪之中。康拉德的卓越之处，不仅在于对人物的心理进行分析，更在

① Sherry, Norman (ed.): *Joseph Conrad: The Critical Heritage*. London: Routledge, 1973, pp. 164-165.

② 同上，p. 167。

③ Robertson, J. M.: “The Novels of Joseph Conrad”. In *The North American Review* 208.754 (1918): pp. 450-452.

于呈现人物与整个环境的微妙关系”。[1]

早期的评论家们虽然认识到时间错乱是导致故事情节难以理解的主要原因,但大都认可小说在叙事手法方面的创新。这在1904年11月的三篇报章评论中表现得尤为明显。《曼彻斯特卫报》上有人撰文称,虽然故事情节不好理解,但小说却再现了一个奇特迷人的新世界。[2]《英国周报》(*British Weekly*)的评论认为,按一般标准来说,这个故事讲得不好,“情节混乱,各个事件之间的衔接过渡不顺畅,经常是很难说清楚我们所处的时间和地点”。不过,人物和风景描写却是生动逼真,而且运用了再现现实的新手法,如利用传闻、讲述、谈话和书信等形式再现现实,偶然却又自然。[3] 约翰·巴肯(Buchan, John)在《观察者》(*Spectator*)上发表的评论指出,“尽管小说结构颠倒,开始于中间,结束于开端”,但仍引人入胜,读者应费力排除作者布置的谜局,理清事件的顺序。他认为,“初读康拉德的读者,难免会惊诧于康拉德大胆地打破叙事中的时间顺序”,但这其实是康拉德的惯用手法。《诺斯特罗莫》中的情节倒叙,成功地运用了电影镜头“回切”(cut-back)技术,这也是“现代艺术”的特色。[4]

相对于评论家的褒贬不一,小说家的回应显然更令康拉德感到欣慰。阿诺德·本涅特在1912年11月22日给康拉德的信中将《诺斯特罗莫》比作小说中描写的希古罗塔山,表达了自己“高山仰止”的心情:“第一次读,我就觉得它是这代人里最好的小说(绝无仅有)。我现在还是这么认为。它‘巍峨雄壮,浑然一体’,绝对地无与伦比,已经不需要再说什么了。它就是希古罗塔山。”[5] 美国小说家菲茨杰拉德对《诺斯特罗莫》也是赞不绝口,不仅在1920年的文章中称它是“自《名利场》(*Vanity Fair*)

① Sherry, Norman (ed.): *Joseph Conrad: The Critical Heritage.* London: Routledge, 1973, pp. 174-176.

② 同上,pp. 171, 173。

③ 同上,p. 170。

④ Davidson, Donald: “Joseph Conrad’s Directed Indirections”. In *The Sewanee Review* 33.2 (1925): pp. 179, 163, 168, 177.

⑤ Sherry, Norman (ed.): *Joseph Conrad: The Critical Heritage.* London: Routledge, 1973, p. 161.

以来最伟大的小说(《包法利夫人》(*Madame Bovary*)也许可与之比肩)”，还在1923年的文章中说它是“我读过的最好的十本著作”之一。[①]

康拉德去世后，他的作品也随之沉寂了二十多年。如舍曼(Sherman, G. W.)所言，30年代的无产阶级批评家和40年代崛起的“新批评家”(New Critics)都没有关注康拉德，以致1945年时还有批评家在抱怨康拉德不为人知。[②] 也是在1945年，韦伯斯特(Webster, H. T.)在其文章中指出了重评康拉德的必要性。他认为康拉德的作品有着顽强的生命力，但仍认为《诺斯特罗莫》整体不行，不够清晰。[③] 在学者们辑录的《1917—1963年间关于康拉德的硕士和博士论文》(主要是英语国家)，专门针对《诺斯特罗莫》的研究有五篇，均出现于50年代末和60年代初，涉及主题、风景描写、人物关系等。[④] 1951年，华伦(Warren, Robert Penn)在他那篇里程碑式的评论中仍感叹“《诺斯特罗莫》还没有得到普遍赞赏”。[⑤] 不过，上世纪五六十年代正是《诺斯特罗莫》重新返回现代批评史的重要时期。进入新世纪后，这部经典作品又赶上了它自己的“百年诞辰”，并再度引发批评热潮。

第二节 20世纪下半叶迄今:政治批评

《诺斯特罗莫》在批评史上的“复兴”与小说中的政治话题密切相关。有评论家认为，康拉德在40年代开始重新受到关注，与各国纷纷寻求摆脱帝国主义控制的独立运动不无关系。[⑥] 康拉德的创作时期正

---

① 转引自 Skinner, John: “The Oral and the Written: Kurtz and Gatsby Revisited”. In *The Journal of Narrative Technique*, 17.1 (1987): p. 131。

② Sherman, G. W.: “Joseph Conrad: Survey of Recent Criticism”. In *Science & Society* 37.2 (1973): p. 207.

③ Webster, H. T.: “Joseph Conrad: A Reinterpretation of Five Novels”. In *College English* 7.3 (1945): pp. 125, 130.

④ Bojarski, Edmund A. and Bojarski, Henry T.: “Masters’ and Doctoral Dissertations on Joseph Conrad 1917-1963”. In *Polish American Studies*, 22.1 (1965): pp. 30-46.

⑤ Warren, Robert Penn: “Nostromo”. In *The Sewanee Review* 59.3 (1951): p. 366.

⑥ Sherman, G. W.: “Joseph Conrad: Survey of Recent Criticism”. In *Science & Society* 37.2 (1973): pp. 207-208.

是垄断帝国主义锋芒毕露的时期，西方列强与落后国家的矛盾日益突出。康拉德创作《诺斯特罗莫》期间（1903—1904），帝国主义正加紧对外扩张，美西战争（Spanish-American War）、布尔战争（Boer War）无不涉及银子或"物质利益"。康拉德坦言，银子是这部小说的主要"支点"，而评论家们的解读也大多围绕这个支点展开。对《诺斯特罗莫》中政治主题的解读在上世纪五六十年代出现了热潮。其中，欧文·豪、E. K. 海、阿夫罗姆·弗莱什曼的分析最为细致深入。后来的批评在很大程度上也是对他们观点的回应。

欧文·豪在1953年发表的《秩序与无政府状态：政治小说》（"Order and Anarchy: The Political Novels"）一文中分析了《间谍》和《在西方的眼睛下》，但他提出，"只有在《诺斯特罗莫》中，才能见到政治与想象、思想与情感近乎完美的融合，那才是康拉德的代表作"。[①] 他后来在《政治与小说》（1957）一书中详细分析了《诺斯特罗莫》中的政治主题，并对小说的结尾部分提出了新的看法。评论家艾伯特·J. 格拉德认为银矿毁了萨拉科，没有带来进步，而是带来了内战；华伦则认为虽然爆发了内战，但却是"进步"的力量（银矿和资本主义秩序）取得了胜利。欧文·豪认为两人的看法都只是说出了问题的一面，因为"内战将会带来资本主义，资本主义会带来内战；进步已经从混乱中走出，但这种进步也很可能会以混乱收尾"。因此，小说核心的政治主题就是：帝国主义带来了秩序，但那是一种虚假的、强加的、破坏了原住民生活的秩序。[②] 他认为，"政治与孤独、政治漩涡与个人孤独，是小说中两种截然相反的力量"。对于康拉德来说，政治是虚幻的，夹杂着虚荣和憎恨；但现实又是孤独的，迫使人们到虚幻中寻求慰藉。[③]

欧文·豪认为银矿象征着"人类社会中无人性的力量"[④]，其他评论家也都注意到了银子的负面作用。班托克在《康拉德与政治》（1958）一文中认为，银子是小说的中心，小说中所有的政治行动都指向了银

① Howe, Irving: "Order and Anarchy: The Political Novels". In *The Kenyon Review* 15.4 (1953): p. 521.

② Howe, Irving: *Politics and the Novel*. New York: Horizon, 1957, p. 106.

③ 同上，p. 107。

④ 同上，p. 108。

矿;古尔德固然占据了银矿,但同时也被银矿霸占了。[①] E. K. 海指出,令诺斯特罗莫和古尔德"堕落"的魔鬼就是银子。她在《康拉德的政治小说》一书中提出,小说的真正主角是历史进程而非小说中的人物,甚至可以说"银子才是真正的主人公",因为银子所代表的物质利益已经成了现代经济和政治的根本动因。[②] 于是,康拉德要探索这一切是如何发生的,而接下来又将发生什么。她认为,小说中会有一场"观念的交锋",这部小说甚至就是一部关于"观念"的小说(a novel of ideas),但随着小说发展,尤其是德库德的衰落和莫尼汉姆医生的崛起,康拉德又否认了观念、智识和道德情感是政治行动的合适向导。[③]

阿夫罗姆·弗莱什曼则在其《康拉德的政治:康拉德小说中的社群与无政府状态》(1967)中认为,《诺斯特罗莫》展示了阶级斗争的悲剧。该小说将某一社会的历史看作一个有生命的有机体,不同阶级和民族的人们卷入到了同一场景之中,这就使他们的行动变成了历史,也赋予了他们的生命以形状。[④] 他认为小说的主题与帝国主义在拉丁美洲的历史关联甚密,可以从中看到前资本主义社会向资本主义社会的过渡,也可以预见进一步向后资本主义社会的过渡。他通过分析阶级状况来讨论不同的社会发展阶段,将主要人物看作不同阶级的代表,主要有群众、知识分子、资本家、贵族等四个阶级。小说以诺斯特罗莫为题,并非暗示他在意大利语中的"水手长"之意,而是指他是"我们的人",即被剥削的无产阶级。因此,他认为小说的焦点不是物质利益及其代表古尔德,而是群众及其代表诺斯特罗莫。[⑤]

特里·伊格尔顿(Eagleton, Terry)也倾向于这种阶级分析。他在《英国小说史》(*The English Novel: An Introduction*, 2005)中谈到《诺斯特

① Bantock, G. H.: "Conrad and Politics". In *English Literary History* 25.2 (1958): pp. 126-128.

② Hay, Eloise Knapp: *The Political Novels of Joseph Conrad.* Chicago: The University of Chicago Press, 1981, p. 162.

③ 同上, p. 214。

④ Fleishman, Avrom: *Conrad's Politics: Community and Anarchy in the Fiction of Joseph Conrad.* Baltimore: The John Hopkins Press, 1967, p. 161.

⑤ Fleishman, Avrom: *Conrad's Politics: Community and Anarchy in the Fiction of Joseph Conrad.* Baltimore: The John Hopkins Press, 1967, pp. 172-173.

罗莫》时，认为诺斯特罗莫的背叛（偷取银子）其实是他自身阶级意识的觉醒，是认识到了资产阶级的剥削而逐渐走向反抗。因此，诺斯特罗莫成了另外一个意义上的“我们的人”，即和自己阶级的同志并肩作战。这不是背叛，相反，是他自己意识到自己被老板出卖了。但这种社会主义者的身份和同志感又必定是一种幻想，因为康拉德不会让他成为社会主义英雄，康拉德本人也只是在激进理想没有实现的可能性时才会崇拜那些理想。① 伊格尔顿认为，小说结尾出现社会主义力量，暗示了该地将有一场马克思主义革命。但他也有疑虑：这是否是进步呢？在他看来，先前的许多评论家都认为萨拉科在小说结尾时似乎比开头时有了改善，但实际上，小说中运用的各种倒叙、延迟和多重视角本身就在质疑简单的线性进步。因此，对康拉德而言，历史并不是选择文明或选择野蛮这么简单，文明其实就是野蛮的一种形式。②

怀尔丁（Wilding, Michael）的论文《〈诺斯特罗莫〉中的政治》（1966）也引发了较多的争议。该文认为康拉德并不信任政治，《诺斯特罗莫》中缺少现实社会的细节，只是一个政治寓言；而小说中的人物也是一望即穿的“平板”人物；主题也不恰当，真正主题不过是人的“可腐化性”（corruptibility），政治只是这种腐化的一个例子，诺斯特罗莫也只是在展现而非反思这种腐化。伊恩·瓦特在《约瑟夫·康拉德的〈诺斯特罗莫〉》（1988）一书中对此进行了反驳，认为“多样性（multiplicity）乃是理解康拉德对人生、对《诺斯特罗莫》的态度的钥匙”。他认为，小说中虽然有很多喜剧、幽默、怪诞的笔触，但康拉德对人物的遭遇和命运的态度是认真的；尽管康拉德不信任关于政治的普泛的观点，但对特定的历史、政治观点还是认真的；尽管康拉德没有提供政治上的解决方案，却仍信仰那些传统的道德观念，如无私、刚勇、仁善等。③

与评论家们的各执一词相应的，是康拉德本人政治思想中的种种矛盾。阿姆斯特朗（Armstrong, Paul B.）在《康拉德政治思想中的矛盾：〈诺斯特罗莫〉中社会的本体论》（“Conrad’s Contradictory Politics: The

① Eagleton, Terry: *The English Novel: An Introduction*. Oxford: Blackwell, 2005, p. 251.

② 同上，p. 247。

③ Watt, Ian: *Joseph Conrad: Nostromo*. Cambridge: Cambridge University Press, 1988, pp. 77-79.

Ontology of Society in *Nostromo*", 1985）一文中分析了康拉德对正义、民主、文化与自然的关系、演变与革命的关系的矛盾看法。为解开这些矛盾，阿姆斯特朗从本体论的层面分析《诺斯特罗莫》中对社会的刻画，认为该小说不是在描写具体的某个社会，而是提供了一种"社会"的范型。小说中的革命局势反映了社会的三个基本维度，即权力、社群和变革，而这三者也是政治、社会和历史的主要构成部分。①

伊莉莎白·朗兰（Langland, Elizabeth）也和阿姆斯特朗一样，对《诺斯特罗莫》中的"社会"做了另辟蹊径的解读。她在1982年的文章中指出，阿夫罗姆·弗莱什曼将历史或社会看作该小说的主人公，那只是把社会看作个人生活所处的场景或背景，因而只会讲社会对个人生活的抑制。她认为这种阐释思路过于老套，如果把社会看作"形式上的主人公"，也即把社会看作"一套原则或社会观念"，与作为人物的主人公功能相同，就可以审视观念在小说中的活动，从而找出小说的组织原则。②

施瓦茨在《康拉德在〈诺斯特罗莫〉中与政治的争吵》（"Conrad's Quarrel with Politics in *Nostromo*", 1997）一文中对前述阿夫罗姆·弗莱什曼、E. K. 海、伊莉莎白·朗兰的解读提出了异议，认为"康拉德的悲观主义和虚无主义被评论家们过度强调，而康拉德的人文主义却遭到了忽略"。③ 他结合康拉德的生平来揭示康拉德在小说中的存在。他认为康拉德经常因为离开波兰而受指摘，因而要为自己辩解并说服自己，离开祖国、抛弃父亲的革命传统是合理的选择。施瓦茨认为，康拉德的人文主义极大地影响了他对政治的认识，《诺斯特罗莫》、《间谍》和《在西方的眼睛下》虽然写政治题材，但其价值却不是政治的，康拉德的"政治小说表达了对政治的极端反感"，它们肯定了家庭的首要地位、个人

① Armstrong, Paul B.: "Conrad's Contradictory Politics: The Ontology of Society in *Nostromo*". In *Twentieth Century Literature* 31.1 (1985): pp. 3-4.

② Langland, Elizabeth: "Society as Formal Protagonist: The Examples of *Nostromo* and *Barchester Towers*". In *Critical Inquiry* 9.2 (1982): pp. 360-361.

③ Schwarz, Daniel R.: "Conrad's Quarrel with Politics in *Nostromo*". In *College English* 59.5 (1997): p. 549.

的神圣不可侵犯、爱的价值、人际关系中同情与理解的重要性等。[①]

有评论家认为对《诺斯特罗莫》中政治的解读大多是从宽泛的意识形态术语入手(如考察康拉德对民主和社会主义、民族主义以及资本主义的态度等),因而转向对小说中“政治行动”(political action)自身性质进行分析,如斯坦伯格(Steinberger, Peter J.)的文章《诺斯特罗莫的堕落:康拉德论政治行动》(“Nostromo's Fall: Conrad on Political Action”, 1983)。[②] 比瓦纳(Bivona, Daniel)的《康拉德笔下的官僚》(“Conrad's Bureaucrats: Agency, Bureaucracy and the Problem of Intention”, 1993)也是从具体的角度入手,分析了《诺斯特罗莫》中的官僚人物,并指出对官僚体制的关注是19世纪末期渐渐突起的现象,与欧洲的政治经济扩张有关。[③]

19世纪末期欧洲的政治经济扩张是《诺斯特罗莫》的重要背景,也是批评阐释的重点,这在后殖民批评兴起后的文化氛围中表现得更为明显。进入21世纪后,批评家们更深刻地认识到了小说对跨国资本主义势力的预言,有多篇论文都在审视小说中反映出的资本力量。

达拉斯在《康拉德与西方:帝国征兆》(1982)一书中别出心裁地要求读者在阅读《诺斯特罗莫》时,抛开语言学或心理学的前知识,把这部小说的创作过程想象成一个开矿的过程。他认为,该小说的创作很像矿石开采,经历了订约(contraction)、沉淀(sediment)、构筑(frames)、加工(process)、断裂(fractures)等过程。[④] 例如,“订约”即康拉德对小说地点、情节、人物、背景等关键要素的设计。他认为,该小说再现了真实世界,但里面也有很多缺漏和裂缝,就像银矿所在的山区,这是开矿的直接后果。与世隔绝的萨拉科充满浪漫气息,但又没有

① Schwarz, Daniel R.: “Conrad's Quarrel with Politics in *Nostromo*”. In *College English* 59.5 (1997): p. 552.

② Steinberger, Peter J.: “Nostromo's Fall: Conrad on Political Action”. In *Polity* 15.3 (1983): pp. 416-428.

③ Bivona, Daniel: “Conrad's Bureaucrats: Agency, Bureaucracy and the Problem of Intention”. In *Novel* 26.2 (1993): pp. 151-169.

④ Darras, Jacques: *Joseph Conrad and the West: Signs of Empire*, trans. Anne Luyat and Jacques Darras. London: Macmillan, 1982, p. 109.

完全被人遗忘,不时遭遇外来的经济和军事入侵,正缓慢地变为美金融帝国的附庸。兹齐斯瓦夫·奈德在《〈诺斯特罗莫〉百年》("A Century of *Nostromo*", 2008)一文中指出,银子是小说的中心主题,但主要还是用来代表资本,是物质利益的象征,而资本主义在该小说中已经缩减为"逐利";小说中的政治故事并非反映"观念",而是反映现实,即 19 世纪后期南美的现实。[①] 古奇(Gooch, Joshua)的文章《"信贷的形成":〈诺斯特罗莫〉中的想象、投机与语言》("'The Shape of Credit': Imagination, Speculation, and Language in *Nostromo*", 2010)则结合该小说的叙事建构和马克思主义对政治经济学的批判,分析了银矿对信贷的依赖,指出了正在形成的世界市场对信贷的影响。[②]

《诺斯特罗莫》从经济、政治角度对帝国主义的描写也反映了康拉德模棱两可的复杂态度。克里斯马斯(Christmas, Peter)的文章《康拉德的〈诺斯特罗莫〉:欧洲故事》("Conrad's *Nostromo*: A Tale of Europe", 1980)便试图理清小说中政治思想,把柯国看作"一个小号的欧洲",有英国、法国、意大利三种民族政治传统在角力,而曾为波兰人的康拉德则在寻找支撑英国团结传统(solidarity)的态度。杰弗斯(Jeffers, Thomas L.)的文章《康拉德〈诺斯特罗莫〉中物质利益的逻辑》("The Logic of Material Interests in Conrad's *Nostromo*", 2003)探讨了康拉德的亲英态度,分析了康拉德对个人和他人所需金钱的双重乃至更为复杂的态度;并通过分析小说中的伦理、政治—经济观念,重新考量了康拉德在小说中显露出的政治立场。[③] 伊克兹(Içöz, Nursel)在《康拉德与含混:〈黑暗的心〉与〈诺斯特罗莫〉中的社会立场和意识形态》("Conrad and Ambiguity: Social Commitment and Ideology in *Heart of Darkness* and *Nostromo*", 2005)一文中分析了《诺斯特罗莫》和经济帝国主义的关系,指出了资本主义对理想主义的歪曲和颠覆,并最终导

① Najder, Zdzislaw: "A Century of *Nostromo*". In *Conradiana* 40.3 (2008): pp. 236-238.

② Gooch, Joshua: "'The Shape of Credit': Imagination, Speculation, and Language in *Nostromo*". In *Texas Studies in Literature and Language* 52.3 (2010): pp. 266-297.

③ Jeffers, Thomas L.: "The Logic of Material Interests in Conrad's *Nostromo*". In *Raritan* 23. 2(2003): pp. 80-111.

致了主要人物的道德堕落，反映出了康拉德对帝国主义的矛盾态度。康拉德认识到了帝国主义的物质进步观念是以排除所有的价值观为代价的，但又找不到代替帝国主义的另一种选择。① 拉米雷斯（Ramirez, Luz Elena）在《康拉德〈诺斯特罗莫〉中关于“发展”的修辞》（“The Rhetoric of Development in Joseph Conrad's *Nostromo*”, 2000）一文中认为，《诺斯特罗莫》揭露了英帝国的内在分裂和外在危机，使人们无法对欧洲帝国主义进行简单的概括。小说所用的叙事手法也颠覆了19世纪西方史学的思维方式。多元的叙事声音和叙事视角，以及康拉德对英国意识形态和拉美历史的处理，均挑战了帝国的英雄叙事模式。②

帝国主义是否是《诺斯特罗莫》的中心主题？ E. K. 海在为《剑桥文学入门：约瑟夫·康拉德》（1996）撰写的评论中指出，特里·伊格尔顿、爱德华·萨义德、弗雷德里克·詹姆森（Jameson, Frederic）等批评家均将帝国主义看作小说的中心主题，但真正的主题应该是“革命在革命时代的意义”。③ 她认为小说是建构在五种关于革命的意识形态之上：即古尔德的、维奥拉的、蒙特罗派的、马克思的，还有诺斯特罗莫本人内心的心理革命。她进一步指出，评论家们喜欢将《诺斯特罗莫》与《战争与和平》（*War and Peace*）相提并论，而两者也确实都是将叙事建构在观念冲突之上，尤其是历史决定论和个人自由的对立。不过，在《战争与和平》中，个人意志可以决定历史，而在《诺斯特罗莫》中，人物则被一种历史力量的阴影所笼罩，他们无法控制这种力量，它就是银子的力量。因此，小说中那个未能完成、延续最长的革命，就是诺斯特罗莫从接受“诺斯特罗莫”名字的人转变为能够抛弃一切外在统治（包括银子）的人。④

① Içöz, Nursel: “Conrad and Ambiguity: Social Commitment and Ideology in *Heart of Darkness* and *Nostromo*”. In *Conradiana* 37.3 (2005): pp. 245-274.

② Ramirez, Luz Elena: “The Rhetoric of Development in Joseph Conrad's *Nostromo*”. In *Texas Studies in Literature and Language* 42.2 (2000): pp. 93-117.

③ Hay, Eloise Knapp: “Nostromo”. In *The Cambridge Companion to Joseph Conrad* ed. J. H. Stape. Cambridge: Cambridge University Press, 1996, pp. 82-85.

④ 同上，p. 96。

第三节　20世纪下半叶迄今:哲思

康拉德在《诺斯特罗莫》中关于人的存在的思考一直为评论家们所关注,尤其是小说中反映出的怀疑主义、悲观态度等。两位美国当代作家华伦和欧茨(Oates, Joyce Carol)分别写于50年代和60年代的两篇评论,不仅文采飞扬,也结合小说的写作艺术探讨了康拉德思想中的诸多矛盾,为后来的相关批评奠定了基础。

华伦(1905—1989)是美国著名作家,也是"新批评"派的批评家。他为1951年现代文库(Modern Library)版的《诺斯特罗莫》撰写了导读[①],以其酣畅淋漓的文字评价了康拉德的这部"代表作",成为该小说批评史上的一座里程碑。该文对小说的场景、人物、情节等要素进行了分析,并讨论了康拉德作为"哲学小说家"的关怀和所持观点,如康拉德的"简单观念"、"怀疑主义"等。华伦认为,康拉德试图在《诺斯特罗莫》中构建一个巨大的象征符号,以展示他关于社会、历史、人的命运、人在自然中的位置等问题的思考。[②] 他认为,在康拉德看来,尽管人的价值是虚幻的,却也是一种不可或缺的虚幻。

女作家欧茨在1975年的文章中也深入剖析了《诺斯特罗莫》中哲学思想的矛盾,以及虚无主义和悲剧的关系。该文指出,在康拉德看来,人的个性、身份乃至生活本身,都只有在行动中才能实现,但行动又不可避免地会导致人的毁灭。《诺斯特罗莫》中的古尔德、《吉姆爷》中的吉姆、《黑暗的心》中的库尔茨等理想主义者(idealist),愿为理想赌上性命,甚至在无意中赌上了他人乃至整个群体的性命,但这些理想在康拉德看来又不过是"幻想"而已。他们所谓的英雄主义都带有自我毁灭的意味。因此,"在某种程度上,康拉德是欣赏他们的,但无法认真对待他们,也不会把他们塑造成英雄人物"。马洛、诺斯特罗莫的怀疑主义虽然对这些理想主义者形成了批判和制衡,却同样无法解开人类命运的困境——"理想主义者固然给他们的群体带来了死亡,那些厕身

① 该文还可见 Warren, Robert Penn: "Nostromo". In *Robert Penn Warren, Selected Essays*. New York: Random House, 1958, pp. 363-391。

② 同上, pp. 391, 381。

其外、冷眼静观的怀疑论者也是如此”。[①] 欧茨还认为这部小说是一部寓言性作品，揭示了灵魂的困境。银矿就像《黑暗的心》中的象牙，使人着魔。古尔德的情感重心逐渐从妻子转移到了银矿上面，而男人对“银子”的这种迷恋是因为他没有意识到其奋斗的真正本质，没有意识到他灵魂深处更需要精神的结合，于是自然地将其价值投放到外在世界，但那又是一个他无法征服的世界。[②] 欧茨认为康拉德在其灵魂最深处仍属于维多利亚时代，将任何挑战“责任”的力量（如情感和精神上的不安定）都视为危险，加以否定。在她看来，康拉德写完小说后没有感到有所升华，也许就是意识到，小说是在摧毁而非肯定任何人类价值。

小说中的怀疑主义不断引起评论家们关注。马滕（Marten, Harry）在《重评康拉德笔下的怀疑主义者马丁·德库德》（Conrad's Skeptic Reconsidered: A Study of Martin Decoud", 1972）一文中回溯了 F. R. 利维斯、华伦和艾伯特·J. 格拉德等人对德库德这个人物的评论，格外强调了德库德的自我中心态度。马滕列举了很多例子说明德库德没有外在信仰，只受虚荣心驱使，因而非常依赖他人对他的“反应”。康拉德将他与周边的人分离开，使他一步步走向与世隔绝的境地，最后到了没有人烟的伊莎贝尔岛上。这位孑然一身的怀疑主义者再也看不到别人对他的反应，自然也就无法生存，自杀成了他唯一的出路。（小说中说德库德曾在岛上“连续三天等待一张人脸的出现”，无果，饮弹自杀。）马滕据此提出，人还是需要外在理想的，以支撑自己去对抗宇宙间的无形压力。[③] 威德默（Widmer, Kingsley）也在其文章《康拉德的极端怀疑主义的保守态度》（“Conrad's Pyrrhonistic Conservativism: Ideological Melodrama Around 'Simple Ideas'”, 1974）中以德库德为例，分析了怀疑主义的弊病和信念的重要性。他认为，德库德之所以自杀，是因为他孤绝于世，没有信念；而社会却可以维持我们的幻觉，保持那些虚假但又

① Oates, Joyce Carol: "'The Immense Indifference of Things': The Tragedy of Conrad's *Nostromo*". In *Novel* 9.1 (1975): pp. 5-6.

② 同上, pp. 16-20。

③ Marten, Harry: "Conrad's Skeptic Reconsidered: A Study of Martin Decoud". In *Nineteenth-Century Fiction* 27.1 (1972): p. 81.

必要的信念。行动可以驱除疑惧，使人有种掌控命运的幻觉，从而靠这种幻觉活下去。威德默进而将这种观点投射到康拉德身上，认为康拉德喜欢“忠诚”（Fidelity），但又找不到忠诚的对象，因而是在寻求一种他没有过，也不可能有的“忠诚”。[①]

“与世隔绝”为审视德库德的怀疑主义提供了绝好的环境，而与之相对的环境则是社区或社会。海默（Heimer, Jackson W.）在《〈诺斯特罗莫〉中的背叛、坦白、求赎和惩罚》（“Betrayal, Confession, Attempted Redemption, and Punishment in *Nostromo*”, 1967）一文中提出，该小说是康拉德第一次尝试描写整个社会，探索人类的团结之途，小说中的各种背叛都源自人物无法达到人类团结的要求。海默将四个主要人物古尔德（背叛妻子和柯国）、德库德、莫尼汉姆医生和诺斯特罗莫的背叛和后果分为两种模式。主要的模式是：行动，坦白，求赎，惩罚；次要的模式是：隔绝，介入，隔绝。两者在小说中都带有社会和政治意义。[②]

雷蒙德·威廉斯（Williams, Raymond）在《英国小说：从狄更斯到劳伦斯》（*The English Novel From Dickens to Lawrence,* 1970）中则从“群体”（community）的角度，重新审视了“隔绝与挣扎、人与命运”等常用来描述康拉德的概念。他认为，《诺斯特罗莫》和早期的海洋航行小说有着根本的不同，因为早期小说中的船是一个透明可知的群体，有着共同的社会目的，还有不容置疑的风俗习惯；但在《诺斯特罗莫》那个更为复杂的社会中，充满了利益和文化的冲突，“隔绝”也因而具有了一种新的特质。诺斯特罗莫的力量和忠诚归属哪里？他没有自我，没有身份，也没有未来，只有藏起来的银子。而银子归根到底是虚无的，为了盗取银子，他失去了赖以生存的秩序和社会。[③] 约翰·基勒姆（Killham, John）则在《英国小说中的群体观念》（“The Idea of Community in the English Novel”, 1977）一文中对雷蒙德·威廉斯的解读提出了质疑，认

① Widmer, Kingsley: “Conrad’s Pyrrhonistic Conservativism: Ideological Melodrama Around ‘Simple Ideas’”. In *Novel* 7.2 (1974): p. 141.

② Heimer, Jackson W.: “Betrayal, Confession, Attempted Redemption, and Punishment in *Nostromo*”. In *Texas Studies in Literature and Language* 8.4 (1967): pp. 578, 561.

③ Williams, Raymond: *The English Novel From Dickens to Lawrence*. London: Hogarth, 1984, pp. 140-154.

为后者只谈了诺斯特罗莫被物质利益出卖，却根本没有注意到诺斯特罗莫本人的虚荣心，也即其主观本性或自我中心。①

从心理学的视角去探讨人类存在的悲剧性，也是《诺斯特罗莫》批评史中的重要潮流。伊恩·瓦特认为，康拉德并没有根据某种理论或计划来构建小说中的社会，而是从个人体验入手，使人物发现他们身处一个并非他们选择的世界，但不管他们喜欢与否，他们都得在这个世界中行动；因为只有在行动中，他们才能发现或未能发现他们的理想或目标的实现。② 布鲁斯·约翰逊（Johnson, Bruce E.）认为康拉德对"自我形象"（Self-Image）的日益关注，或许与当时盛行于欧美的性格心理学不无关系，他的作品会激发学者对其中的良知、智识、意志、情感等概念进行研究，有望得出一种康拉德"心理学"。③

布鲁斯·约翰逊在1971年的文章中分析了古尔德、诺斯特罗莫和德库德三人的身份追寻过程。他认为，《诺斯特罗莫》中多次出现"自我发现"、"个体感"、"有意识与潜意识的目的"等词汇，表明康拉德不仅是在寻求政治背后的价值，还在试图阐释人是一种政治性动物。他笔下很多人物有时是在接受、拒绝、扭曲甚至无视维多利亚时代的科学为人类意识所创造的非自然位置。怀特海德（Whitehead, Lee M.）以积极的态度评价了康拉德小说中的"自我"问题。他不满于阿诺德·凯特尔（Kettle, Arnold）在《英国小说史》中对《诺斯特罗莫》的政治解读，而主张该小说只是揭示了人类存在的悲剧性。他在《〈诺斯特罗莫〉：悲剧性的"观念"》（"Nostromo: The Tragic 'Idea'", 1969）一文中指出，诺斯特罗莫的名字意指"我们的人"，因为"我们"信任他，他因而也就成了"我们"塑造的人。这样一种"角色"使得自我的核心位置变得空洞，主观的自我被角色、职业、他人对自己的看法等客观力量消融，但这就是

① Killham, John: "The Idea of Community in the English Novel". In *Nineteenth-Century Fiction*, 31.4 (1977): p. 393.

② Watt, Ian: *Joseph Conrad: Nostromo*. Cambridge: Cambridge University Press, 1988, p. 81.

③ Cox, C. B. (ed.): *Conrad: Heart of Darkness, Nostromo and Under Western Eyes*. London: Macmillan, 1981, p. 129.

人的生存境况,人的主体性就应该是借此来获得扩展和深化。[①]

不过,为《诺斯特罗莫》的批评复兴奠定了基石的 F. R. 利维斯却认为该小说中的心理描写并非重点。他在《伟大的传统》(1948)中谈到该小说时指出,康拉德对动机、对物质与精神之间关系的探讨是令人称道的,但这显然靠的不是对个人复杂的内心世界作什么大段的分析展示。康拉德的探讨之所以令人称道乃在于,他让我们看见和听见的事情变得生动而逼真,在于将这些事情置于一个井然有序而生动形象化的整体之中,因彼此间的关系而具有了意义。《诺斯特罗莫》在艺术上令人想到伊丽莎白时代戏剧:"看见和听见已然是充分的理解:他们呈现在我们的面前,而且完全就是本色;若欲借赏析或批评探入其后,那便是误读了这本书的内容。"[②] 利维斯在评论中提出:"《诺斯特罗莫》有一个主要的政治或社会性的主题,即道德理想主义与'物质利益'之间的关系。我们看到古尔德银矿成为一个中心,聚集了柯斯塔瓜纳一切企求和平和秩序的人——立宪派、爱国理想主义者、劫富济贫的绿林好汉、欧洲和北美金融势力的代表。书的结尾是反讽性的:秩序和理想在萨拉科获胜,进步的车轮滚滚向前,然而全能至上的银矿却成了工人和被压迫者仇恨的焦点,成了理想主义者和精神卫士眼中象征压倒一切的物质主义的东西。这个社会性的主题是从若干个人历史的角度加以展现的,或可说依据的是诸多个人主题,每一主题都有一个特定而具代表性的道德意义。"[③]

理想主义与"物质利益"的关系的确是理解《诺斯特罗莫》的一个关键。罗亚尔·鲁塞尔(Roussel, Royal)在 1971 年分析了康拉德的"反讽视野"(ironic vision),认为古尔德和诺斯特罗莫都经历了自我的脆弱和幻灭,他们的历险均以征服为目的,而银子是他们生命的中心。两人最初都曾试图重建理想主义社会,但最终堕落为物质利益攫取者,这也正是他们落入腐朽陷阱的过程。因此,《诺斯特罗莫》给人类提供了

① Whitehead, Lee M.: "Nostromo: The Tragic 'Idea'". In *Nineteenth-Century Fiction* 23.4 (1969): p. 466.

② F. R. 利维斯:《伟大的传统》,袁伟译,北京:生活·读书·新知三联书店,2002 年,第 327—328 页。

③ 同上,第 318—319 页。

两个选择,要么进入黑暗,要么幸存下来。康拉德唯一的选择就是创造一系列悲观的、自我否定的世界。[①] 鲁塞尔分析了《诺斯特罗莫》中的景物描写对"黑暗"的揭露,潘尼查斯(Panichas, George A.)则探讨了小说中"道德黑暗"的力量。他在《康拉德〈诺斯特罗莫〉中道德黑暗的力量》("The Powers of Moral Darkness in Joseph Conrad's *Nostromo*", 2002)一文中分析了人物的生存目的,探讨是何种动力或激进态度赋予了生命以意义和方向,并认为超验的生活原则和价值观在小说中起到了重要的作用。[②]

第四节　20 世纪下半叶迄今:考据

康拉德在 1903 年给友人的信中谈到《诺斯特罗莫》的创作时说:"关于中美洲的所有记忆都似乎飞走了。我也只是在 25 年前瞥过一眼——就一眼。"[③] 有评论家认为,《诺斯特罗莫》是康拉德唯一一部以一个想象的国家为场景的小说。[④] 不过,这个梦境般的小说世界并非只是源自康拉德 25 年前的一瞥,也不只是凭空勾画出来的,而是借用了很多关于南美大陆的著述文献。有人称康拉德并"没有柯斯塔瓜纳的地图,甚至都没有在心里有过",但也有评论家指出康拉德曾在手稿中画过桑·托梅银矿区的草图。小说中种种无法确定的内容也激发了批评家们考据的热情,他们爬罗剔抉,为小说中的地理、人物、时间、情节等寻找"原型"。其中,锡德里克·沃茨和诺曼·谢里成就最为突出,为理清小说错乱的时间、模糊的历史背景和地理描述以及人物的个性提供了帮助。

诺曼·谢里的《康拉德的西方世界》(*Conrad's Western World*,

① Cox, C. B. (ed.): *Conrad: Heart of Darkness, Nostromo and Under Western Eyes.* London: Macmillam, 1981, p. 151.

② Panichas, George A.: "The Powers of Moral Darkness in Joseph Conrad's *Nostromo*". In *Modern Age* 44.2 (2002): pp.129-145.

③ Sherry, Norman (ed.): *Joseph Conrad: The Critical Heritage.* London: Routledge, 1973, p. 159.

④ Najder, Zdzislaw: "A Century of *Nostromo*". In *Conradiana* 40.3 (2008): p. 233.

1971）考察了维奥拉、诺斯特罗莫、德库德、莫尼汉姆医生等人物的原型及相关资料，追溯了柯斯塔瓜纳、萨拉科的地理位置及地名源头。锡德里克·沃茨在《康拉德导读》（*A Preface to Conrad*, 1982）第七章中专门讨论了《诺斯特罗莫》的创作起因和出版过程，求索了人物的原型、人名地名的源头，并详细地罗列出了故事中的时间年表、大事记，还附上了一张地图。锡德里克·沃茨后来出版的《康拉德的〈诺斯特罗莫〉》（*Joseph Conrad: Nostromo, Penguin Critical Studies*, 1990）则收录了更为详尽的信息。

类似的考究从20世纪50年代就已经开始，到80年代时已经形成了一个基本的“资料库”。但考证之风并未停止，至今仍有文章或著作对小说中的细节加以考释。在地理方面，康拉德本人曾说萨拉科乃中美洲和南美洲多地之合集，评论家们则进行了更为细致的考证。例如，《萨拉科与巴拿马：〈诺斯特罗莫〉中的地理源头》（“Sulaco and Panama: A Geographical Source in Conrad's *Nostromo*”, 1973）就详细比较了两地的海岸特征以及小说中的巴拿马地名。[①]《柯斯塔瓜纳的地理，或，萨拉科在哪里？》（“The Geography of Costaguana, or Where *Is* Sulaco?”, 1976）一文则评判了此前批评家们地理考据的优劣。[②] 小说中的时间顺序和故事所处的历史时期也引发了较多考据，较早的文章如《〈诺斯特罗莫〉中的地理与历史》（“The Geography and History in *Nostromo*”, 1958）就试图整理出事件的时间顺序（例如，故事中的主要事件发生在4天之内，最后一天是5月5日），并指出了一些混乱和错误。[③] 关于小说中人物名字的词源考证和阐发更是不胜枚举，如早期的《康拉德的诺斯特罗莫作为水手长》（“Conrad's Nostromo as Boatswain”, 1959）[④]，晚近的《〈诺

① Greiff, Louis K. and Greiff, Shirley A.: “Sulaco and Panama: A Geographical Source in Conrad's *Nostromo*”. In *Journal of Modern Literature* 3.1 (1973): pp. 102-104.

② Carpenter, Richard C.: “The Geography of Costaguana, or Where *Is* Sulaco?”. In *Journal of Modern Literature* 5.2 (1976): pp. 321-326.

③ Kimpel, Ben and Eaves, T. C. Duncan: “The Geography and History in *Nostromo*”. In *Modern Philology* 56.1 (1958): pp. 45-54.

④ Cox, Roger L.: “Conrad's Nostromo as Boatswain”. In *Modern Language Notes* 74.4 (1959): pp. 303-306.

斯特罗莫〉中的热那亚人名》（“Genuine Genoese Names in *Nostromo*”, 1999）[①] 等。

由于这类考据零散繁杂，对于普通读者来说，除了参考锡德里克·沃茨和诺曼·谢里的前述成果外，还可以参阅伊恩·瓦特的《康拉德的〈诺斯特罗莫〉》（1988）。书中总结了此前关于小说中人物、地理、历史等方面的考据，并提出了自己的观点。例如，“Nostromo”（诺斯特罗莫）的词源可能来自“nuestramo”或“nostramo”，在西班牙语中指“我们的头领或船长”（our master），在意大利语中指“水手长”（boatswain）。但小说中的人物似乎不关注这个名字在西班牙语和意大利语中的含义，大多数时候用来指意大利语“nostro uomo”的字面意思，即“我们的人”（our man）。而诺斯特罗莫本人也不在乎别人是否叫他的真名（Gian' Battista Fidanza）。伊恩·瓦特认为，“诺斯特罗莫”这个绰号更能承载康拉德的反讽，即，诺斯特罗莫真是“我们的人”，抑或只是某些欧洲人这么认为？他后来是否从“我们的人”变成了只是他自己的人？瓦特认为，康拉德显然希望书名既能有异域色彩，又能饱含反讽。[②]

关于小说中的地理问题，伊恩·瓦特提到了评论家们自己勾画出的地图，最早的见于 1958 年（Tillyard, E. M. W.），此后又至少出现了 3 个版本，还有 20 多种关于小说地理的文字。[③] 伊恩·瓦特认为，真正的难题在于，这个想象的国度到底位于现实的中美洲和南美洲地图的哪一部分。他列出了康拉德本人的三种说法。其一，泛指南美洲一国，或综合委内瑞拉、墨西哥、智利等国的特征合成，有康拉德 1904 年和 1918 年的书信为证；其二，智利；其三，南美洲西北部的厄瓜多尔。在伊恩·瓦特看来，康拉德并不想在地理方面给出太多的明示，从而使读者关注小说中更为核心的东西，并能展开联想到中美洲和南美洲各地发生的事件。[④]

当然，很多评论并不仅限于事实的考证，而是通过文本与现实的比

① Curreli, Mario: “Genuine Genoese Names in *Nostromo*”. In *Conradiana* 31.2 (1999): pp. 99-108.

② Watt, Ian: *Joseph Conrad: Nostromo*. Cambridge: Cambridge University Press, 1988, p. 6.

③ 同上，p. 16。

④ 同上，pp. 16-17。

较来阐释意识形态的问题。例如,西斯金德(Siskind, Mariano)的《康拉德部分文本中的南美形象》("Images of South America in Some Texts of Joseph Conrad", 2001)一文就通过分析《诺斯特罗莫》中对南美洲形象的构建,论述宗主国和殖民身份问题。[①]

关于《诺斯特罗莫》写作时所参考的有关南美洲的文字资料,维丹(Vidan, Ivo)在1956年曾指出过受马斯特曼(Masterman, G. F.)著作(Masterman, G. F.: *Seven Eventful Years in Paraguay*, 1869)[②]的影响,锡德里克·沃茨曾在1965年指出过帕茨(Páez, Ramon)的著作(Páez, Ramon: *Wild Scenes in South America; or, Life in the Llanos of Venezuela*, 1863)[③],并于1997年重读帕茨该书后进一步提供证据,指出康拉德从该书中获取了关于南美鸟类、迷信、风俗、历史等方面的知识以及大量西班牙语或西班牙—美洲词汇等,并进一步分析了这些内容对康拉德政治观点的潜移默化的影响。[④]此外,还有评论家考察了当时的时事报道对康拉德的影响。例如,《〈诺斯特罗莫〉与伦敦的〈泰晤士报〉》("*Nostromo* and the London *Times*", 1973)一文就指出《泰晤士报》关于智利局势的报道对《诺斯特罗莫》写作的影响。[⑤]

很多评论也探讨了欧洲文学背景对《诺斯特罗莫》创作的影响。吉隆(Gillon, Adam)的《康拉德小说中的某些波兰文学主题》("Some Polish Literary Motifs in the Works of Joseph Conrad", 1966)就讨论过《诺斯特罗莫》中所用的波兰文学主题或传统。例如,《诺斯特罗莫》中的安东尼娅(Antonia)对信念的坚守以及清教徒式的克己忘我,就带有波兰文学和现实中浪漫主义英雄的那种自我牺牲精神;但诺斯特罗莫的

① Siskind, Mariano: "Images of South America in Some Texts of Joseph Conrad". In *Conradiana* 33.1 (2001): pp. 49-59.

② Vidan, Ivo: "One Source of Conrad's *Nostromo*". In *The Review of English Studies* 7.27 (1956): pp. 287-293.

③ Watts, C. T.: "A Minor Source for *Nostromo*". In *The Review of English Studies* 16.62 (1965): pp. 182-184.

④ Watts, Cedric: "*Nostromo* and *Wild Scenes* Again". In *The Review of English Studies* 48.190 (1997): pp. 211-217.

⑤ Saveson, John E.: "*Nostromo* and the London *Times*". In *The Review of English Studies* 24.93 (1973): pp. 52-58.

背叛和救赎所隐含的反讽意味，却与波兰浪漫诗人的典型作品不同。[①]

在20世纪60年代，《诺斯特罗莫》还经历了另一种文学上的"考据"，即原型批评，将情节或意象的意义追溯到了西方文化传统的源头，如古希腊罗马神话或基督教《圣经》等。克莱尔·罗森菲尔德和戴维·史密斯(Smith, David R.)的解读就是这方面的代表。

克莱尔·罗森菲尔德在《康拉德〈诺斯特罗莫〉的原型分析》("An Archetypal Analysis of Conrad's *Nostromo*", 1962)中提出，《诺斯特罗莫》包含两个故事：一个是历史故事，一个是传统故事。在后一种故事中，时钟概念毫无意义，它是由银子来主导的。银矿不仅象征着抽象的正义，还象征着永恒和绝对。人类世界的一个主要特征就是腐朽，而永恒的价值世界却是不朽的。正因为诺斯特罗莫有"不朽"的声名，他才被赋予保存银矿的任务。当意大利水手最终把德库德和银子放在岛上的时候，他让德库德保守秘密，因为银子的价值是永恒的。小说最后也表明，血肉之躯的诺斯特罗莫是会腐朽的，而银子，虽然永远地丢失了，却与时间站在了一起。[②]

克莱尔·罗森菲尔德认为，与银子或财宝(treasure)相关的迷信风俗、守护者、风景、意象等，都能在民俗、童话、神话及传说中找到原型。例如，银矿所在地萨拉科的风光使人想到伊甸园，但银矿却是"蛇的天堂"，是魔鬼的天堂。再如，古尔德太太就是银矿的守护女神，又与圣母马利亚的形象吻合。克莱尔·罗森菲尔德还从小说中找出很多例证，说明诺斯特罗莫和德库德具有神话中英雄的特征。而两人出身一贱一贵，又形成了互补。诺斯特罗莫是浪漫主义的英雄，头脑简单，以好坏为标准来看待事情，是个性情英雄；德库德则具有悲剧眼光，看透生活中的朦胧和反讽，是个天生英雄。他偷运银子出海的旅程也正是英雄驶入个人内心世界的过程，而康拉德的描述也模糊了真正的航海与内在的心灵之旅之间的界限。撞上军舰、埋藏宝藏以及诺斯特罗莫游回大陆，都可以看作是驶入地狱、死亡以及再生等神话中的旅程。[③]

① Gillon, Adam: "Some Polish Literary Motifs in the Works of Joseph Conrad". In *The Slavic and East European Journal*, 10.4 (1966): p. 435.

② Rosenfield, Claire: "An Archetypal Analysis of Conrad's *Nostromo*". In *Texas Studies in Literature and Language* 3.4 (1962): pp. 513-514.

③ 同上，pp. 514-523。

戴维・史密斯在《诺斯特罗莫与三姐妹》("Nostromo and the Three Sisters", 1962)一文指出,《诺斯特罗莫》第一部第一章结尾处详细描写了大伊莎贝尔(Great Isabel)、小伊莎贝尔(Little Isabel)和贺摩萨(Hermosa)三个岛。通过分析康拉德对三岛的描述,可以看出它们在神话传说和民间故事中的原型就是"三姐妹"。弗洛伊德认为她们指涉了男人与女人的三种不可避免的关系:生他的女人,做他配偶的女人,毁掉他的女人。"三姐妹"还对应着小说中与诺斯特罗莫相关的三个女子:维奥拉太太(Madame Teresa Viola)和她的两个女儿琳达(Linda)和吉赛尔(Giselle)。①

理查森(Richardson, Brian)新近的论文《性、银子和圣经类比:〈诺斯特罗莫〉结尾处的主题与互文模式》("Sex, Silver, and Biblical Analogues: Thematic and Intertextual Resolutions at the End of *Nostromo*", 2008)也与这种批评思路相仿,分析了《诺斯特罗莫》结尾引发的争议,指出了小说开头与结尾的对称,以及小说中多重的主题模式、象征模式和互文模式的交织。该文还论及银子与性的关联,即银子如何作为一种令人迷恋的对象而取代性爱。②

对小说手稿的考订,自 20 世纪 30 年代就已经有批评家开始着手了。怀廷(Whiting, George W.)在《〈诺斯特罗莫〉中"灯塔"的改写》("Conrad's Revision of 'The Lighthouse' in *Nostromo*", 1937)一文中指出,在小说手稿第三部《灯塔》部分,康拉德从第一章到第七章几乎每页都有大量改动,很多页甚至是重新写过的。③ 弗雷德里克・卡尔的《〈诺斯特罗莫〉早期版本中的改动》("The Significance of Revisions in the Early Versions of *Nostromo*", 1959)也对手稿进行了细致的比对分析,并推测了康拉德在小说结尾部分的改动所反映出的意图。④ 企鹅版的

① Smith, David R.: "Nostromo and the Three Sisters". In *Studies in English Literature, 1500-1900* 2.4 (1962): pp. 497-508.

② Richardson, Brian: "Sex, Silver, and Biblical Analogues: Thematic and Intertextual Resolutions at the End of *Nostromo*". In *Conradiana* 40.3 (2008): pp. 301-306.

③ Whiting, George W.: "Conrad's Revision of 'The Lighthouse' in *Nostromo*". In *PMLA* 52.4 (1937): pp. 1183-1190.

④ Karl, Frederick R.: "The Significance of Revisions in the Early Versions of

《诺斯特罗莫》(*Nostromo, Penguin Classics*, 2007) 还将小说最初连载时的结尾部分附在小说后面，以方便读者将其与后来成书出版时的结尾进行比较。

第五节　20 世纪下半叶迄今：叙事

康拉德在叙事技巧方面的突破和创新在他生前就已经备受批评界关注，而《诺斯特罗莫》更是给人以鹤立鸡群之感。当代评论家兹齐斯瓦夫·奈德甚至认为这部小说就是康拉德叙事技巧的一个代表性的"选本"(anthology)。[①] 现代作家欧茨也对康拉德在该小说中运用的写作手法仰慕不已："《诺斯特罗莫》是康拉德最伟大的小说，不仅因为它是长篇中最为含混、人物最多、活力最大的一部，而且也因为它展现了只有真正刚勇的小说家方敢接受的挑战。"[②] 针对该小说的叙事分析在上世纪七八十年代达到一个高潮，进入新世纪之后又再度引发大量的批评关注。古奇在 2010 年的一篇文章中回顾说，评论家们对《诺斯特罗莫》中的复杂叙事所持的态度大致可分为两种，一种试图解开谜团，一种则推崇其含混。[③] 评论家们的叙事分析主要聚焦在小说的叙事时间和叙事视角方面。

威廉·邦尼 (Bonney, William W.) 在《康拉德与不连贯的叙事视角》("Joseph Conrad and the Discontinuous Point of View", 1972) 一文中提出，康拉德在《"水仙号"上的黑水手》中主要使用了第一人称叙述声音，偶尔会插入第三人称叙述声音，但《诺斯特罗莫》却与之相反，主要使用了第三人称全知视角，偶尔插入第一人称的声音（对话除外）。这个"冷酷"的第三人称叙述声音是康拉德小说世界的发言人，也是人类历史的发言人，以超然的态度考验和评价人类。邦尼认为，该小说中

Nostromo". In *Modern Fiction Studies* 5:2 (1959): pp. 129-144.

① Najder, Zdzislaw: "A Century of *Nostromo*". In *Conradiana* 40.3 (2008): p. 233.

② Oates, Joyce Carol: " 'The Immense Indifference of Things': The Tragedy of Conrad's *Nostromo*". In *Novel* 9.1 (1975): p. 7.

③ Gooch, Joshua: "'The Shape of Credit': Imagination, Speculation, and Language in *Nostromo*". In *Texas Studies in Literature and Language* 52.3 (2010): p. 266.

的第一人称叙述通常都显露出了主观性和局限性，其乐观态度反映的是一种不谙世事、缺乏经验的视角；而超验的第三人称视角则看透了一切，对人类的种种缺失抱着悲观的态度。[①] 考克斯分析了小说中"变换的视角"（Shifting Perspectives）所反映的对待人类、社会及自然的不同态度。视角不断变换，使读者很难在某一视角上做短暂的停留，从而制造出了种种对立的价值而不提供最终的调和。[②]

伊恩·瓦特在《康拉德的〈诺斯特罗莫〉》（1988）中分析小说中的视角时，借用了锡德里克·沃茨提出的四个"视角流动"（mobility of viewpoint）。第一种是"时间流动"（temporal mobility），将不同时间、事件或场景并置起来，使读者如处云里雾中，无法了解事件真相，增加了阅读难度。第二种是"视觉流动"（visual mobility），即采用独立的全景视角，在各个不同的地点之间转换，使读者感受萨拉科世界的地貌和历史。第三种是"叙述者流动"（narratorial mobility），即全知全能的第三人称叙述者。他还指出了锡德里克·沃茨没有述及的两种叙述技巧。一是自由间接引语以及自由间接思想的应用；一是康拉德对人物的行为、动机虽有明确的评价，但表现得不着痕迹。第四种是"视角的类比流动"（analogical mobility of viewpoint）。这个似乎并不属于叙事视角的范畴，但如果类比的方法被广泛应用，就会成为一种典型的作者个人的表达方式。无论是人物和雕塑之间的类比还是地形上的类比，都被康拉德赋予了丰富的象征意义。[③]

小说中的时间引起了更多的阐述。欧茨就认为，小说的主人公不是诺斯特罗莫，也不是古尔德夫妇，更非德库德，而是时间本身。在那些无法掌控、无法预测、混乱无形的事件之中，时间的进程是唯一的事实。[④]

---

① Bonney, William W.: "Joseph Conrad and the Discontinuous Point of View". In *The Journal of Narrative Technique* 2.2 (1972): pp. 99-115.

② Cox, C. B. (ed.): *Conrad: Heart of Darkness, Nostromo and Under Western Eyes*. London: Macmillan, 1981, pp. 153-155.

③ Watt, Ian: *Joseph Conrad: Nostromo*. Cambridge: Cambridge University Press, 1988, pp. 42-46.

④ Oates, Joyce Carol: " 'The Immense Indifference of Things': The Tragedy of Conrad's *Nostromo*". In *Novel* 9.1 (1975): p. 7-8.

雅各布·洛斯在《康拉德的叙事手法》(1989)中详尽地分析了《诺斯特罗莫》中的"全景化全包作者叙事"(Panoramic, All-Inclusive Authorial Narrative)手法,并格外强调了叙事中空间维度和时间维度的相互作用。[①] 塔里布(Talib, I. S.)的《康拉德的〈诺斯特罗莫〉与读者对时间倒错叙事的理解》("Conrad's *Nostromo* and the Reader's Understanding of Anachronic Narratives", 1990)一文回顾了戴维·史密斯、克莱尔·罗森菲尔德、考克斯等评论家对小说中时间倒错的理解,并试图从认知诗学的角度解读读者的阅读难度与小说事件安排之间的关系。[②] 格拉(Gorra, Michael)在其文章《康拉德》("Joseph Conrad", 2007)中也谈及小说中的时间处理,例如,小说开始于一场暴乱之日,后来才知道这一天实际上是革命的日子。[③]

评论家们也注意到了叙事时间的倒错与历史的关联。爱德华·萨义德在《康拉德:叙事的呈现》(1974)中指出,整个《诺斯特罗莫》就是建立在关于柯斯塔瓜纳的多种历史叙事之上,各叙事均称自己真实并批判其他叙事,因而形成了不同叙事之间的"竞争"。[④] 斯帕特(Spatt, Hartley S.)的《〈诺斯特罗莫〉中的时间顺序:历史的形成》("*Nostromo's* Chronology: The Shaping of History", 1976)[⑤]、詹金斯(Jenkins, Gareth)的《康拉德的〈诺斯特罗莫〉与历史》("Conrad's *Nostromo* and History", 1977)[⑥]、麦卡林顿(McAlindon, T.)的《〈诺斯特罗莫〉:康拉德的有机论历史观》("*Nostromo*: Conrad's Organicist Philosophy of History", 1982)[⑦] 等文章均讨论了小说时间与历史时间的关联、叙事中隐含的意

① Lothe, Jakob: *Conrad's Narrative Method.* Oxford: Clarendon, 1989, p. 177.

② Talib, I. S.: "Conrad's *Nostromo* and the Reader's Understanding of Anachronic Narratives". In *Journal of Narrative Technique* 20.1 (1990): pp. 1-21.

③ Gorra, Michael: "Joseph Conrad". In *The Hudson Review* 59.4 (2007): pp. 541-571.

④ Said, Edward W.: "Conrad: The Presentation of Narrative". In *Novel* 7.2 (1974): p. 120.

⑤ Spatt, Hartley S.: "*Nostromo's* Chronology: The Shaping of History". In *Conradiana* 8.1 (1976): pp. 37-46.

⑥ Jenkins, Gareth: "Conrad's *Nostromo* and History". In *Literature and History* 6 (1977): pp. 138-178.

⑦ McAlindon, T.: "*Nostromo*: Conrad's Organicist Philosophy of History". In *Mosaic* 15.3 (1982): pp. 27-41.

识形态、康拉德的历史观等。

很多评论都揭示了《诺斯特罗莫》中的时间倒错对“历史”的质疑甚至颠覆。杰姆逊(Jameson, Fredric)在《政治无意识》(*The Political Unconscious; Narrative as a Socially Symbolic Act*, 1981)中指出,《诺斯特罗莫》通过一种奇特的变形,使历史内容变成了纯粹的形式,从而不再现实地再现历史。迪莫里(Demory, Pamela H.)的《〈诺斯特罗莫〉:制造历史》(“*Nostromo*: Making History”, 1993)一文则认为,《诺斯特罗莫》促使读者去关注历史是如何“被制造”出来的。小说评论了历史与过去、历史叙述与历史、史学作为能指和所指之间的关系,实际也是对19世纪的史学观念和现实主义小说的批判性解读。这属于20世纪初期重估史学的潮流,即对历史的本质、如何撰史、历史由什么构成等问题的反思。该文指出,《诺斯特罗莫》证明了以下观点:一、任何人都很难知道“当时真正发生了什么”;二、历史是“造”出来的;三、人们用来理解历史的阐释框架和时间框架是史学家们建构出来的;四、撰史人也有其历史局限。[①] 波利(Pauly, Véronique)在为企鹅版《诺斯特罗莫》撰写的导读中提出,时间倒错实际上是在叩问历史的进程和意义,不仅要再现南美的政治风暴,更是要质问“进步”观念本身。该小说突出了无尽的历史重复,说明历史不是线性的,而是循环的,因而也就没有意义和目的,“进步”自然也就无从谈起(更无目标可进)。[②]

小说中的多重叙述声音和视角也指向了“历史”的不可靠性。克莱尔·罗森菲尔德在《康拉德〈诺斯特罗莫〉的原型分析》(1962)一文中详细分析了小说中的历史建构,指出讲故事的人,也即小说家,才是萨拉科唯一真实的历史学家。[③] 约翰·彼得斯在《剑桥文学入门:康拉德》(2006)中指出了小说中叙事混乱的两个目的。一、康拉德试图呈现人们接触新事物的方式,即从不同渠道获得不同的信息,而对这些信息的接触在时间上原本就是偶然无序的。《黑暗的心》、《吉姆爷》都运

① Demory, Pamela H.: “*Nostromo*: Making History”. In *Texas Studies in Literature and Language*, 35.3 (1993): pp. 316-346.

② Pauly, Véronique: “Introduction”. In *Nostromo*. London: Penguin, 2007, pp. xxiv-xxv.

③ Rosenfield, Claire: *Paradise of Snakes: An Archetypal Analysis of Conrad’s Political Novels*. Chicago: University of Chicago Press, 1967, pp. 511-513.

用了多个叙述者，再经主要叙述者马洛进行过滤；但《诺斯特罗莫》却使用了全知叙述者，将不同人物的不同视角串联起来，并用时间倒错的方式来串联事件。这种多重的视角、倒错的时间也就揭示了知识的主观性、相对性和不确定性。二、叙事的混乱也映照了小说中的道德和政治混乱，既揭示了革命者的自私、残忍、贪婪和权力欲，又揭示了柯国及萨拉科政府的腐败。①

2008 年出版的论文集《康拉德：声音、顺序、历史和体裁》（*Joseph Conrad: Voice, Sequence, History, Genre*）② 中收录了三篇分析《诺斯特罗莫》叙事与历史关系的文章。其中，米勒的《"物质利益"：康拉德的〈诺斯特罗莫〉》（"'Material Interests': Conrad's *Nostromo*"）分析了小说的复杂叙事与历史的关系，并指出小说中的时间是立体主义的而非印象主义的。罗宾（Robin, Christophe）的《〈诺斯特罗莫〉中的时间、历史和叙事》（"Time, History, Narrative in *Nostromo*"）认为康拉德模糊了虚构与历史的界限，从而质疑了历史叙事的可靠性。厄迪纳斯特—沃肯的《〈诺斯特罗莫〉与历史写作》（"*Nostromo* and the Writing of History"）认为这部小说通过编织一张历史的网（包括了口述历史、官方历史、个人叙述、地方传说等）验证了史学的失败。

《诺斯特罗莫》在叙事上的创新加大了读者的理解困难。例如，时间结构难以理清，历史地理环境让人感到毫无头绪，全景式的描述和多重的视角让人眼花缭乱，而这也给小说搬上银幕带来了难度。相比康拉德的其他作品，《诺斯特罗莫》在很长的时间里都没有引起影视界的重视，只有 1926 年拍摄的无声电影和 1997 年拍摄的电视连续剧。菲利普斯（Phillips, Gene D.）③、沃森（Watson, Wallace S.）④ 等人曾就此发

① Peters, John G.: *The Cambridge Introduction to Joseph Conrad*. Cambridge: Cambridge University Press, 2006, pp. 74-79.

② Lothe, Jakob, Hawthorn, Jeremy and Phelan, James (ed.): *Joseph Conrad: Voice, Sequence, History, Genre*. Columbus: Ohio State University Press, 2008.

③ Phillips, Gene D.: "Exiled in Eden: Screen versions of Conrad's *Nostromo*". In *Literature/Film Quarterly* 26.4 (1998): pp. 288-295.

④ Watson, Wallace S.: "Anticipating a Scorcese or Zanuck Nostromo? The Lean-Hampton-Bolt Screenplays". In *Conradiana* 40.3 (2008): pp. 267-308.

表过评论探讨其中的原因。

也许，正如波利所言，"现代性"（modernity）才是《诺斯特罗莫》的主题。这部小说不仅在描述现代性，也是康拉德在文学上对现代性做出的反应。一方面，它要模仿、再现现代性的后果，使用了现代主义的手法。时间倒错，视角多重，叙述破碎也是文学上现代主义的特征，是对 19 世纪那种确定性的一种反动。另一方面，它又提供了现代性之外的另一种选择，不是弃绝现代性，而是包纳现代性。这表现在它对意识形态、语言"封闭系统"的反抗，以及相应的开放性，即强调能指的自由、主体性、个人言说等。[①]

阿根廷作家博尔赫斯认为康拉德是"用英语写作的最伟大的长篇和短篇小说家之一"[②]，但就是这样一位语言大师，却不信任甚至害怕修辞的力量。多梅林（Domelen）就发现康拉德经常写人物用词语掩盖其行为的性质，或用词语来代替行动本身。[③] 而波利也指出了《诺斯特罗莫》对语言本身的质疑，认为康拉德一方面认识到语言是一种强大的政治工具，但另一方面又揭示了语言这种工具的缺陷，如对意识形态目的的扭曲等。[④] 就小说的批评史而言，语言也是康拉德与批评家、批评家与批评家"对话"的唯一工具。正是由于它的"不完美"，才使这种对话不断地延续下来。

① Pauly, Véronique: "Introduction". In *Nostromo*. London: Penguin, 2007, p. xxxii.

② 转引自 Meyers, Jeffrey: "Conrad's Influence on Modern Writers". In *Twentieth Century Literature* 36.2 (1990): p. 191。

③ Domelen, John E. Van: "In the Beginning Was the Word, or Awful Eloquence and Right Expression in Conrad". In *The South Central Bulletin* 30.4 (1970): p. 228.

④ Pauly, Véronique: "Introduction". In *Nostromo*. London: Penguin, 2007, p. xxi.

第六章

《“水仙号”上的黑水手》学术史

这部1897年问世的中篇小说是康拉德的第一部海洋小说，也是他创作史上首部具有代表性的作品。小说讲述“水仙号”由孟买返回英国，中途遭遇暴风雨，几近沉没，船员冒死抢救黑人水手詹姆斯·韦特（Wait, James），水手唐庚（Donkin）也挑唆船员反抗船长阿里斯顿（Alistoun），最后惠特病死，船只抵达英国。康拉德在为小说所作的序言中阐发了他的美学主张。

2006年，有批评家如是回顾了它的接受史：“它是康拉德早期最好的小说，而且，如果不是因为它的标题，它现在的读者肯定还要多。它曾经是康拉德最常为人读的作品之一。部分因为其短小简练，部分因为其历险题材，部分因为其文学特质，该小说过去常能引起很多关注。”[①] 过去一百多年里对该小说的研究大致可划分为几个阶段，即早期的惊诧，20世纪50年代关于象征与叙事的争鸣，60年代原型与政治批评的升温，七八十年代多元视角下的叙事研究和90年代以来的意识形态批评。

第一节　早期的惊诧：海洋小说

1897年8至12月该小说在英国《新评论》（*New Review*）上连载，12月成书出版，约五万余字。同年在纽约出版，为不使读者反感，标题改为《大海的孩子》（*The Children of the Sea*）。早期的评论多是赞誉之

① Peters, John G.: *The Cambridge Introduction to Joseph Conrad.* Cambridge: Cambridge University Press, 2006, p. 45.

词,康拉德在给好友爱德华·加尼特的信(1898 年 1 月 7 日)中说,他见到了 23 份评论,大都是"令人意外的好评"。[①] 将早期评论收入《康拉德:批评遗产》的诺曼·谢里认为,康拉德之所以对外界的评论如此关注,是因为他知道自己在写法上有了创新,想看看读者的反应。[②] 早期的评论的确注意到了康拉德这部作品与众不同的新奇写法,盛赞其在海洋小说中的独特地位,认识到了它所具有的现代小说的特征,并谈及康拉德的语言风格以及他与其他作家的异同。

在该小说面世的当年和次年,很多评论家都注意到它有两个明显与众不同的地方:一是缺少情节,二是没有女性人物。赞格威尔(Zangwill, I.)在《学院》上撰文总结说:"故事既没有情节,也没有红装。"他认为康拉德虽然摒弃了"美女与金钱等寻常小说家的老套题材",却也没有找到别的主题(motif)来支撑起小说的框架,总的来看并非上乘之作。[③] 奎勒—库奇(Quiller-Couch)在《蓓尔美尔报》上写道:"若按人们通常理解的那种'情节'来说,它没有情节,只是讲一条帆船从印度的孟买返回伦敦码头,没有涉及男欢女爱,一个字也没有,'水仙号'上没有女人。"[④]《每日邮报》(*Daily Mail*)评论也说"这不是一个故事,只是讲'水仙号'从孟买回到泰晤士河的一段平淡无奇的航程……书中唯一的女性就是那条船"。[⑤]《每日电讯》更是直言不讳地说,"这根本就算不得故事,不过是一段经历而已"。[⑥]《标准》(*Standard*)上也有人反问:"该书的情节是什么?没有。"[⑦]《格拉斯哥先驱者报》(*Glasgow Herald*)称康拉德的新作当受评论家的欢迎,"因为当下还没有哪位小说家在方法上比康拉德更为创新",他的小说中没有红颜。[⑧] 康拉德描写一艘英国商船的海上历险,没有女性人物登场也符合当时的实情,原本

① Sherry, Norman (ed.): Joseph *Conrad: The Critical Heritage*. London: Routledge, 1973, p. 11.

② 同上, p. 13。

③ 同上, p. 95。

④ 同上, p. 12。

⑤ 同上, p. 83。

⑥ 同上, p. 86。

⑦ 同上, p. 12。

⑧ 同上, p. 88。

无可厚非，但也有评论家在《观察者》上撰文指出，该小说不仅没有女主人公，没有爱情，连男主人公都没有。[1] 这显然与小说侧重于描写船员的集体心理有关。

早期的评论家大都肯定该小说是一部优秀的海洋小说，但也指出它与同类小说有很多不同之处。1897 年 12 月 22 日《每日新闻》(*Daily Chronicle*) 的评论颇具代表性："也许有比这部小说更好的海洋小说，但与它相似的还真是从来没有见过。故事里没有海盗，没有沉船，没有荒岛，也没有宝藏，就只讲了一艘寻常的帆船从孟买经好望角回到泰晤士河的一段寻常的航程。"[2] 该文还指出，作者对大海的千姿百态无不了然于胸。这也是当时大多数评论的基调。小说中的海景描写更是博得了一致的好评。哈罗德·弗雷德里克 (Frederic, Harold) 在《星期六评论》(*Saturday Review*) 上称小说"对大海的描绘，是我们这代小说家里谁都无法望其项背的"。[3]《学院》认为小说中的"海景描写无可挑剔"。[4]《每日电讯》也指出，唯有熟稔大海多姿变幻的人，才能在场景描绘上出此手笔。[5] "水仙号" 在海上经历的暴风雨给评论家们留下了深刻的印象。1897 年的《蓓尔美尔报》认为"对海上风暴如此细腻和生动的描述，前所未有"；而次年的《发言者》(*Speaker*) 也提到，"该书的特点就在于对惊天动地的暴风雨的描述……我们以前见过很多对海上风暴的描述，但都无法与之比肩"。也有评论家将康拉德与当时流行的海洋小说家克拉克·罗素 (Russell, Clark, 1844—1911) 进行比较。例如，1897 年的《格拉斯哥先驱者报》称康拉德并不逊于罗素；《每日邮报》也认为康拉德对航海的熟悉，是罗素等海洋小说家所无法企及的。[6]

1898年的《伦敦新闻画报》(*Illustrated London News*)认为，小说"从

① Sherry, Norman (ed.): Joseph *Conrad: The Critical Heritage*. London: Routledge, 1973, p. 92.

② 同上，p. 88。

③ 同上，p. 99。但该文也指出，康拉德未能突出 "对人的关怀" 的重要性。

④ 同上，p. 94。

⑤ 同上，p. 87。

⑥ 同上，pp. 88, 83。

心理的角度探究了男性的原始情感”,这是现代小说特有的倾向。[①]《发言者》把康拉德归入那些善于凭借想象力描述大场面的新兴作家,他们“竭力让我们看到大场面(战场、海难以及各种感人事件)的内部”;康拉德走的便是美国作家斯蒂芬·克莱恩的路子。[②]《每日电讯》的文章也认为康拉德是以克莱恩的《红色英勇勋章》(1895)为范本,只是将前者所写的战争与士兵换成了大海和海员。[③] 康拉德多年后也承认:“克莱恩在他的《红色英勇勋章》中探讨了集体—军队的心理;我的《‘水仙号’上的黑水手》也是探讨同样的主题,但关注的是更小规模和更为专门的状况——商船上的船员。”[④]

小说的语言风格也引起了评论界的关注。1897 年的《格拉斯哥先驱者报》明贬实褒地说,小说唯一的不足,就是爱用怪词的康拉德居然也不时地用上了寻常词汇。[⑤] 同年,小说家阿诺德·本涅特在给同行威尔斯的信中说:“我刚读完他的新作《‘水仙号’上的黑水手》,很是兴奋。他是从哪里寻来那样一种风格,还有那种把一种总体印象积聚起来整个抛给你的方式?不只是他的风格,还有他的态度,都让我心动。他是一位对艺术有着如此深刻感受的艺术家。而吉卜林(Kipling, Joseph Rudyard)根本就不是艺术家。吉卜林不知道何为艺术——我是说文字的艺术……吉卜林是个了不起的作家,但不是艺术家。”[⑥]

早期的评论或刊于报章,或见于书信,对小说艺术和主题的许多方面都没有涉猎或语焉不详。没有探究叙事视角的“越界”(第一人称和第三人称叙事),没有剖析黑人水手的人物塑造,也没有深入挖掘小说丰富的内涵。亚瑟·西蒙斯(Symons, Arthur)甚至在 1898 年 1 月的《星期六评论》上认为小说背后没有思想内容,只是描写了船和船员在暴风雨中的活动,但“这些内容所服务的思想在哪里?”康拉德在给坎宁

① Sherry, Norman (ed.): Joseph *Conrad: The Critical Heritage*. London: Routledge, 1973, p. 13.

② 同上。

③ 同上, p. 86。

④ 同上, p. 85。

⑤ 同上, p. 89。

⑥ 同上, p. 82。

安·格雷厄姆(Graham, Cunninghame)的信中对西蒙斯的上述评论表示了不满。[①] 早期最好的评论还是出自作者本人。康拉德在1897年1月27日给海伦·沃森(Watson, Helen)的信中说:"我觉得它的某些艺术特质使之与众不同。我试图透过细节的面纱,捕捉生命的本质。"[②] 1924年4月7日,他又在给亨利·坎比(Canby, Henry S.)的信中谈道:"在《'水仙号'上的黑水手》中我写了一群人的心理,展现了自然的某些方面。但他们所面对的问题不是大海的问题,而是船上的问题,那种完全与陆地隔绝的孤独境况使这个问题有了与众不同的力度和色彩。"[③] 这种"完全与陆地隔绝的孤独境况"后来成了康拉德写作的一个中心主题。康拉德在《最后的文集》(*Last Essays*)中称这部小说是在描写船员接受"关于行为的道德问题的考验"。[④]

第二节 50年代的争鸣:象征与叙事

20世纪20至40年代,《"水仙号"上的黑水手》和康拉德的其他作品一样,没有唤起学术界多少关注。美国哥伦比亚大学的两位图书馆馆员编辑了《世纪中叶的康拉德:版本与研究,1895—1955》(*Joseph Conrad at Mid-Century: Editions and Studies, 1895-1955*, 1957)一书,搜集了此前西方世界有关康拉德研究的文献信息,但只找到该小说的八个英语本,九个译本和八篇评论文章。[⑤] 40年代,康拉德重新引起了评论界的关注,但对该小说的评价仍是褒贬不一。莫顿·扎贝尔(Zabel, Morton D.)在1947年推出的《袖珍康拉德》(*The Portable Conrad*)中收录了小说全文,认为"该书即便不是康拉德最伟大或最有雄心的作

① Sherry, Norman (ed.): Joseph *Conrad: The Critical Heritage*. London: Routledge, 1973, pp. 98, 97.

② Kimbrough, Robert (ed.): *The Nigger of the "Narcissus"*, by Joseph Conrad. New York: Norton, 1979, p. 179.

③ 同上, p. 189。

④ 转引自 Page, Norman: *A Conrad Companion*. London: Macmillan, 1986, p. 81。

⑤ Lohf Kenneth A. and Sheehy, Eugene P.: *Joseph Conrad at Mid-Century: Editions and Studies, 1895-1955*. Minneapolis: University of Minnesota Press, 1957, pp. 16-17, 88-89.

品,也是他写得最完美、最富有构思诗意的作品”。[1]利维斯虽然在其《伟大的传统》(1948)中把康拉德视为伟大的小说家,却并不认为这本小说值得一谈。这一时期,该小说还因使用了带有种族歧视色彩的“黑鬼(nigger)”一词,在美国备受冷落。[2]

康拉德研究在50年代开始复苏,到1957年康拉德诞辰百年时达到了顶峰,斯托尔曼在《今日之康拉德批评》(1959)中详细描述了这一批评盛况。[3]《“水仙号”上的黑水手》在这十年里引起的讨论和争鸣格外热烈。伊恩·瓦特在1958年发表的《康拉德评论与〈“水仙号”上的黑水手〉》一文中对此作了梳理和点评。这一时期最有代表性的评论当属艾伯特·J.格拉德的文章《〈“水仙号”上的黑水手〉》(1957)。该文后来收入了他的《小说家康拉德》(1958)一书,成了研究该小说的必读文献。罗伯特·金布罗(Kimbrough, Robert)在该小说的“诺顿批评文库(Norton Critical Editions)”版(1979)中将这篇文章列为第一篇现代评论,认为格拉德是“最有影响力的康拉德批评家和学者”。[4]约翰·彼得斯在2006年的《剑桥文学入门:康拉德》中仍认为格拉德这篇文章是该小说的“标准评论”,之后的许多评论不过是深化了它当时提出的一些问题。[5]为了更好地理解这篇文章批评的锋镝,不妨对当时评论的总体脉络稍作梳理。

50年代对该小说的研究有两个焦点:一是小说的象征艺术,一是小说的叙事手法。

詹姆斯·米勒在《〈“水仙号”上的黑水手〉新解》(“*The Nigger of the ‘Narcissus’*: A Reexamination”, 1951)中指出,小说没有中心人物,

① 转引自 Miller, James E.: “*The Nigger of the ‘Narcissus’*: A Reexamination”. In *PMLA* 66.6 (1951): p. 911。

② Robbins, Rossell Hope: “Social Awareness and Semantic Change”. *In American Speech* 24.2 (1949): p. 157.

③ Stallman, R. W.: “Conrad Criticism Today”. *In The Sewanee Review* 67.1 (1959): pp. 135-145.

④ Kimbrough, Robert (ed.): *The Nigger of the “Narcissus”,* by Joseph Conrad. New York: Norton, 1979, pp. x-xi.

⑤ Peters, John G.: *The Cambridge Introduction to Joseph Conrad.* Cambridge: Cambridge University Press, 2006, p. 125.

写的是船员集体；小说也不关注船员活动，而是探寻他们对死生的认知过程。康拉德便是围绕这一过程来安排结构，构思象征。例如，惠特与大海象征死亡与生命，辛格尔顿(Singleton)和唐庚象征对生死的相反态度。[①] 罗伯特·霍在《死亡与后果：约瑟夫·康拉德对命运的态度》("Death and Consequences: Joseph Conrad's Attitude Toward Fate", 1952)中也认为唐庚和惠特都是黑暗与混乱(在康拉德这里是邪恶的同义词)的使者，唐庚属于社会层面，惠特属于宗教层面。这部小说整体上展示了康拉德世界中人类团结的要素以及破坏团结的那些力量，而更大的威胁是惠特，因为他在一定程度上代表了船员本性中黑暗的一面。[②] 弗农·扬(Young, Vernon)在《水上的考验》("Trial by Water", 1952)中也分析小说中的象征，认为尽管明暗对比主要表达了传统的死生和善恶意涵，但并未在小说中贯穿始终；惠特为黑暗之精神，又与"重" (weight)谐音，因而是一个负担。[③] 哈罗德·戴维斯在《〈"水仙号"上的黑水手〉中的象征》("Symbolism in *The Nigger of the 'Narcissus*'", 1956)中分析了小说中色彩对比(尤其是黑白对比)的象征意义，认为"小说的整体氛围就是灰色的黑暗"。他认为小说的丰富意蕴来自象征手法的运用，而支撑小说框架的朝圣主题也是一种象征。[④] 伊恩·瓦特在《康拉德评论与〈"水仙号"上的黑水手〉》中认为，50 年代的评论家们之所以如此重视神秘的象征，主要是因为他们一味追求前无古人的全新解读，而象征阐释便是实现这一目的的最简单也是最安全的途径。

艾伯特·J. 格拉德在《〈"水仙号"上的黑水手〉》("*The Nigger of the 'Narcissus*'", 1957)中认为当时的评论舍本逐末，过度诠释小说背后的深意，反而忽略了那些"最为精彩的段落"："吉姆斯·惠特现身船上，

① Miller, James E.: "*The Nigger of the 'Narcissus'*: A Reexamination". In *PMLA* 66.6(1951): p. 913.

② 转引自 Watt, Ian: "Conrad Criticism and *The Nigger of the 'Narcissus'*". In *Essays on Conrad*, by Ian Watt. Cambridge: Cambridge University Press, 2000, p. 72。

③ Young, Vernon: "Trial by Water: Joseph Conrad's *The Nigger of the 'Narcissus'*". In *The Art of Joseph Conrad: A Critical Symposium*, ed. by R. W. Stallman. Michigan: Michigan State University Press, 1960, pp. 112, 114.

④ Davis, Harold E.: "Symbolism in *The Nigger of the 'Narcissus'*". In *Twentieth Century Literature* 2.1 (1956): pp. 26, 29.

暴风雨来临，船身倾斜，船只恢复平稳，老辛格尔顿掌舵，骚乱平息，惠特之死及海葬，船只靠岸，海员散伙。”其中，对风暴的描写当属康拉德的绝妙之笔，而对船只恢复平稳的描写更是英语散文中的极品。[①] 惠特虽然不够吸引人，却是小说中除大海之外的第二个试金石；抢救惠特的部分是小说的核心，展示了海员英勇与可憎的两面。通过语调、风格和结构来控制读者是康拉德在 1897 年的最大成就。[②]

格拉德还在文章中以弗农·扬对小说叙事视角的质疑为靶子，为康拉德作了辩护。弗农·扬曾批评叙事视角摇摆不定：“康拉德对叙述者视角（narrator-perspective）的运用笨拙不堪。小说以第三人称叙述开始，第二章中间突然改为第一人称复数，结尾部分又换成了第一人称单数。叙述者似乎是某个船员，但这样的话，克雷吞先生和厨子的内心思想，还有很多谈话（如船长阿里斯顿与他手下的谈话，或唐庚与惠特的谈话），就本应该是叙述者所不能知道的了。”[③] 格拉德反驳说，不管叙事手法在逻辑上多么不完美，只要能发挥作者的创造力并充分探讨其题材，就是最好的叙事手法。[④] 但他也承认，康拉德确实有两处写惠特的内心独白没有处理好。

同年，马文·穆德里克（Mudrick, Marvin）也在《艺术家的良知与〈“水仙号”上的黑水手〉》（“The Artist’s Conscience and *The Nigger of the ‘Narcissus’*”, 1957）中认为小说严重违背了视角的运用原则，指责康拉德缺少艺术家的良知，修辞华而不实（即“关于人的劳作、漠然的宇宙以及那无所不在的大海”所作的“矫揉造作的修辞”）。[⑤] 伊恩·瓦特则在 1958 年的文章中对穆德里克和格拉德进行了反驳（格拉德认为康拉

① Guerard, Albert J.: “*The Nigger of the ‘Narcissus’*”. In *The Kenyon Review* 19.2 (1957): pp. 207, 210.

② 同上，pp. 214, 217, 224。

③ Young, Vernon: “Trial by Water: Joseph Conrad’s *The Nigger of the ‘Narcissus’*”. In *The Art of Joseph Conrad: A Gritical Symposiwm*, ed. by R. W. Stallman. Michigan: Michigan State University Press, 1960, p. 119.

④ Guerard, Albert J.: “*The Nigger of the ‘Narcissus’*”. In *The Kenyon Review* 19.2(1957): p. 212.

⑤ Mudrick, Marvin: “The Artist’s Conscience and *The Nigger of the ‘Narcissus’*”. In *Nineteenth-Century Fiction* 11.4 (1957): pp. 291, 296-297.

德在从客观描述转换到抽象概括时不够成熟）。首先，视角之说乃是后人根据康拉德等人的作品总结出来的，康拉德当时并无此说。其次，固定视角不够灵活，也太过突出叙述者，反而会使读者不能将注意力集中在真正的主人公（船和船员）身上。如此变化多端的主人公只有通过视角转换来描绘：时而俯瞰甲板全景，时而远望沧海孤舟，时而参与船上活动（叙述者也是"我们"营救惠特五船员之一），时而讲述离愁别恨（结尾时的"我"）。[1]

第三节　60 年代的延续：象征、原型与政治批评

60 年代对该小说的研究在延续象征解读的同时，还出现了神话原型分析和政治批评，而对小说心理和道德主题的关注也一直余音缭绕。[2]

黑水手惠特与死亡的关联是象征解读的中心。早在 1897 年，《格拉斯哥先驱者报》就有文章认为惠特之于该船，就如柯尔律治《古舟子吟》中射杀信天翁的古舟子之于其同伴，"是一个障碍，一个诅咒，一种谴责"。[3] 上文提到的詹姆斯·米勒和罗伯特·霍的两篇文章也都阐释了惠特与死亡的关联。利奥·格科在《〈"水仙号"上的黑水手〉中的死亡之旅》（"Death Journey in *The Nigger of the 'Narcissus'*", 1961）中提出，"'水仙号'的航行自始至终就是在探索死亡的紧张、力量和神秘"，惠特便是死亡的象征。[4] 塞西尔·斯科林杰（Scrimgeour, Cecil）在《吉米·惠特与死亡之舞：康拉德的〈"水仙号"上的黑水手〉》（"Jimmy Wait and the Dance of Death: Conrad's *The Nigger of the 'Narcissus'*", 1965）中也

① Watt, Ian: "Conrad Criticism and *The Nigger of the 'Narcissus'*". Cambridge: Cambirdge University Press, 1988, pp. 66-67.

② 例如，有评论家认为小说预言了现代年轻人所面临的道德困境。见 Hart, Evalee: "Aboard the 'Narcissus'". In *The English Journal* 56.1 (1967): pp. 45, 47。

③ Sherry, Norman (ed.): *Joseph Conrad: The Critical Heritage*. London: Routledge, 1973, p. 89.

④ Gurko, Leo: "Death Journey in *The Nigger of the 'Narcissus'*". In *Nineteenth-Century Fiction* 15.4 (1961): pp. 301, 305.

强调了这一关联。亚瑟·金尼(Kinney, Arthur F.)在《吉米·惠特:约瑟夫·康拉德的万花筒》(“Jimmy Wait: Joseph Conrad’s Kaleidoscope”, 1965)中指出惠特不仅与死亡相连,还像一个万花筒或亨利·詹姆斯所说的意识的“反射者(reflector)”,反映着周围其他人的情感与思想,因而可借他来探索集体意识。[①]

在对象征手法的讨论中还加入了原型分析。杰拉尔德·摩根(Morgan, Gerald)在《“水仙号”在海上》(“Narcissus Afloat”, 1964)一文中剖析了康拉德创作中的象征与神话因素。他分析了康拉德多部小说的书名和题词中所含的探索内心的历程,认为康拉德也是写神话的人,希腊神祇那喀索斯(Narcissus)最恰当地表征了对自我的寻求。[②] 唐纳德·托尔基亚纳(Torchiana, Donald T.)在其文章《〈“水仙号”上的黑水手〉:神话、镜子与大都市》(“*The Nigger of the ‘Narcissus’*: Myth, Mirror, and Metropolis”, 1967)中认为,那喀索斯神话在小说结构中起着关键作用;惠特如一面黑色的镜子,反映了船员的多种自我;惠特的黑皮肤也与大都市(伦敦)的灰污相关。[③] 玛丽安·弗朗西斯(Frances, Marian)也在同年的一篇文章中指出,船名显然是在指涉希腊神祇那喀索斯,暗示自恋会削减对同胞之爱,并进一步分析了小说对《圣经·旧约》典故的扭曲和移用。[④]

社会政治解读也是这一时期研究的特色。诺里斯·耶茨(Yates, Norris W.)在《〈“水仙号”上的黑水手〉中的社会评论》(“Social Comment in *The Nigger of the ‘Narcissus’*”, 1964)中指出,小说虽然常被视为关于孤独和团结的寓言,却也包含着康拉德对维多利亚时代晚期改革热潮的批判,

① Kinney, Arthur F.: “Jimmy Wait: Joseph Conrad’s Kaleidoscope”. In *College English* 26.6 (1965): pp. 475, 477.

② Morgan, Gerald: “Narcissus Afloat”. In *The Nigger of the “Narcissus”*, ed. by Robert Kimbrough. New York: W.W. Norton & Co Inc, 1971, pp. 265, 273. 摩根还认为,康拉德笔下的人物不擅长谈情说爱,与过度美化自己有关。

③ Torchiana, Donald T.: “*The Nigger of the ‘Narcissus’*: Myth, Mirror, and Metropolis”. In *The Nigger of the “Narcissus”*, ed. by Robert Kimbrough. New York: W.W. Norton & Co Inc, 1971, p. 276.

④ Frances, Marian: “Corruption as Agent in the ‘Narcissus’”. In *The English Journal* 56.5 (1967): pp. 709-710.

尤其是针对当时改善海员工作条件的主张。[①]该文认为,康拉德对海事改革的攻击主要体现在唐庚这个人物身上,唐庚空洞地大谈海员"权利",却没有实际的思想主张,只是一个煽动者;康拉德对这些不谙航海的人所提出的改革举措很是反感,另一位船员辛格尔顿就不要改革,认为船上需要船长独掌权威,海员各司其职。

阿夫罗姆·弗莱什曼在《康拉德的政治:康拉德小说中的社群与无政府状态》(1967)一书中指出,叙述者表达了康拉德的反讽语调和政治偏见,而"善意者"的嘲讽和哭泣的劳工造就了康拉德这部最具说教意味的政治小说,可以视为关于阶级冲突和种族态度的寓言。[②] 弗莱什曼认为唐庚作为煽动者,是康拉德后来塑造的无政府主义者的先驱。他引用了小说中描写唐庚的一段话:

> 他大半事情都干不了,别的事情又不乐意干。没想到这个家伙却成了博爱的慈善家们,和自顾不暇的刚上岸的陆地汉们的如意宠儿。好个值得同情的人儿啊,对自己的权利他是无所不知,而对勇敢、坚忍,存于中而不形于外的信义,以及全船同伴不言语外却借以团结一致的义气,他却一无所知。这个生长于穷街陋巷的下流而自在的环境里没人管的家伙,对于海上严酷的苦役,怀着满腔的鄙薄和憎恨。[③]

弗莱什曼指出,从道德的角度批评暴动或批评革命是一样的,两者"都违背了工作伦理,不只是懒惰的问题,而是抛弃了那种约束性的价值(即献身于任务、抽象的责任和服从权威)"。[④] 船员抵制船长,影射罢

① Yates, Norris W.: "Social Comment in *The Nigger of the 'Narcissus'*". In *PMLA* 79. 1 (1964): p. 183. 该文指出,有批评家注意到官员与船员的冲突是破坏船上社会团结的冲突之一。马文·穆德里克在《艺术家的良知与〈"水仙号"上的黑水手〉》(1957)中甚至认为康拉德很不人道地理想化了"上层阶级"官员,贬低了"下层阶级"海员。

② Fleishman, Avrom: *Conrad's Politics: Community and Anarchy in the Fiction of Joseph Conrad.* Baltimore: The John Hopkins Press, 1967, p. 129.

③ 康拉德:《康拉德小说选》,袁家骅等译,上海:上海译文出版社,1985年,第178页。

④ Fleishman, Avrom: *Conrad's Politics: Community and Anarchy in the Fiction of Joseph Conrad.* Baltimore: The John Hopkins Press, 1967, p. 130.

工或革命,却没有自己的思想主张,因而回答不了船长的问话"你们想要什么?"。弗莱什曼认为康拉德对工人阶级的矛盾态度贯穿其创作始终,总是在同情中带有鄙视。[①]

第四节 七八十年代:多元视角下的叙事研究

1971 年,罗伯特·福克(Foulke, Robert)总结了过去二十五年里对该小说的解读重点,包括原型模式、政治类比、心灵自传和航海实录等。[②] 70 年代之后,批评视野进一步拓宽,对小说《序言》所体现的美学思想,以及影响小说创作的文学传统、理论背景和历史语境有了深入的探讨,其中涉及浪漫主义美学思想和功利主义心理学、法国作家福楼拜和莫泊桑(Maupassant)、19 世纪末期的社会状况与欧洲的种族主义。关于叙事技巧和修辞策略的研究在这一时期的批评中占据了半壁江山,其突出特征就是不再只局限于形式分析,而是加入了读者反应批评、巴赫金对话理论和现代主义等多元的理论视角。

文献和版本整理也取得了突破。诺曼·谢里的《康拉德:批评遗产》(1973)收集了康拉德同时代的重要评论,[③] 伊恩·瓦特的《康拉德在十九世纪》(*Conrad in the Nineteenth Century*, 1979)对小说的文本和背景作了详细的解读和考证。1979 年,罗伯特·金布罗编辑了该小说的"诺顿批评文库"版,选用了权威文本,考证了包括手稿在内的不同版本之间的差异,提供了航海术语解释和船只构造图,由丹尼斯·墨菲(Murphy, Dennis)对小说第三章中的航海问题进行解释,并请杰拉尔

① Fleishman, Avrom: *Conrad's Politics: Community and Anarchy in the Fiction of Joseph Conrad*. Baltimore: The John Hopkins Press, 1967, pp. 131-132。

② Foulke, Robert: "Postures of Belief in *The Nigger of the 'Narcissus'*". In *The Nigger of the "Narcissus"*, ed. by Robert Kimbrough. New York: W.W. Norton & Co Inc, 1971, p. 308.

③ 该书收录了一些新近发现的早期评论,如评论家科特尼(Courtney, William Leonard)1897 年在伦敦很有影响力的《每日电讯》上对该小说的评论,就是 60 年代才发现的。戴维·史密斯详细讨论了康拉德对该评论的回应,认为那是康拉德对自己艺术和写作的重要辩护,与《序言》形成了呼应。参见 Smith, David R.: "'One Word More' About *The Nigger of the 'Narcissus'*". In *Nineteenth-Century Fiction* 23.2 (1968): pp. 201-216。

德·摩根介绍了“水仙号”的原型和康拉德在该船上的航海经历。该书还摘录了与康拉德个人经历和小说写作背景相关的文献，收录了早期和现代的重要研究成果，其中有多篇文章是专为该书所作。1984年，牛津大学出版社推出了该小说的“世界文库（World's Classics）”版，并由著名的康拉德研究学者雅克·伯绍德撰写序言。五年后，编著了《康拉德导读》和《康拉德的文学生涯》的锡德里克·沃茨又推出了小说的“企鹅（Penguin）”评注版，他为该版所作的序言也是一篇颇具深度的评论。

关于小说叙事技巧的讨论在这一时期达到了高峰，雅各布·洛斯在《康拉德的叙事手法》中将此前对该小说叙述技巧的评论大致划分为三派。① 一派肯定康拉德的叙事试验，如艾伯特·J. 格拉德的《小说家康拉德》，雅克·伯绍德的《约瑟夫·康拉德创作的主要阶段》，伊恩·瓦特的《康拉德在十九世纪》，马里恩·迈克尔（Michael, Marion C.）的文章《作为枢轴的惠特》（“James Wait as Pivot: Narrative Structure in *The Nigger of the 'Narcissus'*”, 1974）。另一派持否定态度，如弗农·扬的《水上的考验》、马文·穆德里克的《艺术家的良知与〈“水仙号”上的黑水手〉》和罗伯特·福克的《〈“水仙号”上的黑水手〉中对信任的态度》（“Postures of Belief in *The Nigger of the 'Narcissus'*”, 1971）等三篇文章。第三派则介于前两种态度之间，如威廉·邦尼的《荆棘与花饰》（*Thorns & Arabesques*, 1980）和杰里米·霍桑的《〈“水仙号”上的黑水手〉的不连贯之处》（“The Incoherences of *The Nigger of the 'Narcissus'*”, 1986）。洛斯此处只是将部分代表性的评论作了简单的划分，下文将对七八十年代叙事研究的主要内容做一梳理。

雅各布·洛斯认为小说将作者的叙述与叙述者的个人叙述结合在了一起，“作为人物的叙述者（言称‘我’）”和“置身于外、反思的作者式的叙述者（言称‘他们’）”分处整个叙事视角的两端，两者相杂，一共生出六种叙事变体。这些叙事变体（尤其是视角和距离变化）有效地表达了小说主题，对康拉德后来叙事技巧的发展起到了推动作用。② 保罗·威利（Wiley, Paul L.）认为，小说首先是一种情感体验，其标志就是痛苦和受难的意象反复出现，在惠特死时达到高潮。口称“他们”的叙述者主

① Lothe, Jakob: *Conrad's Narrative Method*. Oxford: Clarendon, 1989, pp. 87, n. 1.

② 同上，pp. 97, 87。

要进行客观叙述，有时也赞美传统与理想；言称“我们”的叙述者则更为个人化，情绪兴奋。前一种声音操控故事的进程，后一种声音揭示故事中的激情，给故事增加人性的维度。[①]

威廉·邦尼在《〈“水仙号”上的黑水手〉中语义和结构的不确定性》（“Semantic and Structural Indeterminacy in *The Nigger of the 'Narcissus'*: An Experiment in Reading”, 1973）中通过分析视角的作用，揭示人物塑造和小说结构上的含混不一，并引入沃尔夫冈·伊瑟（Iser, Wolfgang）的读者反应理论中关于文学不确定性的看法，分析这种“叙事上的不连贯所导致的阐释问题”，也即阐释的不确定。[②] 桑福德·平斯科（Pinsker, Sanford）也对叙事视角进行了分析，指出小说的特点就在于对读者反应的控制。[③] 卡伦·斯皮尔（Spear, Karen I.）则在1977年的文章中用读者反应理论来分析该小说的批评经历（首先是读者的期待和作品潜在的种种可能性，然后是读者的阅读经验和他想就此写下的评论），以序言和小说其他部分的关系为主线，对叙述者和小说中的象征做了分析。[④]

显然，叙述者和叙事视角成了该小说叙事研究的重点。约翰·莱斯特（Lester, John）对叙述者的分析和戴维·马尼科姆（Manicom, David）对叙事视角的分析都是这一时期的重要评论。[⑤] 丹尼尔·施瓦茨指出，叙述者身上有康拉德的影子。他认为对小说的形式研究不能抹煞作者的存在，因为康拉德已经意识到，写外在的世界实际上也就是在写他自

---

① Wiley, Paul L.: “A Tale of Passion”. In *The Nigger of the “Narcissus”*, ed. by Robert Kimbrough. New York: W.W. Norton Co Inc, 1974, pp. 356-358. 该文最初发表时为《两个激情的故事》: Wiley, Paul L.: “Two Tales of Passion”. In *Conradiana* 6 (1974): pp. 189-195。

② Bonney, William W.: “Semantic and Structural Indeterminacy in *The Nigger of the 'Narcissus'*: An Experiment in Reading”. In *ELH* 40.4 (1973): p. 576.

③ Pinsker, Sanford: “Selective Memory, Leisure, and the Language of Joseph Conrad's *The Nigger of the 'Narcissus'*”. In *Descant: Texas Christian University Literary Journal* 15 (1971): pp. 38-48.

④ Spear, Karen I.: “A Reading Dialectic: *The Nigger of the 'Narcissus'*”. In *Journal of Aesthetic Education* 11.3 (1977): pp. 49-67.

⑤ Lester, John: “Conrad's Narrators in *The Nigger of the 'Narcissus'*”. In *Conradiana* 12 (1980): pp. 163-172; Manicom, David: “True Lies/ False Truths: Narrative Perspective and the Control of Ambiguity in *The Nigger of the 'Narcissus'*”. In *Conradiana* 18.2 (1986): pp. 105-118.

己。[1] 施瓦茨很欣赏叙事视角的模糊不定，认为康拉德通过叙述者创造了两个"第二个我"，即两个替身：一个是全知叙述者，这是康拉德希望成为的睿智的理想自我；一个是第一人称叙述者，是船员中的一员，也是康拉德真实的过去的自我。[2] 因此，叙述者兼有双重角色，既是康拉德的代言人，又是船员中的一员。从第三人称到第一人称、从单数到多数、从事实性的回忆到关于价值的思考，这种不断变换的视角生动地反映了船员对于事件的态度。[3] 布鲁斯·亨利克森（Henricksen, Bruce）也认为小说"对叙述者的建构"中蕴含着康拉德的个人经历。他借助巴赫金的理论分析了小说中的对话性倾向，尤其是叙事视角中的对话特征。文章详细地剖析了小说的多声叙述，认为伊恩·瓦特虽然肯定了叙述声音的"合唱功能"，却没能跳出单一叙事的窠臼。文章在论述了视角转换的三个阶段后指出，视角的摇摆不定，应被看作一种结构特征，使宏观历史和个人经历得以写入康拉德的文本之中。[4]

通过叙事分析来探讨意识形态问题也是许多评论的特征。雅克·伯绍德在《约瑟夫·康拉德创作的主要阶段》（*Joseph Conrad: The Major Phase,* 1978）中认为，小说用"一个没有说出姓甚名谁的海员作为非正式的叙述者"，视角转换的多样性中带有统一性，很适合展现船员的集体生活。而船员则代表着关于社群的两种对立观念，分别体现在船长与辛格尔顿、惠特与唐庚的身上。[5] 迈克尔·利文森（Levenson, Michael）则进一步指出，小说具有双重结构，既反映维多利亚时代的忧虑，又体现现代的形式复杂性，拥有"维多利亚时代帆船上的现代主义

① Schwarz, Daniel R.: *Conrad: Almayer's Folly to Under Western Eyes.* London: Macmillan, 1980, p. 41.

② 同上，p. 39。

③ 同上，pp. 38-39。

④ Henricksen, Bruce: "The Construction of the Narrator in *The Nigger of the 'Narcissus'*". In *PMLA* 103.5 (1988): pp. 785, 792. 该文认为康拉德的政治观念自身也是由多种视角构成的，《"水仙号"上的黑水手》写的是"团结"，它之前的两部小说写的是"隔绝"（p. 784）。

⑤ Berthoud, Jacques: *Joseph Conrad: The Major Phase.* Cambridge: Cambridge University Press, 1978, pp. 29, 30.

叙述者"。[1] 康拉德用"团结"来倡导秩序与共同体,以抵制个人主义和阶级对立,与19世纪马修·阿诺德(Arnold, Matthew)的《文化与无政府状态》一脉相承。[2] 唐庚类似于阿诺德所诟的海德公园骚乱中"愿做什么就做什么"的群氓,辛格尔顿则代表忠诚与秩序。而且,两者的对立不仅是无政府与服从之间的对立,也是意识与无意识的对立。[3] 苏雷什·拉威尔在《失败的艺术:康拉德的小说》(1986)中提出,该小说虽然简洁直接,但它刻画经历的方式以及该经历的内涵却是复杂深刻;故事表达了"康拉德作为海员所坚守的那些价值",但海员生活中又同时包含着瓦解和堕落的力量,与这些价值相左。[4]

拉威尔还注意到了康拉德写作的历史背景,认为唐庚是对改革者的戏仿,反映了康拉德对社会改革的怀疑态度;而小说在强调团结、服务和纪律的同时,忘记了船员所服务的乃是殖民帝国的商船队。[5] 小说对黑人的描写到底是出自一种现实主义态度,还是反映了种族主义倾向,一直是评论家们争论不休的话题。尤金·雷德蒙(Redmond, Eugene B.)结合康拉德时代欧洲种族主义的源头和背景指出,康拉德把黑水手惠特塑造成了一个稻草人,一个替罪羊,反映了他以及白人世界对黑人既爱又憎的矛盾态度。[6] 雷德蒙认为康拉德带有种族主义偏见,"水仙号"这个名字本身就指向了以古希腊罗马为中心的欧洲文化,小说中的

① Levenson, Michael: "The Modernist Narrator on the Victorian Sailing Ship". In *Browning Institute Studies* 11 (1983): pp. 111-112.

② 同上, pp.101-112。

③ 同上, p. 103。利文森认为,康拉德是有意突出辛格尔顿没有受过教育,因为辛格尔顿代表着无意识,与破坏团结的意识相对。而马修·阿诺德并没有否定意识,这是两人的不同。因此,这部介于早期现代与晚期维多利亚时代之间的小说,体现了维多利亚时代朴素的现代主义(pp. 104, 101)。

④ Ravel, Suresh: *The Art of Failure: Conrad's Fiction.* London: Allen & Unwin, 1986, pp. 12-13.

⑤ 同上, pp. 15, 13。

⑥ Redmond, Eugene B.: "Racism, or Realism? Literay Apartheid, or Poetic License? Conrad's Burden in *The Nigger of the 'Narcissus'*". In *The Nigger of the "Narcissus"*, ed. by Robert Kimbrough. New York: W.W. Norton & Co Inc, 1971, pp. 360-361. 例如,惠特的名字(Wait)与"迟到(late)"、"负担(weight)"谐音,体现着对黑人的各种认识及态度。

色彩描绘也反映了种族主义思想。

罗伯特·福克在《〈"水仙号"上的黑水手〉中对信任的态度》中分析了这部海洋小说的模仿基础(mimetic base)和修辞策略。他认为有三种相互关联的感知方式使叙述者与作者区别开来。第一种是叙述者的直接观察(不熟悉海洋生活的读者可能无法完全领会);第二种是叙述者对人和事的抽象判断(反映了叙述者的观点);第三种是由小说中的隐喻群暗示的一段神话般的航程,内含原型母题和明显两级分化的人物。[①] 罗伯特·福克通过分析这些感知方式得出了结论,即叙述者只是提供了部分真相,只是让我们有了一种"相信的态度"。他后来又撰文进一步分析了叙述者所导致的修辞的不确定和不连贯。[②]

除了上述叙事分析,小说序言[③]和康拉德美学思想也是这一时期研究的热点。伊恩·瓦特在 1974 年发表的文章《〈"水仙号"上的黑水手〉的序言》("Conrad's Preface to *The Nigger of the 'Narcissus*'")以及后来出版的《康拉德在十九世纪》中讨论了序言的写作背景、美学主张及其批评传统。瓦特采纳了塞缪尔·海因斯(Hynes, Samuel)和弗雷德里克·卡尔的观点,认为该序言是康拉德关于写作意图的最可靠、最有意识的唯一表述。[④] 瓦特还比较了康拉德与英国浪漫派诗人华兹华斯、文艺理论家佩特(Pater, Walter)、法国作家莫泊桑以及德国思想家叔本华等人的

① Foulke, Robert: "Postures of Belief in *The Nigger of the 'Narcissus*'". In *The Nigger of the "Narcissus*", ed. by Robert Kimbrough. New York: W.W. Norton & Co Inc, 1971, pp. 309-310.

② 见 Foulke, Robert: "Creed and Conduct in *The Nigger of the 'Narcissus* '". In *Conradiana* 12.2 (1980): pp. 105-128。

③ 序言写于 1897 年七八月间,是在康拉德改完小说的校样之后,距小说完成有六个月之久,康拉德的本意也是把它作为一个"后记",刊登在小说连载的第五期上。

④ Watt, Ian: "Conrad's Preface to *The Nigger of the 'Narcissus* '". In *NOVEL: A Forum on Fiction* 7.2 (1974): p. 103. 另两人的观点参见: Hynes, Samuel: "Two Rye Revolutionaries". In *Sewanee Review* 73 (1965): pp. 151-158; Karl, Frederick R.: "Joseph Conrad's Literary Theory". In *Criticism* 2 (1960): pp. 317-335。

关联。[1] 瓦特着重分析了序言中谈到的“团结(solidarity)”概念,指出康拉德与华兹华斯虽然都认为诗人能够凭借情感和知识使人类团结起来,但也只是一种理想而已。[2] 约翰·维斯顿(Weston, John Howard)也在《〈“水仙号”上的黑水手〉及其序言》(“*The Nigger of the 'Narcissus'* and Its Preface”)中指出,序言中的“团结”只是康拉德公开的一面,而不是康拉德在小说中所展示的内在的一面。这个概念涉及到意愿(will)与感知(perception)的对立。“团结”是康拉德所意愿和追求的,但他的感知却告诉他,存在是没有意义的,因而也就无所谓“团结”。康拉德的问题就在于如何调和这种对立。[3]

伊恩·瓦特在《康拉德在十九世纪》中更为详尽地剖析了小说中的“团结”观念,认为康拉德的观点类似于滕尼斯(Tönnies, F., 1855—1936)、涂尔干(Durkheim, 1858—1917)、西梅尔(Simmel, G., 1858—1918)等社会学家的观点。[4] 约翰·萨弗森(Saveson, John E.)则分析了当时的心理学理论对小说的影响,认为小说中的心理与道德内涵基本上是功利主义心理学,主要是受法国作家里博(Ribot, Théodule)影响,而且康拉德当时正与熟知功利主义心理学的H. G. 威尔斯交往甚密。[5]

---

① 关于莫泊桑对康拉德的影响,还可参见:Worth, George J.: “Conrad's Debt to Maupassant in the Preface to *The Nigger of the 'Narcissus'*”. In *JEGP* 54 (1955): pp. 700-704; Kirschner, Paul: “Conrad and Maupassant”. In *Review of English Literature* 6 (1965): pp. 37-51。依夫·埃尔武埃也在《约瑟夫·康拉德的法国面孔》中详细考证了莫泊桑和福楼拜对《“水仙号”上的黑水手》的影响。见Hervouet, Yves: *The French Face of Joseph Conrad.* Cambridge: Cambridge University Press,1990, pp. 39-49。

② Watt, Ian: “Conrad's Preface to *The Nigger of the 'Narcissus'*”. In *NOVEL: A Forum on Fiction* 7.2 (1974): pp. 106-107.

③ Weston, John Howard: “*The Nigger of the 'Narcissus'* and Its Preface”. In *The Nigger of the “Narcissus”*, ed. by Robert Kimbrough. New York: W.W. Norton & Co Inc, 1971, pp. 340-341, 353. 该文认为,在小说中,同情的情感不利于生存,而团结的信念则有利于生存;同情需要想象,而团结则需要认知(pp. 342-343)。

④ Watt, Ian: *Conrad in the Nineteenth Century.* Berkeley: University of California Press, 1979, pp. 112, 119.

⑤ Saveson, John E.: “Contemporary Psychology in *The Nigger of the 'Narcissus'*”. In

第五节　90年代以来的意识形态批评

80年代的叙事研究已经不再拘泥于意义是如何产生的，而是更多地具有了后结构主义特征，关注阐释活动本身，探讨文本与政治的关联。进入90年代后，意识形态批评更是成为小说研究的重要切入点。杰里米·霍桑的《约瑟夫·康拉德：叙事技巧与意识形态的参与》（1990）就明显地表明了这一转变，将叙事学与道德、政治评判和作者意图结合了起来。霍桑认为康拉德在某些道德价值上没有明确观点，导致《"水仙号"上的黑水手》中视角模糊不清。

1997年，杰里米·霍桑在瑞典的一次会议上提交了论文《自恋、审视与帝国主义：〈"水仙号"上的黑水手〉的叙事技巧与意识形态》（"Narcissism, Seeing and Imperialism: Narrative Technique and Ideology in *The Nigger of the 'Narcissus'*"），回顾了该小说一个世纪以来的批评史，凸显了批评方法的日渐复杂化。[①] 霍桑认为"水仙号"应被看作经济、政治和文化关系的总和，体现着全盛时期的帝国主义。该小说将自恋看作是对权威的挑战，因为这涉及到对自己的地位和所处阶级的地位的思考。同时，权力的拥有者可将自己的视角强加给无权者。[②]

在戴维·贝尔（Bell, David）根据这次会议选编的论文集《约瑟夫·康拉德的〈"水仙号"上的黑水手〉研究会论文集》（*Joseph Conrad's The Nigger of the "Narcissus": A Dialogue Seminar*, 2002）中，还有三篇文章讨论《"水仙号"上的黑水手》的叙事技巧与意识形态，尤其关注权力以及对权力的颠覆。其中约翰·克朗普敦（Crompton,

The Nigger of the "Narcissus", ed. by Robert Kimbrough. New York: W.W. Norton & Co Inc, 1971, p. 288.

① Panagopoulos, Nic: "Joseph Conrad's *The Nigger of the 'Narcissus'*: A Dialogue Seminar". In *Conradiana* 36.1-2 (2004): p. 145. 该文为书评，综述了书中的内容，文章标题也即所评之书的书名。

② 同上，p. 145。

John)的文章从文类(genre)的角度审视了小说叙事,认为叙述者最终使自己与其他船员拉开距离,抛弃了集体的"我们",代之以个人的"我",从而使他曾经的船员同事具有了史诗所要求的那种普遍性的地位。[①] 杰拉尔德·波特(Porter, Gerald)的文章揭示了"水仙号"上的权威如何受到大海、船员以及未在场的群体(女性、儿童和动物)的颠覆,指出康拉德在批评帝国主义的同时也渴望跻身上层社会。[②] 马克·特洛伊(Troy, Mark)的文章则关注读者反应,也即康拉德使读者"看"的策略。该文认为,小说之所以有不同的叙事视角,是因为实际有两种航行经历,一是叙述者作为年轻海员的实际航行,一是该叙述者作为老人用语言进行的航行。[③]

对小说中的种族主义和帝国主义色彩的解读也具有了更宽的视野和更为细腻的手法。克里斯·邦吉(Bongie, Chris)追溯了"异域兴趣(exoticism)"的历史,即到"其他地方"去寻找与欧洲社会现代化一同失去的那些价值,并在此背景下分析了《"水仙号"上的黑水手》中的历史主义。[④] 威廉·约翰逊(Johnsen, William A.)借用勒内·吉拉德(Girard, René)的理论剖析了该小说及康拉德《致美国读者》(1914)中展现出的"替罪羊"主题。[⑤] 他指出了小说中的种族主义成分,认为虽不能因此指责康拉德就是种族主义者,但也不能原谅他对种族歧视语言的使用。他认为,该小说的标题是现代主义初期最令人愤慨的标题之一,小说内容也表明康拉德不仅知道而且有意在利用"黑鬼"一词所引起的反感。[⑥]

① Panagopoulos, Nic: "Joseph Conrad's *The Nigger of the 'Narcissus'*: *A Dialogue Seminar*". In *Conradiana* 36.1-2 (2004): pp. 145-146。

② 同上, p. 146。

③ 同上, p. 148。

④ Bongie, Chris: "A Man of the Last Hour". In *The Nigger of the 'Narcissus'*, ed. by Robert Kimbrough. New York: W.W. Norton & Co Inc, 1971, pp. 136-150.

⑤ 安德鲁·莫齐纳(Mozina, Andrew)的《约瑟夫·康拉德与牺牲艺术:康拉德小说中替罪羊主题的发展》(*Joseph Conrad and the Art of Sacrifice: the Evolution of the Scapegoat Theme in Joseph Conrad's Fiction*, 2001)也是受了吉拉德理论的影响。

⑥ Johnsen, William A.: "'To My Readers in America': Conrad's 1914 Preface to *The Nigger of the 'Narcissus'*". In *Conradiana* 35.1-2 (2003): p. 108.

除了上述在后殖民理论框架下进行的解读，批评家们还从不同角度探讨了该小说批评史中一个长久存在的话题，即共同体与“团结”。约翰·彼得斯在《康拉德与印象主义》(2001)中讨论了该小说对共同体的重视，认为唐庚的自私危及到了共同体的存在。[①] 威廉·德雷谢维奇(Deresiewicz, William)在《康拉德的死胡同》(“Conrad's Impasse: *The Nigger of the 'Narcissus'* and the Invention of Marlow”, 2006)一文中分析了小说中的共同体和叙述者，认为此时的康拉德所探寻的正是“团结”的实质(也即共同体)，小说提供了“两种相互竞争的共同体形式：权力对信仰、秩序对情感、等级制度对兄弟友爱”。[②] 波洛切克(Polloczek, Dieter Paul)在《案例与诅咒：康拉德〈“水仙号”上的黑水手〉中的囚笼、法律小说与团结》(“Case and Curse: Confinement, Legal Fiction, and Solidarity in Conrad's *The Nigger of the 'Narcissus'*”, 1998)一文中分析了法律小说与程序如何进入康拉德的小说之中，揭示了关于公平正义的不同观念如何巩固了种族与民族身份的分裂。[③]

政治与文化批评也论及康拉德的小说家身份、阶级问题和女权运动。当康拉德力图确立男性英国作家地位的时候，英国社会正在尝试打破阶级和种族的等级体系，正经历着道德规范和性别规范的变迁，不满的女性也试图打破将她们限定在家庭范围内的意识形态。题为《“我们不是男人吗？”：康拉德〈“水仙号”上的黑水手〉中的性别幻想》(“'Ain't we men?': Illusions of Gender in Joseph Conrad's *The Nigger of the 'Narcissus'*”, 2006)的文章指出，尽管康拉德要构建一个没有女性的船上社会，但最终还是未能逃开女性的影响。文章探讨康拉德所构建的男性社会，以及其中所含的对男性性别规范的质疑。通过描述男性

① Peters, John G.: *Conrad and Impressionism*. Cambridge: Cambridge University Press, 2001, pp. 150-152.

② Deresiewicz, William: “Conrad's Impasse: *The Nigger of the 'Narcissus'* and the Invention of Marlow”. In *Conradiana* 38.3 (2006): p. 209. 该文认为，该小说提出而非解决了康拉德当时所思考的身份和共同体问题(也即他对自己身份和归属的认识)，这个问题一直到他后来发明了叙述者马洛才得以解决。文章还整理了关于叙述者的不连贯问题的批评史，梳理出了五类观点(pp. 206, 212)。

③ Polloczek, Dieter Paul: “Case and Curse: Confinement, Legal Fiction, and Solidarity in Conrad's *The Nigger of the 'Narcissus'*”. In *Conradiana* 30.3 (1998): p. 184.

的紧张以及作为女性的船,小说打破了性别规范,认为关于男性和女性的传统观念都不过是可被超越和重塑的幻想。[①] 罗伯特·利文斯顿指出,评论家们通常认为康拉德是想通过该小说的文本建构和小说技巧来获得小说家身份,其实康拉德还通过把"绅士"角色(涉及阶级和种族的行为规范)写入主题来实现这一目的。[②]

有评论家指出,政治是围绕该小说的所有评论的核心问题。[③] 斯蒂芬·罗斯在《旧制度与崇拜政治》("The *Ancien Régime* and Fetishistic Politics in *The Nigger of the 'Narcissus*'", 2007)一文中详细探寻康拉德与旧制度(Ancien Régime)的关联,认为现在应该摘掉30年代就给康拉德戴上的保守主义的帽子,尽管他思想和创作中有很多心仪旧制度社会结构和价值观念的地方,但从《"水仙号"上的黑水手》开始,也生出了一种更为复杂的怀疑态度,即"一种否定的辩证视角,这也是他成熟的政治意识的根本所在"。[④]

① Packer-Kinlaw, Donna: "'Ain't we men?': Illusions of Gender in Joseph Conrad's *The Nigger of the 'Narcissus*'". In *Conradiana* 38.3 (2006): p. 249.

② Livingston, Robert Eric: "Seeing through Reading: Class, Race and Literary Authority in Joseph Conrad's *The Nigger of the 'Narcissus*'". In *NOVEL:A Forum on Fiction* 26.2 (1993): p. 135.

③ Panagopoulos, Nic: "*Joseph Conrad's* The Nigger of the '*Narcissus*': *A Dialogue Seminar*". In *Conradiana* 36.1-2 (2004): p. 147.

④ Ross, Stephen: "The *Ancien Régime* and Fetishistic Politics in *The Nigger of the 'Narcissus*'". In *Conradiana* 39.1 (2007): pp. 13-14.

第七章

康拉德在俄国、法国、美国的接受与研究

尽管在前面的梳理中,我们提到了不同国家对康拉德的接受研究情况,但是作为一个总体,我们除了康拉德的国籍所属国英国的情况外,对其他主要国家的接受研究状况,仍缺乏全景式的了解。因此,有必要对此做一略述。

第一节　康拉德在俄国

康拉德以俄国为背景写的小说有两部,《间谍》和《在西方的眼睛下》,据说,后者在康拉德生前只有一个版本,是1912年在莫斯科出版的,共印刷1200册。事实上,康拉德写这两部小说是非常用心力的,尤其是后者,他说毫无疑问是他写作时最为殚精竭虑的。而结果却出其所料,尽管书中描写了恐惧,而整个情感倾向却是同情的。托马斯·莫泽认为,这是由于康拉德心中对于那些革命的流放者充满同情。① 总的来说,康拉德在苏联的接受是不稳定的。这是因为苏联的意识形态限制,也因为很难读到康拉德作品,得到这方面的学术资源。康拉德的作品到他去世时的1924年才在苏联有第一批翻译本。很多人不知道《在西方的眼睛下》1912年有了俄译本,《间谍》1915年有了俄译本。这些带有高度政治色彩的小说很可能是因为像前卫批评家和儿童小说家丘科夫斯基(Chukovsky, Korney)这样的俄国移民的作用才引起莫斯科出版商的注意的。从高尔基与高尔斯华绥的通信来看,他也

① Moser, Thomas: “An English Context for Conrad’s Russian Characters: Sergey Stepniak and the Diary of Olive Garnet”. In *Journal of Modern Literature* 11 (1984): pp. 3-44.

对康拉德很感兴趣。[①] 丘科夫斯基为在十月革命后首次出版的康拉德作品《阿尔迈耶的愚蠢》(1923)写了前言。其后五年间,康拉德的主要作品都陆续出版了,直到1928年他与苏联官方闹得不快为止。二十年后,康拉德在苏联得到平反,其作品因而重新得到重视,《进步前哨》还在1947年被列入中学课本。但是直到斯大林去世,他的《海镜》才得以出版。1959年,康拉德在苏联彻底平反,莫斯科出版商出版了英文版的《吉姆爷》,以及两卷本俄文版《康拉德选集》,其中收录了《吉姆爷》和《阴影线》以及十多篇重要短篇故事,首次印刷了225 000册。[②] 康拉德作品在苏联的批评似乎可以分为三类:完全接受、完全否定、半接受半否定。叶夫根尼·兰恩(Lann, Evgenii)对康拉德持完全肯定态度。他从1920年代就开始研究康拉德,对康氏推崇有加。在1924年的一篇文章中,他说从来没有一个作家像康拉德那样,走进一个外国的文学界,却成了那个国家文学界的文体大师和杰出的艺术家。[③]1925年,他为康拉德的《不安的故事》作序,序言里称,批评界把康拉德称为当代世界作家中最伟大的文体学家的日子已经为期不远了。[④] 他称康拉德是心理分析大师,英国读者尤其因为这一点而对他崇敬有加。他可以巧妙地解构故事,使读者能对主人公有完全不同的看法。主人公的心理状态被全面地描绘出来,因而变得更为深刻。尤里·卡加尔利茨基(Kagarlitsky, Yuri)在纪念康拉德诞辰一百周年时著文称他是伟大的艺术家,彻底的现实主义作家,他揭露了资本主义社会的幻想;有着杰出的才干让读者听到、看到、生活在他所创造的世界里。洛克斯(Loks, K.)则与他们相反。他认为后革命时代的俄国人会对康拉德感到失望,因为他的作品了无趣味,没有创造性,不过是19世纪法国福楼拜、莫泊桑的那些老套而已。[⑤] 叶夫根尼·布劳多(Braudo, Evgenii)认为康拉德

① "Letter to J. Galsworthy, 29 Jan. 1923". In *Voprosy Literatyry* 6 (1964): p. 254.

② Steele, Eugene: "Conrad in Russian(1912-1959)". In *Conradiana* 14. 1 (1982): p. 60.

③ "Joseph conrad". In *Ogonyok* 38 (1924): p. 14.

④ Joseph Conrad: Foreword to *Tales of Unrest*. Moscow: Zemlya I Fabrika, (1925): p. 28.

⑤ "Conrad's *Twix Land and Sea* and *Tales of Unrest*". In *Pechet I revolyutsiya* 2 (1925): p.28.

的故事没有足够的实质性内涵。 阿谢耶夫(Aseev, A.)则批评康拉德的故事,尤其是《间谍》和《在西方的眼睛下》苍白无力,难以置信。季纳莫夫[①](Dinamov, S.)在1929年的一篇文章中称康拉德是一个"颓废作家",既浪漫又悲观,不懂什么叫资本主义,小说人物认为幸福可望而不可及,这是与苏联读者的思想背道而驰的。[②]第一位以马克思主义观点对康拉德进行阐释的是弗朗茨·彼得罗维奇·席勒(Schiller, Frantz Petrovich)。他于1937年发表了一篇文章,讨论了康拉德意识形态方面的矛盾,不过说得很泛,而且论述中自相矛盾,说康拉德既是现实主义者又反对现实主义。[③]

也有批评家把康拉德与其他作家进行比较研究。如伊万·卡什金(Kashkin, Ivan)把他与亨利·詹姆斯相比较。但更多的却是研究康拉德如何受到俄国作家的影响。索科良斯基(Sokoliansky, M. G.)在1968年的一篇文章中,注意到康拉德很崇拜契诃夫和屠格涅夫,而对陀思妥耶夫斯基和托尔斯泰则感情复杂,他认为这是一个很有趣的个案,可以从中考察一个作家是怎样看待他的前辈作家的。[④]乌尔诺夫(Urnov)更是认为《在西方的眼睛下》是陀思妥耶夫斯基的《群魔》的仿制品,还认为吉姆是由拉斯克尼科夫(Raskolnikov)派生出来的。[⑤]谢别日科(Sebezhko, E. S.)甚至引用托马斯·曼(Mann, Paul Thomas)在康拉德的《间谍》德文本前言里的话,说没有《白痴》,康拉德小说中的斯迪威就没有意义。[⑥]

康拉德在苏联的接受总的来说很受政治因素的影响。用克鲁格利亚克(Krugliak, M. T.)的话来说,在个人崇拜的年代,对康拉德的研究少之又少,在大学课堂对他的作品进行评价或者不用规定的版本都是

① "Lord Jim". In *Novy Mir* 7 (1926): pp. 191-192.

② "Two Western Writers of Decadence". In *Revolutst* 1 Kultura 8 (1929): pp. 78-79.

③ "Conrad Joseph": *History of Modern Western European Literature*. Moscow: Goslitizdat, 1973, Vol.3.

④ "Joseph Conrad on Literature". In *Voprosy Literatury* 7 (1983): pp. 202-206.

⑤ Conrad, Joseph: *Dlia Chitatelia-Sovremennika* Moscow: Sovetskii pisatel, 1968, pp.301-325.

⑥ "Problems and Artistic Originality of J. Conrad's Novel *The Secret Agent*". Tula: State Pedagogical Institute, 1972, pp. 215-231.

错误行为。理由是,尽管大家已经认识到了康拉德在当代文学中的地位和在其他国家的日益增长的评论,在苏联他还是个没有得到彻底平反的人。在1976年出版的《苏维埃大百科全书》中,美国宇航家查尔斯・康拉德(Conrad, Charles),用了三十五行的篇幅,而小说家康拉德却仅仅花了二十四行的篇幅。涅尔谢索娃(Nersesova, M. A.)关于《黑暗的心》的简单介绍也只是说这部作品揭露了帝国主义殖民主义者的面孔;说到《在西方的眼睛下》,也是简单地认为它揭示了陀思妥耶夫斯基对康拉德的影响;对《间谍》根本就只字不提。这种现象现在已经有了好转,康拉德将被俄罗斯大众所熟悉,评论也会越来越多。[①]

第二节 康拉德在法国

与康拉德在前苏联受到的冷遇不同,自其作品发表以来法国人一直怀有很大的兴趣。研究者发表了高质量的成果,普通读者对康氏的热情经久不息。法国作家安德烈・纪德(Gide, Andre),在1924年出版的《法国新小说》(*Nouveau roman français*)专刊中特别"向康拉德致敬":"康拉德深爱法兰西,法国人对他作品的看法也至为重要。他还只是在一群崇拜者中负有盛名,只好由新闻界发布他的去世讣告来表示我们的关心。只有此刻,我们才懂得了我们逝去的是怎样的一个人。"

法国人对康拉德的热爱其来有自。康拉德对法国有不了之情,当年康拉德离开波兰,首先就是去的法国,在马赛待了四年,后来又经常会到法国做短期逗留。他踏上英国船只之前,对法国的了解更多于对英国的了解,在他的作品中,更多地有着福楼拜、莫泊桑等人的影子而不是其英国同行。在1898年7月10号回复法国有影响的批评家达夫莱(Davray, H. D.)的信中,康拉德表现出了他对法国的深厚感情。达夫莱在信中称康拉德为"我们中的一员",康拉德感动地说,"我们中的一员"这个称呼让我非常感动,我深切地感到与法国的亲密关系,对法国有深切的同情,长期的友谊,持久的富有魅力的记忆。[②]法国人深知这一点,因此对康拉德有着强烈的认可,喜欢他也就是自然的了。

① "Joseph Conrad in Soviet Criticism". In *Uchenye zapiski* 159 (1967): pp. 246-253.

② Conrad, Joseph: *Notes on Life and Letters.* Charleston: Biblio Life, 2007, p. 36.

1902年，达夫莱提议自己翻译并出版《不安的故事》和《台风》。为了让更多的作品翻译出版，1906年康拉德在经过巴黎时会见了达夫莱。两年以后，达夫莱向康拉德提议翻译他的其他著作，康拉德既高兴又担心作品是否得到法国读者的青睐。事实上，最后由达夫莱翻译的小说也只有《间谍》这一部。

1911年，安德烈·纪德出现在他的朋友圈中，康拉德甚是欢喜，后来二者有着长久的友谊。纪德记得法国著名诗人、剧作家和外交官保罗·克罗戴尔（Claudel, Paul, 1868—1955）怎样热情地向他表扬康拉德，称他远胜于英国作家吉卜林，要他读康拉德的所有作品，并推荐《"水仙号"上的黑水手》、《青春》、《台风》、《吉姆爷》。从此，纪德的日记上写满了他阅读康拉德作品的评语，尤其认为《吉姆爷》、《黑暗的心》、《在西方的眼睛下》、《胜利》是他最喜欢的书。但对《间谍》、《诺斯特罗莫》却不很理解，兴趣不大。有了著名文人纪德的欣赏和推荐，康拉德在法国的声誉大增，文学界和普通大众对他的兴趣空前高涨。1914年，纪德同意翻译康拉德全集，但第一次世界大战使这项工作不得不延期。而使康拉德在法国声誉空前的当属纪德亲自翻译并于1918年出版《台风》一事。纪德作为名人翻译这部作品，大大促成了作品的成功。尽管该作品并非康拉德的精华之作，但是很多法国人正是通过这部作品了解康拉德的。如今，说起康拉德，法国人就会提起它。

除了对作品的阅读兴趣，康拉德还留给了法国文学界什么呢？纪德认为，他之所以喜欢康拉德的作品，是因为它们给法国小说界带来了新鲜活力。象征主义已经引导我们走向了死胡同，为了回应读者对于小说审美的新的要求，作者就应该把注意力转向外部世界，转向未知的世界。对于俄国文学界来说，康拉德的冒险小说受笛福、陀思妥耶夫斯基的影响，他们的小说中都有着复杂的情节，可识的人物，进行着显示世界里所有的冒险。一种新的什么趣味正在呈现，它决定法国文学界在第一次世界大战前后的发展走向，这是他们在康拉德冒险小说中发现的一个新的特点——心理冒险小说。尽管《吉姆爷》和《黑暗的心》也有传统冒险小说的特点，但其间接呈现的方式、对现实的含混想象，却开辟了小说的现代性发展方向。[①]

第三节 康拉德在美国

美国学术界比较详尽地研究了康拉德自19世纪早期至20世纪末与美国作家的渊源关系、影响及其他关系，康拉德与美国电影及1923年康拉德的美国之行。在这些方面，由罗伯特·瑟克（Secor, Robert）和德布拉·莫德尔莫格（Moddelmog, Debra）主编的《约瑟夫·康拉德与美国作家》（*Joseph Conrad and American Writers*）[②] 是个全景式的研究，为我们提供了很好的参考。

该书的第一部分为"康拉德与19世纪前期美国作家"。编者认为康拉德与美国前辈作家库柏（Cooper）、梅尔维尔（Melville）、霍桑（Hawthorne）、坡（Poe）等有着很亲近的渊源关系，对他们进行比较，就可以看出美国文学的传统流经康拉德。第二部分考察康拉德与19世纪后期的美国作家，把康拉德与克莱恩、詹姆斯、杰克·伦敦（London, Jack）、马克·吐温（Twain, Mark）联系起来，认为他们之间有着很亲近的学缘关系。第三部分考察康拉德与20世纪美国作家，涉及的作家有艾略特、福克纳、菲茨杰拉德、海明威，门肯、奥尼尔（O' Neill, Eugene）和华伦。

不过编者的观点却遭到了强烈的质疑。康拉德研究专家基思·卡拉宾在1988年的《康拉德研究》杂志上发表文章，对瑟克的观点条分缕析，部分肯定，部分否定。他认为，所谓康拉德与所有美国作家有着亲密的渊源，只不过是编者没有实据的臆想。康拉德确实读过库柏等老一辈作家的作品，但是他有过三个文化传统——波兰的、法国的、英国的，他也读过俄国作家、法国作家、西班牙作家的作品，很难说他就属于美国传统中的一环。他认为编者对康拉德的定位，往好里说难成定

① Carabine, Keith (ed.): *Joseph Conrad: Critical Assessments*. London: Helm Information Ltd., 1992, pp. 98-104.

② Secor, Robert & Moddlemog, Debra (eds): *Joseph Conrad and American Writers: A Bibliographical Study of Affinities, Influences and Relations*. New York: Greenwood Press, 1985.

论，往坏里说，简直就是误人子弟。至于他与美国同时代作家的关系，也难说绝对地谁影响了谁。比如，他同詹姆斯的关系，他们在审美观和写作技巧层面上有着相似性，但是他们在题材、背景和气质上却差异甚大。爱莎·内特尔斯（Nettels, Elsa）的《詹姆斯与康拉德》（*James and Conrad*, 1977）兴许能较好地解释他们之间的关系。内特尔斯认为，尽管詹姆斯和康拉德在关于小说艺术的本质问题上观点一致，在艺术家的权利问题、人物为自我知识而斗争的价值和本质、在对讽刺和怪诞的使用等问题上，他们意见相左。至于康拉德与他的美国后辈同行的关系，也很难确认他影响了谁。瑟克以为康拉德影响了海明威，根据是海明威说过，没有哪一本书能像康拉德的每一本书那样教给他那么多东西。但卡拉斌认为，这只是海明威一种装腔作势的表白。他们在个人气质、文化背景、历史背景上差别很大，在人物与社会、政治、历史的关系的理解上大相径庭，在对各自小说的看法上一致。由于这些差别的存在，批评家们所声称的在主题、人物类型、想象等方面的相似性就是表面而肤浅的了。

不过在康拉德与艾略特、菲茨杰拉德、福克纳的关系与影响上他倒是同意编者的观点，原因是他们三个人都认真地读过康拉德的书，并且各自为自己的目的而引用过康拉德的作品。艾略特受到康拉德的影响，因为艾略特引用了《黑暗的心》中“库尔茨先生，他死了”作为《空心人》（*The Hollow Man*）的卷首题词，他本来还要用《黑暗的心》中的“恐怖！恐怖啊！”作为《荒原》的卷首语，后经庞德劝说才没有这样做。人们往往以此为据，说明二者对于当代荒原的悲剧想象和形象的契合，也说明康拉德在对神秘原则的使用、叙述技巧的运用，包括对超然意识和一系列不同声音的使用上对艾略特的影响。对于这种观点，卡拉斌持肯定态度。他认为艾略特与海明威不同，他是康拉德小说的第一个了不起的阐释者。“空心人”的概念是艾略特关于康拉德小说世界的最为深刻的思考。菲茨杰拉德同样对康拉德理解极深。只要读过他的作品，听过他谈论关于康拉德对他在理论、技巧和写作风格变化的人，都会接受批评家异口同声的判断：康拉德是当代作家中对菲氏影响最深的。具体地说，前者对后者有三种影响，一种渊源关系。一、从菲氏认真研究过康拉德的根据出发，批评家们指出，康拉德对马洛这个人物，以及对平行场景、形象、成对形象(doubles)、时间倒错的巧妙使用,都促使菲氏在《了不起的盖茨比》(*The Great Gatsby*)中力争形式和内容的完美结合。二、通过康拉德,他懂得了场面设计和戏剧张力的价值。三、在文体方面,康拉德在句子长短和音响方面力求完美的执着努力也促使菲茨杰拉德把文体看成是对“色彩”的寻求。康拉德使平凡字眼产生“神奇暗示”的纯熟技巧同样激励着菲氏努力追赶。主题上的“渊源关系”则包括二者把“青春”作为幻想时刻的观点。青春是美好的,充满了希望和幻想,然而岁月慢慢使青春的光辉黯淡,青春的梦想也往往被严酷的经历背叛。吉姆和盖茨比都有过梦想,又经历了梦想的幻灭。

康拉德与福克纳多层面的相似,是人们对他们之间的渊源关联的讨论起因。把《吉姆爷》和《押沙龙,押沙龙》(*Absalom, Absalom!*)并置在一起进行比较,人们就会发现二者都喜欢使用众多的叙述者、多种叙事声音、时间的倒错、通过形象和事件累积证据、情与理的持续冲突等等。他们都擅长在不同故事线上同时使用同类人物、展开平行行动、展示平行场景;都有对荒谬和荒诞的爱好;都对把思想化为行动中的内在讽刺性有着悲剧性认识。正因为如此,人们认为康拉德影响了福克纳。不过福克纳本人却提醒大家,尽管他从康拉德那里学了很多,他也明白自己除了受本土梅尔维尔、马克·吐温、安德森等的文学传统的熏陶外,还受了多种文化浸染下的文学传统和文学作品的影响,如英国的(莎士比亚、狄更斯等)、俄国的(陀思妥耶夫斯基、托尔斯泰等)、法国的(福楼拜等),康拉德同样受着这些前辈的影响。他痛快地承认,自己随时准备从这些前辈那里“偷取”东西。而上述的技巧在前辈作家身上也能找到。因此,以他们共有的文学创作特性为基础,将他们并置起来,是夸大了他们之间的渊源关联,导致一种简单的“影响”结论。卡拉斌指出,二者的相似,是因为他们都想要读者与作者“合作”,都在本质上想有亲密的个人交流,都坚信他们的艺术有着坚实的共同价值基础,他们的道德遗产都基于强调荣誉、忠诚、坚韧和友谊的价值观。从社会历史层面来看,他们都出生在以奴隶和农奴为基础的农业文明的社会里,他们的贵族传统一方面要应对外部的政治压力,一方面要面对贵族社会内部的矛盾;他们的贵族传统都提倡其种族的价值观,但是不管是美国南方黑人还是乌克兰奴隶,都呼吁自由,对他们的白人或波兰主子表现出不敬;他们开始写作之日正值血腥战争爆发之时,道德与政治传统被破坏,但是他们的文化和民族精神却在不屈的心灵中以“神话”和“暗影”的形式坚强地存在下来;二者都不信任政治机器,并企图避开它;二者都是保守主义者,对穷困者有着深刻的同情;在这种摇摇欲坠、极度分化的历史传统下成长的作者,对充满矛盾的多层面现实非常敏感,对话语的多元性、对他们所处社会的意识形态迅速做出反应。他们诉诸小说策略,帮助他们记录下每一重要时刻激发出的张力和激情,反映出在恐惧与希望并存的时代里,个体在极端环境下表现出来的心理状态。这些共同点便是他们在作品里表现出共同性的终极原因。①

① Secor, Robert and Moddelmog, Debra (eds): *Joseph Conrad and American Writers: A Bibliographical Study of Affinities, Influences, and Relations*. Westport, Conn: Greenwood Press, 1985, pp. 207-219.

第八章

21 世纪的康拉德研究

第一节 21 世纪我们为什么要阅读康拉德

不管在什么时代,人们总是对当下最感兴趣。那么,人类进入了21 世纪,我们为什么还要阅读康拉德?康拉德给我们什么启示?我们可以回答,康拉德作品虽然写于 19 世纪,然而其内容之广泛多元,作品中所探讨的问题的穿透力和前瞻性,对我们思考当下的问题有着极好的启示,因此,对他的阅读成了认识当下生存的重要策略。卡罗拉·卡普兰(Kaplan, Carola)在《21 世纪的康拉德》一书的序言中告诉我们,在美国,康拉德从来就是"当代人":1920 年开始,《吉姆爷》(1900)就成为耶鲁大学的《现代小说》课程的教材,康拉德小说中讲述的就是当代人和当代世界所面对的一些关键问题。1923 年,康拉德出现在《时代》杂志的封面上。1963 年,一本很有影响的学术著作的封面上写着:空气中弥漫着一种新康拉德主义。1970 年,美国当代语言学会(MLA)上,新成立的美国康拉德研究学会首任会长主持了首次年会,年会的主题是:"康拉德,我们的同时代人。"不仅如此,21 世纪出现了"文艺的康拉德转向"。在 2001 年纪念《吉姆爷》出版 100 周年之际,哈珀姆撰文说,《吉姆爷》尽管写成于 19 世纪,却好像跳过了 20 世纪,在 21 世纪作为我们时代的书而呈现出地位与重要性来。2001 年夏天,弗朗西斯·福特·科波拉(Coppola, Francis Ford)以《黑暗的心》为脚本的《现代启示录》在多家剧院放映;法国的表现派芭蕾在全世界演出,以"康拉德"作为"本能"的象征人物,法国 20 世纪实验艺术先锋马塞尔·杜尚(Duchamp, Marcel)作为"智性"象征人物打擂台。21 世纪在很多关

键事物上都把康拉德呈现出来，使他成为我们这个时代的关键人物。[①]康拉德是全球的，所谓全球化的康拉德，就是如卡普兰所说，康拉德如今最为清楚地出现在我们面前，好像他对全球化的关心曾经用看不见的墨水早已写就，用当下历史的火一烤就变得清晰可见起来，这个历史曾经历失败，曾经历殖民主义的沉沦，也见过极权主义的高涨，见过有组织的恐怖主义的出现，见过新帝国主义的兴起。所有这些过程都给进步敲响了丧钟，促使我们用还原戏剧的眼光，而不是用放大的史诗或悲剧的眼睛来看待我们自己。我们现在发现，正是康拉德在最为清楚地对我们说话，在进入新世纪的可怕的当口，他在教导我们，劝告我们，提醒我们。我们必须聆听他的话。[②]

卡普兰列举了当下很多大事件，并把这些事件与康拉德小说中所描写的事件进行平行对比，证明康拉德小说的当下有效性。比如，2001年在美国发生的9·11事件，与康拉德小说《间谍》（1907）中爆炸格林威治天文台的阴谋和恐怖分子的形象联系起来；美国在伊拉克的战争发生的条件、轨迹、参与者的情况使你们联想到《诺斯特罗莫》；新近在中东和世界其他地方的暴力行为使人们联想到《黑暗的心》；当然，我们也马上想到《间谍》和《秘密的分享者》与最近以斯诺登为主角的“棱镜门”；今天世界新格局的划分中显现出来的种种矛盾冲突使我们想到康拉德在《悬念》（*Suspense*）中描写的第一次世界大战后的情况。其他的一些事件也彰显了康拉德在新世纪的存在：特立尼达出生的后殖民小说家奈保尔（Naipaul, V. S.）2001年获得诺贝尔文学奖，瑞典诺贝尔奖评奖委员会的介绍称奈保尔是“康拉德的继承人”；另一位诺贝尔文学奖得主南非小说家内丁·戈迪默（Gordimer, Nadine）为康拉德的第一部小说《阿尔迈耶的愚蠢》（1895）作序，称康拉德小说的主题与我们当下的国际事务有着惊人的相关性。英国战地摄影记者马库斯·布利斯戴尔（Bleasdale, Marcus）出版了《百年黑暗：刚果腹地摄影之旅》

① Kaplan, Carola, Mallios, Peter Lancelot and White, Andrea (eds): *Conrad in the Twenty-First Century: Contemporary Approaches and Perspectives,* Introduction by Carola Kaplan, Peter Lancelot Mallios, Andrea White. New York, London: Routledge, 2005, p. Xiii.

② Kaplan, Carola and White, Andrea: Introduction to *Conradiana,* Vol 39. No. 1 Spring 2007.

(*One Hundred Years of Darkness: A Photographic Journey to the Heart of the Congo*),以图片配文字的形式揭露了今日刚果的政治舞弊,这些文字就取自《黑暗的心》。著名的康拉德研究专家、前欧洲自由之声波兰语电台的主任奈德在加拿大温哥华发表演说时,称康拉德是第一个超越地域、超越民族、超越个人主义而写作的现代作家。[①]

我们当下的诸多话语和主题都与康拉德作品中的主题相关。卡普兰指出,全球化交往、秩序混乱、无家可归、文化冲突、不可调和的仇恨、个人与政治愿景的失败等等,都成了我们报刊杂志的头条报道,也是我们的梦想和梦魇的内容。越来越多的读者和学者从不同角度、不同背景阐发康拉德作品中的这些问题,可以看出康拉德的当下相关性和重要性。

为什么要读康拉德?西方帝国主义同与它有着复杂而深远关系的殖民世界,殖民主义对殖民者和被殖民者的影响,这种语境使来自前殖民地而被噤声的新一批学者从阅读康拉德中得到了思想启蒙。考察康拉德与他作为水手和移民的世界的复杂关系能够让我们进入他的小说世界,并对我们先前未曾注意的问题加以注意,比如,文化怎样给我们下了定义?语言在我们思想、欲望、信念的形成过程中起了什么作用?怎么理解主体性?在异国、异文化中怎么理解孤独和异化?

为什么要读康拉德?因为像《黑暗的心》之类的作品给很多20世纪、21世纪的非洲的、印度的、南北美洲的、澳大利亚的、加勒比海的小说提供了必要的语境,使很多康拉德之后的小说变得可以理解。[②]

为什么要读康拉德?简单地说,就是因为康拉德是我们时代的康拉德。用美国2010年出版的一本研究康拉德的新作的标题来说,就是因为他是"我们的康拉德"。[③]

---

① Kaplan, Carola, Mallios, Peter Lancelot and White, Andrea (eds): *Conrad in the Twenty-First Century: Contemporary Approaches and Perspectives,* Introduction by Carola Kaplan, Peter Lancelot Mallios, Andrea White. New York, London: Routledge, 2005, p:x xiv.

② 同上 , p. xv。

③ Mallios, Peter Lancelot: *Our Conrad: Constituting American Modernity*. Stanford: Stanford University Press, 2010.

第二节 21 世纪以来康拉德研究的特点

21 世纪以来的康拉德研究，尽管范围非常之广，但最为重要的研究集中于以下三个大的方面：一、康拉德与当前和未来的全球化问题，包括对《黑暗的心》的重新解读和全球化的康拉德两方面。探讨了全球化语境下对人性、身份、后殖民重写、心理分析、掠夺性战争的思考；超越传统英—欧边界的康拉德传播与思考；康拉德作品对全球维度下的政治问题的重要性。二、康拉德与文本性。包括从文本性和文学本身对康拉德的当代性进行探讨；康拉德在他的时代做出的文学创新与我们对传统文学和文本范型的再思考。三、康拉德与主体性。讨论从政治、文本转向个人的当代相关性，探讨康拉德的全球和审美关怀是如何体现在他对人类主体的考察上的。

在第一个方面，杰弗里·哈珀姆著文讨论了认同问题，他认为这个问题不仅是《黑暗的心》中的关键概念，也是康拉德自 1897—1901 年间所写的文章中的重要论题。他把社会身份与审美化的语言结合起来考虑，探讨了《黑暗的心》何以能引起广大读者的强烈认同。[①] 贝尼塔·帕里则思考了对《黑暗的心》进行非洲和后殖民的重写的可能及其条件。认为该小说文本中存在的自我意识空白对以后的后殖民声音来说是进行重写的盛情邀请。[②] 达甫纳·福尔干（Erdinast-Vulcan, Daphna）的文章对《黑暗的心》做了心理—文本解读，探讨了在文本的无意识中康拉德与马洛之间的同构关系，揭示了其中的“为父欲望”及这一欲望带来的可怕后果。[③] 马克·华里格（Wollaeger, Mark）把《黑暗的心》放到美

① Harpham, Geoffrey Galt: “Beyond Mastery: The Future of Conrad’s Beginnings”. In *Conrad in the Twenty-First Century*, ed. Carola M. kaplan, Peter Lancelot Mallois and Andrea White. New York and London: Routledge, 2005, pp.17-38.

② Benita, Parry: “The Moment and After-Life of *Heart of Darkness*”. In *Conrad in the Twenty-First Century*, ed. Carola M. kaplan, Peter Lancelot Mallois and Andrea White. New York and London: Routledge, 2005, pp.39-53.

③ Daphna, Erdinast-Vulcan: “Some Millennial Footnotes on *Heart of Darkness*”. In *Conrad in the Twenty-First Century*, ed. Carola M. kaplan, Peter Lancelot Mallois and Andrea White. New York and London: Routledge, 2005, pp.67-82

国的伊拉克战争和阿富汗战争的语境去解读,用康拉德没有被研究过的文章《无光的海岸》对小说进行反思阅读,观看其中的信息与宣传,真实与谎言。① 帕德米尼·梦吉雅(Mongia, Padmini)把康拉德的作品与当代印度和印度尼西亚的作家联系起来进行阐释,以阿伦哈特·罗伊(Roy, Arundhat)的《微物之神》(*The God of Small Things*)为对照,探讨因康拉德作品引起的表现在文本中的"男性同性社会性欲望"的流动隐喻。她认为印度小说最终提供了超越"影响"的模式和"反写"(writing back)康拉德的机会,为互文性提供了方便,使康拉德和西方传统不再高高在上。② 罗伯特·汉普森(Hampson, Robert)对康拉德小说《胜利》、《吉姆爷》、《诺斯特罗莫》中地理位置的混合感到不解,他发现康拉德小说中的地理背景往往是由很多地方拼凑而成的。他认为这种"异地"策略揭露了世界上的力量关系,破坏了资本主义西方形象中单独划分世界的企图。③ 安东尼·弗塞吉尔(Fothergill, Antony)对康拉德的《诺斯特罗莫》中的全球化资本和无政府主义暴力问题进行了研究,着重对康拉德小说中政府权力和恐怖主义的颠覆性"他者"这个共生体进行了细致的分析。④ 彼得·兰斯洛特·马利奥斯(Mallios, Peter Lancelot)研究了小说《间谍》。他认为,英国新闻媒体自己无论是从其在历史政治中起的作用,

① Wollaeger, Mark: "Conrad's Darkness Revisited: Mediated Warfare and Modern(ist) Propaganda in *Heart of Darkness* and 'The Unlighted Coast'". In *Conrad in the Twenty-First Century*, ed. Carola M. Kaplan, Peter Lancelot Mallois and White Andrea. New York and London: Routledge, 2005, pp. 67-84.

② "Between Men: Conrad in the Fiction of Two Contemporary Indian writers". In *Conrad in the Twenty-First Century*, ed. Carola M. Kaplan, Peter Lancelot Mallois and White Andrea. New York and London: Routledge, 2005, pp. 85-100.

③ Hampson, Robert: "Conrad's Heterotopic Fiction: Composite Maps, Superimposed Sites, and Impossible Spaces". In *Conrad in the Twenty-First Century*, ed. Carola M. Kaplan, Peter Lancelot Mallois and White Andrea. New York and London: Routledge, 2005, pp.121-137.

④ Fothergill, Antony: "Connoisseurs of Terror and the Political Aesthetics of Anarchism: *Nostromo* and *A Set of Six*". In *Conrad in the Twenty-First Century*, ed. Carola M. Kaplan, Peter Lancelot Mallois and White Andrea. New York and London: Routledge, 2005, pp.137-154.

还是从它作为社会控制的工具，它的各种政治美学，它的同化力来看，都是小说中所描写的真正的间谍机构。① 这一判断不幸被 2012 年发生在英国百年老报《世界新闻报》（*News of the World*）的无良窃听丑闻和美国“棱镜门”与“维基解密”所暴露出来的西方间谍手段所佐证。

21 世纪，人们对康拉德作品的政治解读热情很高很浓，但也对其文本性研究不失兴趣。威廉·邦尼分析了康拉德的最后一部小说《悬念》，他认为这部小说的意义在于它作为一种审美策略，通过回避存在，延缓了对社会权威的政治抵抗，这是很多康拉德作品的中心问题。② 苏珊·琼斯分析了《台风》，从小说创作和接受的物质环境中发现了后现代和女权主义含义。③ 布莱恩·理查森则考察了《“水仙号”上的黑水手》中的阶级性和与后现代后殖民叙事方法相关的惊人的创新技巧，即以“我们”作为叙述主体的方法。④

在康拉德与主体性研究方面，批评家们从不同角度阐明了康拉德对主体性的复杂的构建既在当代思维之内又超越了当代思维。安德里亚·怀特（White, Andrea）以新近对身份建构性的理解重读康拉德的自传体作品，认为《海镜》在叙述主体性的同时，帮助建构了特别英国式的海洋话语；珍妮弗·弗莱泽（Fraser, Jennifer）考察了两个交织在一

① Mallios, Peter Lancelot: “Reading *The Secret Agent* Now: The Press, the Police, the Premonition of Simulation”. In *Conrad in the Twenty-First Century*, ed. Carola M. Kaplan, Peter Lancelot Mallois and White Andrea. New York and London: Routledge, 2005, pp. 155-174.

② Bonney,William W. “Suspended”. In *Conrad in the Twenty-First Century*, ed. Carola M. Kaplan, Peter Lancelot Mallois and White Andrea. New York and London: Routledge, 2005, pp.175-194.

③ Jones, Susan: “Conrad on the Borderlands of Modernism: Maurice Greiffenhagen, Dorothy Richarson, and the Case of *Typhoon*”. In *Conrad in the Twenty-First Century*, ed. Carola M. Kaplan, Peter Lancelot Mallois and White Andrea. New York and London: Routledge, 2005, pp. 195-212.

④ Richardson, Brian:“Conrad and Posthumanist Narration: Fabricating Class and Consciousness on Board the Narcissus”. In *Conrad in the Twenty-First Century*, ed. Carola M. Kaplan, Mallois, Peter Lancelot Mallois and Andrea White. New York and London: Routledge, 2005, pp. 213-222.

起的文本:《在西方的眼睛下》和《秘密的分享者》,提出了康拉德经典中未能抒发的悲伤的作用,这是一个非常新鲜的观点,珍妮弗认为这一观点带有德里达对于“失去”与“哀悼”的理解特色。卡普兰对康拉德作品中的性欲与性别问题进行了探讨,认为康拉德的后期作品,尤其是《在西方的眼睛下》,描写了强势的女性人物,她们颠覆了传统的性欲与性别等级结构,因此对以男性为中心的叙事进行了批判、扩展和反对。[①]

对于21世纪以来的这些批评,米勒有如下几点看法:

1. 在方法论上,各种批评方法成了解剖康拉德作品的利器,包括文化研究、后殖民研究、女权主义批评、弗洛伊德与拉康(Lacan, Jacques)的心理分析批评、修辞批评、结构主义批评等等,不一而足,因此,各种方法不是通过抽象的描述,而是通过具体的例子得到了传播。

2. 多数解读是文本外的解读,如文化的、历史的、文献的等等。真正“内部的”解读很有限,过去那种称之为“形式主义的”、“细读”的方法很少见。很少像雅各布·洛斯那样对叙事技巧进行细致的分析。

3. 对什么方面进行批评就只提什么方面曾经做过什么工作,而没有全方位的研究背景,这样的研究很难达到经典之论的地位。

4. 在全球化的时代,批评家们把康拉德的作品作为用英文写作的全球文学来解读,而不仅仅视为经典英国作家来解读,并把这样做视为自己的职责所在。这是全球化时代解读康拉德的应有眼光。

米勒也提出了自己对康拉德的解读。首先,他认为康拉德是一个彻头彻尾的反讽作家。他发现反讽这个词常常出现在康拉德的自我刻画中。如他在1920年写的《间谍》一书的《作者语》中说,这是用反讽之法写成的书。我坚信,光用反讽之法,就足以将我感到要说出来的蔑

① White, Andrea: “Writing from Within: Autobiography and Immigrant Subjectivity in *The Mirror of the Sea*”. In *Conrad in the Twenty-First Century*, ed. Carola M. Kaplan, Peter Lancelot Mallois and White Andrea. New York and London: Routledge, 2005, pp. 241-250. Fraser Jennifer: “‘A Matter of Tears’: Grieving in *Under Western Eyes*”. In *Conrad in the Twenty-First Century*, ed. Carola M. Kaplan, Peter Lancelot Mallois and White Andrea. New York and London: Routledge, 2005, pp. 251-266. Kaplan, Carola M.: “Beyond Gender: Deconstructions of Masculinity and Femininity from ‘Karain’ to *Under western Eyes*”. In *Conrad in the Twenty-First Century*, ed. Carola M. Kaplan, Peter Lancelot Mallois and Andrea White. New York and London: Routledge, 2005, pp. 267-282.

视和同情说出来。不过米勒所说的反讽是一种“践行式”用法，即以反讽行事。因为反讽能“安慰”、“允诺”、“道歉”，能够起很多语言功能的践行作用。比如，康拉德作品中反讽能够起到“加强”的作用。比如，加强了读者的识别能力，以免受他的小说人物经常被幻想欺骗之苦，也可以使他的读者接受小说中表现出来的令人沮丧的政治和心理洞见。如果反讽有践行功能和认知功能的话，就意味着康拉德作品中处处可见的反讽表现出了改变读者的政治信仰和行为的力量。

米勒还认为康拉德的作品是很多叙事类型的模仿。比如，《台风》模仿了海洋故事；《诺斯特罗莫》模仿了历史小说；《黑暗的心》模仿了启示录，该小说中马洛所有历史的、个人的、心理的描写细节，包括他对库尔茨之死的描述，都不过是讽喻式启示的喻体而已。它们揭示出英国与非洲一样，都是地球上的黑暗之地。

从康拉德的阅读与研究出发，米勒对于目前的文学研究面临的问题提出了两点建议。首先，他感慨康拉德生于文学黄金时代的末世，这一焕发想象力的时代正被当下的媒介时代所取代。比如，电影、电视、英特网、大众音乐、计算机游戏等。这些东西对大众的思维、信仰、行为有着极大的影响，而文学的力量却渐次退位。米勒呼吁大学的文学教授们要做出艰苦的努力，让大家认识到文学学习的重要性。其次，米勒强调，文学批评一定要以阅读文本为基础，让文本使我们惊讶，激发我们的批评热情。他认为，这是对文学作品最首要的、最真实的阅读，所有批评、分析、评论的上层建筑，都建立在这种“入迷阅读”的基础之上。如果对康拉德的作品不能入迷，那么这部作品就不值一谈，不管是赞美还是批评。①

① Miller, J. Hillis: “Foreword”. In *Conrad in the Twenty-First Century: Contemporary Approaches and Perspectives*, ed. Carola Kaplan, Peter Lancelot Mallios and Andrea White. New York, London: Routledge, 2005, pp.1-14.

第二编

康拉德学术史研究

第一章

《间谍》学术史研究
——无政府主义与康拉德的词语焦虑

一

《间谍》于1907年问世。无政府主义小说当时被称作“爆炸小说”（dynamite novel），而《间谍》则是关于无政府主义者暴力活动的最著名的三部小说之一。[①] 康拉德在小说面世十二年后写的《作者序》中说，创作的灵感来自一位朋友和他谈起的无政府主义：

> 不过我记得他当时谈到了无政府主义兴风作浪犯下的罪行毫无意义，还谈到无政府主义的一般学说、行动和思想；他痛斥他们几近疯狂的可鄙可耻的思想状态；他们厚颜无耻，利用人类的痛苦和轻信进行欺诈，而人类却总是悲剧性地热衷于自我毁灭。因此，我才认为无政府主义所遵循的伪科学是不可饶恕的。我们又顺便举了几个具体的事例。我们想起了大家早就知道的那场妄图炸毁格林威治天文台的事件。那是一场荒谬绝伦的血腥事件。为什么他们要这样干，他们居心何在。这一事件的思想根源，不管是用理智的方法还是用非理智的方法进行思考，都莫测高深。因为即使是一件邪恶的非理智的行为，它的事实本末必然有一个合乎逻辑的过程。然而格林威治公园的暴行却令人百思不得其解。为什么一个人不为什么目的却要把自己炸得粉身碎骨呢？这跟无政府主义或者其他思想又有什么关系呢？罪犯尽管被炸得粉身碎骨，格

① Newton, Michael: “Introduction”. In *The Secret Agent, A Simple Tale*, by Joseph Conrad. London: Penguin, 2007, p. xix.

林威治天文台却巍然屹立,就连围绕天文台的外墙也没有出现一条最轻微的裂缝。[①]

康拉德对无政府主义的这种怀疑态度已备受批评关注,但很少有评论家论及它与康拉德的词语焦虑的关系。

其实,康拉德的词语焦虑一直是评论家们关注的焦点之一。他的创作语言不是他的母语,而他又爱用"无法言说"之类的形容词来暗示言不逮意。爱德华·萨义德曾在《康拉德:叙事的呈现》(1974)中谈到过康拉德遇到的语言困境:"他发现,他在所写之词(words written)方面的天赋,非但没有缩小言说之词(words saying)与表意之词(words meaning)之间的鸿沟,反倒使之扩大。选择了写作,就等于选择既不能如他所愿地直接言说,也不能如他所愿地确切表达。"[②] 特里·伊格尔顿也认为康拉德并不相信语言的力量,词语和意义均漂浮在疑问和不确定的海洋之上。[③] 康拉德自己也说过很多类似的话,例如:"生活不懂我们,我们也不懂生活——我们甚至不懂自己的思想。我们用的词,一半是一点意义都没有的;而另一半,每个人都是按自己的愚蠢和自负的方式去理解每一个词。信念(faith)是个神话,信仰就像岸上的雾一样变幻莫测;思想消失了;词语,一旦说出口,也就死掉了;关于昨日的记忆就像对明日的希望一般虚幻。"[④] 其实,这种词语焦虑并非康拉德所独有,评论家惠特沃斯(Whitworth, Michael)在分析"能量与物质退降"(entropy)观念与《间谍》的关系时,就提到了世纪末的文人们对"语言衰退"的焦虑。[⑤]

《间谍》中的词语焦虑早已经引起评论家们关注。斯坦在《〈间谍〉:

① 康拉德:《间谍》,张健译,北京:外国文学出版社,2002年,第3—4页。

② Said, Edward W.: "Conrad: The Presentation of Narrative". In *Novel: A Forum on Fiction* 7.2 (1974): p. 116.

③ Eagleton, Terry: *The English Novel*. Malden, MA: Blackwell, 2005, p. 237.

④ Conrad, Joseph: *Letters to R. B. Cunninghame Graham*, ed. C. T. Watts. Cambridge: Cambridge University Press, 1969, p. 65.

⑤ Whitworth, Michael: "Inspector Heat Inspected: *The Secret Agent* and the Meanings of Entropy". In *The Review of English Studies* 49.193 (1998): pp. 40, 53-54.

词语的痛苦挣扎》("*The Secret Agent:* The Agon(ie)s of the Word")一文中提出,康拉德"否认语言和现实(不管是在生活中还是小说世界中)之间有任何关联。如他喜欢用的类比和拟人手法所示,事物之间的相似性不过是构成了一个空洞的词语而已……词语描述的只是词语"。他认为,康拉德通过使语言对抗语言,使小说和生活失去了思想意义:"每个人都生活在他自己词语世界的笼子中,无法通过'事先构成的看法'的幻想和自欺去理解他和别人的思想。"① 汉斯福德(Hansford, James)在《〈间谍〉中的所指与修辞》("Reference and Figuration in *The Secret Agent*", 1985)一文中通过分析小说中的两个谜团(格林威治爆炸案和维尔洛克的秘密代号 Δ)的关系,论述了词语与世界之间含混的指代,强调了意义与所指的分离。② 迈克尔·格里尼(Greaney, Michael)则在《康拉德、语言与叙事》(2002)一书中分析了康拉德对语言朽蚀的忧虑,认为伦敦的脏乱也映照着话语的脏乱(色情小说、无政府主义传单、革命册子、发行量很大的乏味报纸等),伦敦就是"可靠语言(authentic language)的真正坟墓"。③

不过,这些评论家都没有关注无政府主义与康拉德的词语焦虑之间的关系,尤其是词语与情感之间纽带的断裂。

二

"无政府"(anarchy)一词的词根源自希腊语(anarchos),意指"没有领袖"。从《牛津英语词典》(*Oxford English Dictionary*)的释义和例句来看,这个词在 16 世纪进入英语,既指没有政府或政治上的混乱状态,也泛指各种缺乏权威的状态,如道德、精神、情感、语言等领域的混乱或"无政府状态"。从维多利亚时代文人的话语中,我们不难感受

---

① Stein, William Bysshe: "*The Secret Agent:* The Agon(ie)s of the Word". In *Critical Essays on Joseph Conrad*, ed. Ted Billy. Boston, Mass: G. K. Hall, 1987, pp. 172, 179-180.

② Hansford, James: "Reference and Figuration in *The Secret Agent*". In *The Conradian* 10.2 (1985): p. 116.

③ Greaney, Michael: *Conrad, Language, and Narrative*. Cambridge: Cambridge University Press, 2002, p. 136.

到，这个词经常带有一种贬义的色彩。马修·阿诺德在著名的《文化与无政府状态》中将它视作“文化”的对立面，托马斯·卡莱尔（Carlyle, Thomas）在《英雄与英雄崇拜》中直言无政府状态是世上“最可憎的状态”。在某种程度上，这个词甚至成了一种修辞手段，成了社会批评家们著书立说的缘由。19 世纪敏感的文人们，喜欢用这个词来描述让他们心神不宁而又“无法言说”的那种混乱状态，尤其是现代化进程中社会、经济、宗教、道德等诸多领域出现的混乱。有了这样一个词，他们便可以有力地阐述自己关于重构权威和秩序的种种理想。

不过，《牛津英语词典》的例句还显示，在 19 世纪后半叶，这个词还用来指一种理论上的社会状态，即没有统治者或政府，但也没有混乱无序，而个人却能享有绝对的自由。这便是“无政府主义”的基本信条之一。雷蒙德·威廉斯在《关键词》(*Keywords*)中还指出，1870 到 1914 年间，有少数无政府主义者主张用个人的暴力和暗杀行动来对抗政治首脑，使这个词与恐怖主义产生了关联。[①] 不过，这种主张和行动在欧洲大陆更为流行，康拉德的《在西方的眼睛下》就描写过发生在俄国的这种暗杀活动。但在《间谍》中，康拉德借（俄国）驻英使馆一秘符拉迪米尔之口说，这种行刺君主的行动太老套了，已不足以引起轰动效果。这位一秘让自称无政府主义者的间谍维尔洛克去炸格林威治天文台，以图让迷信科学的英国资产阶级感到震惊，从而像欧洲大陆那样有力地打击政治犯罪。[②]

但这场阴谋最终演变为政治的闹剧和个人的悲剧。在小说反讽的语调中，不管是夸夸其谈的无政府主义，还是名不副实的无政府主义者，都没有形成真正的力量，没能让英国出现无政府状态。这次事件炸出的火星，并没有形成燎原之势，反倒像一颗小石子沉入了大海之中。如康拉德在《作者序》中所言，格林威治天文台巍然屹立，就连外墙都没有出现一条最轻微的裂缝。刚加入英国籍没几年的康拉德，对无政府主义的态度似乎并无模棱。

不过，这个被康拉德称作“一个简单的故事”（小说副题）的故事并没有这么简单。虽然从 17 世纪主张土地公有的掘土派（The Diggers），

① Williams, Raymond: *Keywords*. New York: Oxford University Press, 1983, p. 38.

② 康拉德：《间谍》，张健译，北京：外国文学出版社，2002 年，第 24—29 页。

到18世纪《政治正义论》的作者威廉·葛德文(Godwin, William),再到19世纪的空想社会主义者罗伯特·欧文,英国的无政府主义思想一直处于边缘地位,没有欧洲大陆的无政府主义思潮那样的影响力,但它对权力和财产制度的质疑也不是没有一丝响应。尤其是对经济领域中的不正义现象的批判,至少是情感上的批判,在19世纪的英国反倒是主要思潮之一。像早期卡莱尔提出的"英国状况问题",迪斯累利描述的"两个国家",都直面英国工业化进程中日趋明显的贫富分化现象。《间谍》中的无政府主义者,如米凯利斯和云特,也对经济制度有着相似的言论。不过,康拉德却对他们的这些言论进行了讽刺。首先,他们的言论并没有引起其他人的回应,只有"弱智"的斯迪威受到了震撼;其次,斯迪威同情弱者,同情受压迫的穷人,但让他震撼的,恰恰不是无政府主义者关于经济剥削的思想,而只是他们的修辞,而且,他所理解的只是词语的字面意思。

小说第三章描绘了无政府主义者们在维尔洛克家聚会,斯迪威在外面听到了他们的谈话。米凯利斯的认识应该说并不失深刻:

> 乐观主义的词句已经开始从他的嘴里倾泻出来。他看到资本主义在摇篮里就注定要灭亡,从它诞生的时候起,它的体系里就存在着竞争的毒素。大资本家吞并小资本家,大量集中生产力和生产工具,完善工业流程,在进行疯狂的自我扩张中,只能为受苦受难的无产阶级的合法继承做到丰富充实,做好准备、组织的工作。米凯利斯说出了"忍耐"这个伟大的词儿,随即抬起亮晶晶的蓝眼睛,望着维尔洛克先生家的客厅里低矮的天花板,露出天使般可以信赖的神色。[①]

我们看到,米凯利斯说完后,斯迪威"仿佛陷入了感觉迟钝麻木不仁的状态"[②]。这自然与米凯利斯习惯"自言自语",不在乎听众的反应有关,也与他的遣词用句有关。另一位无政府主义者奥西朋反对米凯利斯的"忍耐"说,反对耐心等待无产阶级接班,主张采取行动。而行

① 康拉德:《间谍》,张健译,北京:外国文学出版社,2002年,第43—44页。

② 同上,第44页。

动首先要唤起大众的情感，如奥西朋所说：“最重要的还是群众的情绪。没有情绪就不会有什么行动。”[①]

奥西朋是“无产阶级未来”传单的主要撰稿人，自然懂得词语的情感力量。小说伊始描写了间谍维尔洛克的商店，里面卖一些不怎么有名的印刷粗陋的报刊，“叫什么《火炬报》、《铜锣报》，总之是一些激动人心的名字”[②]。两者分别是真实的和康拉德臆造的无政府主义报刊。奥西朋的“无产阶级未来”也在维尔洛克的店里卖。这个“激动人心”(rousing)是点睛之笔。但在小说世界中，似乎并没有什么人受到这些报刊的影响，没有人因此而激动。只有一个例外，那便是斯迪威。温妮发现斯迪威“总是拿橱窗里的报纸看。他全神贯注，仔细看报，把脸都看红了”[③]。不过，让斯迪威热血沸腾的并不是无政府主义的理论主张，而是表面的言辞，是“一位德国军官把一名新兵的半个耳朵撕下来”这种直观的血淋淋的描述。[④]

因此，米凯利斯的言论让斯迪威昏昏欲睡，云特的话却让他像“一只关在笼子里受了惊吓的动物”[⑤]。不妨看看云特的发言和斯迪威的反应：

> “你可知道对于当前经济状况的性质我要怎么说吗？简直是人吃人。就是这么回事！他们吃人肉、喝人血来填满他们的欲壑，——除此之外，还能说什么呢？”
>
> 斯迪威听到这句可怕的话，喉咙里咕噜了一下就把它吞了下去，接着就像服下了立刻发作的剧毒，马上两腿发软，一屁股坐在厨房门口的台阶上。[⑥]

斯迪威显然被这些煽动性的话吓到了，他只会按词语的字面意思

① 康拉德：《间谍》，张健译，北京：外国文学出版社，2002年，第45页。

② 同上，第1页。

③ 同上，第53页。

④ 同上。

⑤ 同上，第49页。

⑥ 同上，第45页。

去理解。让斯迪威愤慨的，不是云特所描述的经济状况，而是他用来形容这种状况的词语。如温妮所说："他以为那都是真的。他哪里懂得这些呀。他听到这些是会动肝火的。"[①] 言外之意就是，如果他懂得，也就不会激动了。换言之，这个唯一被无政府主义言辞刺激得热血沸腾的人，并不能领会无政府主义关于经济不正义现象的批判，而只是被其修辞所刺激，而且是照着这些修辞语言的字面意思来理解的。这是对无政府主义语言的讽刺，本应唤起激情的词语却失去了这种能力。

三

《间谍》中的伦敦很少描写下层人的生活状况，但对贫富分化等社会问题的担忧却是隐含的主题。"假释犯"米凯利斯的言论本应引起人们的义愤或深思，却如囚牢里的回声，只是在坚硬的墙壁间回荡，并没有打动其他人的心灵。似乎只有弱智的斯迪威还能对不正义的社会现象表示义愤。面对这些现象，"正常人"的同情心已经迟钝，而描述和分析这些现象的词语自然也就无法激起他们的情感反应。这实际上是一种道德无政府状态。苏雷什·拉威尔在《失败的艺术：康拉德的小说》（1986）中认为，斯迪威的迷茫和愤怒情感构成了基本道德体系的成分，斯迪威具有感觉（feel）的能力。对斯迪威来说，词语与情感是与具体的经历深深相系的，他不知词语是任意的语言符号，不能不带情感地听无政府主义者的谈话。[②] 而且，现实生活中的词语很少是"任意的语言符号"，很多词语原本就带有情感意义。

同情心的缺失是《间谍》中道德无政府状态的重要原因。斯迪威同情受压迫的人（少年时代就因听说公司里有人受了欺负而点燃爆竹），后来见马车夫抽打瘦马便无法忍受，而马车夫告诉他自己的命运比马还惨，更令他同情。他自己小时候备受父亲苛责打骂，那段痛苦的经历也使他更能体会这种凄惨的状况。但他不知道如何解救水深火热中的穷人。温妮试图让斯迪威从对马和马车夫悲惨遭遇的同情和义愤

① 康拉德：《间谍》，张健译，北京：外国文学出版社，2002 年，第 53 页。

② Raval, Suresh: *The Art of Failure: Conrad's Fiction*. London: Allen & Unwin, 1986, pp. 109-110.

中平静下来，告诉斯迪威警察也管不了这个，相反，警察是“在那儿警戒着，谨防那些一无所有的穷人会把富人的东西拿走”。[①] 斯迪威反问，穷人饿肚子也不能拿吗？温妮回答是不能。叙述者讽刺说，“她仿佛是一个毫不受财富分配问题干扰的人”。[②] 她丈夫维尔洛克的同情心更少。维尔洛克的“懒散”，其实也是一种情感的“迟钝”[③]。他希望能够保持自己家的闲适生活，对其他人的生活并不关心。他上午从海德公园走过，看着“金色粉末”中富饶繁华的伦敦，决意要保护富人，保护这种闲适的生活。[④] 这不过只是一个一闪而过的念头，穷人的境地更是从未进入过他的脑海。他不可能听到马车夫说：“在这世界上过活可不容易。这可不是一个安逸自在的世界。”[⑤] 这种情感和道德上的迟钝并不只是他的个人习惯，而是整个社会风气的一个缩影。

在这样的小说世界中，只有两种显得有些另类的人（无政府主义者和弱智的斯迪威）在谈论社会经济的不正义现象。但前一类人的言论毫无影响，如评论家牛顿所言，当时英国的无政府主义对大多数英国人来说，都是一种“朦胧而又遥远”的事物。就连康拉德对无政府主义的了解也是通过主流媒体的描述，而非无政府主义报刊。[⑥] 而后一类人又缺少表达能力。我们看到小说是这样描述斯迪威的：

> 他看着那匹孤零零的马出神。尽管他被人挤来挤去，累得够受，他却仍然执拗地站在那儿，他发现人马之间有着悲惨的共同命运，他很想把他的同情心表达出来，但这是很困难的。“可怜的畜生，可怜的人呀！”他也只能反复念叨着。这样似乎不够有力，他怒冲冲地唾沫四溅地说了一声“可耻！”这才住口。斯迪威不善措辞，也许就是因为这个，他才表达不清思想，话也说不准确。不过

① 康拉德：《间谍》，张健译，北京：外国文学出版社，2002 年，第 154 页。

② 同上。

③ 同上，第 9 页。

④ 同上。

⑤ 同上，第 148 页。

⑥ Newton, M. S.: “Anarchism”. In *Joseph Conrad in Context*, ed. Allan H. Simmons. Cambridge: Cambridge University Press, 2009, pp. 118-119.

他的感情比较丰富而且有一定的深度……

……他仿佛在搜索枯肠尽量利用他所知道的词汇来表达情感,从而形成自己的思想。事实上,他还是说出了他要说的话,他踌躇了一下说道:

"对穷人来说这个世界太糟糕了。"[①]

叙事者说"他是一个讲道德的人,他有点儿受到自己的热烈的正义感的支配"。[②] 恰恰是这位有情感的人缺乏表达的能力。词语与情感似乎被剥离了开来。

这与维多利亚时代英国的社会发展息息相关。康拉德在小说题词中将"这个发生在19世纪的简单故事"献给了H. G. 威尔斯。[③] 很多批评家们发现这个故事并不"简单",也有批评家认为重点在于这只是一个"故事"。不过,批评家忽略了题词中是如何称呼威尔斯的,康拉德不是献给这位小说家,而是献给这位"编年史家"(chronicler)、"传记家"(biographer)和"史学家"(historian)。康拉德对词语的焦虑似乎也不只是小说家的职业敏感,而更像一位史学家对19世纪英国历史的反思。词语影响并塑造着人的思想和情感,但在工业发展和科学统治的时代,词语似乎也遭到了"去神秘化"的悲剧,失去了与情感呼应的能力。米凯利斯的女恩主反感工业化进程的机械和冷酷无情,认为英国中产阶级"感觉迟钝、心如槁木、无动于衷"。[④] 叙述者的语调在这里似乎并不全是反讽。

① 康拉德:《间谍》,张健译,北京:外国文学出版社,2002年,第151—152页。

② 同上,第152页。

③ Conrad, Joseph: *The Secret Agent*, ed. Michael Newton. London: Penguin, 2007, p. 2.

④ 康拉德:《间谍》,张健译,北京:外国文学出版社,2002年,第99页。

第二章

《吉姆爷》学术史研究

——《吉姆爷》批评中的两个重要问题

康拉德作为英国现代派文学的开启者之一，在作品的主题和表现技巧上都具有前卫性，因此他的作品刚出版时会让习惯于传统写作的批评家们感到大惑不解也就是正常的了。随着评论的深入和各种批评理论的出现与应用，对作品的批评真是百花齐放了。从刚开始时批评界的微词到"康拉德的每一本书都比我读过的任何一本别的书教会我的多"的赞誉，[①] 从刚出版时的寂寂无闻到现在的"整个就是康拉德一代"，[②] 说明了经典作家的经典之作如陈年老窖，历久弥香。在独立思考、自由表达的学术界，在见仁见智的眼光中，对康拉德的解读异彩纷呈，是太自然的事。就拿《吉姆爷》来说，略数一下就有"友谊"论、"寻求"论、"冒险"论、"忠诚与背叛"论、"自传"论、"勇气"论、"怯懦"论、"道德"论、"史诗"论、"罗曼司"论、"意识形态"论、"文化冲突"论、"结构"论、"视角"论、"声音"论、"修辞"论，如此等等，不可胜数。

那么，这些关于康拉德的批评到底给我们贡献了什么，以至于我们不得不停下来做一番反思或深思呢？

一、关于康拉德／吉姆与"作者"之死

在对《吉姆爷》的批评中，有一种批评探讨了康拉德与小说主人公

① Hemingway, Ernest: "Work in Progress". In *Translantic Review* (April 1924). The article in this issue was later published with the title "Indian Camp".

② 2010 年在美国斯坦福大学出版的《我们的康拉德》一书，其中一章的标题就是"All a Conrad Generation"。见 Mallios, Peter Lancelot: *Our Conrad*. Stanford, California: Stanford University Press, 2010, p.221。

吉姆的关系。代表人物就是批评家古斯塔夫·莫夫。他对康拉德的身世进行了细致的分析,认为《吉姆爷》中的吉姆其实就是康拉德的自画像。他出身波兰世家,家族上多有爱国之士,有着带领国人反抗外来侵略的传统。在这种家庭氛围里成长起来的康拉德,本应在民族斗争中担起先锋的重任,但他却离开了波兰。这一历史在小说中化为了作为船长的吉姆抛弃了船上的朝圣者不管,在沉船之际自顾逃命。而他对于这一耻辱时时如芒刺在背,最后只好去了一个谁也不知道的地方,隐姓埋名,重新做人,希望以此给失去的正义、荣光以救赎。这就如同康拉德在离开波兰之后一直有着萦绕不去的家国情怀,有亡国之痛和未赴国难的愧疚一样。

这一解读,其实牵涉到一个很大的文学理论上的争执:即作者在作品中的存在与不存在的问题。向"存在论"发起挑战的有"上帝之死"论。尼采(Nietzsche, Friedrich)在《快乐的智慧》(*ùn voyage philosophique*, 1910)中借疯子之口喊出"上帝死了"。自从"上帝死了"后,就没有了绝对权威,就没有了最终的神圣。文学作品中为解释文本意义的最后的作者权威也随之轰然倒下,作者也没有了,作者也"死了"。罗兰·巴特(Barthes, Roland)就是直接喊出"作者之死"的理论家。[①] 除此以外,"新批评"相信,要获得作者的意图作为解释文本的依据既不可能,也不必要,只有文本本身才是我们研究的唯一不变的依据,因此也为作者之死唱起了挽歌。结构主义认为,具体话语的意义取决于整个语言体系,是非个人的体系的产物,这也隐含着"作者之死"。读者反映论认为文本的意义在于读者的阐释,有什么阐释就有什么意义,因此意义是脱离作者的。后结构理论家们发现了意义的不确定性。每一个能指可以有几个所指,而每一个所指又会成为新的能指,有自己的一系列所指,如此往后推移直至无穷。因此,我们不可能有最后的终极的意义。而且任何言语都是早已写就了的,因此作者的写作无所谓创造、创新。在这样一种认识论中,作者当然没有了"文本的创造者、意义的来源和阐释的唯一权威"的神圣地位了。

莫夫批评的有效性显然受到了上述理论的挑战。我们是该相信莫

① Barthes, R.: "The Death of the Author". In Barthes, R.: *Image-Music-Text, Essays*. Trans. S. Heath. New York: Hill and Wang, 1977.

夫，把康拉德的生活经历看成是《吉姆爷》作品的源泉呢，还是应该像上述理论所宣称的那样，作品是作品，作家是作家，彼此没有干系呢？

我们认为，这个问题应该辩证地看。一方面，创作不能等同生活本身，因为它是艺术化了的生活，因此，吉姆爷不能等同于康拉德；作品中的故事也不是康拉德生活的直接反映或复制。言不足以尽人。作者与作品的关系并非直接、明白，而是隐晦、曲折的。但另一方面，作品源于作家的生活体验，作品里隐隐约约总有作家的影子。有时作家将自己的人生经历改头换面，幻化成小说人物的命运经历。我们能感觉到作者个人生活史的隐秘存在；有时作家将自身的人生感悟、情感体验赋予作品中的某个人物，以表达自己的喜怒哀乐，寄托自己的思想感情，细心的读者也能够在其中寻索作家的心路历程；如此等等，不一而足。总之，这些都说明作者在作品中的存在，作家没有从作品中"死去"。

2012年诺贝尔文学奖得主莫言写出他家乡山东高密的红高粱，而康拉德写出他的航海生活。反之，康拉德写不出高密的红高粱，莫言也写不出航海生活。这是因为他们的作品是他们自身经历的艺术化，而且只能是作者自身经历的艺术化。让没有航海经历的莫言去写康拉德式的航海小说不可能，期待康拉德写出山东高密的红高粱同样不可能。在接受采访时，莫言一再说明了他的作品与他的生活的相关性。他说："一个作家，一辈子其实只能干一件事：把自己的血肉，连同自己的灵魂，转移到自己的作品中去。"[①] 鲁迅先生也曾指出：创造的基础是生活经验；而所谓生活经验是在"所作"以外也包括了所遇、所见、所闻的。作者写出作品来，对于其中的事情，虽然不必亲历过，最好是经历过。当然，写作的"模特儿不用一个一定的人，看的多了，凑合起来的"。"从水管里流出来的是水，从血管里流出来的是血。"刘再复也称他自己的作品是从自己血管里流出来的。

传记式批评方法在今天许多人的眼中早已过时，理解作品，也未必要以作家为必要条件。然而，文学批评仍然难以完全忽视作家主体作用于文学作品的意义。因此，莫夫的这一解读值得重视，这对于我们认识《吉姆爷》发生的内在机制、破解其中的"密码"无疑大有裨益。不仅如此，在今天理论界几乎全面认同"作者死去"，而对"作者存在"似乎

① "一个作家，一辈子只能干一件事"，见《青年商旅报》（2012年10月19日16版）。

嗤之以鼻的情况下,重提这一批评方式,并充分肯定它的价值,对于多角度解读文本,消除作者完全死去的偏狭,无疑是很有意义的。

二、康拉德—吉姆—布朗:自我认识的三维度

前面已经提到,莫夫在批评中注意到了一个有趣现象:布朗就是吉姆的另一个自我,而吉姆则是康拉德的对应自我,是康拉德戴了面具的自我投射。

在《吉姆爷》中,布朗的出现是在吉姆逃到帕图桑后。吉姆到了帕图桑,由于其各种"英雄壮举",当地人视他为神,称为"吉姆爷"(Lord Jim)。Lord 这个词,在英文里既有"爷"的含义,又有"神"的含义,而在吉姆身上二者兼有。这种状况直到布朗——他的"对应自我"的出现。吉姆的形象是高大的,布朗的形象是低微的;吉姆是文明的,是虔诚的,布朗却是亵渎的,是野蛮的;吉姆是博爱的,布朗是仇恨的;但是在吉姆与布朗的所有接触中,我们都会感到他们之间有一种暧昧的关系,吉姆在布朗面前从来不敢表现出大胆的斥责、愤怒、反对,似乎他的命运掌握在布朗手中一般。我们看看他们的接触—发展—认同—颠覆的过程吧。

布朗早就声称自己不崇拜上帝,有着撒旦似的天赋,他天马行空,没有任何规则秩序的约束[①]。可以说,他与吉姆的关系有三个阶段:认同—等同—颠覆。

布朗第一次见到吉姆时心中不免惶恐嫉恨。吉姆的活力、沉稳,与他那憔悴猥琐的外表形成了鲜明对比。尤其是吉姆是那个地方的权威,而他则由于饥饿而侵入帕图桑。他意识到自己不是吉姆的对手。不过经过他与吉姆的谈话,情况有了急剧的转折。他向吉姆提出了尖刻的问题,比如吉姆来到帕图桑的意图,吉姆的真正身份,这些都直接击中了吉姆的要害。吉姆沉默不语,显得非常尴尬。敏感的布朗觉得吉姆一定有问题。于是他暗示吉姆可能有的犯过的罪行和罪孽,提到他们共同的血统,这样一步步将自己与吉姆实行认同。最后,布朗竟宣称:尽管你说起话来好像你长了翅膀,不碰尘土,其实你的过去也不比

① Conrad, Joseph: *Lord Jim*. Oxford: Oxford University Press, 1983, pp. 21, 385, 453.

我的好些！布朗在自己的名字前也加上了很文雅的头衔（Gentleman Brown），这就更使他可以与吉姆一比高下了。第一次嘴仗打下来，布朗后来洋洋得意地告诉大家，他已把所有人都踩在了脚下，彻底打败了那位自诩为纯洁无瑕、傲慢的"吉姆爷"。[①] 至此，布朗完成了他认同—等同—颠覆的三部曲。

当然，问题不在于布朗以这种方式打败了吉姆。事实上，正如吉姆是康拉德的对应形象一样，布朗又是吉姆的对应形象。吉姆要认识自己，或者说认识自己的另一面，布朗就是一面镜子，尽管这个形象有些扭曲变形。这个力量就好比《西游记》中的真假美猴王之间的战斗。假美猴王有着与孙悟空完全相等的力量，这是因为，这两个形象的本源本来就是一个。假美猴王其实是孙悟空的另一个自我，是他一时邪念的化身。孙悟空自己对此尚无意识，后经如来佛点化才恍然大悟的。

拉康在其镜像理论中指出，幼儿必须从自己的外部，以疏离自身的形式接受镜像……

主体只有通过镜像，只有通过疏离于自身的外部他人那里才能体验和还原自己。镜像将人们导入一种自己与他者的不可思议的关系之中，即"我"在成为自己本身之际，认同的对手其实并非自己，而是他者。人们在他者中生存，在他者中体验自我。不过我们平时往往忘记了自身的起源与命运。

如果说康拉德塑造了吉姆，是把吉姆作为自己的一个镜像，从而反观自己的话，布朗就可以看成是吉姆的镜像，通过这个"他者"让吉姆在逃离了沉船原地后仍能看清自己的本来面目，从而达到认识过去的自己，反省自身，在新的起点改过自新，臻致精神的升华。从这个意义上来说，莫夫的解读，不仅是对康拉德—吉姆—布朗三位一体的实质性解读，同时也是一种具有典范式的形象解读，对我们认识其他文学文本中的类似现象具有借鉴意义。不仅如此，这种文学解读同样对我们在生活中认识自己也具有启发作用：通过他者体验和理解我们自己。我们生活在他者之中。

① Conrad, Joseph: *Lord Jim*. Oxford: Oxford University Press, 1983, p.383.

第三章 《在西方的眼睛下》学术史研究
——存在与词语

《在西方的眼睛下》(1911)问世已逾百年,作为“本世纪最重要的政治小说之一”[①],它所引起的批评关注越来越多。批评家们关注的焦点大致可以概括为以下几个方面:政治与人性、忠诚与背叛、存在与虚无、语言与叙事。这些方面涵盖了小说的中心主题和主要艺术特色,并体现了小说主题的独特性和普遍性。独特性主要表现在小说具体的历史语境,而普遍性则是对人类命运和个人心理的思考。本文试图对批评家们论述不够详尽的两个问题作进一步的解释:一是人何以存在,一是词语的力量。这也是两个既有独特性又有普遍性的问题。

一、道德与存在

1907年,康拉德想写一个题为《拉祖莫夫》(*Razumov*)的短篇小说,但1910年写完初稿时已逾十万字。尽管他在1908年对高尔斯华绥说小说的真正主题是探索主人公的背叛心理,[②]也在1920年的《作者注》中说所写“不是俄国的政治状况而是俄国的心理”,但其也无奈地承认,小说“已经成了一部历史小说”。[③]具有普遍意义的主题便蕴含在具体的俄国背景之中。小说描写的是19世纪末20世纪初沙皇独裁统治下的俄国,正处在一个“精神不安和政治动荡的时代”,也是“人们为了观念

① Lothe, Jakob: *Conrad's Narrative Method.* Oxford: Clarendon, 1989, p.263.

② Karl, Frederick R. and Davies, Laurence (ed.): *The Collected Letters of Joseph Conrad*, 8 vols. Cambridge: Cambridge University Press, 1990, p. 9.

③ Conrad, Joseph: *Under Western Eyes*. Garden City, N.Y.: Doubleday, 1921, p. x.

而牺牲自己的时代”。[1]独裁暴政引发了革命热情，书斋中的拉祖莫夫也被卷入到了历史的漩涡之中，政治、道德、存在是解读他生活的关键词。

小说着意刻画了拉祖莫夫的孤独存在。作为彼得堡大学哲学系学生，他无亲无故，不善交游，宛若“深海泳者”，他的名字“就只是孤独个体的标签”。[2]他力争要把这个标签变成一种真实的存在。在他看来，一个人的真实生命无非就是获得世人的尊重或亲友的爱恤。[3]他没有家人，没有朋友，便想通过学有所成来安身立命，通过别人的承认来确定自己的存在。但他失败了，不是因为他的追求是虚幻的，而是因为他内心的虚无。他在政治上没有立场，道德上没有标准，而这恰恰是个人得以立于天地之间的根基。荒岛上的鲁宾逊·克鲁索无需为身份问题苦恼，他虽然与世隔绝，但心灵并不空虚，自有“新教伦理与资本主义精神”作为行动指南。拉祖莫夫缺乏这样的精神支柱。

他不想介入政治，认为自己唯一的身份就是俄国人，把俄国独裁者与革命者的冲突看作一场“家庭纷争”，他并不想帮助任何一边。[4]但他的同学霍尔丁在行刺政府要员后，躲到他的住处，让他代为联系车夫，准备出逃。怎么办？拉祖莫夫遇到了第一次考验。在独裁政府的恐怖疑云笼罩下，霍尔丁多耽搁一刻，拉祖莫夫就危险一分，而帮霍尔丁逃走，又无异于埋下一颗定时炸弹，迟早要爆炸。他决定先摆脱眼前的危险，去找车夫，早点把霍尔丁打发走。不料，车夫喝得酩酊大醉，不能成行。怎么办？他遇到了第二次考验。为了自己的安全，他决定告发霍尔丁，洗脱自己的嫌疑。

表面来看，这是两次抉择，先是站在革命者一边，后又站到政府一边，因而也是两次背叛，先是背叛政府，后又背叛革命者。但拉祖莫夫的选择显然只是为自己的安全着想，他并没有忠于任何一方，因而也就谈不上背叛任何一方。在他看来，双方都是非理性的力量，而他只想置身事外，拥有一个不受侵犯的圈子，在这个圈子里，他可以自由地追求

① Conrad, Joseph: *Under Western Eyes*. Garden City, N. Y.: Doubleday, 1921, pp. 10, 80.

② 同上，p. 10。

③ 同上，p. 14。

④ 同上，p. 11。

自己的功名。很多批评家都已指出,他的名字“Razumov”在俄语中就是“理性”的意思[①],他自己也是“一个理性的人”,“是一棵会思考的芦苇”,想过一种“安全有序的生活”,不想招惹那些威胁他存在的“非理性”、“混乱无序”的力量。[②]可现在,他的“未来却受到了无法无天的独裁政权(因为独裁政权不知道何为法律)和无法无天的革命的威胁”。[③]

尽管不忠于任何一方,他还是感到自己背叛了霍尔丁,毕竟霍尔丁是因为信任他才躲到他这里,而且他也答应了帮霍尔丁出逃。他开始思索“什么叫背叛”[④],实际上也就是用他的理性思考来寻找借口,为自己开脱。他需要寻找一个道德和政治上的立场,使告发霍尔丁的行为变成正义之举。显然,这个立场只能是霍尔丁的对立面——独裁政府。

首先,他要使自己站在政府一边,这是“爱国主义”的表现。[⑤]他需要暂时忘却独裁政府的“无法无天”,说服自己只有独裁才能带来秩序,而霍尔丁则是要搞分裂,把俄国弄成一盘散沙。他不要革命者的火山爆发,只要独裁政府大雪覆地般的高压统治。因此,告发霍尔丁不是一个“决定”,而是“发现”了他本应该做的事情。[⑥]其次,他“不顾一切地想要一点建议,想要道德支持”,“需要别人的批准”,也就是要借用别人的是非和善恶观念。这种“道德孤独”才是康拉德所说的“真正的孤独”。[⑦]K 亲王是他在这个世界上唯一可以找的人,因为他是后者不敢公开承认的私生子。他找到了 K 亲王,也得到了支持。于是,拉祖莫夫有了一种自欺欺人的政治和道德立场,使自己成了独裁政权的拥护者。叙述者生动地说,恐惧使拉祖莫夫的保守思想成形了。拉祖莫夫想出了五条原则:“要历史不要理论,要爱国主义不要国际主义,要演变不要

① Romanick, Debra: “Victorious Wretch?: The Puzzle of Haldin’s Name in *Under Western Eyes*”. In *Conradiana* 30.1 (1998): p. 44.

② Conrad, Joseph: *Under Western Eyes*. Garden City, N. Y. : Doubleday, 1921, pp. 71, 89, 76.

③ 同上, p. 77。

④ 同上, p. 37。

⑤ 同上, p. 36。

⑥ 同上, pp. 38-39。

⑦ 同上, p. 39。

革命,要指导不要破坏,要统一不要分裂。”[①] 这显然不是他的信仰,而是他的借口。

拉祖莫夫告发了霍尔丁,却没有得到他所期待的安全。“独裁政权的阴影”没有放过他[②],他仍然是政治嫌疑犯。虽然政府官员米库林说当局不会监视他,他犹如空气一般自由[③],但后来他还是感到窒息,不时想“换换空气”[④]。他对米库林说自己想要“隐退”,米库林问他“去哪里?”[⑤] 拉祖莫夫无言以对。他想“躲起来。但躲到哪儿?怎么躲?和谁一起?躲到什么样的洞里?永远躲下去还是……”[⑥] 而且,他无法将霍尔丁的阴影从心中抹去,良心的谴责使他不管逃到哪里都摆脱不掉,眼前总是有霍尔丁的“道德幽灵”在晃动。此时的拉祖莫夫站在繁华的大街上,却如孤身陷入沙漠一样孤独,无所适从。[⑦] 叙述者认为“退回去”是拉祖莫夫的“独立宣言”[⑧],但他显然没有独立,还是听从了米库林的建议,做了政府的特务,前往日内瓦打探流亡革命者的动态。

他的古怪言行引起了一些革命者的怀疑。此时,霍尔丁要他去找的那个车夫自杀了,革命者误认为后者才是出卖霍尔丁的叛徒,拉祖莫夫安全了。但他此时却决定向霍尔丁的妹妹娜塔莉娅以及革命者们坦白,从而获得了内心的安宁,不再恐惧,不再绝望。这个选择才是他真正的独立宣言,他丢开了谎言,摆脱了悔恨,从而独立于任何人。[⑨] 他的心灵不再受虚假信仰的奴役,获得了精神的自由。

康拉德曾表示,“那些读我作品的人知道我的信念,世界(也就是我们所在的俗世)有赖于一些非常简单的观念……尤其是忠诚”。[⑩] 弗莱

① Conrad, Joseph: *Under Western Eyes*. Garden City, N. Y.:Doubleday, 1921, p. 67, 66.

② 同上, p. 107。

③ 同上, pp. 67, 66。

④ 同上, p. 334, 338。

⑤ 同上, p. 99。

⑥ 同上, p. 301。

⑦ 同上, p. 207。

⑧ 同上, p. 293。

⑨ 同上, p. 368。

⑩ Conrad, Joseph: *A Personal Record.* London: Thomas Nelson,1912, pp. 21-22.

什曼认为,拉祖莫夫就是在不断地寻找自己的“忠心所投靠的对象”,在寻找一个可以归依的群体。[①]而事实上,拉祖莫夫的这番寻找是被动的,由于缺少政治和道德立场,他并没有真正地忠于哪一个群体。小说正是要告诉我们,没有忠诚,也就无法获得自己存在的意义。因此,拉祖莫夫回答不了“去哪儿”这个问题,他的存在迷失在了苍茫无际的大海、沙漠和雪原之中,无根可依。

如果说拉祖莫夫真有所找寻,那就是“安全”。在霍尔丁闯入他住处之前,他的确过着平静安全的大学生活。但经历了“失乐园”的拉祖莫夫由于缺少政治和道德根基,无法在“世间”找到他的存在,他不是勇敢地寻求自己内心的立场,却总是想着退回去:“就像一个忧郁的囚徒,不是盘算着如何逃脱,只是思索着那些已经逝去了的自由的记忆。”[②]

二、词语与政治

特里·伊格尔顿认为康拉德并不相信语言的力量,词语和意义均漂浮在疑问和不确定的海洋之上。[③]康拉德也的确借《在西方的眼睛下》的叙述者之口说“词语是现实的大敌”。[④]但这并不等于说康拉德不相信词语的力量,恰恰相反,他曾在《自述》中说,“给我恰如其分的词语和适得其妙的重音,我就能撼动世界”。[⑤]更重要的是,他还认识到了词语表达的观念所具有的力量。正如德国诗人海涅所说,不要低估观念的力量,教授书斋中酝酿出的哲学概念也能摧毁整个文明。[⑥]

“自由”是革命者用来反抗独裁政府的一个重要观念,沙俄的独裁暴政甚至要扼杀对自由的憧憬,因为“造物主的法令中从来没想过自

① Fleishman, Avrom: *Conrad's Politics: Community and Anarchy in the Fiction of Joseph Conrad*. Baltimore: The John Hopkins Press, 1967, pp. 234-237.

② Conrad, Joseph: *Under Westen Eyes*. Garden City, N.Y.: Doubleday, 1921, p. 249.

③ Eagleton, Terry: *The English Novel*. Malden, MA: Blackwell, 2005, p. 237.

④ Conrad, Joseph: *Under Western Eyes*. Garden City, N. Y. : Doubleday, 1921, p. 3.

⑤ Conrad, Joseph: *A Personal Record*. London: Thomas Nelson, 1912, p. 6.

⑥ 转引自 Berlin, Isaiah: *Liberty*, ed. by Henry Hardy. Oxford: Oxford University Press, 2008, p. 167。

由”[①]。流亡国外的俄国革命家赫尔岑曾说：“(西欧的)自由主义者害怕失去自由，而我们还没有自由；他们担忧政府在工业领域的干预，而我们的政府没有什么不干预；他们害怕失去人权，我们还没有获得人权。”[②]《在西方的眼睛下》中的女主人公娜塔莉娅表达了对自由的渴望：“我会像一个饥饿的人去抢一片面包那样从任何人手里夺过自由来。”[③]这句话也被康拉德拿来作为小说的题词。但娜塔莉娅所说的自由并不是西方那种实际的政治自由，而是一个可以作为理想的抽象概念，无需细究它的含义。女革命者索菲亚的名字含有“智慧”之意，但她并不“思考”自由，而是“信仰”自由。[④]娜塔莉娅对自由的理解来自她的哥哥霍尔丁，“自由的所有意义，它模糊的许诺，都活在他们的长谈之中，唤起了最崇高的行动希望和成功的信心”[⑤]。抽象的观念可以鼓舞行动，但也隐含着危险的力量。

霍尔丁和许多革命者一样，坚信“被奴役者的堕落，专制制度的谎言，都必须要根除，要扫荡一光。改革是不可能的，因为没什么可改革的。没有法律，没有制度，只有任意的法令”[⑥]。康拉德在《作者序》中指出，独裁政权要通过压制一切反抗来实现恐怖的秩序，而革命者也要通过夷平一切来重建秩序：“独裁统治目无法纪，实际建立在完全的道德无序之上，它的残暴和愚蠢所激起的，是同样愚蠢和残暴的完全乌托邦式的革命主义，后者抓过手头最先抓到的手段来实施摧毁，它奇怪地坚信，只有摧毁任何现有的人类机构，人的心灵才能有一个根本的变化。”[⑦]霍尔丁将抽象的自由作为奋斗目标，没有具体的革命主张，他所采取的手段也只是毫无意义的暗杀，而这种暗杀在屠杀独裁者的帮凶的同时，也夺去了许多无辜平民的性命。康拉德在《重返波兰》(“Poland

① Conrad, Joseph: *Under Western Eyes*. Garden City, N. Y. : Doubleday, 1921, pp. 7-8.

② 转引自 Berlin, Isaiah: *Russian Thinkers*, ed. by Henry Hardy and Aileen Kelly. London: Hogarth, 1978, p. 3。

③ Conrad, Joseph: *Under Western Eyes*. Garden City, N. Y. : Doubleday, 1921, p. 135.

④ 同上，p. 245。

⑤ 同上，p. 140。

⑥ 同上，p. 133。

⑦ 同上，p. x。

Revisited”)一文中指出,他“从不相信政治暗杀可以作为一种达到目的的手段”,那不过是反映了急切的希望和仓促的绝望,撼动不了表面之下的根基。[①]

拉祖莫夫本人没有信仰,却不时地对这些“自由”的信奉者冷嘲热讽,很多观点恐怕也是康拉德所赞同的。为了向独裁政权的维护者T将军表忠心,拉祖莫夫痛斥革命者所要的自由:“狂热地热爱一般意义上的自由。大写的自由,阁下。没有具体含义的自由。以它的名义犯下许多罪行的自由。”[②]他认为当时的所谓思想家“不过是贩卖些革命货,不过是某些法国和德国思想的奴隶”,而俄国的知识分子们就爱用舶来的外国思想麻醉自己。[③]康拉德心仪的俄国作家屠格涅夫曾借人物之口表示过,俄国人喜欢“捡起很久很久以前从圣西门或傅立叶之流脚上掉下的破旧的鞋子,满怀敬仰地放到自己的头上,奉为圣物”。[④]《在西方的眼睛下》也描写了一些以搬弄“大词”为能事的流亡革命分子。例如,以启蒙者自居的拉斯帕拉建议拉祖莫夫为他写稿:“我们必须得教育,教育每个人,灌输绝对自由和革命正义的伟大思想。”[⑤]另一位自由斗士彼得·伊万诺维奇俨然就是“俄国的马志尼”[⑥],滑稽地演绎了卢梭的“人生而自由,但又无时不在枷锁之中”这句名言。他在自己的传记中把自由奉为女神,宣扬女性的伟大,却在实际生活中践踏着女性的尊严。

康拉德给叙述者安排了一个英国语言教师的身份,除了反击某些评论家对他所写的英语的批评之外[⑦],恐怕也意在提出叙述者对词语的

① Conrad, Joseph: *Notes on Life and Letters*. Garden City, N.Y.: Doubleday, 1921, p. 141.

② Conrad, Joseph: *Under Western Eyes*. Garden City, N. Y. : Doubleday, 1921, p. 50.

③ 同上, pp. 89, 96。

④ 转引自 Berlin, Isaiah: *Russian Thinkers*, ed. by Henry Hardy and Aileen Kelly. London: Hogarth, 1978, p. 292。

⑤ Conrad, Joseph: *Under Western Eyes*. Garden City, N. Y. : Doubleday, 1921, p. 287.

⑥ 同上, p. 214。

⑦ Karl, Frederick R. and Davies, Laurence (ed.): *The Collected Letters of Joseph Conrad*, Volume 4, 1908-1911, p. xxix.

敏感。果然，叙述者惊讶地发现“俄国人对词语情有独钟”，却又不将词语纳于胸中，而是满带热情地把它们喷涌出来，犹如“造诣极高的鹦鹉”，不免让人怀疑他们是否真的懂得自己所说的词语。[①] 尤其是当这些词语还是舶来品，还指代政治观念的时候。

这样的景象在近代中国也不难见到。打着外国标签的各种观念从清末便开始东渐，愈演愈烈，正如后来有人所说："自去年‘五四’以来，一切寂然不动的中国思想界，忽如雨后春笋的勃发，于是‘解放’呀，‘改造’呀，‘社会革命’呀，种种声浪遍地都是，真可谓极一时之盛了。”[②] 康拉德在小说中所批判的“摧毁”也大受欢迎，无政府主义者所宣扬的自由便是无所忌惮的破坏。杨笃生如是礼赞“俄国无政府党”的破坏主义："轰轰烈烈哉，破坏之前途也；葱葱茂茂哉，破坏之结果也；纷纷郁郁哉，破坏之景象也。”[③] 抽象的词语和观念如果不加辨析和反思，经常会导致悲剧或闹剧。梁启超在《译印政治小说序》中认为泰西“各国政界之日进，则政治小说为功最高焉”。[④] 但愿《在西方的眼睛下》能提醒我们对“拿来”的观念多一番思考。

① Conrad, Joseph: *Under Western Eyes*. Garden City, N. Y. : Doubleday, 1921, p. 4.

② 葛懋春等编：《无政府主义思想资料选》，北京：北京大学出版社，1984 年，第 494 页。

③ 转引自蒋俊等：《中国近代无政府主义思潮》，济南：山东人民出版社，1991 年，第 29 页。

④ 舒芜等编选：《近代文论选》，北京：人民文学出版社，1999 年，第 156 页。

第四章

《诺斯特罗莫》学术史研究

——在雾霭中透着光亮的文学地标

伊恩·瓦特在《约瑟夫·康拉德的〈诺斯特罗莫〉》(1988)一书中指出,康拉德之所以能成为“世界文学中主要的地标性人物”,有三个相互关联的原因,即其作品题材的性质、他独特的个人经历,以及技巧上的创新。[①] 就此而言,《诺斯特罗莫》的确可以看作他的代表作。而且,从批评史来看,这部小说也和康拉德经历了同样的沉浮。康拉德研究在经过上世纪三四十年代的沉寂后,于50年代复苏,到1957年康拉德百年诞辰时达到了一个顶峰,斯托尔曼在《今日之康拉德批评》(1959)中称康拉德作为最伟大小说家(包括长篇和短篇)的地位已经得到公认。[②]《诺斯特罗莫》也像它所描写的银矿那样,自50年代以来一直吸引着评论家们的关注,而这些关注又与该小说自身的内容、文学批评的发展、世事时局的变化密切相关。

《诺斯特罗莫》最大的吸引力就在于它的不确定性。康拉德在他的巨幅画布上勾勒出了南美一国的风云变幻,但又留下了太多的空白让读者去想象揣摩。尽管评论家们不断地考证故事发生的地点、时间和故事中的人物,却始终没有定论。对于小说的中心主题是什么,评论家们更是众说纷纭。我们用政治、道德或哲学思考等范畴来梳理这部小说的批评史,也是明知不可为而为之的做法。维丹在1970年回顾此前

① Watt, Ian: *Joseph Conrad: Nostromo*. Cambridge: Cambridge University Press, 1988, p. 81.

② Stallman, R. W.: “Conrad Criticism Today”. In *The Sewanee Review* 67.1 (1959): p. 136.

十年康拉德研究的“新视角”时说，除了传记分析，就是政治解读。[①] 但所谓的政治解读，又是与康拉德的道德关怀和哲学思考密不可分的。

班托克曾在《康拉德与政治》（1958）一文中说，《诺斯特罗莫》虽然并非传统意义上的政治小说（无宣传之目的），但政治是小说的中心主题。[②] 不过，我们从阿诺德·凯特尔 1948 年的评论文章（后经修订收入他的《英国小说史》）中就可以看出，这位英国的马克思主义批评家在解读《诺斯特罗莫》中的政治主题时，始终在强调康拉德所说的“道德发现”（moral discovery），称赞康拉德的“道德诚实与政治洞察力”。[③] 欧文·豪在《政治与小说》（1957）中更是直言，《诺斯特罗莫》中的道德问题与政治问题看上去几乎就是一回事，因为该小说很少公开表达政治观点，而是将政治完全融入了故事之中。[④] 兹齐斯瓦夫·奈德也指出，该小说主要就是在探讨政治与伦理的关系，而且，在政治斗争中起作用的不是公开的信仰而是人性。[⑤] 同样，F. R. 利维斯虽然在《伟大的传统》（1948）中分析这部小说“细腻而有条理的布局”中体现出的“道德意味”[⑥]，却也是从分析小说中的政治观念入手的。

《诺斯特罗莫》五彩斑斓的批评史既反映了小说自身的诸多特点，同时也折射出文学批评或文学理论自身的发展史。例如，上世纪七八十年代走向前台的叙事批评为理解该小说的形式特征提供了新的角度，但随着后结构主义思潮的兴起，叙事研究也带有了明显的解构色彩，增加了新历史主义、后殖民主义和意识形态的解读，并对语言本身提出了质疑。

① Vidan, Ivo: “New Approaches to Conrad”. In *The Massachusetts Review*, 11.3 (1970): pp. 545-563.

② Bantock, G. H.: “Conrad and Politics”. In *English Literary History* 25.2 (1958): pp. 126-128.

③ Kettle, Arnold: *An Introduction to the English Novel.* London: Hutchinson’s University Library, 1953, p. 73.

④ Howe, Irving: *Politics and the Novel*. New York: Horizon, 1957, pp. 100-101.

⑤ Najder, Zdzislaw: “A Century of *Nostromo*”. In *Conradiana* 40.3 (2008): pp. 239-240.

⑥ F. R. 利维斯：《伟大的传统》，袁伟译，北京：生活·读书·新知三联书店，2002 年，第 318—319 页。

批评的发展或“转向”既反映了人们认知上的变化,也反映了社会的变化。在当前跨国资本主义的背景下,《诺斯特罗莫》中描述的柯国政治乱局与欧美帝国主义势力的渗透显得格外引人注目。兹齐斯瓦夫·奈德的《〈诺斯特罗莫〉百年》(2008)、古奇的《“信贷的形成”:〈诺斯特罗莫〉中的想象、投机与语言》(2010)等评论都涉及到资本在当时及当前世界所产生的影响。小说中那位美国金融家霍尔罗伊德的话常为评论家们摘引:“从合恩角直到史密斯桑德,或更远,只要一有值得占有的东西出现,哪怕远在北极,我们都会在一切领域内发号施令的,不管是工业、商业、法律、新闻、艺术,还是政治、宗教。那时我们将从从容容地将地球上偏远的岛屿和大陆全都控制起来。我们将打理全世界的事务,不论世界愿意与否。它别无选择,而我们也别无选择,我想。”[①]显然,康拉德已经看到资本或“物质利益”有其自身的法则。无论是故事中柯国的政治动荡,还是20世纪现实世界的历史,都验证了小说中莫尼汉姆医生的话:“发展物质利益时没有和平和安宁。”[②]从这个意义上说,《诺斯特罗莫》不仅是个“寓言”,更是一个先知般的“预言”。

马利奥斯在为《诺斯特罗莫》问世百年纪念文集所作的序言中评述了这部小说何以“不合时宜(untimeliness)”[③],实际上这部小说也在不断证明自己并不会和它的评论一样因时而变,而总是指向“当代”。故事在时间、地点、人物、事件上的种种不确定性,使其变成了一幅朦胧、跃动的镜像,抹去了现实世界和历史的外在标记,却又抓住了它的精髓。它不是一部传统意义上的“历史小说”,而是一部关于历史的小说。当读者把目光投向柯国那段历史时,总会感觉那就是一部“当代史”。小说的含混造就了它在时空上的穿透力。

《诺斯特罗莫》就如雾霭朦胧的大海上一座闪着光亮的灯塔,引导着读者去思考现实物质世界和小说虚构世界背后的力量。也许,康拉

① Conrad, Joseph: *Nostromo,* ed. Véronique Pauly. London: Penguin, 2007, pp. 62-63. 译文引自约瑟夫·康拉德:《诺斯特罗莫》,刘珠还译,南京:译林出版社,2001年,第58页。

② Conrad, Joseph: *Nostromo,* ed. Véronique Pauly. London: Penguin, 2007, p. 403. 译文引自约瑟夫·康拉德:《诺斯特罗莫》,刘珠还译,南京:译林出版社,第388页。

③ Mallios, Peter Lancelot: “Introduction: Untimely *Nostromo*”. In *Conradiana* 40.3 (2008): pp. 213-233.

德想说的是，观念或头脑中的风暴才是改变人和世界的真正力量。正如 E. K. 海在评论《诺斯特罗莫》时所引约翰·亚当斯（Adams, John）的话："革命是什么？战争？战争不是革命的一部分。它只是革命的影响和结果。革命就发生在人们的脑子里。"[①] 小说中的银子或它所象征的资本及"物质利益"固然影响了人类历史的进程，而且，这种影响有时还不易察觉，但它并不是造就历史的主导性力量。尽管霍尔罗伊德在小说中说，"它别无选择，而我们也别无选择"，但这只是一种辩词。"我们"是可以选择的，而且也一直在选择。康拉德和叔本华的相似之处也在于，他们的"悲观"洞见中总有一种积极的态度，促使读者去反思自己的选择，不管这种选择有多么无奈和艰难。

① Hay, Eloise Knapp: "Nostromo". In *The Cambridge Companion to Joseph Conrad*, ed. J. H. Stape. Cambridge: Cambridge University Press, 1996, pp. 82-85.

第五章 《"水仙号"上的黑水手》学术史研究
——批评家们看到的是自己

M. H. 艾布拉姆斯在《镜与灯》中谈到，艺术批评通常涉及作品、艺术家、宇宙和观众等四要素，而批评家们也倾向于偏重某一个要素来展开他们的阐释。[①] 回顾《"水仙号"上的黑水手》百余年的批评史，不难发现，几乎每一种新的批评都在与之前的评论进行对话和争论，试图强调过去所忽略的那些方面，这自然使我们对小说有了更为全面的理解，但小说也是一面镜子，照出了批评家们自己的身影和他们身后的背景。

第一位批评家就是康拉德本人。1897 年，他在小说《序言》中写道，他的任务就是用语言来"让你倾听，让你感受，最重要的是，让你看"。[②] 当时的评论大都"看"到，这是一部关于海洋生活和历险的实录。亨利·詹姆斯就看出这是英语语言中"对大海及　上生活描绘最为细腻、最为有力的画卷"。[③] 康拉德显然觉得这样看是不够的，他不断地在书信和文章中解释说，他是要"捕捉生命的本质"，刻画"一群人的心理"，探析"行为的道德问题"。[④] 简言之，不要把小说的"题材"当成了"主题"。[⑤] 不过，他的知音不是同时代的小说家 H. G. 威尔斯，[⑥] 而是后来的批评家

① Abrams, M. H.: *The Mirror and the Lamp*. Oxford: Oxford University Press, 1971, p. 6.

② Kimbrough, Robert (ed.): *The Nigger of the "Narcissus"*, by Joseph Conrad. New York: Norton, 1979, p. 147.

③ 转引自 Packer-Kinlaw, Donna: "'Ain't we men?': Illusions of Gender in Joseph Conrad's *The Nigger of the 'Narcissus'*". In *Conradiana* 38.3 (2006): p. 247。

④ Kimbrough, Robert (ed.): *The Nigger of the "Narcissus"*. New York: Norton, 1979, pp. 179, 189; Page, Norman: *A Conrad Companion*. London: Macmillan, 1986, p. 81.

⑤ 同上，p. 85。

⑥ 威尔斯曾应《学院》之邀参与评选 1897 年年度最佳作品，推荐了康拉德的这部

艾伯特·J. 格拉德。后者在 1957 年指出,这部小说固然描写了海船上的男性社会,也不妨看作康拉德对早年航行经历的回忆,但它同时还是对集体心理的研究,对人性与命运的思考,甚至还不乏神话因素。① 格拉德和康拉德一样,没有看或不屑于看小说里外的诸多政治问题,例如种族主义。格拉德希望批评家们少谈点主义,多看点艺术。这也正是康拉德的愿望。康拉德希望别人看到他在这部小说中独具一格的新颖"写法",渴望自己的第三部小说能够确立自己的作家地位,正如他向美国读者所说,他希望以这本书来衡量他"也许不是作为小说家,而是作为一个追求至诚表达的艺术家"的地位。②

以格拉德为代表的 50 年代的评论家则把重心放到了文本上,探讨叙事技巧,挖掘象征意蕴,开始了真正的"研究"。当时的另一位康拉德批评家意识到了这种转向,在《康拉德与当代批评术语》(1954)中说道:"过去三十年的批评成功地将读者的注意力从闲谈转到了分析,从批评家转到了作家,从作家的洗衣账单转到了作家的技巧选择,从把作品看作反映或逃避生活与世界转到了把作品视为与生活和世界不一致但又有相似处的虚构之物。"③ 这种转向与萌芽于 20 年代英国而立足于 50 年代美国的"新批评"不无关系。这种批评思潮虽然重在诗歌解读,但它关注文本自身的做法也形成了一种氛围,并波及到了康拉德研究。《"水仙号"上的黑水手》复杂的叙事技巧和含混的象征意义很快就成了批评家们争论的焦点。

小说:"《'水仙号'上的黑水手》,在我看来,是今年问世的最出色的充满想象力的散文作品。"康拉德自然领情,曾对威尔斯说:"如果没有你,很多人都不会知道我的存在……更不用说我那复杂的叙事了。"详见 Ray, Martin: "Joseph Conrad's *The Nigger of the 'Narcissus'*: A Note on Its Critical Reception". In *The Review of English Studies* new series, 36 (143) (1985): p. 386. 该文重申了威尔斯对提升康拉德早年名声所做的贡献,并认为威尔斯的上述评论在 1985 年之前一直没有引起康拉德研究者的注意。

① Guerard, Albert J.: "*The Nigger of the 'Narcissus'*". In *The Kenyon Review* 19.2 (1957): p. 205.

② Kimbrough, Robert (ed.): *The Nigger of the "Narcissus"*, by Joseph Conrad. New York: Norton, 1979, p. 168.

③ Mudrick, Marvin: "Conrad and the Terms of Modern Criticism". In *The Hudson Review* 7.3 (1954): p. 419.

关于这两个焦点，需要做进一步阐释。伊恩·瓦特在《康拉德评论研究与〈“水仙号”上的黑水手〉》（1958）中认为50年代的批评家们为赋新词强说愁，热衷于象征解读，因为这是一个既没有定解又可以“出新”的领域，出现了很多过度诠释。但不容否认，康拉德在写作时确实刻意使用了象征手法，[①]“白船上的黑水手”显然不是无意之笔，贯穿全文的明暗和黑白对比所能唤起的当然也不只一种解释。诚如诺曼·佩奇（Page, Norman）所言，“在19世纪末之前，英国还没有哪部小说能涵盖如此丰富的内涵（而美国则有霍桑和麦尔维尔）”。[②]对该小说中象征手法和寓意的分析一直没有停止过，60年代还加入了神话原型分析。

同样，叙事研究也一直贯穿在该小说的批评史中。小说的叙事视角飘移不定，在第三人称全知视角和第一人称视角之间转换，叙述者时而谈“他们”，时而说“我们”，时而称“我”。这在50年代大受诟病，而艾伯特·J.格拉德的《〈“水仙号”上的黑水手〉》（1957）为康拉德所做的精彩辩护则奠定了此后批评的基调。七八十年代对小说的叙事研究达到了高峰，也出现了新的特征。此时虽不乏像雅各布·洛斯这样的批评家在结构主义叙事学的理论背景下对小说进行解读，但后结构主义对不确定性和阅读活动本身的关注痕迹越来越明显，巴赫金的对话理论和读者反应批评明显地渗入到了叙事研究之中。除了这种聚焦于文本的解读，叙事与意识形态的关联在90年代之后也逐渐成为显学，杰里米·霍桑的《约瑟夫·康拉德：叙事技巧与意识形态的参与》（1990）就是一个信号。

虽然对小说所涉及的政治问题和历史语境的讨论在60年代就有了以阿夫罗姆·弗莱什曼的《康拉德的政治：康拉德小说中的社群与无政府状态》（1967）为代表的评论，但这种批评思路到了90年代之后才成为主角。丹尼尔·施瓦茨在谈到这部小说时认为，从1950到1980年这三十年里，小说批评家受新批评及韦恩·布斯（Booth, Wayne Clayson）的《小说修辞学》（*The Rhetoric of Fiction*, 1961）影响，侧重

---

① 例如，诺曼·佩奇注意到，康拉德在手稿中对小说第一句的改写就在突出“灯火通明”与“黑暗”的对比。（Page, Norman: *A Conrad Companion*. London: Macmillan, 1986, p. 79.）

② Page, Norman: *A Conrad Companion*. London: Macmillan, 1986, p. 84.

形式主义方法，羞于谈论作者在文本中的存在，而“作者的个人因素不仅渗透在文本中，还经常融入到小说的情节、语言、人物塑造及形式之中”。[①] 其实，早在20年代，英国作家普里斯特利（Priestley, J. B.）就建议结合康拉德的身世来理解他的作品，像康拉德这样具有传奇色彩的人物，“即便一个字也没写，也很有可能成为一个伟大人物”；更何况，“没有哪个伟大的小说家会仅仅满足于讲故事，不管这个故事多么引人入胜，多么斑斓多彩，多么奇幻迷人；他希望涂抹出他自己的生活画卷，阐释人的心灵（不管这种阐释多么隐晦曲折），呈现他个人想象的世界”。[②] 施瓦茨呼吁重新关注作者因素，主要还是为了阐释康拉德如何探求作为艺术家的真实身份，但杰里米·霍桑等批评家对作者因素的分析就已经延伸到经济、政治和文化背景中了。

对该小说的政治解读虽然也涉及女性和阶级视角，但大多还是在讨论两个话题，一是共同体与社会，一是种族主义。康拉德的“团结”观念备受重视，它不仅包含着康拉德的社会观，也反映了他的美学主张。伊恩·瓦特和约翰·维斯顿对小说序言的分析堪称经典评论。评论家们探讨康拉德如何借大海孤舟来思考人类的隔绝与团结，但大都局限于某种简单化了的二元对立的框架（如秩序与无政府状态），未能辩证地分析康拉德思想中的矛盾和冲突。此外，康拉德所处的时代正值欧洲帝国的强盛时期，新兴的后殖民批评更加注意康拉德所处的历史语境，逐渐由简单的攻击过渡到了冷静的分析。无可否认，康拉德的小说也是帝国建构的一个部分，受当时“集体无意识”的影响，在一定程度上反映了欧洲中心主义的部分特征。但也应注意康拉德与叙述者的不同之处，更为细致地把握康拉德在种族主义和帝国主义问题上的复杂态度。

① Schwarz, Daniel R.: *Conrad: Almayer's Folly to Under Western Eyes*. London: Macmillan, 1980, p. 35.

② Priestley, J. B.: "Modern English Novelists: Joseph Conrad". In *The English Journal* 14.1 (1925): pp. 13, 16.

第六章

《黑暗的心》学术史研究

——“黑暗的心”:康拉德小说批评的关键词

在康拉德的所有作品中,《黑暗的心》似乎比其他的更吸引人们的注意。萨义德认为这部小说毫不妥协地、无所畏惧地面对政治、心理、地理、文化方面的非理性和未知因素。小说在驶往彼岸的非理性和未知的航程中,记录下了各个层面的意识状态。它记载了自然与人的融合,记载了“意志”与“无意识”,并把这一切都放到一个特定的社会历史语境里。笔触如此有力,笔墨如此精炼,萨义德认为史无前例,叹为观止。[①] 可能正因小说如此大的魅力,以至于“黑暗的中心”成了当今小说创作与批评中的一个关键词。围绕这个关键词展开的讨论与分析,既有非洲人的肤色和密不见光的黑色丛林,又有康拉德对人心幽深处的神秘黑暗的烛照。弗雷德里克·卡尔以弗洛伊德的心理分析理论对这部小说进行了细致的分析,[②] 他认为康拉德在这部小说中考察了人类内心黑暗和梦幻的——甚至是梦魇的领域,并试图借这部小说对他所了解的世界的实质进行定义。

这个“黑暗的心”既可理解为康拉德所揭露的人类的虚伪,还可理解为人类的贪婪本性。比如库尔茨,他是一个极度贪婪、掠夺成性的人。他来自“文明的”欧洲,却在非洲充分展现了他的野蛮。他对象牙的渴望不可遏制。他有强烈的统治欲,要凌驾于一切之上。他唯一的准则就是不择手段获取象牙。他让我们认识到,权力一旦被意志所掌控,就

① Kaplan, Carola M., Peter Lancelot Mallios & White, Andrea (eds): *Conrad in the Twenty-First Century.* New York: Routledge, 2005, p. 288.

② Murfin, Ross C.: *Heart of Darkness: A Case Study in Contemporary Criticism,* ed. Ross C. Murfin. NK: St. Martin's Press, 1989, pp. 123-136.

会走向野蛮、残酷的深渊；即使是曾经有着理想的人，也会成为虐待狂、杀人狂；在这个意义上，小说提醒我们注意每个人心中深埋的邪恶。

这个"黑暗的心"也可以看成男权主义对女性的压迫。康拉德的小说基本上是一个男人世界，女性要么缺席，要么无知、肤浅、无关紧要，处于"无声"状态。《黑暗的心》亦概莫能外，不管是野蛮与丑陋的土著女性，还是库尔茨的欧洲未婚妻，她们都不过是男性的附庸，是他者，是陪衬，永远不会处于主导地位。因此批评家们认为它是一个推崇男性至上主义的文本，反映了西方社会普遍存在的父权意识。

这个"黑暗的心"也指向帝国主义的殖民统治。帝国主义的侵略、掠夺、扩张使被殖民国家和人民遭受了浩劫，而他们推行的殖民主义，更是从文化上彻底征服了弱小民族。

后殖民批评家们还注意到了语言文化暴力对殖民地政治心理的影响，并力图打破由殖民主义者建立起来的"基督教信仰＝文明，非基督教信仰＝野蛮"的二元对立模式，以恢复被遮蔽者的应有地位。

话语分析也是指出"黑暗的心"的方法之一。在罗伯特·伯登对《黑暗的心》的话语分析中，我们看到马洛关于妇女话语的表述："她们——我指的是妇女——是应该排除在外的——她们不应该掺和。我们得帮助她们待在自己漂亮的世界里，否则我们的世界就糟糕了。"这里表现的，仍然是19世纪末维多利亚社会形态中男人对女人的集体想象，这是一个男权统治的时代，妇女是没有社会地位的。

以上各种批评，集中于社会、历史、文化、意识形态等方面。而在批评的另一方面，我们也看到诸如米勒对《黑暗的心》的文类分析，里莲·费德、罗伯特·埃文斯、杰尔姆·塞勒等关于《黑暗的心》中的原型批评分析；也有弗朗西斯·卡特勒、廷德尔、艾伦·弗里德曼、马文·莫德里克、杰里米·霍桑等对该小说的各种写作技巧的分析。这些对文本的"内部分析"，尽管在数量、声势、影响上与前面所说的"外部分析"不能等量齐观，但是二者合起来，却形成了康拉德批评中的巨大洪流，大有形成"黑学"之势。

这便是这部中篇小说的魅力和力量所在。一部好的作品，不一定是一部皇皇巨著，它的内涵决定着它的生命力。英国空想社会主义者托马斯·莫尔的《乌托邦》，总共才100来页的篇幅，却是不朽之作。我们还不能把《黑暗的心》比作《乌托邦》,但是它的影响确实是非同凡响的。我们已经看到,无论是在亚洲,还是在欧洲、美洲、非洲,到处都有康拉德的研究者。在这些研究中,人们涉及战争与和平、文化、民主、殖民、民族间的种种矛盾冲突。而在这些话题中,《黑暗的心》必是讨论的对象。美国学者阿米·卡普兰(Amy, Kaplan)说,“美国研究孕育于刚果两岸。”[①] 而她指的刚果两岸,就是康拉德的刚果之行后写就的《黑暗的心》。换言之,康拉德的这部小说为美国研究的肇始。按照美国学者彼得·马利奥斯的说法,这部作品不仅开启了美国的“美国研究”之山林,还深深影响了美国意识形态,成了“美国性”尤其是“美国现代性”的重要元素。也正因如此,美国对康拉德研究十分重视,康拉德也被称为“我们的康拉德”。[②]

“黑暗的心”一旦被昭彰,便成了人们写作中竞相模仿的主题,如威廉·戈尔丁的《蝇王》,瑞典作家斯文·林德维斯特(Lindqvist, Sven)的《铲除那些畜生》(*Exterminate the Brutes*),英国作家迈克尔·朗(Wrong, Michael)的《跟随库尔茨先生》(*In the Footsteps of Mr. Kurtz*)。而“人之初,性本善”的中国式人性认识也就不仅从哲学上而且从小说形式上遭遇了彻底的挑战。

可以说,“文本外”的批评使《黑暗的心》获得了康拉德所有小说中最大的胜利。这是该小说批评的显著特点,也是其不足所在。康拉德的小说不管怎么说都是文学作品,不是关于历史、文化、族裔写作、政治理论和心理探讨的著作。文学是言论自由的象征,意味着作者可以自由言说、可以写作、自由出版而不会受到限制或惩罚。小说的作者应该永远可以说小说中人物的话语不是自己的,而是想象的、被创造的人物说的。作者与小说中的叙事者、人物不可混为一谈。康拉德不是马洛,不是库尔茨,他们只是康拉德创造的人物。小说与社会、历史等当然有着不可分割的联系,它是一定的社会历史阶段的产物,但不是直接的反

---

① Kaplan, Amy: "'Left Alone with America': The Absence of Empire in the Study of American Culture". In Kaplan, Amy and Donald Pease, (eds.): *Cultures of United States Imperialism* . Durham, N. C.: Duke University Press. 1994, p. 3.

② Mallios, Peter Lancelot: *Our Conrad: Constituting American Modernity*. Stanford: Stanford University Press, 2010, p. 1.

映。文学与它外部的关系是间接的、复杂的。因此,探讨文学,要内外兼顾,即既要以社会历史的眼光对它进行关照,又要按照文学自身的规律和法则去理解和接受,尤其要避免的是不能把文学世界和客观世界混为一谈,把文学真实与客观实际混为一谈,把作者与叙述者和任务混为一谈。这是该小说在未来接受中应该注意的问题。

第七章 作为世界文学经典的康拉德传承问题

康拉德,这位出生于波兰、后加入英国籍的作家,其影响早已不再局限于英国或者波兰。除了欧洲,他在非洲、亚洲、美洲的文学界声名远播,他成了全世界的康拉德。随着时间的推移,人们越来越认识到其作品思想之深刻,眼光之深远,技巧之精妙。此举数例。美国著名的文学批评家和理论家、《东方主义》的作者萨义德声称自己一辈子研读康拉德,深受康拉德的影响。这种影响甚至贯穿到他的写作与行为之中。从批评家马利奥斯 2003 年 2 月 28 日对他的采访中[①]我们得知,他在小学时就读了康拉德的小说《青春》,在普林斯顿大学一年级时老师用的教材就是《黑暗的心》,研究生时既读作品又读评论,以后他把康拉德的所有作品都认真读了,就开始写有关康拉德的评论。其博士论文《约瑟夫·康拉德与自传体小说》把康拉德的小说和信件联系在一起,将康氏的自身发展与其小说写作并置起来,从而揭示康拉德的生活空间同其小说空间的投射与移位关系。采访中他透露,他后来的名著《东方主义》和《文化与帝国主义》都受到康拉德作品的启示。在采访中他谈到《黑暗的心》、《青春》、《间谍》、《胜利》、《诺斯特罗莫》、《吉姆爷》、《阿尔迈耶的愚蠢》、《在西方的眼睛下》、《"水仙号"上的黑水手》、《台风》等多部作品,强调了这些作品的审美价值,重要的历史和现实意义。比如,《黑暗的心》仍然是人类借以认识自己的明镜;《间谍》中策划对英国天文台的爆炸就像 9·11 对世贸大厦进行袭击的预示;《诺斯特罗莫》更是对当下美洲政治生态和贸易现状的生动写照,足以警示人们。萨义

① Kaplan, Carola M., Mallios, Peter & White, Andrea (eds): *Conrad in the Twenty-First Century*. New York & London : Routledge, 2005, pp. 283-304.

德自己也通过对埃里希·奥尔巴赫(Auerbach, Erichm,《模仿》一书的作者)及其作品的参照,表明了自己与康拉德的特殊关系——一个外国人,进入一个完全陌生的异样的文化、社会领域,并试图用审美的方式去理解它。因此,萨义德对康拉德有着比常人更深的理解、同情与身份认同。中国著名作家老舍在其《一个近代最伟大的境界与人格的创造者》(《文学时代》1935 年第 1 期)一文中,将康拉德用英语创作与新文学白话文运动相类比,说自己"爱康拉德的一个原因是他使(自己)明白了什么叫严重",进而分析了康拉德"惯使的"两个结构方法:"第一个是按着古代说故事的老法子,故事是由口中说出的。但是在用这个方法的时候,他使一个 Marlow,或一个 Davidson 述说,可也把他自己放在里面";"第二个方法是他将故事的进行程序割裂,而忽前忽后的叙说"。老舍认为这种打乱时序的创作手法很有可能是对电影叙述中蒙太奇手法的借用,"虽然显着破碎"却无一不是作者"在事前预备好"的。老舍幽默地坦承自己的创作从康拉德那里"偷来了招数"。印度籍英国作家、2001 年诺贝尔文学奖得主奈保尔深受康拉德影响,瑞典文学院在给他颁奖时赞扬他是康拉德的文学继承人。南美魔幻现实主义文学的代表人物、1982 年诺贝尔文学奖得主加西亚·马尔克斯(Márquez, Gabriel García)说自己的创作深受康拉德影响。非洲尼日利亚作家阿契贝在 1975 年的一次题为《非洲形象:康拉德〈黑暗的心〉中的种族主义》演讲中称康拉德是"该死的种族主义者",不过这位"该死的种族主义者"却总在他的批评中出现,因为他的影响太大了。

康拉德作为经典作家,已经在世界范围被广泛接受,这早已是不容置疑的事实。不过在他的接受与传承的过程中,却也有着不容忽视的问题。

一是批评方法的使用所带来的问题。我们看到,从 20 世纪 20 年代开始到现在,西方出现了各种文学理论,导致了批评方法的多元化。各种方法的运用,一方面使康拉德批评更全面、更深入,但同时我们也看到,新的方法出现的时候,往往带来在不同阶段的解读偏好和偏颇。好比新武器的出现,大家一拥而上,抢着运用,使出了新的套路。但同时,过分强调理论,而忽视了对文本本身的细读。使看似堂而皇之的批评缺少了文本实质内容,因而显得苍白。近些年来,文化批评盛行,我们明显地发现，批评家们从康拉德的作品中见到了以前没有见到的内涵，然而，意识形态、文化批评一旦过甚，则康拉德只成了政治批评的对象，审美的内涵退却到边沿，而这是文学批评的一个偏颇，必须引起注意。批评应该是，一方面，把作品放到社会历史语境中去，才能更好地理解和把握作者的创作过程和作品的含义；另一方面，文学作品有其自身的完整性，要能脱离历史决定论来理解它的美学成分。

第二，理解康拉德，要全面地理解和把握。我们发现，康拉德批评，主要集中于《黑暗的心》、《吉姆爷》、《诺斯特罗莫》、《间谍》等几部更为重要的作品的解读，而他的早期作品和晚期作品则往往被忽略，涉及不多。一个人有童年、青年、壮年、老年，一个作家也有其初出茅庐到鼎盛时期到衰落期的变化。要全面理解其创作全貌，就要把他的所有作品都放到批评的视域之下。更何况，对于他的其他作品，褒贬兼之，毁誉参半。比如，《胜利》、《青春》，萨义德就特别重视，并且进行过饶有趣味的解读。像这样的作品，我们都要认真对待。

第三，经典的传承，一定少不了教学。米勒和萨义德等文学大家都对他们早期在学校接受了经典文本的教学印象深刻。甚至到了老年，萨义德还栩栩如生地回忆起他的老师在教授康拉德的《黑暗的心》时的音容："他能挑选出谜一般难懂的段落，用响亮的嗓音给我们读，睫毛随着节奏一挑一挑的，就这样，简直让我入迷了，我完全进入了那个小说的世界。"而这样的教学影响着他一辈子对康拉德的兴趣。教学关系到传承的后续力量，关系到研究的先导作用，不可不重视，不可不研究。然而我们发现，在浩如烟海的康拉德研究中，关于其教学的研究却寥如晨星，几乎排斥在批评接受之外，这应是引起我们注意的问题。要有教学才有传承经典的社会基础。因此，如何通过大学课堂教学承继康拉德的宝贵遗产，乃至承继所有文学经典所承载的文明和文化遗产，同样是一个重大的研究课题。

附录一 重要文献

外文部分

Achebe, Chinua: "An Image of Africa: Racism in Conrad's *Heart of Darkness*". In *Massachusetts Review*, 1977.

Achebe, Chinua: "An Image of Africa: Racism in Conrad's *Heart of Darkness*". In *Heart of Darkness: A Norton Critical Edition*, 2005.

Achebe, Chinua: "An Image of Africa". In *Joseph Conrad: Third World Perspectives*, 1990.

Adam, Gillon: "Joseph Conrad". In *Twayne's English Authors Series Online*, 1990.

Aeron, Fogel: *Coercion to Speak: Conrad's Poetics of Dialogue*, Cambridge, MA: Harvard University Press, 1985.

Alison, L. Hopwood: "Carlyle and Conrad: Past and Present and *Heart of Darkness*". In *Review of English Studies*, 1972.

Allen, Jerry: *The Sea Years of Joseph Conrad*. London: Methuen, 1967.

Allon, White: "Joseph Conrad and the Rhetoric of Enigma". In J*oseph Conrad*, 1998.

Amy, Houston: "Conrad and Alfred Russel Wallace". In *Conrad: Intertext and Appropriations: Essays in Memory of Yves Hervouet*, 1997.

Andreach, Robert J.: *The Slain and Resurrected God: Conrad, Ford and the Chrisian Myth*. New York: New York University Press, 1970.

Andreas, Osborn: *Joseph Conrad: A Study in Non-Conformity*. London: Vision Press, 1962.

Andrew, Dudley: "Adaptation". In *Film Theory and Criticism: Introductory Readings*, 1999.

Arac, Jonathan: "Romanticism, the Self, and the City: *The Secret Agent* in Literary History". In *Boundary* 29.1 A Supplement on Irony (1980): pp. 75-90.

Arata, Stephen: "The Secret Agent". In *A Joseph Conrad Companion*. Ed. Leonard Orr and Ted Billy. Westport, Connecticut: Greenwood Press, 1999, pp. 165-194.

Armitage, C. M.: "The Location of *Lord Jim's* Patusan". In *Notes and Queries*, Vol. CCXI (1966): pp. 409-410.

Armstrong, Paul B.: "Conrad's Contradictory Politics: The Ontology of Society in *Nostromo*". In *Joseph Conrad: Critical Assessments*, 1992.

Auerbach, Erich: *Mimesis: The Representation of Reality in Western Literature*. Princeton: Princeton University Press, 1974.

Austin, M.: "Carnival: Reflections on a Community". In *New Community*, No. 7, 1979, pp. 114-117.

Bache, William B.: "*Nostromo* and 'The Snows of Kilimanjaro'". In *Modern Language Notes* 72.1 (1957): pp. 32-34.

Baines, Jocelyn: *Joseph Corad: A Critical Biography*. London: Weidenfeld and Nicolson, 1960.

Bantock, G. H.: "Conrad and Politics". In *English Literary History* 25.2 (1958): pp. 122-136.

Bardolphe, Jacqueline: "Ngugi Wa Thiong'o's *A Grain of Wheat* and *Petals of Blood* as Readings of Conrad's *Under Western Eyes* and *Victory*". In *The Conradian* 12.1 (1987): pp. 32-49.

Bass, Eben: "The Verbal Failure of *Lord Jim*". In *College English*, Vol. XXVI. March, 1965, pp. 438-444.

Batchelor, John: *Introduction to Lord Jim, World's Classics Edition*. Oxford: Oxford University Press, 1983.

Batchelor, John: *Lord Jim*. London: Unwin Hyman, 1988.

Batchelor, John: *The Edwardian Novelists*. London: Duckworth, 1982.

Batchelor, John: *The Life of Joseph Conrad: A Critical Biography*. Oxford: Blackwell, 1994.

Beach, Joseph Warren: *The Twentieth Century Novel: Studies in Technique*. New York: Appleton-Century Crofts, 1932.

Beal, A. (ed.): *D. H. Lawrence: Selected Literary Criticm*. London: Heinemann, 1955.

Beer, Thomas: *Stephen Crane: A Study in American Letters (with an introduction by Conrad)*. London: Heinemann, 1924.

Belcher, Edward: *Narrative of the Voyage of the H.M.S. Samarang*, 2 vols. London: Reeve, Benham and Reeve, 1848.

Bellis, George: "Fidelity to a Higher Ideal: a Study of the Jump in Conrad's *Lord Jim*". In *Erasmus Review*, Vol. I, No.1, 1971, pp. 63-71.

Bender, Todd K. (comp.): *Concordances to the Works of Joseph Conrad.* New York and London: Garland Publishing, 1976.

Bendz, E.: *Joseph Conrad: An Appreciation*. New York: H. W. Wilson Co., 1923.

Bergonzi, Bernard: *Heroes' Twilight: A Study of the Literature of the Great War* [1965]. London: Macmillan, 1980.

Berman, Jeffrey: *Joseph Conrad: Writing as Rescue*. New York: Astra, 1977.

Bernard-Donals: *M. M. Bakhtin: Between Phenomenology and Marxism*. Cambridge: Cambridge University Press, 1994.

Bernstein, Stephen: "Conrad and Rousseau: A Note on *Under Western Eyes*". In *Journal of Modern Literature* 19.1 (1994): pp. 161-163.

Bernstein, Stephen: "Politics, Modernity, and Domesticity: The Gothicism of Conrad's *The Secret Agent*". In *CLIO* 32.3 (2003): pp. 285-301.

Berthoud, Jacques (ed.): *Introduction to The Nigger of the "Narcissus", World's Classics Edition*. Oxford: Oxford University Press, 1984.

Berthoud, Jacques: "The Secret Agent". In *The Cambridge Companion to Joseph Conrad.* ed. J. H. Stape. Cambridge: Cambridge University Press, 1996.

Berthoud, Jacques: *Introductions to The Nigger of the "Narcissus"* and *Almayer's Folly.* Oxford: Oxford University Press, 1984, 1992.

Berthoud, Jacques: *Joseph Conrad: The Major Phase.* Cambridge: Cambridge University Press, 1978.

Bevan, Earnest, Jr.: "Nostromo: The Permanence of the Past". In *The Conradian* 10: 1 (1978): pp. 63-71.

Bevan, Earnest, Jr.: "Marlow and Jim: The Reconstructed Past". In *The Conradian*, Vol. XV, No. 3, 1983, pp. 191-202.

Biles, Jack I.: "'Its Proper Title': Some Observations on *The Nigger of the 'Narcissus*'". In *Polish Review* 20 (1975): pp. 181-188.

Billy, Ted (ed.): *Critical Essays on Joseph Conrad.* Boston: Hall, 1987.

Bivona, Daniel: "Conrad's Bureaucrats: Agency, Bureaucracy and the Problem of Intention." In *Novel* 26.2 (1993): pp. 151-169.

Bloom, Harold (ed.): *Joseph Conrad's Heart of Darkness*. New York: Chelsea House Publishers , 1987.

Bloom, Harold (ed.): *Joseph Conrad's Nostromo (Modern Critical Interpretations)*. New York: Chelsea House, 1987.

Bloom, Harold (ed.): *Joseph Conrad: Modern Critical Views.* New York: Chelsea House, 1986.

Bloom, Harold: *The Anxiety of Influence*. Oxford: Oxford University Press, 1973.

Bluth, Raphael: "Joseph Conrad et Dostoewski: le probleme du crime et du chatiment". In *Vie Intellectuelle*, Vol. XII, May 1931, pp. 320-339.

Bohlmann, Otto: *Conrad's Existentialism*. London: Macmillan Academic and Professional, 1991.

Bojarski, Edmund A. and Henry T. Bojarski.: "Masters' and Doctoral Dissertations on Joseph Conrad 1917-1963". In *Polish American Studies* 22.1 (1965): pp. 30-46.

Bonney, W. W.: *Thorns and Arabesques: Contexts for Conrad's Fiction*. Baltimore, Md: Johns Hopkins University Press, 1980.

Bonney, William W.: "Joseph Conrad and the Betrayal of Language". In *Nineteenth-Century Fiction* 34.2 (1979): pp. 127-153.

Bonney, William W.: "Semantic and Structural Indeterminacy in *The Nigger of the 'Narcissus'*: An Experiment in Reading". In *ELH* 40.4 (1973): pp. 564-583.

Booker, M. Keith: *Techniques of Subversion in Modern Literature: Transgression Abjection and the Carnivalesque*. Florida: The University of Florida Press, 1991.

Booth, W. C.: *The Rhetoric of Fiction*. Chicago: Chicago University Press, 1961.

Borges, Jorge Luis: "Doctor Brodie's Report", *trans. Norman Thomas di Giovanni*. New York: Dutton, 1972.

Borges, Jorge Luis: *Borges: A Reader. Ed. Emir Rodriguez Monegal and Alastair*

Reid. New York: Dutton, 1981.

Boyle, Ted E.: *Symbol and Meaning in the Fiction of Joseph Conrad*. The Hague: Mouton, 1965.

Bradbrook, M. C.: *Joseph Conrad: Poland's English Cenius*. Cambridge: Cambridge University Press, 1941.

Bradbury, Malcolm (ed.): *Introduction to Stephen Crane, The Red Badge of Courage*. London: Dent, 1983.

Brantlinger, Patrick: "*Heart of Darkness*: Anti-Imperialism, Racism, or Impressionism?". In *Criticism* 27:4 (1985): pp. 363-385.

Brebach, Raymond: *Joseph Conrad, Ford Madox Ford, and the Making of "Romance"*. Ann Arbor: U.M.I. Research Press, 1985.

Britzolakis, Christina: "Pathologies of the Imperial Metropolis: Impressionism as Traumatic Afterimage in Conrad and Ford". In *Journal of Modem Literature* 29.1 (2005): pp. 1-20.

Brodsky, G. W. Stephen: "The Conrad Harlequinade: Bakhtin, Rabelais, and Conrad's Comic Spirit". In Keith Carabine (ed.): *Contexts for Conrad: Eastern and Western Perspectives*. Bouldez: East European Monographs, 1993.

Brody, Ervin C.: "Poland in Calderon's 'Life is a Dream': Poetic Illusion or Historical Reality". In *The Polish Review*, Vol. XIV, No.2, Spring 1969.

Brooks, Harold F.: "*Lord Jim* and 'Fifine at the Fair'". In *The Conradian*, Vol. III, No.1, 1970-1971, pp. 9-25.

Brown, E. K.: "James and Conrad". In *The Yale Review*, Vol. 35, 1945, pp. 265-285.

Bruffee, Kenneth A.: "The Lesser Nightmare: Marlow's Lie in *Heart of Darkness*". In *Modern Language Quarterly*, Vol. XXV, No.3, September (1964): pp. 322-329.

Bruss, Paul S.: "Marlow's Interview with Stein: the Implication of the Metaphor". In *Studies in the Novel*, Vol.V, No.4, 1973, pp. 491-503.

Brydon, Diana. "'The Thematic Ancestor': Joseph Conrad, Patrick White, and Margaret Atwood". In *World Literature Written in English* 24 (1984): pp. 386-397.

Bufkin, E. C.: "Conrad, Grand Opera, and *Nostromo*". In *Nineteenth-Century Fiction* 30.2 (1975): pp. 206-214.

Burgess, C. F.: "Conrad's Catholicism". In *The Conradian*, Vol. XV, No.2, 1983, pp. 111-126.

Burgess, C. F.: *The Fellowship of the Craft*. Port Washington, NY: Kennikat Press, 1976.

Burgis, Richard: *Conversations with Jorge Luis Borges*. New York: Avon, 1970.

Burgoyne, Mary: "Conrad among the Anarchists: Documents on Martial Bourdin and the Greenwich Bombing". In *The Conradian* 32.1 *The Secret Agent: Centennial Essays* (2007): pp. 147-185, i-ii.

Burstein, Janet: "On Ways of Knowing in *Lord Jim*". In *Nineteenth Century Fiction*, Vol.26, No.4, 1972, pp. 456-468.

Busza, Andrzej: "Rhetoric and Ideology in Conrad's *Under Western Eyes*". In *Joseph Conrad: A Commemoration*, ed. Norman Sherry. London: Macmillan, 1976, pp. 105-118.

Busza, Andrzej: "Conrad's Polish Literary Background and Some Illustrations of Polish Literature on His Work". In *Antemurale* 10 (1966): pp. 109-255.

Caminero-Santangelo, Byron: "Neocolonialism and the Betrayal Plot in *A Grain of Wheat*: *Ngũgĩ wa Thiong'o's Re-Vision of Under Western Eyes*". In *Research in African Literature* 29.1 (1998): pp. 139-152.

Carabine, Keith (ed.): *Joseph Conrad: Critical Assessments*. 4 vols. Robertsbridge: Helm Information, 1992.

Carabine, Keith: "From Razumov to *Under Western Eyes*: The Dwindling of Natalia Haldin's 'Possibilities'". The Ugo Mursia Memorial Lectures, University of Pisa, September 7th-11th 1983. ed. Mario Curreli. Milan: Mursia International, 1988, pp. 147-171.

Carabine, Keith: "Conrad and American Literature: A Review Essay". In *The Conradian* 13.2 (1998): pp. 207-219.

Carabine, Keith (ed.): *Joseph Conrad: Critical Assessments*. Vols. I.II.III.IV. East Sussex: Helm Information Ltd, 1992.

Carpenter, Richard C.: "The Geography of Costaguana, or Where Is Sulaco?". In *Journal of Modern Literature* 5.2 (1976): pp. 321-326.

Castle, Terry: *Masquerade and Civilization: the Carnivalesque in Eighteenth-Century English Culrure and Fiction*. Stanford, California: Stanford University Press, 1986.

Cave, Terence: *Recognition: A Study in Poetics*. Oxford: Clarendon, 1988.

Cawelti, John G.: *Adventure, Mystery, and Romance; Formula Stories as Art and Popular Culture*. Chicago: University of Chicago Press, 1976.

Chatman, S. (ed.). *Story and Discourse.* Ithaca: Cornell University Press, 1978.

Chatman, S, (ed. and trans.): *Literary Style: A Symposium.* London: Oxford University Press, 1971.

Chaudron, Louis de Vendel: *Mobile Mystery and the Story of the Mardi Gras Societies*. Mobile, 1912.

Ching, Yuet May: "'A heap of nameless fragments': Sacrifice, Cannibalism, and Fragmentation in *The Secret Agent*". In *The Conradian* 32.1 *The Secret Agent: Centennial Essays* (2007): pp. 36-48.

Christmas, Peter: "Conrad's *Nostromo*: A Tale of Europe". In *Literature and History* 6:1 (1980): pp. 59-81.

Conroy, Mark: "The Panoptical City: The Structure of Suspicion in *The Secret Agent*". In *The Conradian* 15.3 (1983): pp. 203-217.

Conroy, Mark: *Modernism and Authority: Strategies of Legitimation in Flaubert and Conrad.* Baltimore: Johns Hopkins University Press, 1985.

Cooper, C.: *Conrad and the Human Dilemma*. London: Chatto and Windus, 1970.

Cousineau, Thomas J.: "The Ambiguity of Razumov's Confession in *Under Western Eyes*". In *The Conradian* 18.1 (1986): pp. 27-40.

Cox, C. B.: *Joseph Conrad: The Modern Imagination.* London: Dent, 1974.

Cox, C. B. (ed.): *Conrad: Heart of Darkness, Nostromo, and Under Western Eyes: A Casebook.* London: Macmillan, 1981.

Cox, Roger L.: "Conrad's Nostromo as Boatswain". In *Modern Language Notes* 74.4 (1959): pp. 303-306.

Crankshaw, Edward: *Joseph Conrad: Some Aspects of the Art of the Novel*. London: Macmillan, 1976.

Crankshaw, Edward: *Joseph Conrad: Some Aspects of the Art of the Novel.* London: John Lane, 1936.

Culler, Jonathan: *On Deconstruction: Theory and Criticism After Structuralism*. Ithaca, NY: Cornell University Press, 1982.

Curle, R.: *Joseph Conrad : A Study*. London: Kegan Paul, 1914.

Curreli, Mario: "Genuine Genoese Names in *Nostromo*". In *The Conradian* 31.2(1999): pp. 99-108.

Curtius, E. R.: *European Literature and the Latin Middle Ages*. trans. Willard R. Trask. Princeton: Princeton University Press, 1953.

Cutler, Frances Wentworth: "Why Marlow?". In *Sewanee Review* 26:1 (1918): pp. 28-38.

Da Matta, Roberto: "Carnival, Informity, and Magic". In *Text, Play, and Story*, ed. Edward Bruner. Washington: Waveland Pr Inc, 1984.

Daleski, H. M.: "A Perfect Spy and A Great Tradition". In *Journal of Narrative Technique* 20.1 (1990): pp. 56-64.

Daleski, H. M.: *Joseph Conrad: The Way of Dispossession.* London: Faber & Faber; New York: Holmes & Meier, 1977.

Darras, Jacques: *Joseph Conrad and the West: Signs of Empire.* trans. Anne Luyat and Jacques Darras. London: Macmillan, 1982.

Darvay, Daniel: "The Politics of Gothic in Conrad's *Under Western Eyes*". In *Modern Fiction Studies* 55.4 (2009): pp. 693-715.

Davidson, Arnold E.: "The Sign of Conrad's *The Secret Agent*". In *College Literature* 8.1 (1981): pp. 33-41.

Davidson, Donald: "Joseph Conrad's Directed Indirections". In *The Sewanee Review* 33.2 (1925): pp. 163-177.

Davis, Harold E.: "Conrad's Revision of *The Secret Agent*: A Study in Literary Impressionism". In *Modern Language Quarterly* 19.3 (1958): pp. 244-254.

Davis, Harold E.: "Symbolism in *The Nigger of the 'Narcissus'*". In *Twentieth Century Literature* 2.1 (1956): pp. 26-29.

Davis, Roderick: "*Under Western Eyes*: 'The Most Deeply Meditated Novel'". In *The Conradian* 9.1 (1977): pp. 59-75.

Davison, A. E.: *Conrad's Ending: A Study of the Five Major Novels*. Ann Arbor, Mich.: U. M. I. Research Press, 1984.

Day, A. G.: "Pattern in *Lord Jim*: One Jump After Another". In *College English*. Vol. XIII (April, 1952): pp. 396-397.

De Man, Paul: *Allegories of Reading*. New Haven, Conn.: Yale University Press, 1979.

Demory, Pamela H.: "*Nostromo*: Making History". In *Texas Studies in Literature and Language* 35.3 (1993): pp. 316-346.

Deresiewicz, William: "Conrad's Impasse: *The Nigger of the 'Narcissus'* and the Invention of Marlow". In *The Conradian* 38.3 (2006): pp. 205-227.

Dolan, Paul: "The Plot in *The Secret Agent*". In *The Conradian* 16.3 (1984): pp. 225-235.

Dowden, Wilfred S.: *Joseph Conrad: The Imaged Style.* Nashville: Vanderbilt University Press, 1970.

Eagleton, Terry: "Joseph Conrad and *Under Western Eyes*". In *Exiles and Émigrés: Studies in Modern Literature.* London: Chatto, 1970, pp. 21-32.

Eagleton, Terry: *The English Novel.* Malden, MA: Blackwell, 2005.

Ehrsam, Theodore G. (comp.): *A Bibliography of Joseph Conrad.* Metuchen, NJ: Scarecrow Press, 1969.

English, James F.: "Scientist, Moralist, Humorist: A Bergsonian Reading of *The Secret Agent*". In *The Conradian* 19.2 (1987): pp. 139-156.

Epstein, H. S.: "*Lord Jim* as a Tragic Action". In *Studies in the Novel,* Vol. V, No. 2(1973): pp. 229-247.

Epstein, Hugh: "'The Fitness of Things': Conrad's English Irony in 'Typhoon' and *The Secret Agent*". In *The Conradian* 33.1 (2008): pp. 1-30.

Erdinast-Vulcan, Daphna: *Joseph Conrad and the Modern Temper.* Oxford: Oxford University Press, 1991.

Evans, Robert O.: "Conrad's *Underworld*". In *Modern Poetry Studies,* Vol. II. No. 2, 1956, pp. 56-62.

Eyeington, Mark: "'Going for the First Meridian': *The Secret Agent's* Subversiveness". In *The Conradian* 29.1 (2004): 119-126.

Fagnani, Flavio (comp.): *Catalogo della collezione Conradiana di Ugo Mursia.* Milan: Mursia, 1984.

Feder, Lillian. "Marlow's Descent into Hell". In *Nineteenth-Century Fiction*, Vol.9, No. 4, March (1955): pp. 280-292.

Fincham, Gail: "Oraliry, Literacy, and Community: Conrad's *Nostromo* and Ngugi's *Petals of Blood*". In *The Conradian* 17.1 (1992): pp. 45-71.

Fleishman, Avrom: "The Symbolic World of *The Secret Agent*". In *ELH* 32.2 (1965):

pp. 196-219.

Fleishman, Avrom: *Conrad's Politics: Community and Anarchy in the Fiction of Joseph Conrad.* Baltimore: Johns Hopkins Press, 1967.

Fogel, Aaron: *Coercion to Speak: Conrad's Poetics of Dialogue.* Cambridge, MA: Harvard University Press, 1985.

Ford, Ford Madox: *Joseph Conrad: A Personal Remembrance.* London: Duckworth, 1924.

Ford, Madox Ford: *The English Novel: From the Earliest Days to the Death of Joseph Conrad.* London: Constable, 1930.

Foulke, Robert: "Postures of Belief in *The Nigger of the 'Narcissus'*". In *Modern Fiction Studies* 17 (1971): pp. 249-262.

Fradin, Joseph I.: "Anarchist, Detective, and Saint: The Possibilities of Action in *The Secret Agent*". In *PMLA* 83.5 (1968): pp. 1414-1422.

Frances, Marian: "Corruption as Agent in the 'Narcissus'". In *The English Journal* 56.5 (1967): pp. 708-715.

Fraser, Gail: "Conrad's Irony: 'An Outpost of Progress' and *The Secret Agent*". In *The Conradian* 11.2 (1986): pp. 155-169.

Frederick R. Karl: "Early Conrad: From 'Almayer' to 'Typhoon'". In *Modern Fiction Studies*, Vol. XIV, No. 2, Summer, 1968, pp. 91-144.

French, Jennifer L.: "Martin Decoud in the Afterlife: A Dialogue with Latin American Writers". In *The Conradian* 40.3 (2008): 247-65.

Friedman, Alan Warren: "Conrad's Picturesque Narrator: Marlow's Journey from 'Youth' through Chance". In *Joseph Conrad: Theory and World Fiction.* eds. Zyla & Aycock. London: Allen & Unwin, 1974, pp. 108-140.

Gabrielle Mclntire: "The Women Do Not Travel: Gender, Difference and Incommensurability in Conrad's *Heart of Darkness*". In *Modern Fiction Studies*, 2002.

Garcia Marquez, Gabriel: *Love in the Time of Cholera.* trans. Edith Grossman. New York: Knopf, 1988.

Garnett, David, (ed.): *The Letters of T. E. Lawrence.* London: Cape, 1938.

Garnett, E. (ed.): *Letters from Joseph Conrad.* New York: Bobbs-Merrill, 1962.

Gary, Romain: *La Nuit sera calme.* Paris: Gallimard, 1974.

Gide, Andre: "Joseph Conrad". In *Joseph Conrad: A Critical Symposium*, 1960.

Gill, David: "The Fascination of the Abomination: Conrad and Cannibalism". In *The Conradian* 24. 2 (1999): pp. 1-30.

Gilliam, H. S.: "Russia and the West in Conrad's *Under Western Eyes*". In *Studies in the Novel* 10.2 (1978): pp. 218-233.

Gilliam, Harriet: "The Daemonic in Conrad's *Under Western Eyes*". In *The Conradian* 9.3 (1977): pp. 219-236.

Gilliam, Harriet: "Time in Conrad's *Under Western Eyes*". In *Nineteenth-Century Fiction* 31.4 (1977): pp. 421-439.

Gillion, Adam: *The Eternal Solitary: A Study of Joseph Conrad.* New York: Bookman Associates, 1960.

Gillon, Adam: "Joseph Conrad". In *Twayne's English Authors Series Online*, 1999.

Gillon, Adam: "The Radiant Line: a New Polish Novel about Conrad". In *The Conradian* 17.2 (1985): pp. 109-117.

Gillon, Adam: "Conrad and Sartre". In *Joseph Conrad: Critical Assessments*, 1992.

Gillon, Adam: *Joseph Conrad.* Twayne English Authors No. 333. Boston: Twayne, 1982.

GoGwilt, Christopher: T*he Invention of the West.* Stanford, California: Stanford University Press, 1995.

Gooch, Joshua: "'The Shape of Credit': Imagination, Speculation, and Language in *Nostromo*". In *Texas Studies in Literature and Language* 52.3 (2010): pp. 266-297.

Goodin, George: "The Personal and the Political in *Under Western Eyes*". In *Nineteenth-Century Fiction* 25.3 (1970): pp. 327-342.

Goonetilleke, D. C. R. A.:" Conrad's Malayan Novels: Problems of Authenticity". In *Joseph Conrad: Third World Perspectives*, 1990.

Gordan, John D.: *Joseph Conrad: The Making of A Novelist.* Cambridge MA: Harvard University Press, 1940.

Gorra, Michael: "Joseph Conrad". In *The Hudson Review* 59.4 (2007): pp. 541-571.

Gose, Elliott B., Jr.: "'Cruel Devourer of the World's Light': *The Secret Agent*". In *NCF* 15.1 (1960): pp. 39-51.

Graver, Lawrence: *Conrad's Shorter Fiction.* Berkeley: University of California

Press, 1969.

Greaney, Michael: *Conrad, Language, and Narrative.* Cambridge: Cambridge University Press, 2002.

Greene, Graham: *In Search of A Character,* 1961. Harmondsworth: Penguin Books, 1968.

Greiff, Louis K. and Greiff, Shirley A.: "Sulaco and Panama: A Geographical Source in Conrad's *Nostromo*". In *Journal of Modern Literature* 3.1(1973): pp. 102-104.

Guerard, A, J.: *Conrad the Novelist.* Cambridge, MA: Harvard University Press, 1958.

Guerard, Albert J.: "The Nigger of the 'Narcissus'". In *The Kenyon Review* 19.2 (1957): pp. 205-232.

Guerard, Albert J.: *Conrad the Novelist.* Cambridge, MA: Harvard University Press, 1958.

Guerard, Allbert J.: "Introduction". In *Heart of Darkness* and *The Secret Sharer*, 1983.

Guilhamet, Leon: "Conrad's *The Secret Agent* as the Imitation of an Action". In *The Polish Review* 20.2/3.

Gurko, Leo: "Death Journey in *The Nigger of the 'Narcissus'*". In *Nineteenth-Century Fiction* 15.4 (1961): pp. 301-311.

Gurko, Leo: "*Under Western Eyes*: Conrad and the Question of 'Where To?'". In *College English* 21.8 (1960): pp. 445-452.

Guthke, Karl: *Modern Tragiconedy.* New York: Random House, 1966.

Hagan, John: "The Design of Conrad's *The Secret Agent*". In *ELH* 22.2 (1955): pp. 148-164.

Hall, S. (ed.): *Resistance Through Rituals.* London: Hutchinson, 1975.

Halliday, M. A. K.: *Language as Social Semiotic.* London: Arnole, 1978.

Hama, Mark: "Time as Power: The Politics of Social Time in Conrad's *The Secret Agent*". In *The Conradiana* 32.2 (2000): pp. 123-143.

Hamilton, Alissa: "The Construction and Deconstruction of National Identities through Language in the Narrative of Ngũgĩ wa Thiong'o's *A Grain of Wheat* and Joseph Conrad's *Under Western Eyes*". In *African Languages and*

Cultures 8.2 (1995): pp. 137-151.

Hamilton, Carol Vanderveer: "Revolution from Within: Conrad's Natural Anarchists". In *The Conradian* 18.2 (1994): pp. 31-48.

Hammes, Jr. & Kenneth W.: "Melville, Dana, and Ames: Sources for Conrad's *The Nigger of the 'Narcissus'*". In *Polish Review* 19 (1974): pp. 29-33.

Hamner, Robert D. (ed.): *Joseph Conrad: Third World Perspectives.* Washington: Three Continents Press, 1990.

Hand, Richard J.: "Conrad and the Reviewers: *The Secret Agent* on Stage". In *The Conradian* 26.2 (2001): pp. 1-67.

Hansford, James: "Reference and Figuration in *The Secret Agent*". In *The Conradian* 10.2 (1985): pp. 116-131.

Harpham, Geoffery Galt: "Beyond Mastery: The Future of Conrad's Beginnings". In *Conrad in the Twenty-First Century*. eds. Carola M. Kaplan et al. New York: Routledge, 2005, pp. 17-37.

Harpham, Geoffrey Galt: "Abroad Only by a Fiction: Creation, Irony, and Necessity in Conrad's *The Secret Agent*". In *Representations* 37 Special Issue: Imperial Fantasies and Postcolonial Histories (1992): pp. 79-103.

Harrington, Ellen Burton: "The Anarchist's Wife: Joseph Conrad's Debt to Sensation Fiction in *The Secret Agent*". In *The Conradian* 36.1-2 (2004): pp. 51-63.

Hart, Evalee: "Aboard the 'Narcissus'". In *The English Journal* 56.1 (1967): pp. 45-48.

Haugh, Robert F.: "Joseph Conrad and Revolution". In *College English* 10.5 (1949): pp. 273-277.

Hawthorn, Jeremy: "The Incoherences of *The Nigger of the 'Narcissus'*". In *The Conradian*, 11 (1986): pp. 98-115.

Hawthorn, Jeremy: *Joseph Conrad: Language and Fictional Self-Consciousness.* London: Arnold; Lincoln: University of Nebraska Press, 1979.

Hay, E. Knapp: *The Political Novels of Joseph Conrad.* Chicago: Chicago University Press, 1963.

Hay, E. Knapp: "*Lord Jim*, from Sketch to Novel". In *The Norton Critical Edition of Lord Jim* , ed. T. Moser, 1968.

Hay, E. Knapp: "Nostromo". In *The Cambridge Companion to Joseph Conrad.* ed. J. H. Stape. Cambridge: Cambridge University Press, 1996: pp. 81-99.

Hay, E. Knapp. *The Political Novels of Joseph Conrad: A Critical Study.* Chicago: University of Chicago Press, 1963; rev. edn. 1981.

Heimer, Jackson W.: "Betrayal, Confession, Attempted Redemption, and Punishment in *Nostromo*". In *Texas Studies in Literature and Language* 8.4 (1967): pp. 561-579.

Hemingway, Ernest: "Conrad, Optimist and Moralist", 1924. Reprinted in *By-Line: Ernest Hemingway.* ed. William White. New York: Bantam, 1968, pp. 114-115.

Henricksen, Bruce: "The Construction of the Narrator in *The Nigger of the 'Narcissus'*". In *PMLA* 103.5 (1988): pp. 783-795.

Henricksen, Bruce: *Nomadic Voices: Conrad and the Subject of Narrative.* Urbana: University of Illinois Press, 1992.

Hervouet, Yves: "Aspects of Flaubertian Influence on Conrad's Fiction". In *Revue de Litterature Compareee*, Vol.57, No.1, 1983, pp. 5-24.

Hervouet, Yves: "Conrad and Maupassant: An Investigation in Conrad's Creative Process". In *The Conradian*, Vol. XIV, No. 2, 1982, pp. 83-111.

Hervouet, Yves: *The French Face of Joseph Conrad.* Cambridge: Cambridge University Press, 1990.

Hewitt, Douglas: *Conrad: A Reassessment.* Cambridge: Bowes & Bowes, 1952; 3rd edn. Bowes & Bowes and Totowa, NJ: Rowman & Littlefield, 1975.

Higdon, David Leon, et al. (comp.): "Conrad Bibliography: A Continuing Checklist". In *The Conradian,* 1968.

Higdon, David Leon: "The Text and Context of Conrad's First Critical Essay". In *The Polish Review*, Vol. XX, Nos. 2-3, 1975, pp. 97-105.

Higdon, David Leon: "'His Helpless Prey': Conrad and the Aggressive Text". In *The Conradian* 12.2 (1987): pp. 108-121.

Ho, Janice: "The Spatial Imagination and Literary Form of Conrad's Colonial Fictions". In *Journal of Modern Literature* 30.4 (2007): pp. 1-19.

Hodges, R. R.: "The Four Fathers of Lord Jim". In *University Review*, Vol. XXXI, December, 1964, pp. 103-110.

Hodges, R. R.: *The Dual Heritage of Joseph Conrad.* Paris: Menton, 1967.

Hoff, Peter Sloat: "*The Secret Agent*: A Typical Conrad Novel?". In *The Polish Review* 20.2/3.

Holland, Norman N.: "Style as Character: *The Secret Agent*". In *Modern Fiction Studies* 12.2 (1966): pp. 221-231.

Holloway, John: *The Story of the Night: Studies in Shakespeare's Major Tragedies.* London: Routledge, 1961.

Holubetz, Margarete: "'Bad World for Poor People': Social Criticism in *The Secret Agent*". In *Arveiten aus Anglistik und Amerikanistik* 7 (1982): pp. 13-22.

Houen, Alex: "*The Secret Agent*: Anarchism and the Thermodynamics of Law". In *English Literary History* 65.4 (1998): pp. 995-1016.

Hough, Graham: "Chance and Joseph Conrad"'. In *Hough, Image and Experience: Studies in a Literay Revolution*. London: Duckworth, 1960.

Houston, Amy. "Joseph Conrad Takes the Stage: Dramatic Irony in *The Secret Agent*". In *The Conradian* 23.2 (1998): pp. 55-69.

Howe, Irving: *Politics and the Novel.* New York: New Left Books, 1961.

Howe, Irving: "Order and Anarchy: The Political Novels". In *The Kenyon Review* 15.4 (1953): pp. 505-521.

Huggan, Graham: "Anxieties of Influence: Conrad in the Caribbean". In *Commonwealth* 11.1 (1988): pp. 1-12.

Humphries, Reynold: "The Representation of Politics and History in *Under Western Eyes*". In *The Conradian* 20.1 (1988): pp. 13-32.

Hunter, Allan: *Joseph Conrad and the Ethics of Darwinism: The Challenges of Science.* London: Croom Helm, 1983.

Hunter, Jefferson: *Edwardian Fiction.* Cambridge, MA: Harvard University Press, 1982.

Husserl, Edmund: *Ideas: General Introduction to Pure Phenomenology*, [1913], trans. W. R. B. Gibson. London: Allen and George Unwin, 1931.

Hynes, Samuel: "Two Rye Revolutionaries". In *Sewanee Review* 73 (1965): pp. 151-158.

Içöz, Nursel: "Conrad and Ambiguity: Social Commitment and Ideology in *Heart of Darkness* and *Nostromo*". In *The Conradiana* 37.3 (2005): pp. 245-274.

Ingersoll, Earl G.: "Tragic Jokes: Narration in *The Secret Agent*". In *The Conradian* 16.1 (1991): pp. 37-47.

Iszak, Emily K.: "*Under Western Eyes* and the Problem of Serial Publication". In *Review of English Studies* 23 (1972): pp. 429-444.

J. H. Miller: "*Heart of Darkness* Revisited". In *Conrad Revisited: Essays for the Eighties*, 1985.

J. H. Miller: *Fiction and Repetition*. Cambridge, MA: Harvard University Press, 1982.

Jacobs, Robert G.: "Comrade Ossipon's Favorite Saint: Lombroso and Conrad". In *NCF* 23.1 (1968): pp. 74-84.

Jacobs, Robert G.: "Cilgamesh: the Sumerian Epic that helped *Lord Jim* to Stand Alone". In *The Conradian*, Vol. IV, No.2, 1972, pp. 23-32.

Jacobs, Robert G.: "H. G. Wells, Joseph Conrad and the Relative Universe". In *The Conradian*, Vol. I, No.1, 1968, pp. 51-55.

Jacques Berthoud: "The Preface to *The Niggers of 'Narcissus'*". In *The Niggers of "Narcissus": World's Classics*, 1984.

James, William. *Principles of Psychology* [1890]. Cambridge, MA: Harvard University Press, 1983.

Jameson, Fredric: *The Political Unconscious: Narraove as A Socially Symbolic Act*. London: Methuen, 1981.

JanMohamed, Abdul R.: "The Economy of Manichean Allegory: the Function of Racial Difference in Colonialist Literature". In *Postcolonialism*, 2001.

Janta, Alexander: "Tuan Jim: A Sketch" [1960], reprinted in the Norton Critical Edition of *Lord Jim*. ed. T. Moser, q.v., 1968.

Jean-Aubry, Gerard: *The Sea Dreamer: A Definitive Biography of Joseph Conrad*. London: Allen & Unwin, 1957.

Jeffers, Thomas L.: "The Logic of Material Interests in Conrad's *Nostromo*". In *Raritan* 23. 2(2003): pp. 80-111.

Jenkins, Gareth: "Conrad's *Nostromo* and History". In *Literature and History* 6 (1977): pp. 138-178.

Jeremy Hawthorn: *Joseph Conrad: Narrative Technique and Ideological*

Commitment. London & New York: Edward Arnold, 1990.

Jessie, Conrad: *Joseph Conrad as I Knew Him*. London: Heinemann, 1926.

Jessie, Conrad: *Joseph Conrad and His Circle*. London: Jarrolds, 1935.

Johanna M., Smith: "Too Beautiful All Togetger: Partriarchal Ideology in *Heart of Darkness*". In *Conrad Revisited: Heart of Drakness: A Case Study in Contemporary Criticism*. Boston: BedfordBooks, 1989.

Johnsen, William A.: "'To My Readers in America': Conrad's 1914 Preface to T*he Nigger of the 'Narcissus'*". In *The Conradian* 35.1-2 (2003): pp. 105-121.

Johnson, Bruce: "Joseph Conrad and Crane's *The Red Badge of Courage*". In *Papers of the Michigan Academy of Science, Arts and Letters*, vol. XLVIII, 1963, pp. 649-655.

Johnson, Bruce: "Conrad's 'Karain' and Lord Jim" [1963]. In the Norton Critical Edition of *Lord Jim*. ed. T. Moser, q.v., 1968.

Johnson, Bruce: *Conrad's Models of Mind*. Minneapolis, Minn.: University of Minnesota Press, 1971.

Johnson, Bruce: "Conrad's Impressionism and Watt's 'Delayed Decoding'". In *Conrad Revisited: Essays for the Eighties*. ed. R. C. Murfin, 1985.

Jones, Emrys: *Scenic Form in Shakespeare*. Oxford: Clarendon Press, 1971.

Jones, Ernest: *Hamlet and Oedipus*. London: Victor Gollancz, 1949.

Jones, John: *On Aristotle and Greek Tragedy*. London: Chatto and Windus, 1962.

Jones, M. P.: "A Paradise Lost: Conrad and the Romantic Sensibility". In *Critical Quartrly*, Vol. XVIII, No.4, Winter, 1976, pp. 37-49.

Jones, M. P.: *Conrad's Heroism*. Ann Arbor, Mich.: U.M.I. Research Press, 1985.

Jones, M. P.: "Judgment and Sentiment in *The Nigger of the 'Narcissus'*". In *The Conradian* 9 (1977): pp. 157-169.

Jones, Susan: "Conrad's Women and the Polish-Romantic Tradition". In *Conrad and Poland*, ed. Wieslaw Krajka. New York: Columbia University Press, 1996, pp. 77-81.

Joy, Neill R.: "Conrad's 'Preface' to *The Nigger of the 'Narcissus'*: The Lost Typescript Recovered". In *The Conradian* 9 (1977): pp. 17-33.

Kaplan, Carola, Mallios, Peter Lancelot, and White, Andrea (eds.): *Conrad in the Twenty-first Century: Contemporary Approaches and Perspectives*. New York:

Routledge, 2005.

Karl, Frederick R.: "Joseph Conrad's Literary Theory". In *Criticism* 2 (1960): pp. 317-335.

Karl, Frederick R.: "The Significance of Revisions in the Early Versions of *Nostromo*". In *Modern Fiction Studies* 5.2 (1959): pp. 129-144.

Karl, Frederick R.: *A Reader's Guide to Joseph Conrad*. London: Thames & Hudson; New York: Noonday Press, 1960.

Karl, Frederick R.: *Joseph Conrad: The Three Lives-A Biography*. New York: Farrar, Straus, and Giroux; London: Faber & Faber, 1979.

Karl, Frederick R.: "Conrad, Ford and the Novel". In *Midway*, Vol.X, 1969, pp. 17-34.

Karl, Frederick R.: "Conrad, Wells, and the Two Voices". In *PMLA* 88 (1973): pp. 1049-1065.

Karl, Frederick R.: "Joseph Conrad's Literary Theory". In *Criticism*, Vol.II, 1960, pp. 317-335.

Karl, Frederick R.: "Introduction to the Danse Macabre: Conrad's *Heart of Darkness*". In *Heart of Darkness: A Case Study in Contemporary Criticism*, 1989.

Karl, Frederick R.: *Joseph Conrad: The Three Lives*. London: Faber, 1979.

Karl, Frederick R.: "The Rise and Fall of *Under Western Eyes*". In *Nineteenth-Century Fiction* 13.4 (1959): pp. 324-325.

Kaufmann, W. (ed.): *Existentialism from Dostoievsky to Sartre*. New York: Meridian Books, 1956.

Keating, George T. (ed.): *A Conrad Memorial Library: The Collection of George T. Keating*. Garden City, NY: Doubleday, Doran, 1929.

Keppel, Henry: *The Expedition to Bomeo of H.M.S. Dido for the Suppression of Piracy: with Extracts from the Journal of James Brooke Esq, of Sarawak*, 2 vols. London: Chapman and Hall, 1846.

Kermode, Frank: "Secrets and Narrative Sequence". In *Critical Inquiry* 7.1 (1980): pp. 83-101.

Kermode, Frank: *Essays on Fiction*, 1971-1982. London: Routledge & Kegan Paul, 1983.

Kerr, Douglas: "Conrad and the 'Three Ages of Man', 'Youth', 'The ShadowLine', 'The End of the Tether'''. In *The Conradian*, 1998.

Kertzer, J. M: "'The Bitterness of Our Wisdom': Cynicism, Skepticism and Joseph Conrad". In *Novel: A Forum on Fiction* 16.2 (1983): pp. 121-140.

Kiely, Robert J.: *Robert Louis Stevenson and the Fiction of Adventure*. Cambridge, MA: Harvard University Press, 1964.

Killham, John: "The Idea of Community in the English Novel". In *Nineteenth-Century Fiction* 31.4 (1977): pp. 379-396.

Kimbrough, Robert (ed.): *The Nigger of the "Narcissus"*, by Joseph Conrad. New York: Norton, 1979.

Kimpel, Ben and T. C. Duncan Eaves: "The Geography and History in *Nostromo*". In *Modern Philology* 56.1 (1958): pp. 45-54.

King, Carlyle: "Conrad for the Classroom". In *The English Journal* 47.5 (1958): pp. 259-262.

Kinney, Arthur F.: "Jimmy Wait: Joseph Conrad's Kaleidoscope". In *College English* 26.6 (1965): pp. 475-478.

Kirschner, Paul: "Conrad and Maupassant". In *Review of English Literature* 6 (1965): pp. 37-51.

Kirschner, Paul: "Revolution, Feminism, and Conrad's Western 'I'". In *The Conradian* 10.1 (1985): pp. 4-25.

Kirschner, Paul: *Conrad: The Psychologist as Artist*. Edinburgh: Oliver & Boyd, 1968.

Kleiner, Elaine L.: "Joseph Conrad's Forgotten Role in the Emergence of Science Fiction". In *Extrapolation* 15 (1973):pp. 25-34.

Knoepflmacher, U. C.: *Laughter and Despair: Readings in Ten Novels of the Victorian Era*. Berkeley: University of California Press, 1971.

Knowles, Owen (comp.): *An Annotated Critical Bibliography of Joseph Conrad*. Hemel Hempstead: Harvester Wheatsheaf; New York: St Martin's Press, 1992.

Knowles, Owen: "'To Make You Hear...': Some Aspects of Conrad's Dialogue". In *The Polish Review* 20.2/3.

Knowles, Owen: "*Under Western Eyes*: A Note on Two Sources". In *The Conradian* 10.2 (1985): pp. 154-161.

Knowles, Owen: "Conrad, Anatole France, and the Early French Romantic Tradition: Some Influences". In *Conradiana* 11.1 (1979): pp. 41-61.

Knowles, Owen: "Who's Afraid of Arthur Schopenhauer? A New Context for *Heart of Darkness*". In *Nineteenth Century Literature*, 1994.

Knowles, Owen: "The Year's Work in Conrad Studies: a Survey of Periodical Literature". In *The Conradian* 9.1 (1984) to 12.1 (1987).

Knowles, Owen: *A Conrad Chronology*. London: Macmillan; Boston: Hall, 1989.

Kramer, Dale: "Marlow, Myth and Structure in *Lord Jim*". In *Criticism*, Vol. VIII, Summer, 1966, pp. 263-279.

Krieger, Murray: *The Tragic Vision: Variations on a Theme of Literary Interpretation*. New York: Holt, Rinehart and Winston, 1960.

Krzyzanowski, Julian: *Polish Romantic Literature*. London: Allen and Unwin, 1930.

Krzyzanowski, Julian (ed.): *Joseph Conrad: Centennial Essays*. New York: Polish Institute of Arts and Sciences in America, 1960.

Kuehn, Robert E.: *Twentieth Century Interpretations of Lord Jim: A Collection of Critical Essays*. Englewood Cliffs, NJ: Prentice-Hall, 1969.

Labov, W.: "The Transformation of Experience in Narrative Syntax". In *Language in the Inner City*. Philodephia : University of Pennsylvania Press, 1972.

Land, Stephen K.: *Paradox and Polarity in the Fiction of Joseph Conrad*. New York: St. Martin's Press, 1984.

Land, Stephen K.: *Conrad and the Paradox of Plot*. London: Macmillan, 1984.

Langer, Suzanne: *Philosophy in A New Key* [1942]. Cambridge, MA: Harvard University Press, 1969.

Langland, Elizabeth: "Society as Formal Protagonist: The Examples of *Nostromo* and Barchester Towers". In *Critical Inquiry* 9.2 (1982): 359-378.

Lansbury, James: *Korzeniowski*. London: Serpent's Tail, 1992.

Laskowsky, Henry J.: "Conrad's *Under Western Eyes*: A Marxian View". In *Minnesota Review* 11 (1978): pp. 90-104.

Laube, Horst: *Zwischen den Fliissen: Reisen zu Joseph Conrad*. Frankfurt: Syndikat, 1982.

Lawrence, D. H.: *Studies in Classic American Literature*. London: Martin Secker, 1924.

Leavis, F. R.: "Revaluations: Joseph Conrad". In *Scrutiny* 10.1 (1941):pp. 22-50 and 10.2 (1941):pp. 157-181.

Leavis, F. R.: *The Great Tradition* [1948]. London: Peregrine, 1962.

Lee, Robert F.: *Conrad's Colonialism*. The Hague: Mouton, 1969.

Leitch, Vincent B.: *Deconstruction Criticism: An Advanced Introduction*. New York: Columbia University Press, 1983.

Leonard Orr: "The Semiotics of Description in Conrad''s *Nostromo*". In *Critical Essays on Joseph Conrad*, 1987.

Lerner, Laurence: "Conrad the Historian". In *The Listener*, Vol LXXIII (15 April 1965): pp. 554-556.

Lester, John: "Conrad's Narrators in *The Nigger of the 'Narcissus'*". In *Conradiana* 12 (1980): pp. 163-172.

Levenson, Michael: "The Modernist Narrator on the Victorian Sailing Ship". In *Browning Institute Studies* 11 (1983):pp. 101-112.

Levin, Yael: "The Moral Ambiguity of Conrad's Poetics: Transgressive Secret Sharing in *Lord Jim* and *Under Western Eyes*". In *Conradiana* 39.3 (2007): pp. 211-228.

Lindstrand, Gordon: "A Bibliographical Survey of Manuscripts of Joseph Conrad". In *Conradiana* 2.1 (1969-1970):pp. 23-32; 2.2 (1969-1970):pp. 105-114; 2.3 (1969-1970):pp. 153-162.

Lippe, Hans: "*Lord Jim*: Some Geographic Observations". In *The Conradian*, Vol. 10, No. 2 (November, 1985): pp. 135-138.

Livingston, Robert Eric: "Seeing through Reading: Class, Race and Literary Authority in Joseph Conrad's *The Nigger of the 'Narcissus'*". In *NOVEL:A Forum on Fiction* 26.2 (1993): pp. 133-150.

Lodge, David: "Conrad's Victory and The Tempest: An Amplification". In *Modern Language Review*, Vol. LIX (1964):pp. 195-199.

Lodge, David: *The Modes of Modern Writing*. London : Arnold, 1977.

Lohf, Kenneth A. and Sheehy, Eugene P.: *Joseph Conrad at Mid-Century: Editions and Studies (1895-1955)*. Minneapolis: University of Minnesota Press, 1957.

Long, Robert Emmet: "*The Great Gatsby* and the Tradition of Joseph Conrad". In *Texas Studies in Literature and Language* 8 (1966): pp. 257-276,407-422.

Lothe, Jakob: "Conradian Narrative". In *The Cambridge Companion to Joseph Conrad*, 2000.

Lothe, Jakob: *Conrad's Narrative Method*. Oxford: Clarendon, 1989.

Lowry, Malcolm: "Joseph Conrad". In *The Collected Poetry of Malcolm Lowry*. ed. Kathleen Scherf. Vancouver: UBC Press, 1992, pp. 117-118.

Lucas, M. A.: "Alternative Narrative Modes for *Heart of Darkness*". In *Conrad in Africa*, 2002.

Ludwig, Richard M.(ed.): *Letters of Ford Madox Ford*. Princeton: Princeton University Press, 1965.

Luecke, Sister Jane Marie: "Conrad's Secret and Its Agent". In *Modern Fictions Studies* 10.1 (1964): pp. 37-48.

Lutz, John: "A Rage for Order: Fetishism, Self-Betrayal, and Exploitation in *The Secret Agent*". In *Conradiana* 40 (2008): pp. 1-25.

MacLeman, D. A. C.: "Conrad's Vision". In *English Studies in Africa*, Vol. VII (September, 1964): pp. 195-201.

Maclntyre, Alasdair: *After Virtue: A Study in Moral Theory*. London: Duckworth, 1981.

Macovski, Michael S.: *Dialogue and Literature*. Oxford: Oxford University Press, 1994.

Mallios, Peter Lancelot: "Introduction: Untimely Nostromo". In *Conradiana* 40.3 (2008): pp. 213-233.

Mandelbaum, Maurice: *History, Man and Reason: A Study in Nineteenth Century Thought*. Baltimore, Md: Johns Hopkins University Press, 1971.

Manicom, David: "True Lies/ False Truths: Narrative Perspective and the Control of Ambiguity in *The Nigger of the 'Narcissus'*". In *Conradiana* 18.2 (1986):pp. 105-118.

Manyat, Frank S.: *Bomeo and the Indian Archipelago*. London: Longman, Brown, Creen, 1848.

Marie, Hans van: "A Novelist's Dukedom: From Conrad's Library". In *The Conradian* 16.1 (1991): pp. 55-78.

Marle, Hans Van: "Shades of Reality: A Little of Conrad in *The Secret Agent*". In *The Journal of The Joseph Conrad Society* (U.K.) 3.1 (1977):pp. 6-8.

Marten, Harry: "Conrad's Skeptic Reconsidered: A Study of Martin Decoud". In *Nineteenth-Century Fiction* 27.1 (1972): pp. 81-94.

Martin, Joseph J.: "Edward Carnett and Conrad's Reshaping of Time". In *Conradiana*, Vol. VI, No. 2 (1974): pp. 89-105.

Mason, H. A.: *The Tragic Plane*. Oxford: Clarendon Press, 1985.

Masur, Cerhard: *Prophets of Yesterday: Studies in European Culture, 1890-1974*. London: Weidenfeld and Nicolson, 1963.

Maupassant, Cuy de: M. *Parent And Other Stories*. New York: Pearsons, 1909.

Maupassant, Cuy de: *Une Vie [A Woman's Life]* [1883], trans. H. N. P Sloman. London: Penguin, 1965.

Maupassant, Cuy de: *Yvette and Other Stories*, trans. Ada Galsworthy. London: Duckworth, 1904.

May, Derwent: "The Novelist as Moralist and the Moralist as Critic". In *Essays in Criticism*, Vol. X, No. 111 (1960): pp. 320-328.

McAlindon, T.: "Nostromo: Conrad's Organicist Philosophy of History". In *Mosaic* 15.3 (1982): pp. 27-41.

McCann, Chules: "Lord Jim in the Darkness: The Saving Power of Human Involvement". In *College English*, Vol. XXVII (December, 1965): pp. 240-243.

McClure, John A.: *Kipling and Conrad: The Colonial Fiction*. Cambridge, MA: Harvard University Press, 1981.

McLauchlan, Juliet: *Conrad's Nostromo*. London: Edward Arnold, 1969.

McMaster, Graham: "Some Other Secrets in *The Secret Agent*". In *Literature and History* 12.2 (1986):pp. 229-242.

McNair, Fred: *Perak and the Malays*. London: Tinsley, 1878.

Megroz, R. L.: *A Talk Mith Joseph Conrad: and A Criticism of His Mind and Method*. London: Elkin Matthews, 1926.

Melnick, Daniel C.: "*Under Western Eyes* and Silence". In *The Slavic and East European Journal* 45.2 (2001): pp. 231-242.

Menton, Seymour: "Ethnocentric Criticism". In *Latin American Literary Review* 11.22 (1983): pp. 7-13.

Meriwether, James, B. and Michael Millgate (ed.): *Lion in the Garden: Interviews with William Faulkner, 1926-1962*. Lincoln: University of Nebraska Press, 1968.

Meyer, Bernard C.: *Joseph Conrad: A Psychoanalytical Biography*. Princeton, NJ: Princeton University Press, 1967.

Meyers, Jeffrey: "Conrad's Influence on Modern Writers". In *Twentieth* Century Literature 36.2 (1990): pp. 186-206.

Meyers, Jeffrey: *Joseph Conrad: A Biography*. London: Murray; New York: Scribner, 1991.

Meynell, Alice: "Decivilised". In *The Rhythm of Life and Other Essays*. London: Elkin Matthews and John Lane, 1893.

Michael, Marion C.: "James Wait as Pivot: Narrative Structure in *The Nigger of the 'Narcissus'*". In *Joseph Conrad: Theory and World Fiction*, eds. W. T. Zyla and W. M. Aycock. Lubbock: Texas Tech University, 1974, pp. 89-102.

Michel, Lois A.: "The Absurd Predicament in Conrad's Political Novels". In *College English* 23.2 (1961): pp. 131-136.

Mickalites, Carey James: "The Abject Textuality of *The Secret Agent*". In *Criticism* 50.3 (2008): pp. 501-526.

Miller, H. Hillis: "*Heart of Darkness* Revisited". In *Heart of Darkness: A Case Study in Contemporary Criticism*, ed. Ross C.. Murfin. N. Y. :St. Martin's Press ,1989.

Miller, J. Hillis: "The Interpretation of *Lord Jim*". In *The Interpretation of Narrative, Harvard English Studies*, ed. Morton W. Bloomfield. Cambridge, MA: Harvard University Press, 1970, pp. 211-218.

Miller, J. Hillis: *Fiction and Repetition*. Oxford: Blackwell, 1982.

Miller, J. Hillis: *Poets of Reality: Six Twentieth Century Writers*. Cambridge, MA: Harvard University Press, 1966.

Miller, James E.: "*The Nigger of the 'Narcissus'*: A Reexamination". In *PMLA* 66.6 (1951): pp. 911-918.

Miller, Karl: *Doubles: Studies in Literary History*. Oxford: Oxford University Press, 1985.

Mizener, Arthur: *The Far Side of Paradise: A Biography of F. Scott Fitzgerald.* New York: Vintage, 1959.

Moore, Gene M. (ed.): *Conrad's Cities: Essays for Hans van Marie*. Amsterdam: Rodopi, 1992.

Moore, Gene M.: "Chronotopes and Voices in *Under Western Eyes*". In *Conradiana* 18.1 (1986): pp. 9-25.

Morey, John Hope: "Joseph Conrad and Ford Madox Ford: a Study in Collaboration". In *Unpublished PhD Thesis*. New York:Cornell University, 1960.

Morf, Custav: *The Polish Shades and Ghosts of Joseph Conrad*. New York: Astra Books, 1976.

Morf, Gustav: *The Polish Heritage of Joseph Conrad*. London: Sampson Low, Marston, 1930.

Morgan, Gerald: "Narcissus Afloat". In *Bulletin de l'Association Canadienne des Humanités* 15 (1964): pp. 44-55.

Moseley, William W.: "The Vigilant Society: *The Secret Agent* and Victorian Panopticism". In *Conradiana* 29.1 (1997): pp. 59-78.

Moser, T.: *Joseph Conrad: Achievement and Decline*. Cambridge, MA: Harvard University Press, 1957.

Moser, T. (ed.): *Lord Jim, Norton Critical Edition*. New York: W. W. Norton, 1968.

Moser, T.: *Joseph Conrad: Achievement and Decline*. Cambridge, MA: Harvard University Press, 1957.

Moser, T.: *The Life in the Fiction of Ford Madox Ford.* Princeton, NJ: Princeton University Press, 1980.

Moyne, Ernest J.: "Wamibo in Conrad's *The Nigger of the 'Narcissus'*". In *Conradiana* 10 (1978):pp. 55-61.

Mozina, Andrew: *Joseph Conrad and the Art of Sacrifice: the Evolution of the Scapegoat Theme in Joseph Conrad's Fiction*. New York: Routledge, 2001.

Mudrick, Marvin: "The Artist's Conscience and *The Nigger of the 'Narcissus'*". In *Nineteenth-Century Fiction* 11.4 (1957): pp. 288-297.

Mudrick, Marvin: "The Originality of Conrad". In *The Hudson Review*, Vol. XI, 4 (Winter 1958-1959): pp. 545-553. Reprinted in *Twentieth Century Literary Criticism*, Vol. 13, pp. 119-121.

Muir, Kenneth: *Shakespeare's Tragic Sequence*. London: Hutchinson, 1972.

Mulry, David: "Popular Accounts of the Greenwich Bombing and Conrad's *The Secret Agent*". In *Rocky Mountain Review of Language and Literature* 54.2 (2000):pp. 43-64.

Mundy, Rodney (ed.): *Narrative of Events in Bomeo and Celebes: From the Journals of Jomes Brooke*, Esq, 2 vols. London: John Murray, 1848.

Murfin, Ross C. (ed.): *Conrad Revisited: Essays for the Eighties*. Alabama: University of Alabama Press, 1985.

Murfin, Ross C.: *Lord Jim: After the Truth*. New York: Twayne Publishers, 1992.

Nabokov, Vladimir: "Conrad's Darkness". In *The Return of Eva Peron*. New York: Vintage, 1981, pp. 221-245.

Nabokov, Vladimir: *Strong Opinions*. London: Weidenfeld & Nicolson, 1973.

Nadelhaft, Ruth L.: *Joseph Conrad: A Feminist Reading*. Hemel Hempstead: Harvester Wheatsheaf, 1991.

Naipaul, V. S.: *A Bend in the River*. New York: Vintage, 1980.

Najder, Zdzislaw (ed.): *Conrad under Familial Eyes*. trans. Halina Carroll-Najder. Cambridge: Cambridge University Press, 1983.

Najder, Zdzislaw: "A Century of *Nostromo*". In *Conradiana* 40.3 (2008): pp. 233-246.

Najder, Zdzislaw: *Conrad in Perspective: Essays on Art and Fidelity*. Cambridge: Cambridge University Press, 1997.

Najder, Zdzislaw: *Joseph Conrad: A Chronicle*. New Brunswick, NJ: Rutgers University Press, 1983.

Najder, Zdzisraw: "Conrad and the Idea of Honour". In *Joseph Conrad: Theory and World Fiction*, eds. W. Zyla and W. M Aycock, 1974.

Najder, Zdzisraw: "*Lord Jim*: a Romantic Tragedy of Honour". In *Conradiana*, Vol. I, No. 1 (1968): pp. 1-8.

Nash, Christopher: "More Light on *The Secret Agent*". In *The Review of English Studies* 20.79 (1969): pp. 322-327.

Nazareth, Peter: "Conrad's Descendants". In *Conradiana* 22.2 (1990):pp. 101-109.

Nelson, Carl: "The Ironic Allusive Texture of *Lord Jim*: Coleridge, Crane, Milton and Melville". In *Conradiana*, Vol. IV, No. 2 (1972):pp. 47-59.

Nettels, Elsa: "Conrad and Stephen Crane". In *Conradiana*, Vol. X, No. 3 (1978):pp.

267-283.

Nettels, Elsa: *James and Conrad*. Athens, CA: University of Ceorgia Press, 1977.

Newell, Kenneth B.: "The Yellow-dog Incident in Conrad's *Lord Jim*". In *Studies in the Novel*, Vol. III (1971): pp. 26-33.

Newell, Kenneth B.: "The Destructive Element and Related 'Dream' Passages in the *Lord Jim* Manuscript". In *Jorurnal of Modern Literature*, Vol. I, No. 1 (1970): pp. 30-40.

Norman, Howard: *Kiss in the Hotel Joseph Conrad and Other Stories*. New York: Summit, 1989.

Nuttall, A. D.: *A New Mimesis: Shakespeare and the Representation of Reality*. London: Methuen, 1983.

Oates, Joyce Carol: "'The Immense Indifference of Things': The Tragedy of Conrad's *Nostromo*". In *Novel* 9.1 (1975): pp. 5-22.

O'Hanlon, Redmond: *Joseph Conrad ond Charles Darwin: The Influence of Scientific Thought on Conrad's Fiction*. Edinburgh: Salamander, 1984.

Oliver, Matthew: "Conrad's Grotesque Public: Pornography and the Politics of Reading in *The Secret Agent*". In *Twentieth Century Literature* 55.2 (2009): pp. 209-231.

Osborn: *Captain Sherard, Quedah: or Stray Leaves from a Journal in Malayan Waters*. London: Longman, Brown, Green, 1857.

Owens, R. E.: *Carnival: Glass Tumblers*. Des Moines, Iowa: Wallace-Homestead Book, 1973.

Packer-Kinlaw, Donna: "'Ain't we men?': Illusions of Gender in Joseph Conrad's *The Nigger of the 'Narcissus'*". In *Conradiana* 38.3 (2006): pp. 247-265.

Page, Norman: *Speech in the English Novel*. London: Longman, 1973.

Page, Norman: *A Conrad Companion*. London: Macmillan, 1986.

Palmer, John A.: *Twentieth Century Interpretations of The Nigger of the "Narcissus": A Collection of Critical Essays*. Englewood Cliffs, NJ: Prentice-Hall, 1969.

Palmer, John A.: *Joseph Conrad's Fiction: A Study in Literary Crowth*. Ithaca, NY: Cornell University Press, 1968.

Panagopoulos, Nic: "Joseph Conrad's *The Nigger of the 'Narcissus'*: A Dialogue Seminar". In *Conradiana* 36.1-2 (2004): pp. 143-148.

Panichas, George A.: "The Powers of Moral Darkness in Joseph Conrad's *Nostromo*". In *Modern Age* 44.2 (2002):pp. 129-145.

Panichas, George A.: "Joseph Conrad's *Under Western Eyes*: In Sight of Moral Discovery". In *Modern Age* 40.4 (1998): pp. 359-373.

Parins, J. W., Dilligan, R. J. and Bender, T. K.: *A Concordance to Conrad's Lord Jim*. New York: Garland, 1976.

Parry, Benita: *Conrad and Imperialism: Ideological Boundaries and Visionary Frontiers*. London: Macmillan, 1983.

Pascal, Roy: *The Dual Voice*. Manchester: Manchester University Press, 1977.

Pater, Walter: *The Renaissance* [1873]. London: Collins Fontana, 1964.

Patricia, Leighten: *Reordering the Universe: Picasso and Anarchism*. Princeton: Princeton University Press, 1989.

Patrick, Brantlinger: "Kurts' Darkness and *Heart of Darkness*". In *Postcolonial Theory and Literature, A Reader*, 1999.

Pauly,Véronique : "Introduction". In *Nostromo*. London: Penguin, 2007.

Payne, P. S. R.: *The White Rajahs of Sarawak*. New York: Funk and Wagnall, 1960.

Pearce, Lynne: *Reading Dialogics*. London: Routledge, 1994.

Pecora, Vincent P.: *Self and Form in Modern Narrative*. Baltimore and London: The Johns Hopkins University Press, 1989.

Pendleton, Robert: *Graham Greene's Conradian Masterplot*. London: Macmillan, 1995.

Penn R.Szittya: "Metafiction: the Double Narration in *Under Western Eyes*". In *Critical Essays on Joseph Conrad*, 1987.

Perczak, W. Anda (comp.): *Polska Bibliografia Conradowska 1896-1992*. Torun: Wydawnictwo Universytetu MikoJaj Kopernika, 1993.

Peristiany, J. C. (ed.): *Honour and Shame: The Values of Mediterranean Society*. London: Weidenfeld and Nicolson, 1965.

Peters, Bradley T.: "The Significance of Dream Consciousness in *Heart of Darkness* and *Palace of the Peacock*". In *Conradiana* 22.2 (1990):pp. 127-141.

Peters, John G.: *Conrad and Impressionism*. Cambridge: Cambridge University Press, 2001.

Peters, John G.: *The Cambridge Introduction to Joseph Conrad*. Cambridge: Cambridge University Press, 2006.

Petterson, Torsten: *Consciousness and Time: A Study in the Philosophy and Narrative Techniques of Joseph Conrad*. Finland: Abo Akademi, 1982.

Phillips, Gene D.: "Exiled in Eden: Screen Versions of Conrad's *Nostromo*". In *Literature/Film Quarterly* 26.4 (1998):pp. 288-295.

Pinsker, Sanford: "Selective Memory, Leisure, and the Language of Joseph Conrad's *The Nigger of the 'Narcissus'*". In *Descant: Texas Christian University Literary Journal* 15 (1971): pp. 38-48.

Polish Academy: *Joseph Conrad Colloquy in Poland 1972*. Wroclaw: Polish Academy, 1975; 2nd series, 1979.

Polloczek, Dieter Paul: "Case and Curse: Confinement, Legal Fiction, and Solidarity in Conrad's *The Nigger of the 'Narcissus'*". In *Conradiana* 30.3 (1998): pp. 183-202.

Price, Martin: "Conrad: Satire and Fiction". In *English Satire and the Satiric Tradition*, 1984.

Prickett, David: "No Escape: Liberation and the Ethics of Self-Governance in *The Secret Agent*". In *The Conradian* 32.1 *The Secret Agent: Centennial Essays* (2007): pp. 49-56.

Prince, G.: Narratology: *The Form and Functioning of Narrative*. New York: Mouton, 1982.

Pritchett, V. S.: *The Living Novel*. London: Chatto and Windus, 1946.

Propp, Vladimir: *Morphology of the Folktale*. Austin: University of Texas Press, 1968.

Purdy, Dwight H.: "Creature and Creator in *Under Western Eyes*". In *Conradiana* 8.3 (1976): pp. 241-246.

Purdy, Dwight H.: "*The Secret Agent* Under Edwardian Eyes". In *The Conradian* 16.2 (1992): pp. 1-17.

Purdy, Dwight H.: *Joseph Conrad's Bible*. Norman: University of Oklahoma Press, 1984.

R.P.Warren: "The Great Mirage: Conrad and *Nostromo*". In *Modern Critical Interpretations: Joseph Conrad's Nostromo*, 1986.

Ragland-Sullivan, Ellie: *Jacques Lacan and the Philosophy of Psychoanalysis*. Urbana and Chicago: University of Illinois Press, 1986.

Raja,M.: "Representation of Muslims in Conrad's Works". In http://masoodraja.com/@1/4/file.doc. 03-25-0

Ramirez, Luz Elena: "The Rhetoric of Development in Joseph Conrad's *Nostromo*". In *Texas Studies in Literature and Language* 42.2 (2000): pp. 93-117.

Raval, Suresh: "Narrative and Authority in *Lord Jim*: Conrad's Art of Failure". In *ELH*, Vol. 48 (1981): pp. 387-410.

Ravel, Suresh: *The Art of Failure: Conrad's Fiction*. London: Allen & Unwin, 1986.

Ray, Martin (ed.): *Joseph Conrad: Interviews and Recollections*. London: Macmillan, 1990.

Ray, Martin: "Conrad and Decoud". In *Polish Review* 29.3 (1984):pp. 53-64.

Ray, Martin: "Conrad, Nordau, and Other Degenerates: The Psychology of *The Secret Agent*". In *Conradiana* 16:2 (1984):pp. 125-140.

Ray, Martin: "Joseph Conrad's *The Nigger of the 'Narcissus'*: A Note on Its Critical Reception". In *The Review of English Studies New Series*, 36 (143) (1985): pp. 385-387.

Ray, Martin: *Joseph Conrad*. London: Arnold, 1993.

Redwine, Bruce: "Deception and Intention in *The Secret Agent*". In *Conradiana* 11.3 (1979): pp. 253-266.

Retinger, J. H.: *Joseph Conrad and His Contemporaries*. London: Minerva, 1941.

Rice, Tom: "Condomization in *The Secret Agent* and *Under Western Eyes*". In *Conradiana* 40.2 (2008): pp. 129-145.

Richardson, Brian: "Joseph Conrad: Voice, Sequence, History, Genre". In *Style* 43.2 (2009): pp. 259-262.

Robbins, Rossell Hope: "Social Awareness and Semantic Change". In *American Speech* 24.2 (1949): pp. 156-158.

Robert Penn Warren: "Nostromo". In *The Sewanee Review*, 1951.

Roberts, Andrew Michael (ed.): *Joseph Conrad*. London: Longman, 1998.

Robertson, J. M.: "The Novels of Joseph Conrad". In *The North American Review* 208.754 (1918): pp. 439-453.

Romanick, Debra: "Victorious Wretch: The Puzzle of Haldin's Name in *Under Western Eyes*". In *Conradiana* 30.1 (1998): pp. 44-52.

Rosenfield, Claire: *Paradise of Snakes*. Chicago: University of Chicago Press, 1967.

Rosenfield, Claire: "An Archetypal Analysis of Conrad's *Nostromo*". In *Texas Studies in Literature and Language* 3.4 (1962): pp. 510-534.

Ross, Stephen: "The Ancien Régime and Fetishistic Politics in *The Nigger of the 'Narcissus'*". In *Conradiana* 39.1 (2007): pp. 3-16.

Ross, Stephen: *Conrad and Empire*. Columbia: University of Missouri Press, 2004.

Ross, Stephen: "Conrad's Influence on *Absalom, Absalom!*" In *Studies in American Fiction* 2 (1974): pp. 199-209.

Roussel, Royal: *The Metaphysics of Darkness*. Baltimore, Md: Johns Hopkins University Press, 1971.

Rude, Donald W. and Kenneth W. Davis: "The Critical Reception of the First American Edition of *The Nigger of the 'Narcissus'*". In *The Conradian* 16 (1992): pp. 46-55.

Ruthven, K. K.: "The Savage God: Conrad and Lawrence". In *Critical Quarterly*, Vol. X (Spring and Summer, 1968): pp. 39-54.

Sadoff, Ira: "Sartre and Conrad: *Lord Jim* as Existential Hero". In *Dalhousie Review*, Vol. 49 (1969): pp. 518-525.

Said, Edward: "Conrad: The Presentation of Narrative". In *Novel: A Forum on Fiction* 7.2 (1974): pp. 116-132.

Said, Edward: *Orientalism: Western Conceptions of the Orient*. London: Routledge, 1978.

Said, Edward: *Beginnings*. New York: Basic Books, 1975.

Said, Edward: *Joseph Conrad and the Fiction of Autobiography*. Cambridge, MA: Harvard University Press, 1966.

Said, Edward: "Through Gringo Eyes: with Conrad in Latin America". In *Harper's Magazine*, April 1988: pp. 70-72.

Said, Edward: "Two Visions in *Heart of Darkness*". In *Culture and Imperialism*, 1993.

Said, Edward: *Joseph Conrad and the Fiction of Autobiography*. Cambridge, MA: Harvard University Press, 1966.

Sale, Roger: *Modern Heroism*. Berkeley and Los Angeles, CA.: University of California Press, 1973.

Sams, H. W.: "Anti-Stoicism in Seventeenth and Early Eighteenth Century England". In *Studies in Philology*, Vol. XLI (1944): pp. 65-78.

Sandison, Alan: *The Wheel of Empire: A Study of the Imperial Idea in Some Late Nineteenth and Early Twentieth Century Fiction*. London: Macmillan, 1967.

Sandstrom, Clenn: "The Roots of Anguish in Dostoievsky and Conrad". In *The Polish Review*, Vol. XX, Nos. 2-3 (1975): pp. 71-77.

Sartie, Jean-Paul: "Existentialism is A Humanism". In *Existentialism from Dostoievsky to Sartre*, ed. W. Kaufmann, 1956.

Sarvan, C.P.: "Racism and the '*Heart of Darkness*'". In *The International Fiction Review*, Vol.7, 1(Winter 1980):pp. 6-10. Reprinted in *Twentieth-Century Literary Criticism*, Vol.13: pp. 141-142.

Saveson, John E.: "Contemporary Psychology in *The Nigger of the 'Narcissus*'". In *Studies in Short Fiction* 7 (1970): pp. 219-231.

Saveson, John E.: "*Nostromo* and the London *Times*". In *The Review of English Studies* 24.93 (1973): pp. 52-58.

Saveson, John E.: "The Moral Discovery of *Under Western Eyes*". In *Criticism* 14 (1972): pp. 32-48.

Saveson, John E.: "The Intuitionist Hero of *Lord Jim*". In *Conradiana*, Vol. IV, No. 3 (1972): pp. 43-47.

Sawyer, A. E.: "Joseph Conrad: A Centenary Review". In *Canadian Slavonic Papers / Revue Canadienne des Slavistes* 4 (1959): pp. 182-198.

Schleifer, Ronald: "Public and Private Narrative in *Under Western Eyes*". In *Conradiana* 9.3 (1977): pp. 237-254.

Schnauder, Ludwig: "The Materialist-Scientific World View in *The Secret Agent*". In *The Conradian* 32.1 *The Secret Agent: Centennial Essays* (2007): pp. 95-105.

Schneider, Daniel J.: "Symbolism in Conrad's *Lord Jim*: the Total Pattern". In *Modern Fiction Studies*, Vol. XII (Winter, 1966-1967): pp. 427-438.

Scholes, R. and Kellogg, R.: *The Natrue of Narrative*. London: Oxford University Press, 1966.

Schopenhauer, Arthur: *The World as Will and Idea [Die Welt als Wille und Vorstelung*, 1819], 3 vols, trans. R B. Haldane and J Kemp. London: Trubner and Co., 1883.

Schug, Charles: *The Romantic Genesis of the Modern Novel*. Pittsburgh, PA: University of Pittsburgh Press, 1979.

Schultheiss, Thomas: "Lord Hamlet and Lord Jim". In *The Polish Review,* Vol XI, No. 4 (Autumn, 1966): pp. 101-133.

Schwarz, Daniel R.: "Conrad's Quarrel with Politics in *Nostromo*". In *College English* 59.5 (1997): pp. 548-568.

Schwarz, Daniel R.: "Joseph Conrad". In *Reference Guide to English Literature*, 1991.

Schwarz, Daniel R.: "The Journey to Patusan: the Education of Jim and Marlow in Conrad's *Lord Jim*". In *Studies in the Novel*, Vol, 4(1972).

Schwarz, Daniel R.: *Conrad*: *Almayer's Folly to Under Western Eyes*. Ithaca: Cornell University Press, 1980.

Schwarz, Daniel R.: *Conrad*: *The Later Fiction*. London: Macmillan, 1982.

Scrimgeour, Cecil: "Jimmy Wait and the Dance of Death: Conrad's *The Nigger of the 'Narcissus*'". In *Critical Quarterly* 7.4 (1965): pp. 339-352.

Secor, Robert and Debra Moddelmog (comp.): *Joseph Conrad and American Writers: A Bibliographical Study of Afftnitiest Influences, and Relations*. Westport, CT: Greenwood Press, 1985.

Secor, Robert: "The Function of the Narrator in *Under Western Eyes*". In *Conradiana* 3.1 (1970-1971): pp. 27-38.

Seeley, Tracy: "Conrad's Modernist Romance: *Lord Jim*". In *ELH*, John Hopkins University Press, Vol. 59, 1992.

Senn, Werner: *Conrad's Narrative Voice: Stylistic Aspects of His Fiction*. Berne: Francke Verlag, 1980.

Shaffer, Brian W.: "'The Commerce of Shady Wares': Politics and Pornography in Conrad's *The Secret Agent*". In *ELH* 62.2 (1995): pp. 443-466.

Shalvi, AJice: "The Relationship of Renaissance Concepts of Honour to Shakespeare's Problem Plays". In *Jacobean Drama Studies*, No.7 (Salzburg: University of Salzburg,lnstitute for English Language and Literature, 1972).

Sherman, G. W.: "Joseph Conrad: Survey of Recent Criticism". In *Science & Society* 37.2 (1973): pp. 205-221.

Sherry, Norman: *Conrad's Eastern World*. Cambridge: Cambridge University Press, 1966.

Sherry, Norman: *Conrad's Western World*. Cambridge: Cambridge University Press, 1971.

Sherry, Norman (ed.): *Joseph Conrad: A Commemoration*. London: Macmillan, 1976.

Sherry, Norman: *Conrad and His World*. London: Thames and Hudson, 1972.

Sherry, Norman (ed.): *Conrad: The Critical Heritage*. London: Routledge & Kegan Paul, 1973.

Shklovsky, Viktor: *Theory of Prose*. 1925. trans. Benjamin Sher. Elmwood Park, IL: Dalkey Archive Press, 1990.

Shulevitz, J.: "Chasing After Conrad's Secret Agent" [OL]. http://www.slate.com/articles/arts/culturebox/2001/09/chasing_after_conrads_secret_agent.html. 2001.

Siegel, Paul N.: *Shakespeare in His Time and Ours*. Notre Dame, Ind.: University of Notre Dame Press, 1968.

Simmons, Allan H. and Stape J. H. (eds.): *Nostromo: Centennial Essays*. Amsterdam: Editions Rodopi, 2004.

Simmons, Allan H. and Stape J. H. (eds.): *The Secret Agent: Centennial Essays*. Amsterdam: Editions Rodopi, 2007.

Simons, Kenneth: *The Ludic Imagination: A Reading of Joseph Conrad*. Ann Arbor, Mich.: U.M.I. Research Press, 1985.

Sinyard, Neil: "Joseph Conrad and Orson Welles". In *Filming Literature*: *The Art of Screen Adaptation*. London: Croom Helm, 1986, pp. 111-116.

Skinner, John: "The Oral and the Written: Kurtz and Gatsby Revisited". In *The Journal of Narrative Technique* 17.1 (1987): pp. 131-140.

Smeed, J. W.: *Faust in Literature*. Oxford: Oxford University Press, 1975.

Smith, David R.: "'One Word More' About *The Nigger of the 'Narcissus'*". In *Nineteenth-Century Fiction* 23.2 (1968): pp. 201-216.

Smith, David R.: "*Nostromo* and the Three Sisters". In *Studies in English Literature*,

1500-1900 2.4 (1962): pp. 497-508.

Smith, David R.: *Conrad's Manifesto: Preface to a Career.* Philadelphia: The Rosenbach Museum and Library, 1966.

Smith, David R. (ed.): *Joseph Conrad's "Under Western Eyes": Beginnings, Revisions, Final Forms- Five Essays*. Hamden, CT: Archon Books, 1991.

Smith, Johanna M.: "'Too Beautiful Altogether': Patriarchal Ideology in *Heart of Darkness*". In *A Case Study* ed. Murfin, 1989, pp. 179-195.

Smith, Steve: "Maxism and Ideology: Joseph Conrad's *Heart of Darkness*". In *Literary Theory at Work*: *Three Texts*, 1987.

Soane, Bev: "The Colony at the Heart of Empire: Domestic Space in *The Secret Agent*". In *The Conradian* 30.1 (2005): pp. 46-58.

Spatt, Hartley S.: "*Nostromo*'s Chronology: The Shaping of History". In *Conradiana* 8.1 (1976): pp. 37-46.

Spear, Karen I.: "A Reading Dialectic: *The Nigger of the 'Narcissus*'". In *Journal of Aesthetic Education* 11.3 (1977): pp. 49-67.

Spector, Robert D.: "Irony as Theme: Conrad's 'Secret Agent'". In *Nineteenth-Century Fiction* 13.1 (1958): pp. 69-71.

Spegele, Roger D.: "Classical Liberalism and Joseph Conrad's *The Secret Agent*". In *Polity* 4.1 (1971):pp. 5-24.

Spence, Gordon: "The Feminism of Peter Ivanovitch". In *Conradiana* 29.2 (1997): pp. 113-122.

Spittles, Brian: *Joseph Conrad: Text and Context*. London: Macmillan, 1992.

St John, Spencer: *Life of Sir James Brooke: Rajah of Sarawak*. Edinburgh: William Blackwood, 1879.

St John, Spencer: *Rajah Brooke*. London: Fisher Unwin, 1899.

Stallman, R. W.: "Conrad Criticism Today". In *The Sewanee Review* 67.1 (1959): pp. 135-145.

Stallman, R. W.: "Time and *The Secret Agent*". In *Texas Studies in Literature and Language* 1.1 (1959): pp. 101-122.

Stallman, R. W. (ed.): *The Art of Joseph Conrad: A Critical Symposium*. Michigan: State University Press, 1960.

Stallybrass, Peter and Allon White: *The Politics and Poetics of Transgression.*

Ithaca, N. Y.: Corness University Press, 1986.

Stauffer, R. M.: *Joseph Conrad: His Romantic Realism.* Boston: Four Seas, 1922.

Stegmaier, E.: "The 'Would-Scene' in Joseph Conrad's *Lord Jim* and *Nostromo*". In *The Modern Language Review* 67.3 (1972): pp. 517-523.

Stein, W. B.: "Conrad's East: Time, History, Action and Maya". In *Texas Studies in Literatrue and Language*, Vol. VII (Autumn, 1965): pp. 265-283.

Steinberger, Peter J.: "*Nostromo*'s Fall: Conrad on Political Action". In *Polity* 15.3 (1983): pp. 416-428.

StelWer, Wallace: "Variations on A Theme by Conrad". In *Yale Review*, Vol. XXXIX (Spring, 1950): pp. 512-523.

Steve Smith: "Maxism and Ideology: Joseph Conrad's *Heart of Darkness*". In *Literary Theory at Work: Three Texts*, 1987.

Stevenson, R. L. and Osbourne, Lloyd: *The Wrecker* [1892]. London: Cassell, 1902.

Stevenson, R. L. and Osbourne, Lloyd: *The Ebb-Tide* (1894). London: Heinemann, 1902.

Stevenson, R. L.: *In the South Seas*. London: Chatto and Windus, 1900.

Stevenson, Richard C.: "Stein's Prescription for 'How to be' and the Problem of Assessing Lord Jim's career". In *Conradiana*, Vol. VII, No. 3 (1975): pp. 233-243.

Stewart, J. I. M.: *Joseph Conrad.* London: Longman, 1968.

Stine, Pater: "Joseph Conrad's Confessions in *Under Western Eyes*". In *Cambridge Quarterly* 9.2 (1980): pp. 95-113.

Stine, Peter: "Joseph Conrad and the Politics of Survivor Guilt: *Nostromo*". In *South Atlantic Quarterly* 81.4 (1982): pp. 436-454.

Ston, Anthony: *The Dynamics of Creation*. London: Secker and Warburg, 1972.

Sullivan, Emest, W.: "Lord Jim's 'reward': an Allusion to The Tempes". In *The Conradian*, Vol. 7, No. 2 (August, 1982): pp. 27-28.

Sullivan, Emest, W.: *The Several Endings of Joseph Conrad's Lord Jim*. The Joseph Conrad Society, UK, n.d. [1981].

Sutherland, J. G.: *At Sea with Joseph Conrad.* 1922. Reprinted Brooklyn: Haskell House, 1971.

Swettenham, Frank: "The Story of *Lord Jim*". In *The Times Literary Supplement* (6 September 1923): p.588.

Symonds, A. W.: *Notes on Joseph Conrad.* London: Myers and Co., 1925.

Szczepanski, Jan Josef: "The Conrad of My Generation". In *Conrod Under Familial Eyes*, ed. Z. Najder, 1983.

Szczepanski, Jan Jozef: "Przypadek". In *Tygodnik Powszechny* 4 (1948). Also as "In Lord Jim's boots". trans. Edward Rothert. In *Polish Perspectives* 18.1 (1975):pp. 31-44.

Szittya, Penn R.: "Metafiction: the Double Narration in *Under Western Eyes*". In *Critical Essays on Joseph Conrad*, 1987.

Talib, I. S.: "Conrad's *Nostromo* and the Reader's Understanding of Anachronic Narratives". In *Journal of Narrative Technique* 20.1 (1990): pp. 1-21.

Tamawski, Wit: "Conrad and Sartre". In *The Conradian*, Vol. 5, No. (November, 1979): pp. 1-3.

Tanner, J. E.: "The Chronology and the Enigmatic End of *Lord Jim*". In *Nineteenth Century Fiction*, Vol. XXI (March, 1967): pp. 369-380.

Tanner, Tony: "Lord Jim". In *Studies in English Literature*, No. 12. London: Edward Arnold, 1963.

Tanner, Tony: "Nightmare and Complacency: Razumov and the Western Eye" . In *Critical Quarterly* 4.3 (1962): pp. 197-214.

Tanner, Tony: "Butterflies and Beetles-Conrad's Two truths" [1963]. In *The Norton Critical Lord Jim* (ed. T. Moser, q.v., 1968).

Tarnawski, Wit: *Conrad the Man, the Writer, the Pole* [published in Polish, 1972], trans. Rosamond Batchelor. London: Polish Cultural Foundation, 1984.

Teets, Bruce E. and Helmut E. Gerber (comp.): *Joseph Conrad: An Annotated Bibliography of Writings about Him*. DeKalb: Northern Illinois University Press, 1971.

Teets, Bruce E.: "Realism and Romanticism in Conrad Criticism". In *The Polish Review*, Vol. XX (1975): pp. 133-139.

Teets, Bruce E. (comp.): *Joseph Conrad: An Annotated Bibliography*. New York and London: Garland Publishing, 1990.

Tenenbaum, Elizabeth Brody: "'And the Woman is Dead Now': a

Reconsideration of Conrad's Stein". In *Studies in the Novel*, Vol. X (1978): pp. 335-345.

Teng, Hong-Shu: "That Legacy of a Boatful of Pirates". In *Euramerican*, 2004.

Tennant, Roger: *Joseph Conrad: A Biography*. London: Sheldon Press; New York: Atheneum, 1981.

Tennyson, Alfred Lord: *The Poems*, ed. Christopher Ricks. London: Longman, 1969.

Thale, Jerome: "Marlow's Quest". In *University of Toronto Quarterly*, Vol. XXIV, No. 4, July (1955): pp. 351-358. Reprinted in *Twentieth-Century Literary Criticism*, Vol.13, pp. 108-110.

Thomas, Brook: "Preserving and Keeping Order by Ha-rxlling Time in *Heart of Darkness*". In *Heart of Darkness: A Case Study in Contemporary Criticism*, 1989.

Thomas, Brook: "Preserving and Keeping Order by Killing Time". In *Heart of Darkness: Case Studies in Contemporary Criticism*, 1991.

Thomas, Claude: "Structure and Narrative Technique in *Under Western Eyes*". In *Studies in Joseph Conrad*, ed. Claude Thomas. Montpellier: Université Paul Valéry, 1975, pp. 205-221.

Thompson, Gordon W.: "Conrad's Women". In *Nineteenth-Century Fiction* 32.4 (1978): pp. 442-463.

Thompson, Ivan: *Introduction to Lord Jim*. London: Collins, 1957.

Thorburn, David: *Conrad's Romanticism*. New Haven, CT: Yale University Press, 1974.

Tick, Stanley: "The Gods of Nostromo". In *Modern Fiction Studies* 10.1 (1964):pp. 15-26.

Tillyard, E. M. W.: *The Epic Strain in the English Novel*. London: Chatto and Windus, 1958.

Tillyard, E. M. W.: "*The Secret Agent* Reconsidered". In *Criticism* 11.3 (1961): pp. 309-318.

Tindall, W. Y.: "Apology for Marlow". In *Jane Austen to Joseph Conrad*, eds. R. C. Rathbum and M. Steinmann jun. Minneapolis: University of Minnesota Press, 1958.

Torchiana, Donald T.: "*The Nigger of the 'Narcissus'*: Myth, Mirror, and Metropolis". In *Wascana Review* 2.2 (1967): pp. 29-41.

Turgenev, Ivan S.: *The Jew: and Other Stories*, trans. Constance Garnett. London: Heinemann, 1899.

Turnbull, Andrew (ed.): *The Letters of F. Scott Fitzgerald*. New York: Delta, 1965 Wilson, Edmund. *Letters on Literature and Politics, 1912-1972*, ed. Elena Wilson. New York: Farrar, Straus, Giroux, 1977.

Tutein, David W.: *Joseph Conrad's Reading: An Annotated Bibliography*. West Cornwall, CT: Locust Hill Press, 1990

Twitchell, James B.: *Carnival Culture*. New York: Columbia University Press, 1992.

Van Chent, Dorothy: "On *Lord Jim*". In *Van Ghent, The English Novel: Form and Function* [1953]. New York: Harper Torchbooks, 1961.

Van Domelen, John E.: "In the Beginning Was the Word, or Awful Eloquence and Right Expression in Conrad". In *The South Central Bulletin* 30.4 (1970): pp. 228-231.

Van Marle, Hans: "The Location of *Lord Jim*'s Patusan". In *Notes and Queries*, Vol. CCXIII [NS, 15] (August 1968): pp. 289-291.

Verleun, Jan: *Patna and Patusan Perspectives: A Study of the Function of the Minor Characters in Joseph Conrad's Lord Jim*. Groningen: Bouma's Boekhuis, 1979.

Vidan, Ivo: "New Approaches to Conrad". In *The Massachusetts Review* 11.3 (1970): pp. 545-563.

Voitkovska, Ludmilla and Zofia Vorontsova: "Textualizing Liminality in *The Secret Agent*". In *The Conradian* 32.1 *The Secret Agent: Centennial Essays* (2007): pp. 83-94.

Wagner, Ceoffrey: "John Bull's Other Empire". In *Modern Age*, Vol. VIII (Summer, 1964): pp. 284-290.

Wallace, Alfred: *The Malay Archipelago* [1869]. London: Macmillan, 1890.

Walpole, Hugh: *Joseph Conrad*. London: Nisbet, n.d. [1916].

Walton, James: "Conrad and Naturalism: *The Secret Agent*". In *Texas Studies in Literature and Language* 9.2 (1967): pp. 289-301.

Ward, David Allen: "'An Ideal Conception': Conrad's *Nostromo* and the Problem of Identity". In *English Literature in Translation* (1880-1920) 35.3 (1992): pp. 288-298.

Warren, Robert Penn: "Nostromo". In *The Sewanee Review* 59.3 (1951): pp. 363-391.

Watson, C. B.: *Shakespeare and the Renaissance Concept of Honour*. Princeton, NJ: Princeton University Press, 1960.

Watson, Wallace, S.: "Anticipating a Scorcese or Zanuck Nostromo? The Lean-Hampton-Bolt Screenplays". In *Conradiana* 40.3 (2008): pp. 267-308.

Watt, Ian: *Conrad in the Nineteenth Century*. Los Angeles : University of California Press, 1981.

Watt, Ian: "Joseph Conrad: 'Alienation and Commitment". In *The English Mind*, eds.G. Watson and H. S. Davies. Cambridge: Cambridge University Press. 1964.

Watt, Ian: "Pink Toads and Yellow Curs: an Impressionist Narrative Device in *Lord Jim*". In *Polish Academy, Joseph Conrad Colloquy in Poland* 1972 (q.v., 1st Series, 1975): pp. 11-31.

Watt, Ian: "The First Paragraph of The Ambassadors: An Explication". In *Essays in Criticism*, Vol. X, No. iii (1960): pp. 250-274.

Watt, Ian: *Conrad in the Nineteenth Century*. London: Chatto and Windus, 1980.

Watt, Ian (ed.): *The Secret Agent: A Casebook*. London: Macmillan, 1973.

Watt, Ian: "Conrad's Preface to *The Nigger of the 'Narcissus'*". In *Novel: A Forum on Fiction* 7.2 (1974): pp. 101-115.

Watt, Ian: *Joseph Conrad: Nostromo, Landmarks of Literature*. Cambridge: Cambridge University Press, 1988.

Watt, Ian: *Conrad in the Nineteenth Century*. Berkeley: University of California Press, 1979; London: Chatto & Windus, 1980

Watts, Cedric: "A Minor Source for *Nostromo*". In *The Review of English Studies* 16.62 (1965): pp. 182-184.

Watts, Cedric: "Jews and Degenerates in *The Secret Agent*". In *The Conradian* 32.1 *The Secret Agent: Centennial Essays* (2007): pp. 70-82.

Watts, Cedric: "A Bloody Racist: about Achebe's View of Conrad". In *The Year's*

Work in English Studies*, 1983.

Watts, Cedric: *A Preface to Conrad.* London: Longman, 1982; rev. edn. 1993.

Watts, Cedric: *Conrad's Heart of Darkness: A Critical and Contextual Discussion.* Milan: Mursia International, 1977.

Watts, Cedric: *Writers and Their Work.* Plymouth: Northcote for the British Council, 1994.

Watts, Cedric: *Joseph Conrad: A Literary Life.* London: Macmillan, 1989.

Watts, Cedric: *The Deceptive Text: An Introduction to Covert Plots.* Brighton: Harvester; Totowa, NJ: Barnes & Noble, 1984

Webster, H. T. Webster: "Joseph Conrad: A Reinterpretation of Five Novels". In *College English* 7.3 (1945): pp. 125-134.

White, Allon: *Carnival, Hysteria, and Writing.* Oxford: Oxford University Press, 1993.

White, Andrea: "Conrad and Imperialism". In *The Cambridge Companion to Joseph Conrad*, 2000.

Whitehead, Lee M.: "*Nostromo*: The Tragic 'Idea'". In *Nineteenth-Century Fiction* 23.4 (1969): pp. 463-475.

Whiting, George W.: "Conrad's Revision of 'The Lighthouse' in *Nostromo*." *PMLA* 52.4 (1937): pp. 1183-1190.

Whitworth, Michael: "Inspector Heat Inspected: *The Secret Agent* and the Meanings of Entropy". In *The Review of English Studies* 49.193 (1998): pp. 40-59.

Widmer, Kingsley: "Conrad's Pyrrhonistic Conservativism: Ideological Melodrama Around 'Simple Ideas'". In *Novel* 7.2 (1974): pp. 133-142.

Wilding, Michael: "The Politics of *Nostromo*". In *Criticism* 16.4 (1966): pp. 441-456.

Wiley, Paul L.: "Two Tales of Passion". In *Conradiana* 6 (1974): pp. 189-195.

Wiley, Paul L.: *Conrad's Measure of Man.* Madison, Wis.: University of Wisconsin Press, 1954.

Williams, Raymond: *The English Novel from Dickens to Lawrence.* London: Hogarth, 1984.

Willy, Todd G.: "The Conquest of the Commodore: Conrad's Rigging of 'The

Nigger' for the Henley Regatta". In *Conradiana* 17.3 (1985): pp. 163-182.

Winner, Anthony: *Culture and Irony: Studies in Joseph Conrad's Major Novels*. Charlottesville: University Press of Virginia, 1988.

Winnington, G. Peter: "Conrad and Cutcliffe Hynes: a New Source for 'Heart of Darkness'". In *Conradiana*, Vol. XVI, No.3 (1984): pp. 163-182.

Wise, T. J. (ed.): *A Bibliography of Joseph Conrad*. London: Richard Clay & Sons, 1921.

Wollaeger, Mark A.: *Joseph Conrad and the Fictions of Skepticism*. Stanford, CA: Stanford University Press, 1990.

Woolf, Virginia: "Modern fiction and Joseph Conrad". In *The Common Reader: First Series* [1925]. London: Hogarth Press, 1957.

Worth, George J.: "Conrad's Debt to Maupassant in the Preface to *The Nigger of the 'Narcissus'*". In *JEGP* 54 (1955):pp. 700-704.

Wright Walter F.: "The Truth of My Own Sensations". In *Modern Fiction Studies*, Vol. I, No. 1 (1955): pp. 26-29.

Wymer, Rowland: *Suicide and Despair in the Jacobean Drama*. Brighton: Harvester Press, 1986.

Yates, Norris W.: "Social Comment in *The Nigger of the 'Narcissus'*". In *PMLA* 79.1 (1964): pp. 183-185.

Yelton, Donald C.: *Mimesis and Metaphor: An Inquiry into the Genesis and Scope of Conrad's Symbolic Imagery*. The Hague: Mouton, 1967.

Young, Gavin: *In Search of Conrad*. London: Hutchinson, 1991.

Young, Gloria: "Conrad and Calderon: Stein and Segismundo as Existential men". In *Conradiana*, Vol. 9, No. 2 (1977): pp. 127-140.

Young, Vernon: "Trial by Water: Joseph Conrad's *The Nigger of the 'Narcissus'*". In *Accent* 12 (1952): pp. 67-81.

Zabel, M. D.: "Joseph Conrad: Chance and Recognition". In *Sewanee Review*, Vol. LIII, No. 1 (1945):pp. 1-22.

Zabel, M. D.: *Craft and Character in Modern Fiction*. London: Gollancz, 1957.

Zabel, Morton Dauwen: *Introduction. Under Western Eyes*. By Joseph *Conrad*. New York: Doubleday, 1963:pp. ix-lviii.

Zabierowski, Stefan: *Dziedzictwo Conrada w literaturze polskiej XX wieku [The*

Legacy of Conrad in Twentieth-Century Polish Literature]*. Cracow: Oficyna Literacka, 1992.

Zimring, Rishona: "Conrad's Pornography Shop". In *Modem Fiction Studies* 43.2 (1997): pp. 319-348.

Ziomek, Henryk: "Historic Implications and Dramatic Influences in Calderon's 'Life is A Dream'". In *The Polish Review*, Vol. XX, No. 1 [1975):pp. 111-128.

Zuckerman, Jerome: "The Motif of Cannibalism in *The Secret Agent*". In *Texas Studies in Literature and Language* 10.2 (1968): pp. 295-299.

Zyla, W. and Aycock, W. M.: "Josheph Conrad: Theory and World Fiction". In *Proceedings of Comparative Literature Symposium*, Vol. VII. Lubbock, Taxas: Interdepartmental Commitee on Comparative Literature, Texas Technical University, 1974.

中文部分

爱德华·萨义德:《东方学》,王宇根译,生活·读书·新知三联书店,1999 年。

爱德华·萨义德:《文化与帝国主义》,生活·读书·新知三联书店,2003 年。

安茂荣:试论《黑暗的心》的艺术特色[D],上海师范大学,2008。

柏钧:论《吉姆爷》的印象主义艺术特色[J],湖南工业大学学报(社会科学版),2008(05)。

白俊峰:论康拉德小说中的"狂欢化"人物[D],上海师范大学,2009。

包成银:人性的本质——评康拉德《黑暗的心》[J],安徽文学(下半月),2009(02)。

包元瑾:《吉姆爷》陌生化语言特色的翻译研究[D],华东师范大学,2010。

包著红:《黑暗的心》与《了不起的盖茨比》比较研究 [J],沈阳师范大学学报(社会科学版),2009(04)。

包著红:论《黑暗的心》中叙述者马洛的作用 [J],福建农林大学学报(哲学社会科学版),2009(05)。

毕凤珊:《吉姆爷》中"他者"话语解读 [J],学术交流,2005(12)。

毕凤珊:疏离与融入:康拉德的矛盾情怀——康拉德殖民话语矛盾性溯源 [J],河南社会科学,2007(01)。

毕凤珊:析《黑暗之心》中的殖民话语 [J],淮阴师范学院学报(哲学社会科学版), 2003 (05)。

蔡江云:从《吉姆老爷》的女主角珏儿看康拉德的女性观念 [J], 宁德师专学报(哲学社会科学版), 2007 (03)。

蔡江云:在道德救赎与殖民叙事之间——《吉姆老爷》中矛盾的殖民话语 [J], 海南师范大学学报(社会科学版), 2007 (04)。

蔡青,张洪伟,刘洋:双重自我的剖析与探寻:《黑暗之心》解读 [J], 外语与外语教学, 2009 (06)。

蔡云琴:一次文学阅读课的文化之旅——从康拉德与沈从文的比较看水 / 海意象在中西文化中的不同意蕴 [J], 宁德师专学报(哲学社会科学版), 2010 (02)。

蔡云艳,刘莉:论《间谍》中的异化 [J], 韩山师范学院学报, 2008 (02)。

蔡云艳:《间谍》中的异化现象探析 [J], 长沙铁道学院学报(社会科学版), 2008 (01)。

曾霞:康拉德在《黑暗之心》中的殖民主义表现 [D], 河南大学, 2003。

曾晓覃:试析《吉姆爷》主人公吉姆及小说主题思想 [J], 四川外语学院学报, 2000 (01)。

常中华,王志芳:康拉德小说《间谍》中反讽的艺术特色 [J], 飞天, 2010 (10)。

陈法春:叙述人在《黑暗的心脏》中的尴尬 [J], 天津外国语学院学报, 1996 (01)。

陈广兴:解读康拉德悲剧的四种角度 [J], 北京第二外国语学院学报, 2007(08)。

陈广兴:解读康拉德悲剧的四种角度 [J], 广东外语外贸大学学报, 2007(04)。

陈广兴:康拉德《特务》中被语言阻隔的荒诞人生 [J], 甘肃联合大学学报(社会科学版),2010 (04)。

陈广兴:康拉德小说情节研究 [D], 上海外国语大学, 2006。

陈广兴:论康拉德小说的隔离型情节结构 [J], 英美文学研究论丛, 2007 (01)。

陈广兴:重复与悲剧——康拉德小说情节研究 [J], 昆明大学学报, 2008 (01)。

陈红:从《秘密的分享者》看康拉德的双重性格 [J], 理论观察, 2000 (02)。

陈洪富:结缘与惜缘——试析康拉德《吉姆爷》的潜在母题 [J], 福州大学学报(哲学社会科学版), 2003 (02)。

陈惠良:康拉德小说中的叙事视角与主题表达的关联性研究 [J], 华北电力大学学报(社会科学版), 2007 (03)。

陈可培:康拉德研究的后现代视角——《进步前哨》个案分析 [J], 广西梧州师范高等专科学校学报, 2000（02）。

陈丽:全球化时代重读《诺斯托罗莫》[J], 解放军外国语学院学报, 2006（04）。

陈李萍:恶的延宕——《黑暗之心》叙事技巧的"陌生化" [J], 西安外国语学院学报, 2006（01）。

陈世董:浅析康拉德小说中的道德探索 [J], 作家, 2009（12）。

陈姝:叙事成就的经典——《吉姆老爷》[J], 和田师范专科学校学报, 2006(03)。

陈思岑:《黑暗的心脏》:帝国主义理想的破灭 [J], 知识经济, 2010（19）。

陈小双:从生态女性主义角度分析《黑暗的心》中库尔兹的死亡 [D], 大连理工大学,2011。

陈晔:从大海到森林——《吉姆爷》的后殖民解读[J], 宜宾学院学报, 2004(06)。

陈玉凤,张惠:父权社会下的女性形象——解读《黑暗的心》[J], 湖北广播电视大学学报, 2008（03）。

陈志琴:《黑暗的心》中的种族主义 [D], 南京师范大学, 2006。

陈佐月:康拉德与戈尔丁的善恶观之比较 [J], 常州工学院学报, 1993（03）。

崔万胜:论康拉德及其《黑暗的心脏》[J], 许昌学院学报, 1992（01）。

代文清:从西方文学看人文精神的彰显 [J], 哈尔滨商业大学学报(社会科学版), 2005（03）。

戴鸿斌:后殖民主义与英国的后殖民小说 [J], 吉林广播电视大学学报, 2008（01）。

戴鸿斌:论《黑暗的心脏》主人公马洛的多面性 [J], 山东外语教学出版社, 2008（01）。

戴玲芝:"双重技巧" 探微 [J], 湖北大学学报(哲学社会科学版), 1990（05）。

戴苏东:让《黑暗的心》展现出光明的境界——论康拉德作品的艺术魅力 [J], 苏州教育学院学报, 2002（04）。

戴苏东:生存时的挣扎,死亡时的恐怖——解读《黑暗的心》[J], 盐城工学院学报(社会科学版), 2003（02）。

邓建英:《黑暗的心》之女性主义解读 [D], 湖南师范大学,2001。

邓颖玲:《诺斯托罗莫》的空间解读 [J], 外国文学评论, 2005（01）。

邓颖玲:《诺斯托罗莫》与康拉德的艺术主张 [J], 西南科技大学学报(哲学社会科学版)，2005（01）。

邓颖玲:康拉德小说的空间艺术 [D]，湖南师范大学，2005。

邓颖玲:论“陌生化”技巧在《诺斯托罗莫》中的运用 [J]，外语与外语教学，2004（09）。

邓颖玲:论“印象派”绘画技巧在《诺斯托罗莫》中的运用 [J]，外国文学研究，2005（03）。

邓颖玲:论“印象主义”创作技巧在《间谍》中的运用(英文)[J]，世界文学评论，2006（01）。

邓颖玲:论《间谍》的圆形结构 [J]，外语与外语教学，2008（02）。

邓颖玲:论《诺斯托罗莫》的螺旋式结构 [J]，外国文学研究，2010（06）。

邓颖玲，简剑芬:无言之美——论康拉德小说的“空白”叙事艺术 [J]，湖南师范大学社会科学学报，2010（05）。

邓颖玲，朱誉:《间谍》的时间意义探讨 [J]，外国文学研究，2006（02）。

丁燕:《黑暗的心》中非洲女人的女性解读 [J]，名作欣赏，2011（06）。

丁燕:从《黑暗的心》谈康拉德的女性意识 [J]，浙江万里学院学报，2007（03）。

丁燕:康拉德:男权神话的摧毁者 [D]，西北大学，2005。

丁燕，李薇:后殖民女性主义语境下的《黑暗的心》[J]，电影文学，2011（01）。

董洪川，罗乐:《诺斯托罗莫》:帝国“最大的一张画布”[J]，外语与外语教学，2009（08）。

董俊峰:尊严的失去与重新获得——论约瑟夫·康拉德悲剧小说《吉姆爷》[J]，浙江万里学院学报，2003（01）。

董晓霞:康拉德的困境:反对殖民主义的斗士还是殖民主义的拥护者 [D]，中国海洋大学，2008。

杜明业:“形式与方法的创新者”——康拉德小说叙事艺术的革新 [J]，唐山学院学报，2008（05）。

杜明业:《黑暗的心》:非洲形象的呈现与重构 [J]，社会科学战线，2008（11）。

杜明业:《诺斯托罗莫》的叙事时间探析 [J]，世界文学评论，2009（02）。

杜明业:康拉德小说的叙事学分析 [D]，苏州大学，2006。

杜明业:身份的困惑——康拉德小说《吉姆爷》解读 [J]，唐山学院学报，2011（04）。

杜明业:一曲悲切的道德挽歌——康拉德小说《吉姆爷》的叙事探析 [J], 名作欣赏, 2008(08)。

杜平:英国文学的异国情调和东方形象研究 [D], 四川大学学报, 2005。

杜维平:非洲、黑色与女人——《黑暗的中心》的男性叙事话语批判 [J], 外国文学评论, 1998(04)。

杜宇:马克·吐温儿童小说的叙事艺术 [J], 中山大学学报论丛, 2006(10)。

段方:帝国主义神话的营构——论约瑟夫·康拉德的《吉姆老爷》[J], 兰州大学学报(社会科学版), 2004(03)。

段汉武,林旭文:《黑暗深处》之后殖民主义文化解读 [J], 宁波大学学报(人文科学版), 2003(04)。

范丽萍:青春的赞歌——谈康拉德的小说《青春》[J], 语文知识, 2007(04)。

范晴:《黑暗的心》中女性意象与"失根"的阴影投射 [J], 南京农业大学学报(社会科学版), 2007(01)。

范晓娜:《黑暗的心》的生态批评解读 [J], 文教资料, 2010(04)。

方菊华:从话语的人际意义解读《黑暗之心》的殖民主义意识 [J], 文教资料, 2008(27)。

冯霞:克尔兹堕落的必然性 [J], 时代文学(下半月), 2009(02)。

冯霞:马洛眼里的克尔兹及其探索 [J], 时代文学(下半月), 2009(07)。

付子柏:蛮荒上"贸易与进步"的无辜牺牲品——评康拉德的《进步前哨》[J], 四川师范学院学报(哲学社会科学版), 1994(04)。

付子柏:蛮荒上"贸易与进步"的无辜牺牲品——评康拉德的《进步前哨》[J], 内江师范学院学报, 1994(01)。

傅俊,毕凤珊:解读康拉德小说中殖民话语的矛盾 [J], 外国文学研究, 2002(04)。

高红霞:《黑暗的心》对殖民话语的颠覆与包容 [J], 宁夏大学学报(人文社会科学版), 2006(05)。

高继海:从《"水仙"号船上的黑水手》及其《序言》看康拉德的艺术主张与实践 [J], 外国文学评论, 2001(02)。

高继海:康拉德人格与作品的二重性 [J], 河南大学学报(哲学社会科学版), 1990(02)。

高继海:马洛的"寻觅"与库尔茨的"恐怖"——康拉德《黑暗的心》主题初探 [J],

河南大学学报(社会科学版),1992(02)。

高剑嵘:《吉姆爷》中的象征主义之塔 [J],江西科技师范学院学报,2007(02)。

高剑嵘:解读《吉姆爷》中的象征主义 [J],文教资料,2007(21)。

高灵英:简单而殷勤的水手?——康拉德女性形象塑造再探 [J],郑州大学学报(哲学社会科学版),2007(03)。

高灵英:康拉德海洋小说的圣经阐释 [J],外语研究,2005(05)。

高灵英:康拉德宗教信仰问题的探讨 [J],外国语言文学,2006(01)。

高文惠:殖民者的自我和殖民地的他者:主奴关系的哲学反思 [J],绥化学院学报,2008(01)。

高艳丽:英国海洋文学中的殖民地想象 [J],怀化学院学报,2010(04)。

葛春萍:论《间谍》的双重解读 [J],江西科技师范学院学报,2006(05)。

耿猛:《黑暗的心》中的生态意识 [J],青年作家(中外文艺版),2010(09)。

顾汉燕:试论康拉德小说中的原型 [J],盐城师专学报(哲学社会科学版),1992(01)。

郭婷:黑暗中的"朝圣之旅"——浅析《黑暗的心》中象征手法的运用 [J],陕西师范大学继续教育学报,2007(01)。

郭文晶:基于米勒重复理论对《吉姆老爷》中重复现象的解读与分析 [D],华东理工大学,2011。

郭秀娟:固守与超越——康拉德小说的叙事特点分析 [J],重庆交通大学学报(社会科学版),2008(05)。

郭秀娟:时间、空间、再度跨越性——康拉德小说叙事时间形式的创新 [J],长沙大学学报,2008(06)。

郭英涛:帝国的"朝圣者"——试析康拉德《黑暗的中心》中的男性主体 [J],广东外语外贸大学学报,2003(01)。

韩瑞辉:陌生世界的闯入者:论约瑟夫·康拉德小说中的孤独意识 [D],暨南大学,2004。

韩霞:《黑暗的心》的象征性 [J],信阳师范学院学报(哲学社会科学版),2003(03)。

韩霞:被分享的秘密:自我危机与拯救——关于康拉德的《秘密的分享者》[J],郑州大学学报(哲学社会科学版),2000(04)。

韩霞:文明的陷落和人性的呼唤——评康拉德《黑暗的心》[J],河南大学学报

（社会科学版），2003（02）。

韩小敏:《黑暗的心》中的象征意义 [J]，大学英语（学术版），2008（01）。

何冰兰，刘玉:《黑暗的心》中的摩尼教寓言 [J]，北京航空航天大学学报（社会科学版），2011（02）。

何劲虹:现实与浪漫，肯定与否定——论康拉德小说中的女性观 [J]，重庆工商大学学报（社会科学版），2009（03）。

何美容:《吉姆爷》的文学伦理学解读 [D]，湖南师范大学，2011。

何文玉:帝国途穷 [D]，南京航空航天大学，2011。

何小颖:吉姆:终生受困于污点的道德理想主义者——《吉姆老爷》荣誉主题探析 [J]，湖北经济学院学报（人文社会科学版），2009（09）。

何煦:康拉德的《吉姆爷》:对帝国神话的颠覆 [D]，南京师范大学，2004。

何煦:康拉德的《吉姆爷》:对帝国神话的颠覆 [J]，江苏社会科学，2006（S2）。

侯维瑞:约瑟夫·康拉德的小说创作 [J]，外国文学，1984（09）。

侯胤:孤独的边缘者——试论康拉德及其作品的流亡意识 [J]，理论界，2010（12）。

胡红霞:《在西方的注视下》中的多种双重性 [D]，江西师范大学，2006。

胡红霞，李委清:论《在西方的眼睛下》叙述手法的双重性 [J]，南昌大学学报（人文社会科学版），2010（06）。

胡红霞，王松林: 拉祖莫夫:双重人的悲剧 [J]，世界文学评论，2009（01）。

胡可清:理想主义的失落——《黑暗的中心》人物简析 [J]，科教文汇（上半月），2007（02）。

胡强，彭禹:生命轻舟扬起道德之帆——论康拉德《“水仙”号上的黑水手》的主题 [J]，湖南工程学院学报（社会科学版），2008（01）。

胡强，殷企平:灵魂的沦落与“道德上的发现”——论康拉德的《诺斯托罗莫》[J]，浙江大学学报（人文社会科学版），2004（02）。

胡强，张敏:论康拉德小说《海隅逐客》中的反英雄形象 [J]，山西师大学报（社会科学版），2007（05）。

胡强:“焦虑时代”中的“道德现实主义”[D]，浙江大学，2006。

胡强:“无信仰时代的牺牲品”——论康拉德《诺斯托罗莫》中的怀疑主义 [J]，上海大学学报（社会科学版），2007（06）。

胡强:“一个被上帝完全抛弃的人”——论康拉德《在西方的注视下》中的身份焦虑与认同危机 [J], 外国文学, 2006(06)。

胡强:拒绝与认同——论康拉德与陀思妥耶夫斯基之间的关系 [J], 外国文学研究, 2007(03)。

胡强:康拉德研究在中国 [J], 湘潭大学学报(哲学社会科学版), 2008(01)。

胡强:康拉德与英国 [J], 解放军外国语学院学报, 2004(03)。

胡强:西方康拉德政治三部曲研究述评 [J], 外语与外语教学, 2007(10)。

胡强:一个“不道德”的故事——论康拉德的《间谍》[J], 宁夏大学学报(人文社会科学版), 2007(04)。

胡壮麟:“光明使者”与“白人奴隶”——谈《黑暗的内心深处》中的库尔茨 [J], 外国语言文学, 1985(01)。

花娟:相同的创伤 不同的文本——后殖民主义视角下《黑暗的心》与《奥斯卡和露辛达》的对比研究 [J], 咸宁学院学报, 2011(04)。

黄橙:从《黑暗的心脏》看康拉德的语言 [J], 科教文汇(上旬刊), 2009(12)。

黄静:《黑暗的心》中两种帝国主义者的比较 [J], 英语广场(学术研究), 2011(Z2)。

黄绚:康拉德的东方叙事——评析小说《阿尔迈耶的愚蠢》和《吉姆姥爷》的殖民特性 [J], 涪陵师范学院学报, 2006(01)。

黄育兰:从《黑暗的心》看康拉德对殖民主义的矛盾态度 [J], 牡丹江大学学报, 2007(10)。

黄周霞:作家的局限与良知:《黑暗之心》中人性的新历史主义分析 [D], 浙江财经学院,2012。

季峥:《黑暗的心脏》的存在主义主题——荒诞 [J], 四川师范大学学报(社会科学版), 2005(04)。

季峥:《黑暗的心脏》中康拉德之存在主义自由观 [J], 西华师范大学学报(哲学社会科学版), 2005(06)。

蹇昌槐:《吉姆老爷》的后殖民解读 [J], 荆州师范学院学报, 2003(03)。

姜礼福,孟庆粉:“自利”的符号意义——评丹尼尔・笛福的《摩尔・弗兰德斯》[J], 天津外国语学院学报, 2009(03)。

姜礼福,石云龙:《黑暗的心脏》中的“孤独”主题探幽 [J], 江苏教育学院学报(社会科学版), 2006(04)。

姜礼福,石云龙:《诺斯托罗莫》的现代主义艺术风格探析 [J], 哈尔滨学院学报, 2007(03)。

姜礼福,石云龙:康拉德小说的音乐性 [J], 外国文学研究, 2007(03)。

姜礼福:康拉德小说的空间世界 [D], 南京航空航天大学,2007。

蒋晶,刘军艳:论《间谍》中的道德内涵 [J], 安顺学院学报, 2011(02)。

蒋天平:《黑暗的中心》的神话解读 [J], 西南石油大学学报(社会科学版), 2010(03)。

蒯冲:"镜像理论"与《吉姆老爷》中的人物命运 [J], 重庆科技学院学报(社会科学版), 2010(03)。

赖干坚:论约瑟夫·康拉德小说的特色 [J], 外国文学研究, 1991(03)。

赖辉:论《黑暗之心》的叙述者、叙述接受者和"陌生化" [J], 外国文学研究, 1999(02)。

乐丽萍:女人,替罪的羔羊——从《黑暗的心》看康拉德的厌女症 [J], 文教资料, 2009(19)。

雷晓玲:非母语文学创作中的典范——论康拉德的文学创作语言 [J], 淮南师范学院学报, 2004(02)。

雷艳妮:英国20世纪的殖民和后殖民小说:一个宗主国视角 [J], 外国文学研究, 2003(04)。

李昂:《诺斯特罗莫》的意义 [J], 现代阅读(教育版), 2011(13)。

李彬:康拉德《黑暗的心》中的现代主义元素 [J], 河北大学成人教育学院学报, 2006(01)。

李大恒,苏鑫:一种症候·一类批评·一点启示——析阿切比对康拉德的后殖民批评 [J], 中州大学学报, 2005(04)。

李大鹏:黑暗自我的发现之旅——评《现代启示录》的象征意义 [J], 电影文学, 2008(18)。

李方华:《吉姆老爷》中康拉德的帝国主义情结分析 [D], 湖南大学,2008。

李宏:吉姆之死的意义 [J], 南京晓庄学院学报, 2006(05)。

李宏:康拉德的白人女性观 [J], 外语研究, 2007(06)。

李宏:康拉德的有色女性观 [J], 外语研究, 2006(05)。

李洪:集体中的人性堕落——对《黑暗之心》的心理分析批评 [J], 文学界(理论版), 2010(08)。

李花梅:论《黑暗的心》殖民主义主题的矛盾性 [J], 文教资料, 2008 (04)。

李京平,蒋学清,胡志先:《黑暗之心》中的殖民主义及殖民主义象征 [J], 北京交通大学学报(社会科学版), 2006 (04)。

李昆峰:康拉德《吉姆爷》之心理学解读 [J], 贵州师范学院学报, 2010 (07)。

李丽芳:康拉德后殖民意识的双重性 [D], 南昌大学,2005。

李丽君:《吉姆爷》叙事技巧分析 [J], 时代文学(下半月), 2008 (12)。

李倩:"失根"与寻根——谈康拉德小说中东西方文化的冲突和选择 [J], 扬州师院学报(社会科学版), 1996 (02)。

李倩:浅析《青春》的叙事艺术 [J], 现代语文(文学研究版), 2007 (11)。

李倩:谈康拉德小说中东西方文化的冲突和选择 [A], 走向 21 世纪的探索——回顾·思考·展望 [C], 1999。

李强:海子与康拉德悲情意象的建构 [J], 文学教育(下), 2011 (06)。

李双:论《黑暗的心》中陌生化手法的运用 [J], 湖南第一师范学院学报, 2011 (04)。

李思明, 从《黑暗的中心》看康拉德的印象主义创作手法 [J], 青年文学家, 2009 (12)。

李涛:《吉姆老爷》与康拉德的悲剧意识 [J], 语文学刊, 2006 (23)。

李维屏:道德发现与喉舌作用:论康拉德丛林小说的人物描写艺术 [J], 浙江师范大学学报(社会科学版), 2006 (03)。

李维屏:道德发现与喉舌作用:论康拉德丛林小说的人物描写艺术 [J], 浙江师范大学学报, 2006 (03)。

李维屏:论康拉德的早期现代主义思想 [J], 英美文学研究论丛, 2008 (01)。

李伟:解读《黑暗之心》中约瑟夫·康拉德笔下的女性 [D], 河北师范大学, 2007。

李伟娟:狂欢化人物的叙事功能解析——康拉德小说中的边缘角色分析 [J], 名作欣赏, 2011 (18)。

李文娣:《黑暗的心》一书中女性的他者形象 [J], 今日南国(理论创新版), 2009 (06)。

李文婕:《黑暗的心》的象征手法 [J], 重庆交通学院学报(社会科学版), 2003 (03)。

李文婕:伤感的成长历程——从原型批评的角度解读《黑暗的中心》[J], 重庆邮电学院学报(社会科学版), 2004(05)。

李文军:论康拉德《黑暗的中心》中的东方主义色彩 [D], 西北师范大学,2004。

李文军:殖民主义与反殖民主义之争——论康拉德《黑暗的心》中的东方主义色彩 [J], 宁夏师范学院学报, 2009(01)。

李文军:自我、他者、世界 [D], 山东大学,2011。

李无忌,韩玉环:孤独的分享者——简析康拉德的《秘密的分享者》[J], 东疆学刊, 1997(03)。

李晓虹,季峥,王晓路:镜中追寻——论《黑暗的心》的身份认同 [J], 西南民族大学学报(人文社科版), 2009(07)。

李新博:《吉姆老爷》的生命释义 [J], 天津外国语学院学报, 2000(04)。

李星:论康拉德《黑暗之心》的模糊性 [D], 华南理工大学,2010。

黎秀清:康拉德《黑暗之心》的小说创新艺术 [D], 重庆师范大学,2008。

李秀清,王民越:树欲静而风不止:存在的悖论——解读《在西方的眼睛下》[J], 世界文学评论, 2006(02)。

李旭,孙建华,王忠民:从《黑暗的心》的结构分析看康拉德对人性的探索 [J], 大庆师范学院学报, 2008(04)。

李远方:文明的扭曲——再论《文明前哨》的思想性 [J], 郑州大学学报(哲学社会科学版), 1993(05)。

李长亭:存在的迷惘——论康拉德作品中人物的命运选择 [J], 开封教育学院学报, 2006(03)。

李长亭:康拉德作品中持火把的女性形象解读 [J], 郑州大学学报(哲学社会科学版), 2010(05)。

李长亭:康拉德作品中的婚外情所透视的伦理观 [J], 学术界, 2011(02)。

李长亭,冯昱:《黑暗之心》的叙事策略 [J], 信阳农业高等专科学校学报, 2006(03)。

梁洪兰:论约瑟夫·康拉德《吉姆爷》的叙事技巧 [J], 沈阳农业大学学报(社会科学版), 2011(02)。

梁洪兰:评约瑟夫·康拉德《吉姆爷》的道德探索 [J], 沈阳农业大学学报(社会科学版), 2009(03)。

梁瑛:论小说《吉姆爷》多视角下的人性探索 [J], 青海师范大学学报(哲学社会科学版), 2008(03)。

梁志峰:在《黑暗之心》中可以发现的真相和真理 [D], 东北师范大学,2005。

林金娣:《黑暗的心》中的悲观主义和虚无主义解读 [J], 重庆三峡学院学报, 2010(04)。

林倩倩:从“黑暗”和“心”的象征意义看《黑暗的心》的主题 [J], 中国科技信息, 2008(07)。

林如心:马洛:康拉德的代言人——修辞叙事理论视角下的《黑暗的心》的叙述者马洛 [J], 名作欣赏, 2011(05)。

林如心:矛盾·对立·冲突——解读《黑暗的心》进程中不稳定性的叙事特色 [J], 大连海事大学学报(社会科学版), 2009(02)。

凌建侯:从狂欢理论视角看疯癫形象 [J], 国外文学, 2007(03)。

刘春玲,毛红,田泽中:论《黑暗的心》中殖民意识的双重性 [J], 电影文学, 2008(23)。

刘慧:论《诺斯特罗莫》中的理想主义 [D], 江西师范大学,2009。

刘坚:康拉德小说的道德主题与现代阐释 [D], 上海外国语大学,2010。

刘坚:康拉德小说中的人物塑造与文本内涵 [J], 东南大学学报(哲学社会科学版), 2009(S2)。

刘建:“文明与进步”的谎言——康拉德小说中对西方文明的反思与批判 [J], 吉林省教育学院学报(学科版), 2008(07)。

刘建:康拉德小说中的象征手法 [J], 文教资料, 2009(34)。

刘建:现代人的生存悲剧——论康拉德小说中的异化 [J], 文教资料, 2008(25)。

刘建:约瑟夫·康拉德小说的悲剧意蕴 [D], 南京师范大学,2006。

刘军艳,蒋晶:论《诺斯特罗莫》中的道德内涵 [J], 湖南科技学院学报, 2011(07)。

刘立辉:康拉德:听众与谎言——《黑暗的中心》叙事结构与阅读效应 [J], 外国文学研究, 1996(01)。

刘利华:解读《黑暗的心脏》[J], 南平师专学报, 2002(03)。

刘利华:论“陌生化”在《黑暗之心》中的运用及其阅读效应 [J], 湖南科技学院学报, 2005(12)。

刘利华:浅析《黑暗的心脏》的象征意义 [J], 南平师专学报, 2003(01)。

刘凌妍:以绘画手法再现小说艺术——以康拉德《黑暗的心》等作品为例分析其创作艺术 [J], 南昌高专学报, 2011(02)。

刘瑞卿:黑暗笼罩,自由难寻——《黑暗的心》和《在一个自由的国度》对读 [J],新学术,2008(05)。

刘瑞彦:《黑暗之心》后殖民主义解析 [D],辽宁大学,2011。

刘姗姗:珠儿——《吉姆爷》中的“抹大拉的玛利亚” [J],宁德师专学报(哲学社会科学版),2011(03)。

刘少杰:吉姆爷的道德完善——解读康拉德的《吉姆爷》[J],名作欣赏,2011(12)。

刘少杰:剖析约瑟夫·康拉德的独特创作风格 [J],时代教育(教育教学),2011(07)。

刘铁成,孔淑萍:现实主义文学创作新探——评康拉德的《吉姆老爷》[J],河南广播电视大学学报,2006(02)。

刘彤:论《黑暗的心》中印象主义——滞后解读 [J],教育教学论坛,2011(17)。

刘为:现代作品中的“寻找”结构——约瑟夫·康拉德《秘密的分享者》中的寻找自我 [J],高等函授学报(哲学社会科学版),2010(10)。

刘象愚:康拉德作品中的存在主义试析 [J],北京师范大学学报(社会科学版),1993(05)。

刘象愚:康拉德作品中的存在主义试析 [J],北京师范大学学报,1993(05)。

刘晓晗:隐含读者的登场——试析康拉德《秘密的分享者》中的现代叙事学萌芽 [J],作家,2010(12)。

刘晓晖,蒲隆:《吉姆老爷》——英国小说史上的一座丰碑 [J],兰州学刊,1999(04)。

刘新民:悲怆的生命之歌——评康拉德的主要作品 [J],外国文学,1986(03)。

刘新元:从《蝇王》的象征手法看戈尔丁的小说主题 [J],新乡学院学报(社会科学版),2010(02)。

刘秀杰:康拉德小说的陌生化诗学 [D],上海外国语大学,2009。

刘旭彩,刘丽新:康拉德作品中的印象主义 [J],辽宁教育行政学院学报,2006(03)。

刘旭彩:康拉德《黑暗的心》中的殖民主义思想 [J],长春师范学院学报,2006(11)。

刘旭彩:康拉德——现实主义和现代主义之间 [D],吉林大学,2004。

刘旭彩:论康拉德小说的叙事技巧 [J],长春师范学院学报,2006(03)。

刘雪:《吉姆爷》的叙述视角分析 [J], 北京印刷学院学报, 2005(03)。

刘亚斌:后殖民主义的文化批评 [J], 宁波大学学报(人文科学版), 2008(01)。

刘彦仕:从康拉德的《黑暗的心》解读"他者"形象的建构(英文)[J], 语文学刊(外语教育教学), 2012(01)。

刘莹:荒诞主题的存在主义解读——关于《黑暗的心》的一种阐释 [J], 绵阳师范学院学报, 2007(03)。

刘远芳:试论《黑暗中心》的主要叙事特色 [J], 黔东南民族师范高等专科学校学报, 2005(02)。

刘珠还:康拉德笔下的罪与罚 [J], 外国文学, 1993(04)。

刘祖熙:论波兰传统文化的特征 [J], 世界历史, 2004(02)。

楼育萍:康拉德眼中的非洲——对《黑暗之心》的后殖民主义阅读(英文)[J], 忻州师范学院学报, 2006(06)。

卢芳:人格的探寻,艺术的追求——论康拉德对老舍的影响 [J], 五邑大学学报(社会科学版), 2003(03),2005(02)。

陆冬梅:土著黑人的异化——解读《黑暗的心》[J], 科教导刊(中旬刊), 2011(04)。

陆薇:渗透中的解构与重构:后殖民理论视野中的华裔美国文学 [D], 北京语言大学,2005。

鹿艳丽:《黑暗之心》的后殖民主题探析 [J], 安徽文学(下半月), 2009(03)。

罗杰鹦:英国小说中的视觉召唤 [D], 中国美术学院,2010。

罗蓉蓉,陈捷:《秘密的分享者》和《身份》中的自我认识 [J], 重庆科技学院学报(社会科学版), 2007(02)。

罗鑫,黄健人:二项对立——《吉姆爷》的叙事结构特征 [J], 长沙铁道学院学报(社会科学版), 2004(03)。

罗旋:荒诞,异化及自我存在:用萨特存在主义解读康拉德的《诺斯托罗莫》[D], 云南师范大学,2009。

罗旋:荒诞与自我异化:用萨特存在主义解读康拉德的《诺斯托罗莫》[J], 文教资料, 2012(11)。

罗艳,王志勇:康拉德小说《间谍》的女性主义解读 [J], 内蒙古农业大学学报(社会科学版), 2008(02)。

罗益民:论巴赫金"完成"与"未完成"的多重价值内涵 [J], 漳州师范学院学报

（哲学社会科学版），2008（03）。

吕洪灵:《黑暗的心》:从叙述结构至语言与现实的关系 [A]，走向 21 世纪的探索——回顾·思考·展望 [C]，1999。

吕洪灵:康拉德的语言危机 [J]，解放军外国语学院学报，2001（02）。

吕曼曼,王胜利:人性的独白——《蝇王》与《黑暗的心》之比较 [J]，安徽文学（下半月），2008（02）。

吕伟民:“海是真正的世界”——谈康拉德笔下的大海 [J]，郑州大学学报（哲学社会科学版），1991（06）。

吕伟民:《“水仙号”的黑水手》的双重叙事结构 [J]，郑州大学学报（哲学社会科学版），2002（02）。

吕伟民:《吉姆爷》道德探索的人学意义 [J]，郑州大学学报（哲学社会科学版），2001（05）。

吕伟民:沉默的他者——康拉德小说中的异国形象 [J]，郑州大学学报（哲学社会科学版），2005（03）。

吕伟民:认同与接纳:康拉德及《艾米·福斯特》[J]，郑州大学学报（哲学社会科学版），2003（04）。

吕伟民:他者如镜——康拉德小说的殖民地叙事 [J]，河南师范大学学报（哲学社会科学版），2003（01）。

马画:康拉德《黑暗之心》的文体分析 [D]，中国石油大学，2007。

马莉:析《黑暗之心》中的黑暗与光明 [J]，飞天，2010（18）。

毛艳华:《黑暗的心》所涵盖的生态女性主义观 [J]，浙江万里学院学报，2011（05）。

毛艳华:析《秘密的分享者》中的存在哲学 [J]，浙江万里学院学报，2008（04）。

孟庆粉:魅力魔圈——论康拉德小说的“圆形”艺术 [J]，宿州学院学报，2009（01）。

孟庆粉:徘徊于神话与历史迷宫的康拉德 [J]，辽宁行政学院学报，2008（09）。

孟昭毅:《吉姆爷》探得 [J]，外国文学研究，1993（01）。

孟志明:《黑暗的心》中马洛的性格分析 [J]，长江大学学报（社会科学版），2012（03）。

倪睿:浅析《黑暗的心》中女性形象塑造对批判殖民主义的功用 [J]，常州工学院学报（社科版），2008（05）。

宁一中:狂欢化与康拉德小说世界,北京:北京语言大学出版社,2003 年。

宁一中:论康拉德小说的喜剧性,湖南师范大学学报,2001 年第 2 期。

宁一中:存在与词语:〈在西方的眼睛下〉学术史研究,外国文学研究,2013 年 4 月。

宁一中:吉姆之为"爷"——谈《吉姆爷》中的吉姆 [J], 外国文学评论, 2000(03)。

宁一中:康拉德对世界作家的影响 [J], 外语与外语教学, 2004(11)。

宁一中:论对话与《吉姆爷》中的荣誉主题 [J], 英美文学研究论丛, 2000(00)。

宁一中:康拉德与剑桥大学,中华读书报,2004 年 2 月 28 日。

宁一中:新中国六十年约瑟夫·康拉德小说研究之考察与分析,湖南社会科学, 2013 年第 5 期。

宁媛媛:本我、自我与超我——《黑暗的心脏》之解读 [J], 黄山学院学报, 2005(02)。

欧阳锦屏:《阴影线》成长主题的原型批评分析 [D], 湘潭大学,2008。

潘守文,李文富:《黑暗深处》的"展示"与"告诉" [J], 吉林师范大学学报(人文社会科学版), 2009(04)。

庞伟奇:论康拉德丛林小说的悲剧性 [J], 名作欣赏, 2009(06)。

庞伟奇:论康拉德丛林小说对人性的探索 [J], 吉林师范大学学报(人文社会科学版), 2009(01)。

庞伟奇:论康拉德的骑士精神 [J], 理论界, 2009(01)。

庞伟奇:英雄拯救的悲剧——论康拉德殖民主义题材小说的悲剧性 [J], 世界文学评论, 2009(01)。

庞伟奇:直面虚无的灵魂救赎 [D], 福建师范大学,2009。

彭青龙:"写回"帝国中心 [D], 华东师范大学,2005。

彭禹:《"水仙"号的黑水手》主题的伦理分析 [D], 湘潭大学,2008。

彭禹:《"水仙号"的黑水手》主题的伦理分析 [J], 内蒙古农业大学学报(社会科学版), 2010(02)。

倩倩:从"黑暗"和"心"的象征意义看《黑暗的心》的主题 [J], 中国科技信息, 2008(07)。

乔国强:新浪漫主义运动的优秀代表——简评约瑟夫·康拉德和他的主要作品

[J]，青岛大学师范学院学报，1998（03）。

乔艳：象征主义在《黑暗的心》中的完美阐释 [J]，辽宁广播电视大学学报，2009（01）。

裘小龙：《秘密的分享者》的秘密 [J]，读书，1985（09）。

曲彬：《吉姆爷》主人公吉姆的悲剧及其意义探析 [J]，理论界，2010（11）。

曲彬：黑暗中心的徘徊——解析《黑暗的中心》中的人物克兹 [J]，理论界，2008（07）。

屈平：图画与戏剧：康拉德对小说艺术的探索 [J]，外国文学研究，2005（02）。

容新芳，李晓宁：吉姆爷——伟大的艺术代码——论《圣经》对《吉姆爷》中吉姆的形象影响 [J]，四川外语学院学报，2006（01）。

阮世勤：重谈《黑暗的心脏》中马洛的叙述的不可靠性 [J]，太原城市职业技术学院学报，2007（02）。

阮炜，袁肃：《黑暗中心》的思想剖析 [J]，外国语文，1988（03）。

阮文峰：解读《黑暗的心》的双重性 [J]，商丘师范学院学报，2010（07）。

单晓云：试论康拉德的文化身份与其小说的关系 [D]，陕西师范大学，2009。

佘军，张良红：马洛的尴尬：殖民话语内外——对小说《黑暗的心脏》的另一种解读 [J]，苏州教育学院学报，2006（04）。

师建华，惠芳：《吉姆爷》中的对话研究 [J]，安徽文学（下半月），2009（12）。

石经纬：读约瑟夫·康拉德作品——《黑暗的中心》随感 [J]，理论界，2004(04)。

石俊杰：《黑暗的心脏》的象征艺术 [J]，四川外语学院学报，2000（02）。

石玉平：康拉德小说《特务》的现代性解读 [J]，中国电力教育，2007（S4）。

石云龙：康拉德丛林小说创作简论 [J]，江苏外语教学研究，1998（02）。

舒敏：现代主义小说的艺术演习：论《黑暗之心》的现代主义特征 [J]，湖北经济学院学报（人文社会科学版），2008（04）。

宋灿华：论《在西方的注视下》中康拉德的人性关怀 [D]，广东外语外贸大学，2008。

宋灿华：论《在西方的注视下》中康拉德的人性关怀 [J]，文教资料，2010（07）。

宋欧：父权规训与想象——解读《黑暗的心》中男女性别形象的构造 [J]，新西部（下半月），2007（04）。

宋晓星：从后殖民主义角度分析康拉德在《黑暗之心》中的亲殖民倾向 [J]，大家，2010（15）。

苏福忠：《吉姆爷》的“从我做起”[J]，读书，1997（08）。

苏鑫：《河湾》和《黑暗的心》的比较研究[J]，淮北煤炭师范学院学报（哲学社会科学版），2005（02）。

苏勇：自我的湮灭——从《黑暗的心》中的克兹说起[J]，国外文学，2001（03）。

隋刚：试析约瑟夫·康拉德的自我观[J]，北京第二外国语学院学报，1994（05）。

隋旭升：《黑暗的心脏》中库尔兹和马洛的象征意义[J]，外国文学评论，1994（02）。

孙果，许展：论《黑暗的心脏》对殖民话语的超越[J]，大众文艺（理论），2008（11）。

孙薇娜：康拉德小说《诺斯托罗莫》中的印象主义画面的构筑[J]，时代文学（下半月），2011（07）。

孙文超：《黑暗之心》的生态伦理解读[D]，浙江财经学院，2012。

孙希佳：《黑暗的心》对殖民主义的批判[J]，临沂师范学院学报，2006（04）。

孙奕：处在边缘的女性——康拉德小说中的女性形象研究[J]，苏州市职业大学学报，2004（03）。

孙瑛瑛：析《黑暗的心》中的象征手法[J]，和田师范专科学校学报，2011（01）。

孙莹：《黑暗的心》的艺术魅力[J]，辽宁工程技术大学学报（社会科学版），2008（06）。

孙贞：流浪与追寻——康拉德与其小说《黑暗的心脏》[J]，郑州航空工业管理学院学报（社会科学版），2010（01）。

谭丽丽：《黑暗的心》三大艺术手法分析[J]，四川烹饪高等专科学校学报，2010（02）。

汤黎，曲舒文：殖民主义的消解与帝国主义的传承——《黑暗的心脏》中黑与白的双重语境[J]，西南民族大学学报（人文社科版），2008（S2）。

唐冬梅：马洛非洲之旅的人类精神探索[J]，南通师范学院学报（哲学社会科学版），2003（02）。

唐媛：论《黑暗之心》的反殖民主义话语[D]，江西师范大学，2009。

滕佳欣：《诺斯托罗莫》的存在主义解读[D]，哈尔滨师范大学，2011。

田红：论康拉德海洋小说中的生态观与生命观[D]，山东师范大学，2012。

田明刚:《黑暗的心脏》的叙事者与叙事结构 [J], 成都大学学报(社会科学版), 2005(04)。

万丽华:自我发现之旅——《黑暗的心》主题探讨 [J], 科教文汇(上旬刊), 2007(05)。

王琛:《黑暗的心》的成长主题——原型批评理论解读《黑暗的心》[J], 聊城大学学报(社会科学版), 2009(02)。

王冬燕:约瑟夫·康拉德《黑暗的心》中的反殖民主义思想 [J], 绥化学院学报, 2006(03)。

王凤林,杨一秋,邢小艳:解读《黑暗之心》中的荒野 [J], 时代文学(双月版), 2007(01)。

王刚:反思康拉德及其作品《黑暗的中心》[J], 山东省农业管理干部学院学报, 2002(04)。

王宏,熊洁:康拉德小说的殖民主义批判意识——以《黑暗的心》及其它两篇小说为例 [J], 江西社会科学, 2006(11)。

王宏,熊洁:浅析《青春》中的幻灭感 [J], 连云港师范高等专科学校学报, 2006(04)。

王宏:论《青春》、《黑暗的心》和《走投无路》中的幻灭感 [D], 江西师范大学, 2006。

王华勇:康拉德的反殖民主义主题——评对康拉德小说《黑暗的心脏》的后殖民主义批判 [J], 文教资料, 2006(26)。

王进:父权规训与男性想象:解读康拉德小说《黑暗的心》[J], 昆明师范高等专科学校学报, 2006(02)。

王进:父权规训与男性想象:解读康拉德小说《黑暗的心》[J], 中华女子学院学报, 2006(03)。

王进,张颖:父权规训与男性想象——解读康拉德小说《黑暗的心》[J], 四川职业技术学院学报, 2006(04)。

王珏:带有缺陷的超我:吉姆的悲剧解析 [D], 中南大学,2009。

王珏:康拉德《黑暗的心》中的东方主义 [J], 湖南环境生物职业技术学院学报, 2008(02)。

王腊宝,林大江:《黑暗的心脏》与解读误区 [J], 苏州大学学报, 2006(05)。

王藜:霍米·巴巴混杂性理论在《黑暗的心》中的体现 [J], 新疆职业大学学报, 2010(04)。

王丽:康拉德小说《吉姆老爷》中殖民话语的矛盾 [J], 广西大学学报(哲学社会科学版), 2008 (S1)。

王丽亚:穿越《黑暗中心》的约瑟夫·康拉德——论《黑暗中心》的叙述技巧 [J], 四川外语学院学报, 1996 (03)。

王美萍:被解构的朝圣之旅——《黑暗之心》后现代性解读 [J], 四川外语学院学报, 2004 (04)。

王美萍:康拉德与浪漫主义批判 [D], 华东师范大学,2010。

王美萍,林燕:《吉姆爷》的宏大叙事解体 [J], 广西大学学报(哲学社会科学版), 2009 (05)。

王楠:《黑暗的中心》谁在讲“故事”——试论约瑟夫·康拉德的叙述视角策略 [J], 俄罗斯文艺, 2006 (02)。

王平:《黑暗的心脏》主题的多维与象征主义解读 [J], 阜阳师范学院学报(社会科学版), 2005 (03)。

王青青:《吉姆爷》的人本主义解读 [J], 长春大学学报, 2009 (11)。

王润华:《骆驼祥子》中《黑暗的心》的结构——老舍与康拉德比较研究 [J], 中国现代文学研究丛刊, 1995 (03)。

王世文, 于立华:从康拉德笔下的中国人形象看他的种族歧视观 [J], 船山学刊, 2005 (02)。

王松槐:浅析康拉德《黑暗的心》的主题思想 [J], 作家, 2010 (16)。

王松林:从《“水仙号”的黑水手》看康拉德的道德观 [J], 江西社会科学, 2007 (06)。

王松林:康拉德小说伦理观研究 [D], 华中师范大学,2008。

王松林:英美康拉德研究综述 [J], 英美文学研究论丛, 2004 (00)。

王松林:英语写作的背后:康拉德的文化焦虑与痛苦 [J], 英美文学研究论丛, 2008 (01)。

王松林,葛春萍:论《间谍》的反讽及其道德批判 [J], 外国文学研究, 2007(04)。

王松林,李洪琴:海洋:一面映照自我的镜子——论康拉德的小说《阴影线》的自我意识 [J], 宁波大学学报(人文科学版), 2010 (02)。

王松林,熊卉:“语言是现实的大敌”——论康拉德的语言观与现实观 [J], 外国文学研究, 2009 (06)。

王婷婷:康拉德与帝国主义:以《台风》为个案 [J], 现代语文(文学研究), 2011

（04）。

王伟:关于《吉姆爷》主题的争论 [J]，齐鲁学刊，2002（03）。

王玮:解构《黑暗之心》的话语及叙事线索 [D]，上海外国语大学，2009。

王霞:道德上的发现应该是每一个故事的目标——从《阴影线》看康拉德的道德观 [J]，黄山学院学报，2011（02）。

王霞:康拉德海洋小说中的乐观主义主题解读 [J]，湖北经济学院学报（人文社会科学版），2011（03）。

王小梅:《吉姆老爷》的存在主义解读 [J]，四川外语学院学报，2002（01）。

王晓兰:利己主义道德原则与殖民伦理行为——康拉德“马来三部曲”中林格殖民行为的伦理阐释 [J]，外国文学研究，2009（06）。

王晓兰:伦理环境与伦理抉择:康拉德与老舍笔下人物悲剧探源 [J]，理论月刊，2010（07）。

王晓兰:生态关怀背后的道德忧思——康拉德丛林小说的生态取向管窥 [J]，湖北社会科学，2010（05）。

王晓兰，王松林:康拉德在中国:回顾与展望 [J]，外国文学研究，2004（05）。

王晓燕:“我们都是地球的子女”——关于康拉德种族观的思考 [J]，外国文学，2005（03）。

王晓燕:《诺斯托罗莫》的物质利益法则 [J]，江海学刊，2008（06）。

王晓燕:多元文化语境下的康拉德研究 [D]，苏州大学，2005。

王晓燕:康拉德:“危险就在欧洲” [J]，文艺争鸣，2004（06）。

王秀杰:被埋没的女性存在:解读约瑟夫·康拉德的《黑暗的心脏》[J]，大连大学学报，2006（01）。

王秀杰:她从边缘走来——浅析康拉德小说《吉姆老爷》中的女主角珠儿 [J]，理论界，2009（04）。

王秀杰，李洁:走出生命的地平线——浅析康拉德小说《吉姆老爷》中的女主角珠儿 [J]，理论界，2005（12）。

王秀丽:“进步话语”与人性的沉沦——论康拉德的丛林小说 [J]，铜陵学院学报，2011（06）。

王秀丽:懦夫还是勇者——从人性的角度解读《吉姆爷》[J]，铜陵学院学报，2007（03）。

王雪松:对《黑暗的心》文明主题的再解读 [J]，时代文学（双月上半月），2008（01）。

王雪松，吉丹丹：康拉德的殖民主义观——以《黑暗的心》为例 [J]，时代文学（双月上半月），2008（02）。

王岩：解析康拉德作品中的“厌女”情绪 [J]，商业文化（学术版），2007（09）。

王岩，杨德昌：解析《黑暗之心》中的殖民话语 [J]，安徽文学（下半月），2008（01）。

王岩硕：《吉姆爷》的多种叙事视角解析 [J]，才智，2010（23）。

汪杨文：论《吉姆老爷》中的陌生化 [J]，文教资料，2008（34）。

王钲：康拉德《黑暗的心》：论殖民地人民被剥夺的话语 [D]，山西大学，2011。

维·斯图拉鲁：朱角：《现代启示录》摄影师访问记 [J]，世界电影，1983（03）。

魏红：男权下的女性存在——解读《黑暗的心》中的女性形象 [J]，安徽文学（下半月），2007（11）。

魏琼华：《黑暗的心》所体现的康拉德的帝国主义情结 [D]，山东师范大学，2006。

温碧武：“帕特纳”和“帕图森”两词间隐含的匠心——读约瑟夫·康拉德的《吉姆爷》[J]，湖北经济学院学报（人文社会科学版），2007（11）。

吴迪龙，罗鑫：后殖民，还是反殖民？——《黑暗的心》的后殖民批评解读探讨 [J]，译林，2007（04）。

吴光军：康拉德小说《胜利》中的“非人”形象——试论琼斯先生的“非人”形象建构及原因 [J]，文教资料，2009（36）。

吴泓缈：西方女性的“无言”[J]，法国研究，2006（01）。

吴岚：论《诺斯托罗莫》中的反讽艺术 [D]，湖南师范大学，2011。

吴亚丹：处在边缘的女性——康拉德小说中的女性形象分析 [J]，中华女子学院学报，2004（04）。

吴宜平：从文本叙事结构角度解读《黑暗的心》[D]，浙江大学，2010。

伍发泉：康拉德对待帝国主义的双重性：从社会意识形态角度解读《黑暗的心》[J]，南方论刊，2008（08）。

项凤靖：寻找“自我”的心灵之旅——《黑暗的心》和《阿拉比》的现代性探讨 [J]，绍兴文理学院学报（哲学社会科学版），2003（01）。

肖萌：黑与白——《黑暗的心》的主题探究 [J]，山东文学，2010（09）。

肖铁光：论康拉德小说的传统特征 [D]，中南大学，2006。

解超群:《黑暗之心》的后殖民主义解读 [D], 西北大学,2010。

谢冬文:殖民主义背后可怕的黑暗 [D], 湖南师范大学,2009。

谢文芳:从生态主义视角解读《黑暗的心》[J], 学理论, 2011(10)。

谢昭新:论老舍小说创作方法及艺术形式的创新 [J], 文学评论, 2003(05)。

熊卉:论女性在《诺斯托罗莫》中的道德和政治影响力 [D], 江西师范大学, 2006。

熊俊杰:一个"站在阴影中尽可能不露面"的人——论《长日留痕》中的身份认同危机 [J], 飞天, 2009(22)。

熊晟钰:论《麦克白》中的人性悲剧及其启示 [J], 南昌大学学报(人文社会科学版), 2010(06)。

徐定喜:康拉德小说的现代主义特征 [J], 世界文学评论, 2010(01)。

徐定喜:约瑟夫·康拉德短篇小说中的"他者"形象 [D], 江西师范大学 2008。

徐定喜,李凌:作为"他者"的康拉德在其小说《艾米·福斯特》和《罗曼亲王》中的体现 [J], 文教资料, 2009(32)。

徐定喜,杨敏,武海波:康拉德短篇小说中的东方人形象——从《卡伦》、《礁湖》与《因为美元》看康拉德的殖民话语 [J], 哈尔滨职业技术学院学报, 2008(02)。

徐定喜,易丽君:从短篇小说《无政府主义者》看康拉德政治立场的双重性 [J], 文教资料, 2008(35)。

徐定喜,易丽君:约瑟夫·康拉德的短篇小说对其长篇小说的影响 [J], 九江学院学报(哲学社会科学版), 2010(03)。

徐定喜,张建春,刘福芹,李凌:"堕落的天使"——康拉德短篇女性人物形象解读 [J], 牡丹江大学学报, 2011(03)。

徐定喜,张建春,刘福芹,李凌:约瑟夫,康拉德的女性观——其短篇小说中的女性人物形象 [J], 红河学院学报, 2010(06)。

徐键:《宠儿》中的叙事视角与叙事手法 [J], 安徽工业大学学报(社会科学版), 2009(02)。

徐敬珍:难以抵挡的黑色诱惑——解读康拉德的《黑暗的心》[J], 北京第二外国语学院学报, 2003(02)。

徐鲁亚:殊途同归——《黑暗的心灵》与《西太平洋的航海者》之比较 [J], 中国青年政治学院学报, 2005(05)。

徐萌:从《诺斯托罗莫》看康拉德的悲观思想 [D], 东北师范大学,2007。

徐萌:从《诺斯托罗莫》看康拉德的悲观思想 [J], 作家, 2008（12）。

徐平:论《黑暗的心》中的反殖民主义主题 [J], 青岛大学师范学院学报, 2003（03）。

徐显静,杨永春:探险的梦想,帝国的实践——《黑暗的心脏》和《奥斯卡与露辛达》对比研究 [J], 时代文学(双月版), 2007（01）。

徐晓雯:康拉德与《吉姆爷》[J], 外国文学, 1994（02）。

严慧仁:《吉姆爷》的叙事艺术研究 [D], 南昌大学,2006。

严美红:《诺斯托罗莫》自由主题的存在主义解读 [D], 湘潭大学,2008。

严美红,胡强:象牙的“天堂”和“理想”的地狱——论康拉德《黑暗的心》的道德主题 [J], 牡丹江大学学报, 2008（01）。

严泽胜:拉康与分裂的主体 [J], 外国文学评论, 2001（04）。

颜学军:马洛“欲望”戏剧的伦理维度 [A],“文学伦理学批评:文学研究方法新探讨”学术研讨会论文集 [C], 2005。

晏玉屏:约瑟夫·康拉德《黑暗之心》的新历史主义解读 [D], 湖南师范大学, 2010。

杨波:《黑暗的心》:帝国神话的终结——兼谈康拉德与帝国主义 [J], 齐齐哈尔大学学报(哲学社会科学版), 2006（06）。

杨波:《吉姆爷》:生命的意义世界 [J], 齐齐哈尔大学学报(哲学社会科学版), 2005（06）。

杨波:康拉德海洋异地小说的美学追求 [J], 齐齐哈尔师范学院学报(哲学社会科学版), 1990（02）。

杨波:世纪边缘的幽灵康拉德 [J], 烟台师范学院学报(哲学社会科学版), 1994（03）。

杨福玲,段维彤:解读人性的内涵——从康拉德的小说《黑暗的心》看人性的涵义 [J], 天津大学学报(社会科学版), 2001（04）。

杨慧群:论库兹人性的堕落与回升 [J], 常熟理工学院学报, 2008（11）。

杨美化:论《吉姆爷》中印象主义的道德内涵 [J], 琼州学院学报, 2009（03）。

杨乃乔:后殖民主义还是新殖民主义?——兼论从殖民主义文学批评到东方主义的崛起 [J], 人文杂志, 1999（01）。

杨琪:解读小说《黑暗的心》的艺术特征 [J], 作家, 2012（06）。

杨茜:从生态女性主义批评视野解读《黑暗之心》[J], 作家, 2011 (08)。

杨清波:叙事视角 · 叙事话语 · 叙事性——美国成长小说艺术张力研究 [J], 鲁东大学学报(哲学社会科学版), 2009 (05)。

杨绍芳:现代主义视角下《黑暗的心》主题探析(英文)[J], 语文学刊(外语教育与教学), 2011 (10)。

杨文:浅议康拉德小说中的神秘人物——马洛 [J], 文学界(理论版), 2011(07)。

杨雯:《吉姆爷》中的边缘情境解读 [J], 湖南工程学院学报(社会科学版), 2008 (01)。

杨小娥:论《诺斯托罗莫》的狂欢化特征 [D], 湖南师范大学,2011。

杨峥:《黑暗之心》——殖民主义批判中的种族视角 [J], 读与写(教育教学刊), 2007 (01)。

姚兰,王颖:试论《黑暗的心》中黑与白的象征意义 [J], 外国文学研究, 2003 (03)。

姚丽梅:《黑暗的心》中象征手法的应用 [J], 文教资料, 2007 (20)。

冶君,张亚玲:《黑暗的中心》复型叙事艺术 [J], 兰州大学学报(社会科学版), 2000 (S1)。

叶丽玲:论康拉德的现代主义特征 [D], 上海师范大学,2006。

殷企平:《黑暗的心脏》解读中的四个误区 [J], 外国文学评论, 2001 (02)。

殷企平:《进步前哨》与 “进步” 话语 [J], 外国文学, 2006 (02)。

殷企平:论福特和康拉德的小说观 [J], 国外文学, 2000 (04)。

殷晓芳:康拉德《黑暗的中心》之现代性话语分析 [J], 大连理工大学学报(社会科学版), 2002 (01)。

殷燕:黑暗之心与爱之心 [D], 华中师范大学,2003。

殷耀:从《黑暗之心》看康拉德的双重性 [J], 外语研究, 2009 (03)。

尹慧萍:论印象主义在约瑟夫 · 康拉德《在西方眼睛下》中的运用 [D], 湖南师范大学,2009。

瑛子:《约瑟夫 · 康拉德书信全集》[J], 读书, 1987 (05)。

由中升:《老人与海》的深层内涵新探 [J], 辽宁大学学报(哲学社于建华, 简析《黑暗的中心》和《吉姆爷》的主题 [J]), 福建外语, 1998 (02)。

于建华:试析康拉德小说的现代主义特征 [J], 扬州大学学报(人文社会科学版), 1998 (01)。

于丽锦:从《黑暗的心》解读人性的内涵 [J], 贵州大学学报(社会科学版), 2010 (01)。

于美琴:《黑暗的心脏》的意象性解读 [J], 郑州航空工业管理学院学报(社会科学版), 2011 (02)。

余建军,李法敏:论《黑暗的心脏》中的叙述层次和叙述者 [J], 江西教育学院学报(社会科学), 2003 (01)。

余雪琳:难解的康拉德——解读《黑暗之心》的后殖民批评 [J], 飞天, 2010 (12)。

余雪琳,范晓晶:论康拉德后殖民主义思想观——以《黑暗之心》为例 [J], 南昌高专学报, 2006 (02)。

虞建华:读解《诺斯托罗莫》——康拉德表现历史观、英雄观的艺术手法 [J], 外国文学评论, 2001 (03)。

郁青:《雨王汉德森》与《黑暗的心》[J], 外国文学评论, 1997 (03)。

袁明:剖析《吉姆老爷》——谈康拉德式独特的叙事手法 [J], 沈阳教育学院学报, 2009 (03)。

苑辉:论约瑟夫·康拉德小说中的悲剧性特质 [J], 辽宁工程技术大学学报(社会科学版), 2000 (01)。

岳峰:二十世纪英国小说中的非洲形象研究 [D], 苏州大学,2012。

岳峰:论康拉德非洲丛林冒险题材的"陌生化" [J], 求索, 2011 (08)。

翟宁宁:论康拉德小说《诺斯托罗莫》中的印象主义 [D], 山东大学,2008。

詹树魁:《吉姆爷》与康拉德的艺术追求和道德探索 [J], 厦门大学学报(哲学社会科学版), 1991 (03)。

詹树魁:康拉德在"水仙号"上的道德探索和创作实验 [J], 外国文学研究, 1992 (03)。

张春梅:前卫的反殖民主义者——约瑟夫·康拉德 [J], 集美大学学报(哲学社会科学版), 2009 (01)。

张从成:《黑暗的心脏》的读者召唤结构 [J], 世界文学评论, 2007 (02)。

张从成:《黑暗的心脏》的语言策略 [J], 四川外语学院学报, 2006 (02)。

张从成: 面面发光的多棱镜——论《黑暗的心脏》的复义叙事策略 [J], 广东外语外贸大学学报, 2009 (02)。

张富强，曾竹青：《黑暗的心》——探寻自我之旅 [J]，成才之路，2011（18）。

张富强：《黑暗的心》中的自我探寻 [D]，中南大学，2011。

张光陆，耿宁：象征与文本的阐释——从康拉德的《黑暗的心脏》说起 [J]，山东师大外国语学院学报，1999（01）。

张广勋：复制非洲神话——论《黑暗的中心》的殖民主义 [J]，哈尔滨学院学报，2004（04）。

张惠，陈玉凤：从《奥尔迈耶的痴梦》看康拉德的女性观 [J]，太原城市职业技术学院学报，2008（12）。

张继军：从反讽角度谈《黑暗的中心》[J]，株洲工学院学报，2002（05）。

张佳希：《黑暗的心》叙事艺术初探 [J]，文学界（理论版），2011（03）。

张健：论康拉德的小说《间谍》[J]，文史哲，1981（05）。

张金凤：森林之魅：一场哈德逊与康拉德的生态对话 [J]，世界文学评论，2009（02）。

张金良，祁淑玲：论《吉姆爷》中吉姆的耶稣形象 [J]，理论观察，2001（04）。

张璟慧：方式即意义 [D]，河南大学，2005。

张军：从《黑暗的心》中的存在主义看康拉德对殖民政策的思考 [J]，阜阳师范学院学报（社会科学版），2006（06）。

张琳：《黑暗之心》中象征主义写作手法的体现 [J]，安徽文学（下半月），2008（11）。

张琼："幽灵" 的意义：论康拉德《在西方的眼睛下》[J]，外语研究，2009（06）。

张巍：马洛的寻求——浅析《黑暗的中心》中马洛的象征意义 [J]，滨州学院学报，2005（01）。

张炜玮：心路历程——康拉德《拯救秘密分享者》解读 [J]，金山，2007（05）。

张香宇：《吉姆老爷》中的多重象征意义 [J]，时代文学（双月版），2007（04）。

张香宇：《吉姆爷》中的孤独之美 [J]，牡丹江大学学报，2008（11）。

张香宇：《吉姆爷》中的明、暗 "线" 之美 [J]，河北理工大学学报（社会科学版），2009（05）。

张香宇：暗流 "独" 涌、风景 "独" 好——从孤独角度解读康拉德《吉姆爷》[J]，湖北第二师范学院学报，2008（10）。

张学进，林志萍：论《吉姆爷》中的印象主义描写 [J]，伊犁教育学院学报，2005（02）。

张亚玲:不确定性、悲观性和矛盾性的有机统一——浅谈康拉德作品的艺术特色 [J], 兰州大学学报(社会科学版), 2000 (S1)。

张燕如:康拉德《黑暗的心灵》中的框架式叙事 [J], 译林(学术版), 2011 (01)。

张云峰:处在边缘的女性——康拉德小说中的女性形象研究 [J], 沙洋师范高等专科学校学报, 2006 (03)。

张湛,郑蓉颖:新历史主义视角下的康拉德——《黑暗的心》主题探究 [J], 郑州大学学报(哲学社会科学版), 2008 (03)。

张中载:《吉姆爷》的形式技艺 [J], 山东师大外国语学院学报, 2000 (03)。

章卫文:试论康拉德的《黑暗的中心》[J], 外国文学研究, 1985 (01)。

章萱:康拉德《黑暗的心》的后殖民主义解读 [J], 柳州师专学报, 2011 (01)。

赵海平:读《"水仙"号船上黑水手》的《序言》[J], 国外文学, 2004 (03)。

赵海平:福特的印象主义与约瑟夫·康拉德 [J], 国外文学, 2006 (01)。

赵海平:康拉德《黑暗的中心》与种族主义之争 [J], 外国文学评论, 2003 (01)。

赵海平:康拉德《序言》形象化的续篇:《故事》[J], 天津外国语学院学报, 2007 (01)。

赵海平:康拉德与《圣经》:以《吉姆老爷》为例 [J], 西南民族大学学报(人文社科版), 2006 (03)。

赵卿:从心理分析学角度解读《黑暗的心》[J], 海外英语, 2011 (07)。

赵庆娟:原型批评:康拉德笔下"大海"的象征意义 [J], 泰安教育学院学报岱宗学刊, 2005 (02)。

赵晓红:论约瑟夫·康拉德文学创作中的叛逆精神 [J], 北京第二外国语学院学报, 1996 (03)。

赵晓颖:《吉姆爷》中的二重性及其根源探析 [J], 海外英语, 2011 (08)。

赵学斌,詹虎:《黑暗的心》的叙事艺术新探 [J], 乐山师范学院学报, 2009 (03)。

赵屹芳:消解东方谬误 再现言说渴望——后殖民主义理论解读《黑暗的心》[J], 苏州教育学院学报, 2009 (03)。

郑婕:论康拉德小说中"白色神话"的颠覆 [J], 绵阳师范学院学报, 2008 (10)。

郑丽敏:试论《黑暗的心》中环境的象征意义 [J], 柳州职业技术学院学报, 2009 (02)。

郑蓉颖:从康拉德精神世界形成之渊源解释"黑暗"的胜利——《黑暗的心》道

德主题探究 [J]，名作欣赏，2007（04）。

郑少敏，王松林：论《黑暗之心》的框架叙事模式 [J]，世界文学评论，2009（02）。

郑燕：殖民主义和《黑暗之心》[J]，西安外国语学院学报，2004（02）。

钟达锋：《吉姆爷》：文化隔阂的悲剧 [D]，江西师范大学，2007。

周华：对现实人生和终极人生的双重关注——论康拉德小说《进步前哨》[J]，台州学院学报，2008（04）。

周华：康拉德小说的精神家园探究 [D]，江南大学，2009。

周欢：《现代启示录》分析 [J]，电影艺术，1989（09）。

周敏：试论《黑暗的心》中的殖民话语 [J]，电影评介，2006（20）。

周亭亭：从《吉姆爷》看康拉德的印象主义文学观 [J]，大众文艺（理论），2009（01）。

周彦渝：《诺斯托罗莫》的叙事策略研究 [D]，湖南师范大学，2010。

朱安博，杜明业："背叛与决裂"——康拉德小说的叙述语言 [J]，外国语文，2009（03）。

朱晨：《黑暗之心》中的另类价值观解读 [J]，东华大学学报（社会科学版），2009（03）。

朱海娜：《黑暗的心》的女性主义解读 [J]，大众文艺，2010（13）。

朱洪祥：康拉德《黑暗的心》研究述评 [J]，盐城师范学院学报（人文社会科学版），2009（04）。

朱洪祥：康拉德作品中的东方男性形象研究 [J]，齐齐哈尔大学学报（哲学社会科学版），2009（06）。

朱洪祥：康拉德作品中的女性形象研究 [J]，名作欣赏，2008（16）。

朱洪祥：流动的意象　异化的象征——康拉德人文思想研究 [J]，盐城师范学院学报（人文社会科学版），2009（02）。

朱洪祥：疏离：解读《黑暗的心》的孤独意识 [J]，盐城师范学院学报（人文社会科学版），2007（03）。

朱洪祥：异化·疏离·孤独：解读康拉德的现代主义小说《黑暗的心》[D]，南京师范大学，2008。

朱洪祥：自我的成长　叙述的政治——全球化语境下的康拉德政治思想研究 [J]，名作欣赏，2009（29）。

朱利平:《黑暗之心》中“心”的象征意义 [D], 华中师范大学,2005。

朱学帆:为康拉德一辩——透过《黑暗之心》解读康拉德的女性观 [J], 现代交际, 2011(08)。

朱旬萍:论《进步前哨》中的象征意象营构 [J], 衡水学院学报, 2008(03)。

朱旬萍:文明进步与人性异化的尴尬——《进步前哨》的象征阐释 [J], 重庆工学院学报(社会科学版), 2008(07)。

朱莹莹:《吉姆老爷》:一部反抗荒谬的悲剧 [J], 齐齐哈尔师范高等专科学校学报, 2009(02)。

祝远德:康拉德“我们的一员”之奥秘 [J], 外语教学, 2005(05)。

祝远德:康拉德殖民主义话语的双重性质 [J], 广西民族大学学报(哲学社会科学版), 2006(04)。

祝远德:他者之维 [D], 四川大学,2005。

庄美兰:一个充满反殖民与殖民矛盾话语张力的文本——评康拉德的《黑暗的心脏》[J], 小说评论, 2008(S2)。

庄天赐:约瑟夫·康拉德丛林小说的现代主义写作手法 [J], 理论界, 2005(12)。

邹建军:文明的忧思和道德的发现——评王松林《康拉德小说伦理观研究》[J], 外国文学研究, 2009(04)。

邹颉:康拉德的矛盾:在反殖民主义与殖民意识之间徘徊——也读《黑暗的中心》[J], 齐齐哈尔大学学报(哲学社会科学版), 2006(04)。

邹泉,邹燕:论《黑暗的心》中康拉德的宗主国视角 [J], 2010(02)。

附录二 人名中外文对照及索引

附录三

书、报、刊、篇名中外文对照及索引